이홍구 선생 미수 기념 문집

이홍구 선생 미수 기념 문집

정치사상과 사회발전

김홍우 외 15인 지음

중앙books

차 례

정치사상

축사

최명(서울대 명예교수)

이홍구(曉堂 李洪九) 교수가 금년으로 미수(米壽)를 맞는다. 미수는 88세. 평균수명이 늘어나는 추세이긴 하나, 그래도 88세까지 건강하게 사회활동을 한다는 것은 축복이다. 축하를 하지 않을 수 없다.

나는 1975년부터 1988년까지 13년을 이홍구 교수와 한 대학에서 보냈다. 그를 처음 만난 것이 1970년이었으니 이제 50년 넘게 그를 알고 지낸 것이다. 그는 나보다 연상이고 학교도 선배다. 어려운 정치사상을 전공하여서인지 정치현상을 보는 눈이 뛰어났다. 그래서인지 그는 50대 중반에 학교를 떠났다. 다른 곳에서도 할 일이 많다고 느꼈기 때문이다.

그가 학교를 떠난 지 몇 년 지나서다. 그를 아끼던 동료·후배·제자들은 그의 문집을 간행키로 결정하였고, 어쩌다 내가 그 간행위원회의 대표 일을 맡았다. 다섯 권의 방대한 문집이 출간된 것이 1996년이다. 4반세기 전이다. 지금 읽어도 흥미롭고, 요즘의 한국 정치를 이해하는 데 도움이 되는 글들이 많다. 그런 그다.

이홍구 교수는 예일대학 대학원에서 박사학위를 받았다. 그에게서 들은 대학원생 때의 일화를 한둘 소개한다. 그는 유명한 정치학자 로버트 다알(Robert A. Dahl) 교수의 제자다. 다알은 강의시간이면 강의 내용을 메모한 작은 종이를 몇 장 들고 와서, 그것을 교탁 위에 놓고 강의를 하곤 했다고 한다. 한번은 창문이 열렸는지 그 종이가 바람에 흩날렸다. 그러자 다알은 "어어! 진리가 날아간다. 잡아라!" 했다는 것이다. 영어로 말했을 터이다. 아마 "Ah! The truth is flying away! Seize it!"라고 했을지 모른다. 생각건대, 그때 대학원생 이홍구는 날아가는 메모지를 잡지 않고, 그 속의 진리를 잡은 것이 분명하다. 정치이론의 진수(眞髓)를 잡았다. 그래 크게 발전한 것이다.

또 이런 이야기를 들은 적이 있다. 이홍구 교수가 박사학위 자격시험을 보고 난 직후, 물론 결과가 발표되기 전인데, 길에서 우연히 다알과 마주쳤다. 그러자 그는 "Are you worried?" 하며, 웃고 지나가더란 것이다. 무어라고 대답을 했는지 모르나, 매사에 낙천적이고 인간적인 선생에게서 무엇을 배웠겠는가? 이홍구 교수는 박사학위 자격시험 따위를 걱정했을 위인이 아니다. 내가 아는 그는 자연에 거역하지 않고 사물의 흐름에 순응하는 지혜를 안고 살아왔다. 앞으로도 그러리라고 믿는다.

부디 오래 건강하시고 행복하시기를 이 자리를 빌려 축수한다.

2021년 정월 보름

최명

현인(賢人)이면서 외유내강의 정치지도자: 이홍구 교수를 말한다[1]

김학준(단국대 석좌교수)

◇◇◇

I

현재 집권 여당인 신한국당의 대표위원으로 활동하는 이홍구 (李洪九) 전 국무총리에 대한 인물평을 써 달라는 편집자의 요 청을 받고 한동안 망설였다. 필자보다 더 정확히 더 잘 쓸 수 있 는 사람이 상당히 많다고 믿기 때문이다. 그뿐만이 아니다. 오늘

---

1) 이 글은 필자의 다음 두 글을 이은 것이다. (1) 김학준, 「내가 아는 대선주자 이홍 구: 한국의 국격을 높일 탁월한 능력과 인간적 매력의 소유자」, 『월간조선』(1996년 1월 별책부록), 484~490쪽. (2) 김학준, 「"동·서양 정치철학 섭렵한 세계화·통일 시대 적임 총리": 김학준 단국대 이사장의 이홍구 총리 '20년 관찰기'」, 『주간조선』 (1996년 12월 29일), 22~23쪽.

날 그는 몇몇 안 되는 유력한 대통령 후보들 가운데 한 사람으로 주목받고 있다. 그만큼 정치적 비중이 높으며 국민적 신망이 두터운 정치지도자에게 도움이 되기보다는 본의 아니게도 오히려 폐를 끼치는 글을 쓰게 되면 어떻게 하나라는 걱정도 필자를 주저하게 만들었다.

더구나 필자는 한 대학교의 행정 책임자라는 조심스러운 입장에 있다. 따라서 중립성을 중시하는 대학교의 총장이 특정 정치지도자에 대한 인물평을 쓰는 것이 과연 바람직한 일이냐 하는 의문을 스스로 가졌음이 사실이다.

그러나 이 대표위원은 인격적으로 흠이 없고 여전히 학자적 양심과 면모를 지키는 분이다. 또 필자가 20년 넘게 서울대학교와 청와대에서 가까이 지내며 배우고 존경해 온 선배이다. 그러한 만큼 붓을 들어도 양해될 수 있겠다는 생각에서 편집자의 거듭된 요청에 응했음을 밝힌다.

어느 한 정치지도자에 대한 인물평은 그의 출신 배경과 학력 및 경력에 대한 소개로 출발하는 것이 일반적이다. 그러나 필자는 그러한 기존의 틀을 벗어나고 싶다. 왜냐하면 이홍구를 논함에 있어서 가장 중요한 것은 그의 화려한 세계적 수준의 학력과 경력이 아니라 그의 사람됨이기 때문이다. 필자가 그를 존경하고 그에게 배우고자 하며 그를 다른 사람들에게 추천하는 까닭도 그의 따뜻한 인간미와 훌륭한 인품 때문이지 그의 이력서 때문은 아니다.

인간적 매력

이 대표위원의 가장 큰 장점은 그의 인간적인 매력에 있다. 그를 만나는 사람은 거의 모두가 그에게 쉽게 끌려간다. 이 사실을 증명해 주는 사례는 참으로 많아 하나하나 소개할 수 없다. 그래서 이 글에서는 두 가지만 들고자 한다.

첫째, 1981년 가을의 일이었다. 그때 이 대표위원과 필자가 함께 봉직하던 서울대학교 정치학과에 미국 켄트주립대학교 정치학과 교수 스티븐 브라운 박사가 풀브라이트 객원교수로 부임해 왔다. 필자가 켄트주립대에 유학하던 때 그의 강의를 들었기에 가깝게 여긴 때문인지 그는 필자에게 여러 가지 속이야기를 자주 털어놓았는데, 어느 날 필자에게 "이홍구 교수는 미국의 어떤 사회, 어떤 분야에 내놓아도 외양과 내실 모두에서 존경을 받을 사람으로, 특히 남을 끌어들이는 친화력이 강하다"라고 강조하는 것이었다. 그러면서 "아무리 많은 사람들 속에 파묻혀 있다고 해도 이 교수의 존재는 어느 누구에 의해서나 어느 곳에서나 쉽게 느껴질 것이다"라고 덧붙였다.

서울대학교 정치학과에 꼭 한 학기 동안 머물렀던 브라운 교수는 마침내 이 교수의 열성적인 팬이 되었다. 정치심리학 전공의 브라운 교수는 "이 교수는 분명히 뒷날 한국의 국무총리가 될 것이며, 한국이 유엔 회원국이 된다면 유엔 사무총장으로도 뽑힐 수 있을 것이다"라고까지 극찬하기에 이르렀다. 필자가 여기서 강조하고자 하는 것은 브라운 교수의 예언 능력이 아니라 이 대표위원이 남에게 주는 인간적 매력이다. 짧은 기간 만난 미국인 교수를 매료시켜 오랫동안 지원자로 만든 사실이 말해 주듯, 그는 사람을 끌어들이는 남다른 힘을 지닌 것이다.

둘째, 1985년 겨울의 일이었다. 필자는 도쿄에서 열린 한반도 문제 국제학술회의에 참석하면서 일본 아오모리대학(靑森大學)의 교수이며 도쿄에 자리 잡은 환태평양연구소 대표인 이치카와 마사아키(市川正明) 박사를 만났다.

필자를 무척이나 아껴주어 필자의 졸저를 일어로 번역·출판까지 해 준 그는 그해 여름에, 그때로서는 서울대학교 교수이던 이 대표위원을 도쿄의 한 학술회의에서 만났던 일을 상기하면서, 자신이 그때까지 만난 한국인들 가운데 "가장 걸출하다"고 높이 평가했다. 그 뒤 이치카와 교수와 이 교수 사이의 친교는 계속됐고, 이치카와 교수의 칭찬은 더욱 커져, 마침내 이 교수를 일본의 정치학계에 '통일 한국의 수상(首相) 재목'이라고 공개적으로 소개하기에 이르렀다.

다시 말하지만, 필자는 여기서 이치카와 교수의 지인지감(知人之鑑)을 논하려 하지 않는다. 이치카와 교수의 예언이 맞을 수도 있고 맞지 않을 수도 있다. 필자가 강조하고 싶은 것은 단 한 차례의 만남으로 다른 사람을 매료시키는 이 대표위원 특유의 사람됨이다.

그러면 '인간 이홍구'의 매력은 어디에 있는가. 그가 조선의 군왕들 가운데 성군으로 불린 성종 대왕의 아들인 영산군(寧山君)의 직계손이라는 왕가의 배경에 있는가. 유엔 총회 의장으로 사회봉을 잡아도 전혀 손색이 없을 그의 깨끗하면서도 훤칠한 인물에 있는가. 스포츠에 능한 만년 청년의 신선한 면모에 있는가. 미국에서도 명문의 명문으로 꼽히는 에모리대학교 학사에 예일대학교 석사·박사라는 학벌에 있는가. 미국의 명문대학교 교수, 서울대학교 사회과학연구소장, 한국정치학회장, 통일원 장관, 대통령 특별보좌관, 주영대사, 통일부총리, 국무총리, 국회의원, 신한국당 대표위원이라는 경력에 있는가.

물론 사람에 따라서는 그것들 가운데 어느 것에 이끌릴 수 있다. 이제 겨우 환갑을 넘긴 연부역강의 나이에 그만한 학력과 경력을 쌓은 지도자도 찾아볼 수 없다. 그러나 필자는 '인간 이홍구'의 매력은 그의 사람됨, 보다 좁혀 말해, 그의 따뜻하면서도 넓은 마음씨에 있다고 말하고 싶다.

'정치의 인간화' 주장

첫째, 그는 자기 자신보다 남을 먼저 걱정하고 남을 먼저 보살피는 사람이다. 필자는 그가 이제까지 한 번도 자기 걱정, 자기 식구 걱정, 자기 집안 걱정을 하는 소리를 들어본 일이 없다.

그라고 해서 어찌 사사로운 걱정이 없겠는가. 그러나 그는 사사로운 걱정을 남에게까지 끼치지 않은 채 혼자 삭이는 자기 단련을 게을리하지 않았다. 반면에 남에 대해서는 자기 주머니를 털어서까지 함께 고민하고 돕는 생활을 해 왔다. 그가 서울대 교수로 재직하던 때 가정형편이 아주 어려운 학생들에게 자신의 봉급으로, 원고료로 소리소문 없이 도와주었던 많은 사례들은 이제 사회에 진출한 제자들에 의해 감동적으로 밝혀지고 있다.

이렇게 볼 때, 이 대표위원이 일찍부터 국민 복지에 대한 관심을 자극시켜 온 대표적인 정치학자였다는 사실은 조금도 놀라운 일이 아니다. 최근에 출판된 전 5권의 『효당(曉堂) 이홍구 문집』에 수록된 그의 글들이 증언하듯, 그는 경제성장만이 강조되고 그래서 일부 계층의 희생은 당연시되던 1960년대 말부터 일관되게 "국민의 복지 향상이 국가 발전의 목표들 가운데서도 앞자리에 서야 한다"고 강조해 왔다. 특히 도시 저소득층의 복지 향상을 강력히 주장하는 글들을 적지 않게 써 왔다. 남에 대한 관심, 이웃에 대한 애정이 선천적으로 몸에 배었기에 그는 정치학자로서 국민 복지에 대해 일찍부터 눈을 뜰 수 있었던 것이다.

흔히 정치를 '힘없는 사람들의 눈물을 닦아주는 작업'이라고 말한다. 이 대표위원은 정치학 교수 시절에 그것을 '정치의 인간화'라고 추상화하면서 '정치의 인간화'는 일반 시민의 복지 향상을 통해 구체화된다고 주장했다. 그는 이 지론을 앞으로 보다 더 확실하게 국가정책으로 세우고 추진할 것으로 필자는 믿어 의심하지 않는다.

'화(和)의 인간'

둘째, 그는 너그러운 사람이다. 그는 정치학적으로나 이념적으로 '적'이라는 개념을 기본적으로 거부하는 '관용과 화해의 인간'일지 모른다. 한때의 이해관계, 한때의 오해와 편견 때문에 패가 갈릴 수 있고 그래서 서로 다툴 수 있지만, 그러나 그것들이 구조화되고 확대 재생산되거나 심지어 세습되어서는 안 되며, 그 한때의 특정 상황이 끝나면 서로 다 잊고 한 가족이 되어 새로운 출발을 시도해야 한다고 믿는 '화(和)의 인간'이다.

그래서 그는 대화를 중시한다. 대화를 통해 서로의 차이를 극복하고 공통의 광장을 형성할 수 있다고 믿기 때문이다. 앞에 소개한 그의 문집에 수록된 글들 가운데 대담이나 좌담의 글이 적지 않은 사실은 이러한 맥락에서 자연스럽다.

이 대목에서 다시 새롭게 소개하고 싶은 것은 그가 플라톤과 아리스토텔레스로 대표되는 고대 그리스 철학에 매우 조예가 깊다는 사실이다. 대화를 존중한 그 두 철인의 영향을 받은 까닭에 그 역시 대화를 존중해 왔다는 것은 그가 국내 정치세계와 경제의 많은 문제들을, 그리고 한국의 복잡한 대외관계를 꾸준한 대화를 통해 풀 수 있는 지도자가 될 것임을 부분적이나마 뒷받침한다.

중용의 사람

셋째, 그는 중용의 사람이다. 중용의 철학은 동양에서는 공자에 의해, 서양에서는 아리스토텔레스에 의해 정립되었다. 전통적인 유가의 종가 집안에서 종손으로 성장하는 가운데 유학의 영향을 깊이 받으면서도 미국에서는 서양의 정치철학과 정치전통을 전공해 동서양의 정치사상에 고르게 밝게 된 그가 중용의

려움 없이 실현될 것이라고 하던데"라는 반응을 보였다. 그러자 이 특보는 그 특유의 조용하면서도 차근차근한 어법으로 "큰일 납니다. 절대로 추진해서는 안 됩니다"라는 취지를 강하게 전달했다. 필자도 똑같이 말했다.

이 특보는 그 뒤에도 국정운영 전반에 대해 여러 차례 솔직하면서도 날카로운 직언을 올렸다. 그러나 그는 서서히 밀리고 있었고, 마침내 주영대사로 옮겼다. 필자가 이 특보에게 "남을 설득하는 데 도가 튼 이 특보 말씀이, 어떻게 된 셈인지 대통령에게는 잘 먹히지 않는 것 같아요"라고 말하면, 이 특보는 "글쎄 말이야. 그분하고 나하고는 주파수가 안 맞는 것 같아"라며 웃곤 했다.

국제감각과 영어구사능력

이제까지 필자는 주로 이 대표위원의 인간적 측면들을 소개했다. 다음에서는 그의 능력에 대해 간단히 소개하기로 한다.

널리 알려져 있듯, 그는 국제적으로 신망을 받는 정치지도자이다. 미국이나 일본을 비롯해 우리나라의 대외관계에 직접적으로 많은 영향을 주는 선진국들의 정치지도자들은 물론이거니와 언론계와 학계의 지도자들과도 교분이 두텁다. 이 국제적 신망은 이른바 대선주자들 가운데 그만이 가진 큰 자산이다.

그는 학문적으로도 한국을 대표할 만한 극소수의 세계적 석학들 가운데 한 사람이다. 세계의 거의 모든 나라들의 정치학자들이 가입한 세계정치학회(IPSA)의 집행위원으로 한국의 정치학자로서는 처음으로 선출된 이가 바로 그였다는 사실이 그러한 평가를 뒷받침한다. 그의 논문은 국제적인 수준을 자랑하는 논문집이나 편저에 수록되어 있으며, 그의 강연은 국제사회의 주요 논단에서도 자주 초청을 받고 있다.

그의 국제감각과 영어구사력은 글자 그대로 탁월하다. 그는 한국을 위해 국제사회를 '타이를 만한' 지도자이다. 이 점 역시 이른바 대선주자들 가운데 그만이 가진 큰 자산이다. 그를 만난 외국의 유수한 언론인들은 다음과 같이 말한다.

"이홍구가 한국을 대표해 미국이나 유럽의 정상들과 회담을 갖게 되어 그것이 TV로 보도되는 경우, 그 나라 국민들은 쉽게 한국에 대해 무척 좋은 인상을 갖게 될 것이다. 그가 풍겨주는 지성인다운 인상만으로도 한국이 문화적 선진국임을 즉각 느낄 것이다. 한마디로, 국제무대에서의 그의 활동은 대한민국의 국격을 높일 것이다."

한국은 이제 유엔 회원국일 뿐만 아니라 유엔 안전보장이사회와 경제사회이사회의 이사국으로까지 진출했다. 경제 선진국의 대명사와 다름없는 경제협력개발기구(OECD)의 회원국으로까지 진출했다. 이처럼 국가가 대표하는 지도자의 자질과 품격도 높아졌으면 그 국가를 대표하는 지도자의 자질과 품격도 높아져야 하지 않겠는가. 이러한 자연스러운 물음 앞에 이 대표위원이 가장 높은 점수를 받을 수 있다고 생각한다면 그것은 필자의 선입견일까.

통일문제 전문가

그는 또 북한문제와 통일문제에 대해 아주 밝다. 오늘날에는 「민족공동체통일방안」으로 정리되어 있는 문민정부의 통일정책은 그가 학계에 있을 때부터 주창했으며 6공 정부의 통일원 장관 때 성안한 「한민족공동체통일방안」의 복사판이라는 사실 하나만으로도 이 방면의 그의 역량은 증명된다. 이론적으로도 밝지만 통일원 장관을 두 차례 역임하면서 쌓은 북한문제와 통일문제에 대한 현실감각은 다른 대선주자들의 추종을 허락하지 않는다. 안보에 대한 소신에서도 그는 확실하다. 민주화와 경제발전을 동시에 추구하면서 개혁을 추진해 나라의 내실을 기하는 바탕 위에서 국방력을 충실히 하고 외교력을 신장시킴으로써 국가 안전을 도모할 수 있다는 것이 그의 체계적 안보관이다.

이러한 것들은 그가 세계화 시대와 통일 시대를 이끌어 갈 만한 경륜의 지도자임을 말해준다. 앞에서 소개한 그의 문집에 21세기에 관한 글들이 많이 들어 있음은 그가 일찍부터 21세기의 한국에 대해 깊이 있게 연구하고 비전을 쌓아왔음을 증명한다.

그는 또 청렴결백한 사람이다. 결코 짧지 않은 요직의 공직생활을 두루 거치면서도 조그만 구설수에도 오른 일이 없었다는 사실은 그가 공사생활 모두에서 얼마나 철저히 자기 관리를 해왔는가를 증명한다. 그가 따뜻하고 너그러운 사람이어서 죄인은 미워하지 않을지라도 죄는 미워하고, 그래서 법치주의를 확립시켜 공직사회의 기강이 바로 서도록 할 수 있다는 인간적 바탕을 그 스스로 갖고 있다는 뜻이다.

우리나라는 바야흐로 중요한 전환기에 들어섰다. 그는 평소에 "21세기가 되면 남한에서는 민주와 복지의 공동체를, 한반도에서는 평화와 통일의 공동체를, 그리고 우리 한반도와 이웃한 태평양 연안 지역에서는 협력과 공영의 공동체를 우리 겨레의 손으로 세워야 한다"고 역설해 왔다. 20세기를 마감하고 21세기를 여는 이 세기적 전환기의 한국이 요청하는 지도자 그룹에 이 대표위원과 같이 비전의 지도자가 우선적으로 포함된다고 감히 말하고자 한다.

증언하겠지만 여기서는 간단히 쓰기로 하겠는데, 한 예로 그는 그 무렵 정계 일각에서 추진되던 의원내각제로의 개헌을 내놓고 반대했다.

셋째, 그의 장점으로 필자가 늘 배우고자 하는 대상은 균형감각이다. 그는 어느 한쪽으로 치우치지 않으면서 중심을 잡고자 최대한 노력한다. 이것은 그가 자신의 판단의 근거에 이성(理性)을 두고 있음을 의미한다. 그는 이성의 존중이 자신의 처신의 근본이라고 자주 말하곤 했다.

여기서 필자가 상기시키고 싶은 점은 그가 기본적으로 철학도라는 사실이다. 그는 미국 에모리대학교 철학과를 졸업했고 예일대학교 대학원 철학과에서 석사학위를 받았다. 박사학위는 예일대학교 대학원 정치학과로부터 받았으나 정치학과에서의 전공은 정치철학이었다. 플라톤과 아리스토텔레스의 고대 그리스 정치철학, 그리고 루소의 근대 민주주의 정치철학에 대한 그의 연구는 세계적 수준이다. 이러한 학문적 배경의 결과로 그의 저술이나 강의는 다른 정치학자들에게서 찾기 어려운 심오함을 보여준다.

서양의 정치철학에 조예가 깊으면서도 동양의 정치철학, 특히 한국의 정치철학에 대해서도 끊임없이 탐구해왔다는 데서 그의 학문적 관심과 활동의 귀결점이 어디에 있는가가 엿보인다. 바꿔 말해, 그는 한국 정치의 규범과 이상이 무엇이어야 하는가 하는 문제의식을 언제나 지닌 채 서양의 정치철학을 연구해 온 것이다.

넷째, 그는 국제정치 또는 세계문제에 대해 정통하다. 정치학자로서 그의 학문적 명성이 국내의 어느 정치학자보다도 서방 선진국의 정치학계에서는 물론, 언론계와 정계 및 관계에서도 잘 알려져 있다고 필자는 보고 있다. 주영대사로서 외교의 실무를 익히기도 했다.

이렇게 볼 때, 세계화를 표방하는 오늘날의 국내 상황에서 그가 과연 어떤 경륜을 제시하고 어떤 역량을 발휘할 것인지 관심을 갖고 기다리게 된다. 물론 필자로서는 그가 분명히 우수작을 내놓으리라고 확신한다.

다섯째, 그는 북한문제 또는 통일문제에 대해 이론과 현실 양면에서 일가를 이뤘다. 그는 1975년에 이미 민족공동체통일방안을 이론화해서 국제학계에 발표했었는데, 1989년에는 통일원 장관으로 한민족공동체통일방안을 정부의 공식적 통일방안으로 성안해 발표했다. 통일원 장관을 두 차례나 지내면서 북한문제와 통일문제에 대해 현실감각을 체득하기도 했다.

바야흐로 북한은 중대한 전환기에 들어가고 있다. 남북한 관계 역시 중대한 국면을 맞이할 수 있다. 이러한 시점에 그러한 배경의 그가 국무총리로 기용됐다는 것은 믿음직스럽다.

　이제 결론을 내려본다. 필자는 일찍부터 이분이야말로 훌륭한 재상이 되리라고 여러 곳에서 공개적으로 천거해 왔다. 나라 안팎으로 매우 어렵고 중대한 시기에 마침내 그는 국무총리로 부름을 받았다. 학식, 경륜, 경험, 능력, 봉사의 정신 그리고 청렴성에서 누구보다 앞서 있다. 필자는 그가 김 대통령 정부의 마지막 국무총리가 되고 국민들로부터 존경과 사랑을 받는 국무총리가 되기를 기원한다.

이홍구의 정치 사회 활동과 기여

윤영오(국민대 명예교수, 윤보선민주주의연구원 고문)

◇◇◇

이홍구 교수의 경력은 크게 학문적 활동과 정치 사회 활동으로 구분할 수 있다. 그의 학력은 서울대 법학과 중퇴, 에모리대 학사, 예일대 석·박사이며, 에모리대 조교수, 서울대 교수, 세계정치학회 집행위원, 한국정치학회장 등을 역임하였다. 그의 학문적 업적과 학계 활동은 1996년 발간된 이홍구 문집에 수록된 연보와 글 목록에 나와 있다. 그 이후의 학문적 업적은 이번에 간행되는 이홍구 미수기념문집에 여러 후학들이 심도 있게 다루리라 생각한다. 필자는 이홍구의 정치 사회 활동과 기여에 관해 살펴보고자 한다.

1. 정치 행정 분야의 활동과 기여

그는 노태우 정부에서 국토통일원 장관(1988-90), 대통령 정치담당 특별보좌관, 주 영국대사(91. 3-93. 4), 김영삼 정부에서 민주평화통일자문회의 수석부의장(93-94), 통일원 장관 겸 부총리(1994), 국무총리(94-95), 15대 국회의원, 신한국당 대표위원(96-97), 김대중 정부에서 주 미국대사(1988. 5-2005. 8)를 역임하였다.

1987년 민주화 이전에도 그는 정치권의 권유를 받았으나 불응하였다. 유신정권은 카터 행정부의 외교 참모들과 가까운 이 교수를 주미대사로 기용하고자 그의 의중을 타진했으나 사양했다. 5공 출범 초기에 이 교수를 입각시키려고 회유도 하고 압박했으나 역시 응하지 않았다. 그는 소신 있는 외유내강의 학자였다. 노태우 대통령 정책보좌관으로 일했던 김학준 교수의 회고에 의하면 이홍구, 김학준 두 특보는 당시 실세 일각에서 주장한 내각제에 반대했고, 이 특보는 국정운영 전반에 대해 직언을 하다가 주 영국대사로 밀렸다는 것이다.

그의 괄목할 만한 업적으로는 첫째, 통일원 장관을 두 차례 역임하면서, 북한과 통일문제에 대한 이론과 현실 방안을 마련한 것이다. 그가 기초한 '한민족공동체통일방안'은 1989년 9월 11일 노태우 대통령의 국회 연설로 발표되었는데, 보수와 진보를 아우르는 초당적 협력과 국민적 공감대에서 마련되었다. 김영삼 정부에서 이를 '민족공동체통일방안'(1944. 8. 15.)으로 발전 계승하였는데 이 장관이 산파 역할을 하였다. 이 방안은 남북한 문제와 통일 방안의 초석이 되었는데 구체적인 분석과 설명은 여러 학자가 문집에서 다루기 때문에 생략한다.

둘째, 정당정치 리더로서의 역할이다.

이 교수는 김영삼 정부 시절 신한국당 국회의원으로 선출된 후 대표위원으로 선임되었다(1996. 5-97. 3). 이 대표는 민주주의적 리더십을 발휘하여 당직자들로부터 호평을 받았다.

그동안 한국 사회에는 권위주의적 지도자가 많았는데, 사회학자 아도르노(T. Adorno)가 열거한 권위주의적 리더십은 1. 사고나 행동에 융통성이 없고 완고하다, 2. 사회나 인간을 보는 관점이 독단적이고, 자신의 견해를 타인에게 강요, 3. 구성원을 불신하고 두려워하는 경향, 4. 상급자에겐 무조건 복종, 하급자에겐 무조건 군림, 5. 반대의견에 대한 비관용적인 경향을 보인다는 것이다.

반면에 민주주의적 리더십은 정치학자 달(R. Dahl)에 의하면 1. 타인의 존엄과 가치에 대한 신념이 강함, 2. 개방적, 다양성 존중, 변화와 타협에 긍정적, 3. 개인의 능력 인정과 활동 의욕 고취 등을 열거했다. 이 전 총리가 민주주의적 리더십을 지니게

된 데에는 그가 철학 전공으로 학부와 석·박사 과정에서 정치철학을 전공하면서 플라톤과 아리스토텔레스의 고대 그리스 정치철학과 루소의 근대 민주주의 정치철학을 심도 있게 연구하여 터득한 지혜일 수도 있다.

이홍구 대표 비서실장은 정무감각이 뛰어난 이완구 의원이 맡았는데 그는 후에 국무총리를 역임하였다. 이 실장은 이 대표가 여의도연구원장인 나를 신임하는 것을 알아서인지 이 대표를 수시로 면담할 수 있게 배려하여 줘서 건의를 자주 할 수 있었다. 이 대표는 항상 수용적인 자세로 대해 주셔서 건의의 보람을 느꼈다.

당시 여의도연구원은 신한국당 총재 김영삼 대통령의 정책정당 지향으로 설립되어 충분한 인적, 재정적 지원을 받아 당사와 별도의 건물에 자리 잡았고 독자적 목소리를 낼 수 있었다. 정치·경제·사회 분야의 전문가 20명을 연구위원으로 충원하였는데, 충원공고에 40여 명이 신청하였고 서류심사와 면접을 통해 최종 선발하였다. 연구원은 「여의도 정책 논단」 제호의 계간지를 발간하였고, "여의도 정책 브리프(Brief)"를 수시로 제작, 배포하였다. 야당이 된 이후 연구원의 규모 축소는 불가피해졌고, 연구위원들은 대학교수, 일반연구소, 정계 진출로 연구원을 떠났다. 정계로 진출한 김태호 위원은 경남지사를 역임한 중진 국회의원으로 활약하고 있으며, 김수희 위원은 이명박 정부에서 보건복지부 장관을, 당에서 파견 근무하던 김희정 직원은 박근혜 정부에서 여성가족부 장관을 역임하였다.

이홍구 대표의 여의도연구원 중용으로 당내에서의 위상도 높았고 연구원 직원들의 사기도 높아서 원장으로서의 보람을 느꼈다. 신한국당에서 9룡의 대선 후보가 경쟁하였는데 당시 김영삼 대통령은 특정 후보를 돕지 말고 중립을 지키라는 훈시를 하였고 나는 이홍구 후보를 돕지 못해 아쉬웠다. 당시에는 대중연설이 관행이었는데 목소리가 약한 이 후보에겐 불리하였다. 반면에 이 후보는 문제 해결과 비전 제시 등 알찬 내용을 차분하게 전달하는 스타일이었다. 이 후보는 투쟁, 쟁취, 무리한 추진 등과 거리가 먼 후보여서, 강성 이미지가 먹히던 당시 정치판에서 각광을 받기에는 시대에 앞선 정치가였다고 생각한다.

셋째, 국제관계에서 초당적 역할을 수행하였다. IMF 위기를 극복하기 위해 김대중 대통령은 주미대사를 맡아줄 것을 요청하였고, 이 교수는 나라를 우선시하는 결단으로 받아들였다. 그는 주미대사로서 외환위기를 극복하고 한미관계를 원만하게 하는 역할을 훌륭히 수행하였다. 나라를 위해서 여야, 진보·보수의 진영논리를 초월하는 결단과 봉사를 높이 평가한다.

2. 사회단체 리더로서의 역할

그는 2000년부터 서울국제포럼 회장 그리고 이사장으로서 국제관계 증진을 위해 많은 기여를 하였다. 2001년부터 중앙일보 고문으로 언론 창달에 기여했고, 오랫동안 특별 기고를 통해 정치외교 분야의 문제 해결과 방향 제시를 해왔다. 통영국제음악재단 이사장(2005), 세계자연보전총회 조직위원장(2012) 등 예술과 환경 분야에서도 기여하였다.

특히 '동아시아평화회의' 리더로서 우리가 당면하고 해결해야 할 남북한 평화 유지 및 한반도 비핵화 그리고 한일관계 개선을 위한 회의 개최 및 제안(성명서)을 통해 많은 기여를 하였다. 이 과정에서 이부영 운영위원장의 보좌 없이는 불가능하였다고 생각한다. 동아시아평화회의 활동 두 가지만 상세히 설명하겠다.

하나는 2015년 8월 13일 해방 70주년을 맞아 '동아시아평화회의'라는 모임이 서울에서 시작되었다. No Wars, No Nukes! '한반도에서의 전쟁 종식과 동아시아에서의 핵 안전, 일본의 평화헌법 수호가 동아시아 평화로 가는 첫걸음' 등을 주장한 '동아시아 평화선언'을 이홍구 전 총리와 무라야마 도미이치 일본 전 총리가 공동으로 발표했다.

또 하나는 2017년 12월 26일 프레스센터에서 한국, 일본, 중국에서 개최되는 3번의 올림픽을 평화의 축제로 만들기 위해 세 나라의 동아시아 평화 애호 시민들이 함께 '평화를 위한 연대운동'에 나설 것을 호소하였다. 이어서 북미 비핵화 협상 성공을 위한 호소문(2018. 4. 20.), 북미 정상회담 성공 개최 호소문 발표(2018. 6. 8.) 등 중요 고비마다 역할을 하였다.

'동아시아평화회의' 모임은 여야, 진보·보수 인사를 망라한 정·관계, 종교계, 학계, 문화예술계, 언론계, 경제계, 시민사회운동 등 100명 내외가 참여하였다. 필자도 학계의 한 명으로 참여하였다.

필자가 가장 최근에 이 전 총리를 공적으로 모신 것은 2020년 10월 28일 대한상공회의소 회의실에서다. 윤보선민주주의연구원 주최로 '윤보선과 1970년대 민주화 투쟁'이라는 주제로 열린 학술회의에서 원장인 필자의 개회사에 이어 축사를 해주셨다. 연구원 고문인 이 전 총리는 축사에서 "김학준 교수와 윤영오 교수를 비롯해 민주화 운동에 실질적으로 참여했던 분들이 윤보선 전 대통령의 업적을 연구하고 계승하는 행사를 개최하는 것을 고맙게 생각한다"고 말씀하셨다.

3. 국가 원로로서의 역할과 기여

한국이 당면한 위기는 국론 분열이라고 한다. 여야 그리고 진보·보수 진영은 수시로 갈등을 고조시키고 국론 분열을 야기한다. 그때마다 사태를 진정시키는 중재자의 역할을 할 국가 원로가 드물다고 한다. 정당·정파의 진영논리로 편파적·극단적 견해를 표출하는 원로들이 대부분이기 때문이다.

이홍구 교수는 이상적인 원로의 길을 걸어 왔는 바, 원로의 모습을 후대에게 각인시켜 주기 바란다. 바람직한 원로는 1. 공익을 우선, 2. 옳고 그름에 대한 가치판단 능력, 3. 공론화할 수 있는 용기, 4. 공정성 증진, 5. 미중 경쟁 구도, 남북한 대치 상황, 한일관계 개선 등 국제관계 방향제시 등에서 역할이 기대된다.

"구슬이 서 말이라도 꿰어야 보배"라는 격언처럼, 원로의 분석과 처방을 전달하는 역할은 언론의 몫이다. 신문·라디오·TV의 대담이나 토론은 천편일률적으로 양극단 인사를 포함시켜 각계 의견을 반영했다는 식이고, 구독·청취·시청률을 높이기 위한 논쟁 유도로 인해 민주주의에 필요한 관용과 타협은 실종되었다. 앞으로 원로들의 합리적, 화합적 의견에 귀를 기울이는 풍토를 조성하기 바란다. 선진국에 진입한 한국을 업그레이드하기 위해 이홍구 원로의 역할과 기여가 계속되기를 바란다.

중용민주주의(meanocracy) 일본판 서문

최상용(고려대 명예교수)

◇◇◇

인간의 행위는 넓은 의미에서 정치와 무관한 것이 거의 없는 것 같다. 1960년 4·19혁명의 그날 나는 18세의 어린 나이로 정치학도의 삶을 시작했다. 그 후 60년 넘게 정치학을 공부하고 있지만 정치가 이렇게도 어렵구나, 이 어려운 정치현상을 다루는 정치학이 참으로 어려운 학문이구나 하는 것을 지금도 나는 切感한다. 플라톤은 정치학을 모든 학문 가운데 가장 알기 어렵다고 하고 통치술은 특수한 학문이라 했다. 그리고 아리스토텔레스는 정치학은 학문의 大宗(master science)이며 이론학이 아니라 실천적 지혜를 다루는 실천학이라 했다. 이 두 정치철학자의 관점은 오늘도 살아 숨쉰다. 예나 지금이나 정치철학은 무엇이 가능한 최선의 정치, 정치가, 그리고 정치체제인가에 대하여 최적最適의 해답을 찾으려는 학문 분야이다.

그동안 나는 정치철학과 국제정치 분야에서 3가지 주제 즉 nationalism, 평화 그리고 중용에 대해 깊은 관심을 기울여왔다.

Nationalism은 민족주의, 국민주의, 국가주의 등 번역어가 혼용混用되고 있고 긍정과 부정의 이중성을 가지는, 지극히 논쟁적인 개념이다. 그럼에도 불구하고 국가와 민족의 독립과 통일을 추구하는 nationalism은 정당화되고 있고 개인이 자기 나라에 대해서 가지는 적절한 애국심도 보편적인 감성으로 받아들여지고 있다. 그리고 개별 국가가 국제정치의 권력정치(power politics) 現場에서 국익國益을 추구하는 nationalism은 주권국가가 해체되지 않는 한 지속될 것이다. 4·19혁명 상황에서 민족통일을 지향하는 nationalism은 20대 한국 정치학도라면 누구나 겪었던 知的紅疫 같았다.

1972년『米軍政下韓国ナショナリズム』에서 나는 2차 세계대전 후 한국 nationalism의 목표를 통일민족주의와 의회민주주의의 결합에 두고, 미소 국제 냉전과 국내 냉전의 이중 구조 하에서 전개된 左·右 nationalism을 비교 분석한 바 있다.

1970년대 초부터 나의 연구 관심은 nationalism에서 平和思想

으로 移行하게 되었다. 20세기 전반에는 제국주의, 국가주의, 파시즘으로 불리는 nationalism이 세계를 전면 전쟁터로 만들었다. 공기는 오염도가 최고조로 올라갔을 때 그 진가를 알 수 있듯이 평화는 참혹한 전쟁의 폐허 속에서 싹이 튼다. 그런데 놀랍게도 평화가 전쟁보다 낫다는 당연한 생각이 수면 위에 오르는 데까지, 인간이 전쟁의 부재를 평화로 자각하는 데 2000여 년이 걸렸다. 좋은 전쟁보다 나쁜 평화가 낫다고 喝破한 에라스무스의 역설적 경고는 인류사에 점철된 모든 전쟁에 대해서 red card를 꺼내든 것이다.

우리는 인간성에 평화 파괴 요인이 내재하는 한 전쟁이 불가피하다는 비관적 현실주의로부터 자유로울 수 없으며 그렇기 때문에 평화의 최대화와 전쟁의 최소화 以上을 기대할 수 없는 역사적 현실에 직면하고 있다. 1960년대 후반부터 미국을 중심으로 전개된 民主平和論은 전쟁과 평화의 문제를 민주주의 정치체제와의 상관관계에서 파악한 것이다.

1997년 『平和의 政治思想』에서 나는 민주주의가 평화의 토대라는 명제를 받아들이면서 그 사상적 뿌리를 칸트의 영구평화론에 멈추지 않고 칸트 이전으로 소급하여 고대 그리스 이래 2500년의 서양정치사상에서 찾으려고 했다. 말하자면 미국流의 민주평화이론(democratic peace theories)을 비판적으로 재구성한 것이다.

1970년대 이래 나의 연구 관심은 평화사상과 함께 그 연장선에서 중용의 정치사상에 집중해왔다. 평화가 민주주의의 핵심 가치라면 중용은 민주주의와 함께 正義論의 핵심 주제이다. 이것이 바로 내가 中庸正義論의 뿌리를 찾는 이유이기도 하다. '정의가 중용이다'라는 명제 즉 중용정의(justic as mean)가 서양의 고대 그리스와 동양의 고대 중국에서 同時竝行的으로 확인된 것은 나에게는 놀랍고도 신선한 학문적 충격이었다. 플라톤은『국가론』에서 소크라테스의 절제사상을 충실히 계승하여 절제와 중용이 正義라는 것을 일관되게 설명했다. 국가론은 정의론으로 시작하여 중용론으로 막을 내리는 거대한 드라마이며 그런 의미에서『국가론』은 中庸正義를 제시한 최초의 서양 고전이다. 아리스토텔레스는 플라톤의 중용정의, 중용의 통치술, 중용의 제도화로서의『法』의 철학을 융합하여 중용정의를 중용의 정치체제로 체계화하는 데 결정적 기여를 했다. 孔孟學에서 제시된 政者正也는 고대 중국의 中庸正義를 한마디로 표현한 아포리즘(aphorism)의 정수(精髓)다. 말의 뿌리부터 政은 正, 정치가 正義라는 것을 짐작하게 한다. 孔孟學에서 正義는 仁義로 표현되는데 그 仁義가 바로 中庸이며 中正, 中道, 時中 등과 軌를 같이 한다.

公正正義(justic as fairness)를 주제로 하는 20세기 정의론의 大家 롤즈(John Rawls)도 넓은 의미에서 中庸正義論의 카테고리에서 해석될 수 있다. 中庸과 公正은 형식논리로는 그 내포와 외연이 같지 않지만 의미 내용은 겹치는 부분이 많다. 중용정의와 공정정의에는 正義라는 中心을 공유한 同心圓的 유사성(concentric similarity)이 있다. 주목할 것은 롤즈가 자신의 정의론이 독단론(dogmatism)과 환원론(reductionism)의 中庸이라고 밝힌 점이다. 실제로 롤즈가 정의론의 구상과 핵심 개념으로 채택한 省察的 均衡(reflective equilibrium), 차등원리(difference principle), 중첩적 合意(overlapping consensus) 등 정치적 構成主義 방법에는 中庸的 構想力이 돋보인다.

그동안 평화와 중용이라는 정치철학의 영속적인 물음에 대답하기 위하여 나는 평화의 정치사상 연구에서 도출된 민주평화와 중용정치사상의 핵심 가치인 중용정의의 융합을 시도해왔다. 민주평화가 실현되는 평화상태와 중용정의가 실현되는 중용상태는 양극화 갈등, 전쟁과 구조폭력의 최소화를 지향하는 국가, 시장, 시민 단위의 복합적인 국제사회에서 우리가 현실적으로 기대할 수 있는 최선의 정치상태라고 볼 수 있다.

내가 探究하고자 하는 meanocracy의 정치상태는 롤즈가 추구했던 정의롭고 평화로운 현실주의적인 유토피아(a realistic

utopia)나 坂本義和 선생님이『平和の研究』가 아니라『平和の
ための研究』를 호소하면서 정치적 유언처럼 제기한 人命의 尊
嚴이 보장되는 世界로 다가가는 기나긴 과정에서 인간의 치열
한 노력에 힘입어 여러 가지 樣態로 전개될 것이다.

　나의 연구 관심이 nationalism → 平和→ 中庸으로 이행하는
과정은 결코 單線的인 直行이 아니었다. 인간과 정치에 대한 회
의와 희망의 끝없는 왕복운동, 매개(媒介), 삼투(滲透), 지양(止
揚)의 변증법적 과정을 밟아왔다. 相對化의 시대 21세기에 들
어오면서 나는『中庸探究』,『中庸의 정치』,『民族主義·平和·中
庸』,『中庸正義와 民主平和』등 중용 연구 시리즈를 세상에 내
놓았다. 이들 연구에 담긴 문제의식과 방법을 살려서『평화의
정치사상』의 후속편으로 내놓은 것이『中庸의 政治思想』이다.
이제 나에게 남은 시간이 길지 않기에 영속적인 中庸探究의 中
間決算만이라도 일본 독자에게 알리고 싶어 日本語版의 제목을
中庸民主主義—ミノクラシ—의 政治思想으로 하였다.

　내가 민주주의의 가능한 최선의 양태로 제시한 中庸民主主
義는 中庸과 民主主義가 그러하듯이 不完全한 理性的 존재인
人間이 만들 수 있는 가장 덜 불완전한 민주주의 정치체제(the
least imperfect democracy)의 하나일 뿐이다. 민주주의의 變態인
左·右傾 populism이 亂舞하는 정치 상황에서 中庸民主主義가

populism의 예방과 극복을 위한 유력한 대안이 될 수 있기를 기대하는 바이다.

지금, 여기까지 오는 긴 세월 동안 나에게 지식 정보 영감을 준 나라 안팎의 수많은 사람들의 기억이 나의 腦裏에 각인되어 있다. 특히 반세기가 넘는 日本과의 교류에서 나는 가끔 토크빌의 미국 체험기를 떠올리면서 日本을 관찰해왔다. 20대 청년이면서 역설적 중용(paradoxical moderation)의 통찰력을 가진 토크빌은 미국 민주주의에서 平等化의 不可逆的인 역사적 흐름을 직시하면서도 다수의 전제(tyranny of majority)에 대한 경고를 잊지 않았다. 나는 평소에 평균적인 일본 국민에게 돋보이는 soft power가 절제의 미덕이라고 생각해왔다. 절제는 정치철학에서는 正義와 中庸을 의미하고 일상적 삶에서는 이성에 의한 감정의 통제에서 우러나오는 미덕이다. 절제의 미덕을 가진 일본 국민이 중용의 지도자를 만나면 Meanocracy에 걸맞은 정치환경이 지속될 것이다.

대사 재임 때 한일관계에 대한 나의 입장은 求同存異 즉 相互認定을 통한 和解協力이었다. 외교는 기본적으로 平和共存의 실천이고 求同存異는 中庸의 외교적 표현에 다름 아니다. 1998년 「金大中·小渕恵三 共同宣言」은 역사 반성과 화해협력을 통한 中庸外交의 정치적 결단이었다. 학문 영역에서 小此木政夫 교수와 함께 이루어낸 대규모 한일 공동연구 10년 프로젝트는 World Cup 공동 개최와 함께 화해 協力의 좋은 先例가 될 것이다.

法政大, 成蹊大 교수 때 만난 日本, 한국, 중국 학생 및 연구자와의 교류에 대해서는 『いま, 東アジアを考える—日中韓協力のあり方』 강연 속에 爭點, 接點, 協力方案이 담겨 있다. 특히 日本 학생의 두 가지 질문과 나의 대답은 선명히 기억하고 있다.

첫 질문은 韓中日 3국이 共有할 수 있는 사상적 자원을 例를 들어 설명해 달라는 것이고, 둘째 질문은 세계에 發信할 수 있는 韓中日 協力의 구체적인 例 하나를 들어 달라는 것이었다.

첫 번째 질문에 대해서는 17세기 中國의 黃宗羲, 18세기 조선의 朴趾源, 19세기 日本의 橫井小楠, 이 3人의 公共哲學者가 共有한 實學에 대한 강의로 대답했다. 두 번째 질문에는 韓中日의 음악 연주자로 구성된 常設 orchestra를 설립하여 1年中 세계 여행을 하면서 3국의 전통음악과 서양 고전음악을 연주했으면 좋겠다고 대답했다. 가칭 Beseto Orchestra 창설을 위해 지난 20년간 기회 있을 때마다 나는 한국과 일본의 전직 총리와 대통령을 비롯한 국회 지도자, 재계, 언론계, 학계 지도자들과 상의했고, 한국 국회의장 中國 방문단 고문으로 訪中했을 때 習近平 주석에게도 그 뜻을 전했다. 中庸思想의 大家 몬테스큐(Montesquieu)는 음악을 육체와 정신의 융합으로 보고 음악의 힘이 中庸의 힘이며 정치 지도자의 최우선 자질로 中庸의 精神 (l'esprit de moderation)을 꼽았다. 멀지 않은 장래에 3국의 정치 지도자와 전문 예술인이 中庸의 精神을 발휘하여 음악을 통한 3국의 soft power 協力의 길이 열리길 바란다.

대사로서의 外交 활동과 학문적 삶의 대부분은 小針進 교수가 주도한 硏究 報告書『崔相龍 oral history 紀錄』에 수록되어 있다. 이 口述史는 한국에서『中庸의 삶』으로 번역되어 널리 읽히고 있다.

무엇보다도 한국의 철학, 사상, 문화를 꿰뚫고 있는 京都大學 小倉紀藏 교수가 한국의 老政治學徒가 쓴 한 편의 學術論文을 東·西洋의 보편적 주제인 中庸民主主義의 出發點으로 자리매김해준 데 대해서 깊은 敬意를 표한다.

그리고 恩師와 友人의 나라 日本의 유서 깊은 출판사 ちくま書房이 拙著를 ちくま新書로 선택해준 데 대해서 마음으로부터 고마움을 전하고 싶다. 끝으로 이번에 미수를 맞으시는 이홍구 전 국무총리님과 중용민주주의 서문의 취지를 공유하게 된 것을 큰 영광으로 생각한다.

2021年 8月 15日 崔相龍

효당 이홍구(李洪九) 선생 연보

1934년   5월 9일 출생

〈학력〉

1953년   경기고 졸업, 서울대 법대 입학

1954년   서울대 법대 중퇴

1959년   미국 에모리대학교 철학 학사

1961년   미국 예일대학교 대학원 철학 석사

1968년   미국 예일대학교 대학원 정치학 박사

2002년   영국 셰필드대학교 명예 인문학 박사

<경력>

1963년   에모리대학교 조교수

1964년   웨스틴리저브대학교 조교수

1969년   서울대학교 정치학과 교수

1988년   국토통일원 장관

1991년   제12대 주 영국대사

1994년   통일부총리

1995년   제28대 국무총리

1996년   신한국당 15대 전국구 국회의원 당선,
         당 대표위원

1998년   제17대 주 미국대사

1986년~ 現 서울국제포럼 회장~이사장

2001년~ 現 중앙일보 고문
         유민문화재단 이사장
         서울대학교 명예교수

정치사상

『사기열전(史記列傳)』이 주는 메세지

김홍우(서울대 명예교수)

1

사마천(B.C.145-86)의 『사기(史記)』는 모두 5개 부문에 걸쳐 130권으로 구성된, 52만 6500자의 방대한 저작이다.[1] 첫째 부분은 "제왕의 가문과 제왕 개인의 기록"을 수록한 「본기(本紀)」 12권이고, 둘째는 "주요한 국가, 가문, 관직에서의 사건을 하나의 연대기로 연결한"「표(表)」 10권이고, 셋째는 "예악(禮樂)과 율력(律曆), 천관(天官)과 봉선(封禪), 하거(河渠)와 평준(平準)

---

1) 사마천 지음/신동준 옮김. 『사기열전 2』(위즈덤하우스, 2015), p.1031

에 대[해] 서술"한 「서(書)」 8권과, 넷째는 "다양한 제후들과 그 영지의 흥망성쇠를 다룬" 「세가(世家)」 30권이며, 다섯째는 "역사적 환경이나 비슷한 직업 또는 기질, 가문이나 동향 관계로 묶인 개인들이나 여러 사람들의 역사를 다룬 것"으로서, "한족(漢族)" 외에도 "다수의" 이민족을 포함시킨 「열전(列傳)」 70권이다.2) 이들 중 필자는 "『사기』의 꽃"3)이라 불리는 「열전」에 초점을 맞추어 사마천의 저술 의도를 살펴보고, 특히 「열전」의 여러 인물들을 통해서 그가 전하고자 했던 궁극적 멧세지가 무엇인지를 밝혀보고자 한다.

2

「열전」에 실린 첫 번째 글은 백이와 숙제 형제를 다룬 〈백이열전(伯夷列傳)〉이다. 이 글은 모두(冒頭)에서 요(堯)·순(舜)·우(禹)임금 등을 언급하면서 그들이 물러날 때 어떻게 그 자리를 넘겨주었는지를 밝히는 것으로 시작된다. 사마천에 의하면,

---

2) 그랜트 하디, "고대 중국의 역사가가 근대 서구의 이론에 기여할 수 있는가? – 사마천의 복합 화법", 『문학과 사회』(1994, 가을), P.1015

3) 사마천 지음/신동준 옮김, 『사기열전 1』(위즈덤하우스, 2015), p.12. 앞으로의 인용은 『열전1』 또는 『열전2』로 표기할 것이다.

"천하는 귀중한 보배로운 그릇이고, 제왕은 가장 높은 자이기에 천하를 물려준다는 것은 그만큼 어렵다(傳天下若斯之難也)"는 이야기로 말문을 연다.

다음으로 사마천은 "이러한 어려움(若斯之難)"과 관련하여 여러 가지 질문들을 집요하게 제기한다:

a. "요임금이 천하를 허유(許由)에게 양위하고자 했을 때 허유는 받아들이지 않고, 오히려 이를 치욕으로 여겨 달아나 숨어버렸다. 하(夏)나라 때도 변수(卞隨)와 무광(務光) 같은 은자가 있었다. 이런 자들은 무슨 이유로 오랫동안 칭송을 받는 것일까?"(『열전1』, p.21)

b. "공자는 옛 인인(仁人)과 성인 및 현인(賢人)을 차례로 열거하면서 오태백(吳太白)과 백이 같은 사람에 대해서도 매우 상세히 언급했다. 나도 허유와 무광의 절의가 지극히 고결하다고 들었다. 그럼에도 『시경』과 『서경』에 이들에 관한 개략적인 글조차 보이지 않으니 어찌된 일인가?"(『열전1』, p.22)

c. "공자는 『논어』 「공야장」에서 ‥ ‘백이와 숙제는 과거의 원한을 생각지 않았으니 이로써 세상을 원망하는 일이 드물었다’"고 주장하면서, "이들은 인(仁)을 구했는데, 또 무엇을 원망했겠는가?"라고 『논어』 「술이(述而)」에서 피력한다. 그러나 사마천은 공자와는 달리 "백이와 숙제의 심경이 비통했을 것"이라고

토로하면서, 백이·숙제의 "〈채미가(采薇歌)〉"를 인용한다. 이 노래는 다음과 같이 끝맺는다: "마침내 이들은 수양산에서 굶어 죽고 말았다. 이로써 보면 백이와 숙제는 과연 세상을 원망한 것인가, [아니면 공자의 말대로] 원망하지 않은 것인가(怨邪非邪)?"(『열전1』, p.24)

d. "혹자는 말하기를 '천도는 사사롭게 가까이하는 바가 없고, 늘 선한 사람과 함께한다'"고 했는데, "그렇다면 백이와 숙제는 착한 사람이라고 말할 수 있지 않은가? 그러나 백이와 숙제는 인(仁)을 쌓고 행실을 깨끗이 했는데도 굶어 죽었다. 또 공자는 일흔 명의 제자 가운데 오직 안연만이 학문을 좋아한다고 칭찬했으나 안연[은] 늘 가난해 술지게미와 쌀겨조차 배불리 먹지 못하고 끝내 요절하고 말았다. 하늘이 선한 사람에게 복을 내려준다면 어찌해서 이런 일이 일어날 수 있는가?"(『열전1』, pp.24-25)

e. "춘추시대 말기 도척은 날마다 죄 없는 사람을 죽이고 그 간을 회 쳐서 먹었다. 포악무도한 짓을 자행하며 수천 명의 무리를 모아 천하를 횡행했지만 끝내 천수를 누리고 죽었다. 이는 도대체 그의 어떤 덕행에 따른 것인가?"(『열전1』, p.25)

f. 근래의 사례들을 보더라도, "하는 일이 정도를 벗어나고, 법령이 금하는 일을 일삼는데도 편히 즐기며 그 부귀가 대대로 이

어지는 자가 있다. 반면 걸을 때도 땅을 가려서 딛고, 말할 때도 때를 기다려 하고, 길을 갈 때도 옆길로 가지 않고, 일을 할 때도 공정하지 않으면 분발하지 않는데도 재앙을 만나는 자가 부지 기수로 많다. 이는 매우 당혹스럽다. 만일 이것이 천도라면, 그 것은 과연 옳은 것인가, 그른 것인가?"(『열전1』, p.25)

여기서 "천하는 귀중하고 보배로운 그릇(天下重器)"이라는 "정치세계"에 대한 다소 소박한 믿음에서 시작된 사마천의 이야 기는 "이른바 천도라는 것이 과연 옳은지, 그른지(儻所謂天道, 是邪非邪)", 그 도의 참모습을 따져 묻는 순간, 돌연히 사마천은 "당혹감(甚惑)"의 늪에 깊이 빠져드는 듯이 보인다.

필자는 사마천이 제기한 위의 물음과 관련하여 「백이(숙제) 열전」에 소개된 〈채미가(采薇歌)〉를 다시 한번 숙독해보았고, 다음의 내용에 주목하게 되었다. 이를 정리하면 아래 (I)과 같다:

(I) 백이와 숙제는 고죽국 군주의 아들이다. 고죽국의 군주는 숙제에게 뒤를 잇게 할 생각이었다. 군주가 사망하자, 숙제는 나 라의 보위를 형 백이에게 양보하려 했고, 백이는 '부친의 명이 다'라며 망명했다. 숙제도 보위에 오르려 하지 않고 망명했다. (『열전1』, p.23)

이처럼 고죽국은 왕의 죽음과 더불어, 전례 없는 왕위 공백의 위기 상황에 직면하게 되었다. 그러자 "고죽국 사람들"은 "백이의 동생이자 숙제의 형인 둘째 아들을 옹립"함으로써 그 위기를 넘겼다. 여기서 주목을 끄는 것은 사마천이 "고죽국 사람들"을 가리켜 "나랏사람들" 즉 "국인(國人)"이라고 표현한 점이다. 사마천이 삽입한 이 일화는 어떤 점에서 주(周)나라 여왕(厲王) 때 출현할 "서주 공화정"[4]을 미리 예고하는 듯이 보인다. 이를 좀 더 자세히 살펴보면,

첫째 갑작스러운 국가 해체의 위기에 직면한 고죽국의 급박한 상황을 고려할 때, 가장 크게 돋보이는 것은 당면 위기를 슬기롭게 극복한 고죽국의 "국인"들의 정치적 탁월성이다. 반면 그에 비례하여 독자들은 고죽국을 이 지경으로 몰고 간 지도층들, 특히 사려 깊지 못한 고죽국의 군주와, 책임의식이 박약한 그의 두 아들인 백이와 숙제에 대해 실망과 분노를 느끼지 않을 수 없다.

둘째 이와 더불어 독자들은 백이가 어떤 이유로 아버지로부터 첫 번째 왕위 계승권자로서의 자격을 인정받지 못했는지에 대해 의구심을 갖게 되고, 사마천의 텍스트(text)가 이에 대해

---

4) 김홍우, "사마천의 공화정에 대한 이해(理解)", 『한국정치학과 세계정치학의 새 비전: 준봉 구범모 교수 미수기념논총』(뿌쉬긴하우스, 2021), pp.77-122

어떤 실마리를 주는지를 묻게 된다.

셋째 이런 관점에서 계속 쫓아가다 보면, 사마천은 하나의 정리된 답을 주기보다는, 독자 스스로가 직접 읽고, 판단하여 답을 찾아낼 것을 요구한다는 것을 알게 된다. 계속해서 사마천의 이야기(II)에 귀를 기울여보자:

(II) 당시 백이와 숙제는 서백(西伯) 희창(姬昌)이 노인을 잘 봉양한다는 소문을 듣고는 이내 그를 찾아가서 의탁하고자 했다. 가서 보니 서백은 이미 죽고 없었다.

그들이 만난 사람은 서백(西伯)의 아들 무왕 희발(姬發)이었다. 그는 시호를 문왕(文王)으로 올린 부왕의 나무 위패를 수레에 싣고 동쪽 은(殷)나라 주(紂)왕을 치기 위해 바야흐로 출정의 길에 오르려 하고 있었다. 그때 백이와 숙제는 무왕에게 다가가서 말고삐를 잡고 말하기를, '부친이 돌아가셨는데 장례도 치르지 않은 채 곧바로 전쟁을 일으키려 하니 이를 효라고 말할 수 있습니까? 신하된 자로서 군주를 시해하려 하니 이를 인이라고 말할 수 있습니까?'라고 했다. 무왕의 좌우가 이들의 목을 치려고 했다. 그 찰나에 군사(軍師) 강태공(姜太公)이 '이들은 의인(義人)이다'고 호통치는 소리에 이들은 목숨을 보전할 수 있었다. 이후 무왕이 나라를 평정하자 천하의 제후들은 주나라를

종주(宗主)로 섬겼다. (『열전1』, p.23)

넷째 위에 인용된 두 이야기 (I), (II)를 통해 독자들은 백이와 숙제가 정치적 사물들에 대해 "어떻게(how)" 판단하는지, 그들의 정치적 판단의 실제를 직접 관찰할 수 있게 된다.

a. 고죽국의 군주가 사망하고, 동생 숙제가 보위를 형 백이에게 양보하려 했을 때, 백이는 '부친의 명이다'라고 거부하고, 그 나라를 떠났다. 그러나 한 나라의 "보위"의 이양은 아버지와 아들 간의 사적 관계에서, 사담을 통해 이루어지는 오이코스와는 구분되는, 군주와 신하 간의 공적인 문제로서 폴리스 전체의 운명을 좌우하는, 정치의 핵심적 사안 중의 하나이다. 그러나 백이는 '오이코스'와 '폴리스'의 영역을 명확하게 구분하지 못했고, 후자 즉 '폴리스'를 전자 즉 '오이코스'의 단순한 연장으로 이해했다. 다시 말하면, 그는 "군주의 명"이라 하지 않고, "부친의 명"이라고 말함으로써, 정치에 대한 그의 소박한 인식을 드러냈다.

b. 또 백이와 숙제는 무왕의 말고삐를 붙잡고, '부친이 돌아가셨는데 장례도 치르지 않고, 곧바로 전쟁을 일으키려 하니 이를 효라고 말할 수 있습니까?'라고 간한다. 그러나 따지고 보면, 숙제 자신도 왕이 서거하자 이미 예정된 왕위 즉위 계획을 무산시키고 망명길에 올랐고, 이 때문에 왕위 공백이라는 고죽국 초유

의 위기 상황을 자초하지 않았던가? 숙제의 사려 깊지 못한 이런 행위에 대해 누가 효라고 말할 수 있겠는가?

c. 뿐만 아니라 백이와 숙제는 바야흐로 은(殷)나라 주왕(紂王)을 징벌하려는 무왕에게, '신하된 자로서 군주를 시해하려 하니 이를 인이라고 말할 수 있습니까?'라고 힐문했는데, 은나라의 "주왕(紂王)"을 가리켜 "군주(君)"라 부르고, 그를 징벌하려는 무왕의 의거를 "시해(弑)"로 단정하면서 '감히 인(仁)이라고 말할 수 있겠느냐'라고 반문한 그들의 행동에 대해 당시의 민심이 얼마나 호응했을까? 하는 의문을 갖게 한다.[5] 백이와 숙제가 주위 세계와 단절되어 있었다는 정황은 무왕의 아버지 문왕(서백 희창)의 소문을 듣고 "이내" 찾아갔으나, "서백은 이미 죽고 없었다"는 대목에서도 충분히 짐작된다. 사마천도 일상적 세계와는 유리된 그들의 초연한 삶을 겨냥한 듯이 이렇게 부연한다: "이후 무왕이 은나라를 평정하자, 천하의 제후들은 [무왕의] 주나라를 종주(宗主)로 섬겼다."

d. 끝으로, 사마천의 고죽국 이야기는 다음과 같은 말로 끝맺는다: "백이와 숙제는 주나라 백성이 되는 것을 치욕으로 여겼

---

5) 실제로 황노(黃老)파의 황생(黃生)은 "[은]탕왕, [주]무왕은 천명을 받은 것이 아니라 시해한 것이다(湯武非受命, 乃弑也)"라고 주장했다. 김영민, 『중국정치사상사』(사회평론아카데미, 2021), p.88에서 재인용.

다. 지조를 지켜 주나라의 양식을 먹으려 하지 않고, 수양산(首陽山)으로 들어가 고사리를 뜯어 먹으며 배를 채웠다. 이들은 굶주려 죽을 지경에 이르러 노래를 지어 불렀다. 가사는 이러했다.

저 서산(西山)에서 고사리나 뜯어 먹고 [사세]
폭력으로 폭력을 바꾸고도 잘못을 모르지(以暴易暴兮 不知其非矣)
신농(神農)·순임금·우왕 때는 홀연히 지나갔지
우린 장차 어디로 돌아가야 좋단 말인가?
아! 이제 죽음뿐, 우리 운명도 다했[네.]
마침내 이들은 수양산에서 굶어 죽고 말았다.(『열전1』, pp.23-24)

필자는 "저 서산에서 고사리나 뜯어 먹고 사세"라는 첫 구절에 가리어진 후반부의 두 구절에서, 즉 "우린 장차 어디로 돌아가야 좋단 말인가?/아! 이제 죽음뿐, 우리 운명도 다했네"에서 죽기보다도 더 고통스럽게 인간의 한계상황에 부딪혀 울부짖는 두 사람의 절망스러운 신음소리를 듣는 듯하다. 돌이켜보면, 이들의 수양산 은둔은, "주나라 백성이 되는 것을 치욕으로 여"긴 고귀한 존재의 도덕적 결정, 다시 말해서 공자가 말한 것처럼, 살신성인의 마음으로 자발적으로 선택한 결정으로 단정짓기 어려워 보인다. 이런 점에서 필자는 "백이의 심경은 비통했다"는 사마천의 평가가 차라리 옳았고 또 정직해 보이며, 같은 맥락에서 "수양산 은둔"은 백이와 숙제의 고집스럽고 몰정치적(a-political) 성향이 몰고 온, 폭력적 "죽음의 정치"라고 해야 하지 않을까? 이것이야말로 이폭역폭(以暴易暴)이 아니고 무엇이겠는가? 이것은 변명하고 위장(camouflage)하기보다는, 마땅히 원망하고 저항해야 하는 것(由此觀之 怨邪非邪)이 아니겠는가?

이상의 논의를 통해 드러난 백이·숙제에 대한 공자와 사마천 간의 상반된 평가에 대해 필자는 그것이 뜻하는 바가 무엇인지를 묻지 않을 수 없다. 공자는 "백이와 숙제는 과거의 원한을 생각지 않았으니 이로써 세상을 원망하는 일이 드물었다"고 주장한다. 사마천은 이와는 달리 "백이의 심경이 비통했을 것으로 본다(余悲伯夷之意)"고 반박한다. 여기서 유의할 것은 사마천이 "백이와 숙제"가 아닌 "백이" 한 사람만을 특별히 꼭 집어 기술한 점이다.

어떤 점에서 "백이"에게는 남다른 아픔과 원한이 있었는지도 모른다. 그는 고죽국 군주의 맏아들로 태어났음에도 불구하고, 당연히 계승해야 할 왕위에서 배제되었고, 그를 대신하여 셋째인 숙제가 선택되었다. 백이와 숙제는 서백(西伯) 희창(姬昌)

이 노인을 잘 봉양한다는 소문을 듣고 찾아갔으나, 그는 이미 고인이 되어 있었다. 그러나 뜻밖에도 그들은 노상에서 서백의 아들 무왕과 마주치게 되었다. 무장(武裝)한 채로 말 위에 버티고 있는 모습에서 그들은 몹시 거칠고 무례한 폭군을 떠올렸는지도 모른다. 그들은 무왕 앞으로 다가서며 그의 말고삐를 잡았다. 그러나 놀랍게도 그들의 행동을 저지하는 사람은 아무도 없었다. 이것은 예상 못한 일이었다. 뿐만 아니라, 그것은 숨 막히는 긴장의 연속이었다. 그들이 말없이 왕에게로 다가가서 그의 말고삐를 잡는 그 짧고도 긴 시간의 흐름 동안, 그 누구도 그들의 행동을 저지할 엄두를 낼 수 없었기 때문이다. 왜냐하면 무왕의 강력한 의지가 이미 읽혀졌기 때문이다. 무왕은 폭군 정벌의 출정을 앞둔 긴박한 시점에서, 노상에서 만난 이 불청객들의 출현을 조금도 마다하지 않았으며, 가까이 다가오는 순간까지 아무런 동요 없이 그들을 응시했고, 거침없이 말고삐를 잡는 순간, 반사적으로 그들의 멧세지에 귀를 기울였다. 그러나 자신들의 생각에 깊이 빠져 있던 백이와 숙제에게 무왕의 이러한 몸짓은 정확하게 포착될 수 없었다. 게다가 수많은 사람들이 운집한 자리에서 말하는 것은 이들에게 익숙한 것이 아니었다. 그들의 "독백적 대화(monologic dialogue)"는 원래의 의도에도 불구하고, 무왕은 마치 '주왕 (紂王)'인 양, 그리고 주왕은 성군(聖君)

으로 비쳐지는 듯이(scheinen) 보였다. 여기서 백이·숙제가 한 말을 다시 곱씹어보면, 그 시작과 끝은 이러했다: 처음에는 "[부친이 돌아가셨는데 장례도 치르지 않고] 곧바로 전쟁을 일으키려"는 조급한 행동에 대한, 다소 피상적인 비판에서 시작되었는데, 그 발언이 진행되면서 근본적인 정치적 충성과 반역의 문제로, 다시 말하면 "신하 된 자로서 군주를 시해하려"한다는 쪽으로 옮겨갔던 것이다. 여기서 징벌에 나선 무왕은 주왕(紂王)처럼, 그리고 징벌의 대상이 된 주왕은 성군처럼 비쳐지는 듯했다. 이 사건은 Sein(Being; 天道)의 세계가 Schein(appearance; 世俗的인 人道)에 의해 매개될 때, 생동하는 물적 세계의 능동적 힘이 얼마나 강력하게 작용하는지를 잘 보여준다.[6] 독자들

---

6) 여기서 『생동하는 물질: 사물에 대한 정치생태학』(제인 베넷 지음/문성재 옮김, 현실문화, 2020)의 저자인 베넷은 왕권마저 포기한 백이와 숙제를 향해 "고동치는 물질의 생기성"을 주장한 헤르더(von Herder)의 견해를 다음과 같이 소개하는 듯이 보인다: 즉 "물질은 죽은 게 아니라 살아 있다. 물질의 내부에서 그리고 물질의 외부와 내부의 기관들에 순응하면서, 수천의 살아 있는 다양한 힘들이 작용하고 있다. 우리가 물질에 대해 더 알아갈수록 우리는 그 안의 힘들을 더 발견하게 될 것이고, 죽은 연장이라는 공허한 개념은 완전히 사라지게 될 것"이다.(p.233) 베넷은 "생동하는 물질[과] 활기 넘치는 사물"의 한 예로서 "정전사태"를 든다. 비인간인 "전기는 때로는 우리가 보내고자 하는 곳을 향해 흘러가지만, 때로는 자신이 만나게 되는 다른 신체들에, 그리고 그러한 신체들과 행위하고 상호작용할 수 있는 놀라운 기회들에 즉각적으로 반응하며 [이를 통해 유효전력을 유지하고 또는 무효전력을 공급함으로써] 나아갈 길을 스스로 선택한다." 또한 베넷은 이와 같은 전기의 "선택"이 "정전사태를 유발한 원인 중 하나"라는 점을 지적한다.(pp.87–91) 베넷은 이 책의 결론

에서 다음과 같이 피력한다: "나는 활력 넘치는 물질과의 조우가 인간의 지배라는 나의 환상을 벌하여 바로잡으리라는 것을 믿노라."(p.295) 베넷의 이러한 견해는 최근에 국내의 한 정책행정학자인 이해영의 『정책사상 대계』(2020, 박영사)에서 "물아론(物我論)"으로 전개되고 있다. 그 요지는 다음과 같다: "물아주의(the principle of mutual interpenetration between policy human and nonhuman)"는 "이기적인 인간 중심에서 탈출"하여, "물아(物我)"의 교섭관계로 정책의 본질을 설명하고자 하는 정책사상"이다. "물아주의는 인간인 아(我)와 인간뿐만 아니라 사물을 지칭하는 물(物)이 상호 간에 원만하게 교섭하면서 각각의 본질적 가치와 역할이 침해받거나 방해받을 수 없는 불가침의 신성한 존재물이라는 사실에 기초"한다. 이런 관점에서 볼 때, 대한민국의 "산림기본법"에서는 "인간과 비인간의 조화로운 상호교섭"은 찾아보기 어렵고, "인간의 욕망과 가치 추구를 우선적인 정책 목적이나 가치로 설정하고 있음을 보게 된다."

반면, "한국의 치수(治水)정책인 물관리기본법은 〈중략〉 우선적으로 물이 자연생태계에서 순환되는 물의 순환개념을 도입하고 있다. 즉 빗물이 지표수나 지하수" 등과 같은 "강물이나 호수, 댐, 저수지 등과 같은 다양한 물로 변형되었다가 대기 중에 증발하여 다시 빗물로 변환되는 물순환이라는 생태적인 순환"을 "전제로 하고 있다. 이와 같은 물순환 과정에서 인간뿐만 아니라 자연생태계는 그들의 생명체의 근원인 물을 이용하게 된다." 요컨대, "물관리기본법은 물의 경제성이나 공공성, 즉 물은 모든 생명체의 근원이라는 사실뿐만 아니라, 물의 가치에 따라서 물을 이용하고 활용하는 인간과 비인간 등의 물이용 권리에 관한 균형을 중시하는" 사상을 가지고 있다. "이것이 물의 경제적 수자원(water resource)과 환경적인 수생태(water ecology) 간의 조화와 균형"을 보여주는 예라 할 수 있다.(pp.28, 728, 736-737)

여기서 우리는 M. Heidegger가 그의 논문, "The Thing"(in his 『Poetry, Language, Thought』, Tr. and Intro. by Albert Hofstadter, Harper & Row, Publishers, Inc., 1971)에서 "사물을 더 이상 사물로서 생각하지 않는" 현대 세계는 "사물의 사물성에 이르는 길을 상실하"고, 마침내는 "사물로서의 사물을 소멸시킨다(annihilated things as things)"고 경고하면서(pp.166, 167, 170), Kant의 『순수 이성비판』을 그의 공격의 표적으로 삼고 있음을 상기할 필요가 있고, 이런 맥락에서 그가 이 글의 마지막에 남긴 말, 즉 "Men alone, as mortals, by dwelling attain to the world as world. Only what conjoins itself out of world becomes a thing."(p.182)에 담긴 깊은 뜻에 대해 다시 한번 주목하게 된다.

은 이들의 만남의 장면에서 "대화는 엄밀한 의미에서 플롯 의존적일 수 없"다는 오랜 바흐찐(Bakhtin)의 명제를 생생하게 확인할 수 있으며, 특히 "목소리가 큰 생생한 억양은 말을 너무나 독백화(monologize)시키고 그 말 속에 있는 타인의 목소리에 대해서 공정을 잃을 수 있다"는 그의 지론을 실감할 수 있게 해준다. 백이·숙제에겐 현장이란 너무나 불투명한 공간이었고, 당시와 같은 혁명적, 전환기적 상황에서는 정치가 기존의 "지식과 통제를 초월"하는 본능적 세계를 방불케 했다. 백이와 숙제는 이에 대해 너무나 무지하고 나이브(naive)했으며[7], 마침내 그들의 역사적인 대면은 뜻하지 않게 유혈사태로 급진전되는 듯싶었으나, 군사(軍師) 강태공이 다급히 "이들은 의인 (義人)이"라고 내지른 호통소리와 더불어 "이들을 보호해 돌려보"낸 그의 기민한 행동으로, 사태는 진정될 수 있었다.

필자는 이 사건에서 3가지 아쉬움과 아픔을 느낀다. 첫째는 이 두 진영이 끝내 화해하지 않은 점이고, 둘째는 주 무왕이 백이·숙제를 수양산에서 굶어 죽기까지 방관한 점이고, 세 번째는 백이·숙제가 이 역사적 만남의 귀중한 가치를 살려내지 못한 아쉬움이다. 특히 세 번째와 관련하여, 그 원인이 백이·숙

---

7) M. 바흐찐 지음/김근식 옮김. 『도스또예프스끼 시학』(정음사, ?), pp.369,286

제의 "불능 (不能)" 때문인지? 아니면 "불위(不爲)" 때문인지?[8] 를 묻지 않을 수 없다. 그러나 사마천은 놀랍게도 그들의 불능 (不能)이나 불위(不爲) 때문이 아니라고 말한다. 마치 천리마 의 꼬리에 붙어 있어야 멀리 갈 수 있는 것처럼(附驥尾 而行益 顯), 사람도 청운의 뜻을 살려줄 사람, 다시 말하면 "청운지사를 만나야 한다"는 것이다. 이런 점에서 백이와 숙제의 진짜 문제 는 "청운지사를 만나지 못함(非附靑雲之士)"에 있다는 것이다. (『열전1』, p.28)

〈백이열전〉을 요약하면, 사람이란 "청운지사를 만나야 빛을 발할 수 있는 사회적 존재"이다. 이런 점에서 어떤 탁월한 능력 도 타인과의 상호작용 없이는 인식되지 않으며, 자라날 수도 없 다. 백이와 숙제는 "청운지사"를 만나지 못해, 그들의 영혼 속에 잠자고 있는 능력을 살릴 수 없었던 "비부(非附)"의 대표적 사 례이다.

---

8) 고종실록 13권, 고종 13년 2월 6일자 참조. 여기서 조선국의 대표로 강화도 조약 을 체결했던 신헌(申憲)은 고종에게 그의 심정을 다음과 같이 토로했다: "등(騰)나라 나 설(薛)나라 같은 작은 나라들도 한편으로는 큰 나라를 섬기면서 교린하고 또 한 편으로는 방어를 갖추고 나라를 지켜 전국(戰國) 시대에서도 온전히 지킬 수 있었던 것입니다. 삼천리강토를 가지고 있으면서 어찌하여 지켜낼 좋은 방도가 없겠습니 까? 이것은 이른바 하지 않은 것이지 할 수 없는 것이 아닙니다.(騰,薛之小, 亦 以事 大交隣, 以備禦守國, 能全保於戰國之世下, 三千里封疆, 亦豈無守禦之良方乎? 此 所謂不爲也, 非不能也).

마이클 샌델(Michael Sandel) 역시 『정의란 무엇인가』에서 같은 견해를 표시한 바 있다. 그에 의하면 "도덕적 사고란 홀로 추구하는 것이 아니라 여럿이 함께 노력하는 것(a public endeavor)이라고" 말하면서, "친구, 이웃, 전우, 시민 등의 대화 상대(an interlocutor)가 필요하다. 때로는 그 대화 상대가 실존 인물이 아니라 상상 속의 존재일 수도 있다. 자기 자신과 논쟁할 때가 그렇다. 하지만 자기 성찰만으로는 정의의 의미나 최선의 삶의 방식을 찾을 수 없다"[9]고 주장한다. 요컨대 도덕 교육과 훈련에 있어서는 여러 사람들의 공동활동에 의한 "공적 수행(public endeavor: 公的修行)"이 필수과정이라는 것이다.

여기서 필자가 제기하는 질문은 사마천의 "비부(非附)"론이 「열전」 전체를 떠받치는 일관된 입장이 아닐까?이다. 이 물음에 답하기 위해 본고는 〈백이열전〉에 이어지는 몇 편의 글을 좀 더 검토해 보고자 한다.

---

9) 마이클 샌델 저/김선욱 감수·김명철 옮김, 『정의란 무엇인가』(미래엔, 2014), p.54

3

「열전」의 두 번째 글은 제(齊)나라의 명재상 관중(管仲)과 안영(晏嬰)을 다룬 〈관안열전(管晏列傳)〉이다. 사마천은 이 글에서 "청운지사"의 실제 사례 3가지를 제시한다:

1. "청운지사"의 사례들

(1) 포숙(鮑叔)

일찍이 관중은 "나를 낳아준 것은 부모이고, 나를 알아준 것은 포숙(生我者父母, 知我者鮑者也)"이라고 말할 정도로 포숙은 관중의 전체 성장과정에 깊숙이 개입하여 큰 영향을 미친 사람이다. 관중은 외견상으로 우려스러운 여러 가지 개인적 성향들을 갖고 있었으나, 포숙은 그러한 관중을 질책하기보다는 이해하고 인내하면서, 그러한 성향이 긍정인 힘으로 살아나도록 도운 것으로 보인다:

a. 관중(管仲)은 젊었을 때 포숙과 늘 같이 지냈다. 관중은 곤궁한 까닭에 언제나 포숙을 속였지만, 포숙은 늘 그를 잘 대해주었고 속인 일을 따지지 않았다.

b. 관중이 빈궁할 때 포숙과 장사한 적이 있다. 이익을 나눌 때마다 관중이 더 많이 차지하곤 했다. 그러나 포숙은 관중이 가난한 것을 알고 있었기 때문에 그를 탐욕스럽다고 하지 않았다.

c. 한번은 관중이 포숙을 대신해 어떤 일을 하다가 실패해 그를 더욱 어렵게 만든 적이 있었다. 그러나 포숙은 시운이 좋을 때와 나쁠 때가 있다는 것을 알았기 때문에 관중을 어리석다고 하지 않았다.

d. 관중은 일찍이 세 번이나 벼슬길에 나섰다가 세 번 모두 군주에게 내쫓긴 적이 있다. 그러나 포숙은 관중이 아직 때를 만나지 못한 것을 알았기 때문에 그를 불초(不肖)하다고 여기지 않았다.

e. 관중은 전쟁에 세 번 출전해 세 번 모두 달아난 적이 있다. 그러나 포숙은 관중에게 노모가 있다는 것을 알았기 때문에 그를 비겁하다고 여기지 않았다.

f. 포숙은 제나라 공자(公子) 소백(小白)을, 관중은 노(魯)나라 공자 규(糾)를 섬기게 되었다. 공자 규는 보위를 놓고 다투다가 죽임을 당했고, 그를 받들던 소홀(召忽)은 자진(死)했으나 관중은 붙잡혀 굴욕을 당하는 쪽을 택했다. 그러나 포숙은 이 때문에 그를 후안무치(厚顔無恥)한 사람이라 하지 않았다. 왜냐하면 관중은 사적인 의리(小節)는 부끄러워하지 않았지만 천하에 공명(功名)을 떨치지 못하는 것은 부끄러워한다는 사실을 알았기 때문이다.

g. 소백이 제환공에 즉위하자 관중은 포숙의 천거로 환공에게

발탁되어, 제나라 국정을 맡게 되었다. 제환공이 천하의 패자(霸者)가 되어 제후들과 아홉 번 회맹(會盟)하는 구합제후(九合諸侯)와 단번에 천하를 바로잡는 일광천하(一匡天下)를 이룬 것은 관중의 지모(智謀) 덕분이었다.

h. 포숙은 관중을 천거한 후 아랫자리에 있으면서 그를 받들었다. 세상 사람들은 관중의 현명함보다 사람을 잘 알아보는 포숙의 지인지감(知人之鑑)을 더 칭송하였다.

여기서 독자들은 앞서 살펴본 "백이·숙제"와 관중 간의 대비를 뚜렷이 보게 된다. 예컨대 만일 백이·숙제가 포숙이나 안영 또는 출근하는 남편을 "문틈으로 … 엿본" 마부의 아내(이 두 사람은 곧 이어서 다룰 것이다), 아니면 나정(蘿井) 우물가로 달려간 서라벌 고허촌장(高墟村長) 소벌공[10]과 같은 식별력을 갖

---

10) 김부식의 『삼국사기』에는 우물가에 버려진 한 기아(棄兒)가 임금으로 옹립되어 박혁거세로 등장하게 된 이야기를 이렇게 기술한다: "고허촌장 소벌공이 양산의 기슭을 바라보니 나정(蘿井) 옆의 숲 사이에 웬 말이 꿇어 앉아 울고 있는 것이었다. (1)다가가서 보자 홀연히 사라져 보이지 않고 큰 알만 하나 있었다. 알을 가르자 그 속에서 한 어린아이가 나오므로 (2)거두어 길렀다. 나이 10여 세가 되자 뛰어나게 숙성하였다. 6부의 사람들은 그의 출생이 신이하다 하여 (3)받들어 높이더니, 이때 와서 그를 (4)옹립해 임금으로 삼았다."
위에 소개된 소벌공은 5가지 특징을 보여준다: 1)낯선 외부의 존재가 침범한 긴장된 상황에서, 애써 외면하지 않고 다가가서 대면하였고, 2)버려진 갓난아이를 거두어들여 양육했다. 이러한 소벌공의 "거두어들임"은 고주몽의 어머니 유화를 "버린" 부여국의 왕 해모수나, 그가 유화와 동침한 후 알을 낳았을 때, 그 알을 개와 돼지에게

춘 "지인지감의 눈(eye)"과 조우했다면, "수양산(首陽山)의 비극"은 과연 어떻게 되었을까? 여전히 반복되었을까? 아니면 피해갔을까? (『열전1』, pp.31-32)

(2) 안영(晏嬰)

안영은 산동 지역 이유(夷維) 지방의 출신으로, 제나라 관중이 죽은 뒤 100여 년 후에 태어나 재상이 된 인물이다.

a. 한번은 월석보(越石父)라는 현인이 어쩌다가 죄수의 몸이 되었다. 안영이 외출하다가 길에서 우연히 그를 만났다. 곧 수레의 왼쪽 말을 풀어 속죄금을 내준 뒤 월석보를 태우고 귀가했다. 그러나 안영은 아무런 말 없이 내실로 들어갔다. 잠시 후 월석보가 절연할 뜻을 비쳤다. 안연이 화들짝 놀라 의관을 단정

"준" 동부여 왕 금와는 대비된다. 3)박혁거세가 처음에는 고허촌장의 양아들로 입양되었으나, 10여 세에 이르러서는 - 다시 말하면 10여 년의 세월이 흐르는 사이에 - 6부 모든 사람들의 리더로서 손색없는 존재로 인정받고 있었다. 이것은 버린 아이를 거두어들여 그에게 잠재된 신체적 능력과 정신적 자질을 모두 잘 살려낸 소벌공의 육아 교육의 큰 결실이라 할 수 있다. 4)또 왕이 세워졌다는 것은 보잘것없는 유민들의 촌락이 안정되고 번영하는 도성으로 변했음을 뜻한다. 5)끝으로 고허촌장 소벌공의 이름은 박혁거세가 왕이 된 이후로는 더 이상 찾아볼 수 없었다. 마치 나정(蘿井) 옆의 숲까지 박혁거세를 운반했던 말(馬)이 홀연히 사라진 것처럼, 소벌공 역시 왕이 등장하는 순간, 푸른 하늘의 구름처럼 종적을 감춘 것이다. 이상의 몇 가지 점에서 필자는 "소벌공(蘇伐公)"이야말로 사마천이 말한 '청운지사(靑雲之士)'의 모형이 아닐까 생각한다. 김부식 저/이강래 옮김, 『삼국사기』(한길사, 2007), p.63

히 한 뒤 사죄하고 물었다: "제가 어질지는 못하지만 그대가 어려울 때 구해주었소. 어째서 이처럼 빨리 인연을 끊으려는 것이오?" 월석보가 대답했다: "그런 것이 아닙니다. 제가 듣건대 군자는 자신을 알아주는 자에게는 뜻을 드러낸다고 했습니다. 방금 제가 죄수의 몸이었을 때 사람들은 저에 대해 모르고 있었습니다. 그러나 그대는 깨달은 바가 있어 속죄금을 내주고 저를 구해주었습니다. 저를 알아준 것입니다(是知己). 저를 알아주면서도 예의를 갖추지 않으면 차라리 죄수의 몸으로 있는 것이 낫습니다." 그러자 안영은 월석보를 맞아들여 상객(上客)으로 대우했다. (『열전1』, pp.35-36)

b. 또 안영은 재상이 된 후 외출을 하려 했다. 이때 마부의 아내가 문틈으로 남편을 엿보았다. 그의 남편은 재상의 마부로서 수레의 큰 차양을 받쳐 든 채 네 마리 말에 채찍질을 가하면서 의기양양한 표정으로 매우 만족스러워했다. 얼마 후 마부가 돌아오자 아내가 헤어지자고 청했다. 남편이 그 까닭을 묻자 아내가 대답했다: "안자[晏嬰]는 키가 6척도 되지 않는데 재상이 되어 제후들 사이에 명성을 떨치고 있습니다. 오늘 제가 그의 외출 자세를 보니 품은 뜻이 심오하고 늘 자신을 낮추는 겸허한 모습을 보였습니다. 그대는 키는 8척이나 되건만 남의 마부 노릇이나 하며 의기양양해하고 있습니다. 제가 헤어지려는 이유

입니다." 이후 마부는 자신을 낮추며 겸손해했다. 안영이 이상히 여겨 그 연유를 묻자 마부가 사실대로 대답했다. 안자가 그를 천거해 대부(大夫)로 삼았다.

(3) 마부의 아내

이미 위에서 언급한 바와 같이 마부는 대부가 되기 이전에 재상의 마부로서 그의 후광을 힘입어 호가호위(狐假虎威)하며, 갑질을 일삼았다. 그러던 어느 날 마부의 아내는 남편에게 갑자기 헤어질 것을 요구했고, 여기에 충격을 받은 마부는 그동안의 허세와 오만을 모두 내려놓고, 재상 안영을 본받아 "자신을 낮추고 겸허한" 모습으로 마부의 본업에 충성을 다하며, 힘을 바쳐 마땅히 해야 할 일에만 전념했다. 마부의 갑작스러운 변화를 이상히 여긴 안영은 그 연유가 마부의 아내 때문임을 알게 되었고, 여기에 감동되어 마부를 천거해 대부(大夫)로 삼았다. (『열전1』, pp.36-37)

이상과 같이 사마천은 〈관안열전〉에서 "청운지사"의 구체적 사례들을 직접 보여줌과 동시에 "태사공 논평(太史公曰)"을 통해 관중과 안영에 대한 공자(孔子)와 자신의 평을 소개한다. 사람들은 "관중"을 "현신(賢臣)이라 말하"지만, "공자는" 그가 "제

환공을 도와 왕도 (王道)"가 아닌 "패도(覇道)를 추구"한 패권
주의자라고 비판한다. 이 "논평"에서 특히 주목을 끄는 대목은
"군신은 능히 서로 친할 수 있어야 하는데(上下能相親也)", 이
를 위해서는 "군주의 장점을 북돋우고 결점을 바로잡아주어
야 한다(將順其美, 匡救其惡)." 그런데 "이것이 어찌 관중을 두
고 하는 말이겠느냐(豈管仲之謂乎)?"라고 반문하면서, 그런 일
은 오직 안자(晏子)만이 할 수 있을 뿐이라는 사마천의 주장
이다. 여기서 사마천은, 첫째 "포숙"과 "안영"과 "마부의 아내"
등등 "청운지사"론을 통해 공자의 반-패권주의 또는 "비지배
(nondomination)"[11]의 반-패권적 비판에 동조하면서도, 둘째 관

---

11) 필립 페팃(Philip Pettit)은 『왜 다시 자유인가』(곽준혁·윤채영 옮김,한길
사,2019)에서 "비지배의 자유"에 대해 이렇게 설명한다: "자유는 간섭뿐 아니라, 로
마 공화정시대에 지배(dominatio)라고 불린 타인에 대한 예속(subjection)의 부재
를 요구한다." 입센의 『인형의 집』의 "노라가 진정으로 자유로우려면, 간섭의 부재
가 아니라 지배의 부재가 필요하다. 즉 다른 사람의 의지, 특히 [그녀의 남편인] 토르
발트의 의지에 예속되지 않는 게 필요하다"; "자유를 누리기 위해서는 누군가가 당
신을 간섭하려 할지라도 이를 물리칠 수 있는 능력을 갖추어야 한다. 노라는 그 능
력을 갖추지 못했다."(pp.26-28); 반면 "토르발트[는 그러한 능력을 저지할 수 있는,
말하자면] 노라의 문지기다." 만일 "당신의 선택을 감시하는 문지기가 있다면 당신
은 당신의 의지만으로 선택할 수 없다. 당신의 의지를 [비록 일시적으로] 충족할 수
는 있어도 이는 문지기가 그렇게 하도록 허용해주기 때문에 가능한 것이다. 즉 당신
은 그 사람의 유예된 통제"에, 다시말하면 그의 '풀린 고삐'에 종속되어 있으며, 따
라서 "당신이 향유하는 모든 자유는 '풀린 고삐'일 뿐", 언제든지 그 고삐를 진 자가
다시 틀어쥘 수 있기 때문이다. [이런 점에서] "당신은 완전한 의미에서 자유를 향

유할 수 없다."(p.102) 이것이 어째서 "주인의 지배 아래 있는 개인들[이] '아무리 공평하고 친절한 대접을 받는다 하더라도 결코 자유롭다고 할 수 없'"는 이유인 것이다.(p.60); 설사 "토르발트가 노라가 의존적인 존재가 되기를 원하지 않는다 하더라도 여전히 노라는 그의 선의에 기대도록 강요받을 수 있으며, 비지배 자유를 박탈당할 수 있다."(p.60) 페팃은 이를 다음과 같이 정식화한다: "비록 내가 당신의 삶을 간섭하지 않더라도 당신은 나의 간섭할 수 있는 권력에 복속되어 나의 선의에 의지함으로써 개인적으로 지배당할 수 있다."(p.249) 이른바 "갑질"은 이러한 경우의 대표적 예라 할 수 있다. "이는 개인뿐 아니라 공동체의 경우에도 엄연한 진리다."(p.60) 예컨대, 한 나라 A가 다른 나라 B를 실제로는 결코 간섭하지 않더라도, 나라 A가 "군사적이든 경제적이든 아니면 다른 어떤 수단이든 국내문제와 관련해" B를 "마음대로 간섭할 수 있는" 경우, B는 A가 "존재하는 것만으로도 지배당할 수 있다."(p.249) 여기서 페팃은 "공화주의적 의미에서 자유는 훨씬 강력한 무엇을 요구한다"고 말하면서, '타인의 의지로부터의 독립' 또는 '타인의 지배로부터의 면제'가 담보된 "비지배 자유"가 요구된다고 주장한다.(p.107) 요약하면 "사람들이 비지배 자유를 누리는 사회가 되려면 서로가 서로에게 권한을 부여하고 서로가 서로를 존중하는 공화정이 되어야 한다"(p.29); "시민의 공화정, 즉 자유인의 공화정이라는 이념은 폴리비오스의 역작과 그에게서 영감 받은 후대의 로마 공화주의 사상가들", 예컨대 "키케로"와 "티투스 리비우스와 같은 역사가"의 영향으로부터 발전하였다.(p.55) 페팃은 그의 『신공화주의: 비지배자유와 공화주의 정부』(곽준혁 옮김. 나남, 2012)에서는 "비지배자유 = 자의성에서 벗어난 자유(p.44) = 자의적 통제로부터의 면제"(p.53)로 요약한다. 그는 이렇게 부연한다: "자유롭지 않다는 것은 자의적 영향력, 다시 말해 잠재적으로 변덕스러운 의지, 혹은 잠재적으로 타인의 특수한 판단에 종속된다는 것을 의미한다. 자유는 이러한 종속과 의존으로부터의 해방을 요구한다. 자유를 위해서는 … 누구도 다른 사람에게 자의적으로 간섭하는 권력을 가지지 않겠다는 인식을 공유하는 것이 필요하다."(pp.42–43) 그는 특히 "자의성"을 겨냥하여 "비지배 자유"를 지향하는 "정체는 선거적이고 동시에 견제적인 민주주의의 이상을 구체화하는 제도를 추구해야 한다"고 강조하면서(p.516), "자유의 대가는 [자의성에 대한] 영원한 경계(eternal vigilance)"(p.44)임을 주장한다.

필자는 로크(J. Locke)가 말한 "관용(tolerance)"과 위에 언급한 안영(晏嬰)이 "스스로를 항상 낮추(常有以自下者)"는 "겸허" 간의 차이는 전자("관용")가 "간섭 부재의 자유"나 "규제의 부재"를, 또는 더 정확하게 말해서, "황량한 광야에서의 자유중을 "패권론(覇權論)"의 대표 격으로 보는 공자와는 달리, 안영을 반-패권적 불패론(不悖論)의 중심인물로 보고 있음을 밝힌다. 한걸음 더 나아가, 사마천은 안영의 "불패론" 가운데에는 "군신" 간의 "친함"뿐만 아니라 용기(勇)와 충성(忠)도 당연히 함께 포함되어 있다고 지적하면서, "나는 그[안자]를 위해 채찍을 드는 마부가" 되는 일도 마다하지 않겠다는, 그에 대한 고조된 "흠모"의 심정을 드러낸다:

안자는 제장공이 대신 최저(崔杼)에 의해 죽임을 당했을 때

(the freedom of heath)와 같은 자연적 자유"를 지향한 반면, 후자("겸허")는 "지배 부재의 자유"를, 다른 말로 말하면, "정치 공동체에서의 자유(the freedom of the city)와 같은 시민적 자유"(pp.63-67, 77-79)를 지향한 데 있다고 본다. 페팃은 이 점을 다음과 같이 반복해서 강조한다: "공화주의 사고방식에 따르면 우리가 누리기를 원하는 자유는 자연이 아니라 사회가 결정한다."(p.137) 이런 점에서 공화주의적 "자유는 상당한 깊이", 보다 정확하게 말하면, "보호의 깊이를" 지닌다고 말한다.(pp.85,116) 일례로서, 기독교는 기본적으로 "비지배 자유"를 옹호하는 정치와 잘 부합된다. 이 점은 성서의 다음과 같은 표현 가운데 잘 나타나 있다: "하나님은 교만한 자를 대적하시되 겸손한 자들에게는 은혜를 주시느니라. 그러므로 하나님의 능하신 손 아래에서 겸손하라. 때가 되면 너희를 높이시리라."(베드로전서 5: 5-6) 다른 한편, 황태연은 로크를 포함한 서구의 "근대적 관용과 종교자유"는 "동아시아의 무제한적 종교자유와 무제한적 종교적 관용 상황"이 "수많은 선교사와 신부들의 저술을 통해 유럽에 전해지면서" 생겨난 "산물"이라고 말하면서, 그 뿌리는 "하게 시키지도 [,] 못하게 하지도 않는" 공자의 "무위이치(無爲而治)"의 철학에 있다고 논한다. 황태연, 「공자의 공감적 무위·현세주의와 서구 관용사상의 동아시아적 기원(上)」(『정신문화연구』, 제36권 제2호, 2013), pp.40,44,124,174

시신 위에 엎드려 소리 높여 우는 군신의 예를 다한 뒤 떠났다. 이 어찌 '의를 보고도 용기를 내지 못하는 자'라고 할 수 있겠는 가? 군주에게 간할 때는 조금도 군주의 안색에 아랑곳하지 않았다. 이 어찌 '나아가서는 충성을 다하고[盡忠], 물러나서는 군주의 과실을 보완할 것을 생각하는[補過] 자'가 아니겠는가! 안자가 살아 있다면 나는 설령 그를 위해 채찍을 드는 마부가 될지라도 기꺼이 받아들이며 그를 흠모할 것이다. (『열전1』, p.38)

이어서 사마천은 군신관계에 초점을 맞춘 공자의 "패권주의 비판"을 일상적 삶의 영역으로 확장시킨 안영의 반-패권적 "불패론"에 주목한다. 예를 들면 사마천은 안영의 "키가 6척"이 채 되지 않는 작은 체구였고, "늘 자신을 낮추는 겸허한 모습을 보였"으며 "근검절약하며 힘써 노력한 덕분에 제나라에서 중용되었다"고 기술하면서, 다음과 같이 부연한다:

안영은 재상이 된 뒤에도 식사할 때 밥상에 고기반찬을 두 가지 이상 올리지 못하게 했고, 첩에게도 비단옷을 입지 못하게 했다. 조정에 들어가면 군주가 물을 때만 신중히 대답하고, 묻지 않을 때는 몸가짐을 바르게 했다. 군주가 나라를 바르게 다스리면 그 명을 따르고, 그러지 못하면 그 명의 시비를 가려 실행했

다. (『열전1』, p.35)

　여기서 사마천은 안영의 "근검절약"론이 공자의 "예법"과는 서로 상치된다는 점을 부각시킨다. 사마천은 「공자세가」에서 제경공과 공자 간의 짤막한 대화를 소개한 후, 안영의 공자 비판을 이렇게 전한다. 즉 어느 날 제[나라] 경공이 공자에게 정사를 묻자, 공자는 "정사의 요점은 재물을 절제하는 데 있"다고 대답하였다. 이에 "제경공은 기뻐하며 장차 이계(尼谿)의 땅에 공자를 봉하고자 했다." 그러나 안영은 "반대"하며, 다음과 같이 말했다:

　무릇 유학자는 말재간이 있고 융통성을 잘 부려 법으로 규제할 수 없습니다. 거만하고 제멋대로 하는 까닭에 아랫사람으로 두기 어렵습니다. 또 상례를 중시해 슬픔을 다한다면 파산까지 아랑곳하지 않고 큰 장례를 치르는 까닭에 이들의 예법을 풍속으로 삼기 어렵습니다. 도처에 유세를 다니며 관직이나 후한 녹을 바라는 까닭에 나라의 정사를 맡길 수도 없습니다. 현자가 사라진 이후 주나라 왕실이 쇠미해졌습니다. 예악이 붕괴된 지 이미 오래 되었습니다. 지금 공자는 용모를 성대히 꾸미고 의례 절차를 번거롭게 하고 세세한 행동규범을 강조하고 있습니다. 이는 몇 세대를 배워도 다 배울 수 없으며 평생을 다해도 그 예를 터득할 수 없습니다. 군주가 공자를 채용해 제나라의 풍속을 바꾸는 것은 백성을 다스리는 좋은 방법이 아닙니다.[12]

이와 같은 공자 비판의 열기는 「열전」의 〈노자한비열전〉에 오면서 한층 더 고조된다. 먼저 노자(老子)는 공자에게 그의 모든 "예(禮)"론은 "교만과 탐욕과 위선과 과도한 야심"을 포장한 것에 지나지 않으니, 이를 빨리 "버리"라고 경고한다(去予之驕氣與多欲):

그대가 말하는 성현은 육신과 뼈가 모두 이미 썩어버렸고 단지 그의 말만 남아 있을 뿐이오. 〈중략〉 그대의 교만과 탐욕, 위선적인 표정과 과도한 야심을 버리도록 하시오. 모두 그대에게 아무런 도움도 되지 않소. 내가 그대에게 할 말은 단지 이것뿐이오. (『열전1』, pp.43-44)

다음은 장자(莊子)의 비판이다. "그의 말은 거센 물결처럼 자유분방하고 자유자재했으며(其言洸洋自恣以適己)", 당대의 내로라하는 학자들을 공격했다. 특히 그는 "뛰어"난 문장력으로

---

12) 사마천 지음/신동준 옮김,『사기세가』(위즈덤하우스,2015), pp.639-640

"비유를 잘 들어 유가와 묵가(墨家)를 [집중적으로] 공격"했다. (『열전1』, p.47)

그다음으로 사마천은 법가(法家)들의 도전을 열거한다. 신불해(申不害)는 공자의 "예(禮)"보다는 "형명학(刑名學)에 힘을 썼"고, 한비자(韓非子)는 "법규로 세상사를 결단하고, 시비를 분명히 했다. 그러나 너무 가혹해 은덕이 부족했다." 여기서 주목할 것은 한비자가 그의 〈세난(說難)〉에서 지적한 유세의 여러 어려움과 이와 관련된 다음과 같은 경고의 말이다:

유세의 어려움은 상대인 군주의 마음을 잘 헤아려 내 주장을 그의 마음에 꼭 들어맞게 하는 데 있다. 상대가 높은 명성을 얻고자 하는데 큰 이익을 얻도록 설득하면 식견이 낮고 속된 사람으로 간주되어 배척당할 것이다. 상대가 큰 이익을 얻고자 하는데 높은 명성을 얻도록 설득하면 몰상식하고 세상 물정에 어두운 사람으로 간주되어 받아들여지지 않을 것이다. 상대가 속으로는 큰 이익을 바라면서 겉으로는 높은 명성을 얻고자 할 때 높은 명성을 얻도록 설득하면 겉으로는 받아들이는 척 하지만 속으로 멀리할 것이다. 이때 큰 이익을 얻도록 설득하면 속으로는 받아들이면서도 겉으로는 꺼릴 것이다. (『열전1』, p.51)

〈중략〉

[또] ··· '군주는 유세가가 원로대신을 평하면 군신 사이를 이간하려는 것으로 여기고, 하급 관원을 평하면 군주의 권력을 팔아 아랫사람에게 사적인 은혜를 베풀려는 것으로 여기고, 총애하는 자를 평하면 그들의 힘을 빌리려는 것으로 여기고, 미워하는 자를 평하면 군주의 속마음을 떠보려는 것으로 여기고, 거두절미하고 요점만 말하면 지혜가 없어 졸렬하다고 여기고, 장광설을 늘어놓으면 말이 많아 잡다하다고 여기고, 사실을 생략한 채 취지만 말하면 겁이 많아 할 말도 제대로 하지 못한다고 여기고, 생각한 바를 거침없이 진술하면 야비한 자가 오만한 모습을 보인다고 여긴다'고 하는 것이다. 이것이 유세의 어려움이다. (『열전1』, p.52)

〈중략〉

춘추시대 초엽 정무공(鄭武公)이 호(胡)나라를 칠 생각으로 자신의 딸을 호나라 군주에게 시집보냈다. 그러고는 대신들에게 이같이 물었다.

"전쟁을 일으키려 하는데, 어느 나라를 치면 좋겠소?"

관기사(關其思)라는 자가 대답했다

"호나라를 쳐야 합니다."

정무공이 짐짓 화를 냈다.

"호나라는 형제 같은 나라인데 그대는 어찌 호나라를 치라 하는가?"

그러고는 관기사를 죽였다. 호나라 군주가 이 소식을 듣고는 정나라를 우방으로 여기며 전혀 방비하지 않았다. 이 틈을 타 정나라 군사가 호나라를 습격해 함락시켰다. … 관기사가 한 말은 옳았음에도 … 목숨을 잃[었다. 이것은] 아는 것이 어려운 일이 아니라, 아는 것을 어떻게 사용하는지 여부가 어려운 일임을 보여준다(非知之難也,處知則難矣). (『열전1』, p.54)

여기서 필자는 한비자의 "유세의 어려움(說難)"이 역설적으로 이 멧세지를 듣는 필자를 포함한 모든 청자(聽者)들에게 "어떻게" 들어야 할지에 대해 많은 시사점을 던져준다고 본다. 특히 본 논문과 관련하여 한비자는 관중의 패권주의가 "어떻게 사용되었는가"를 묻는 "처지(處知)"의 관점에 눈을 돌리게 하였고, 그 입장에서 재해석의 필요성을 촉구한 말로 이해하였다.

다시 정리하면, 필자는 사마천의 "관중론"을 "처지(處知)"의 관점에서 다시 읽고, 공자와 사마천의 관중 비판을 보완하는 방향으로 이 글을 마치고자 한다.

4

관중에 대한 사마천의 해석을 새롭게 읽으면서 다시 발견한 것은,

첫째, 관중이 "제환공을 도와 왕도(王道)를 이룰 생각을 하지 않고, 패도(覇道)를 추구"했다는 공자의 비판을 사마천은 액면 그대로 수용하지도 또는 전적으로 부인하지도 않았다는 점이다. 왜냐하면 공자의 주장 중의 일부는 "사실"일 개연성이 높은 것도 있고, 또한 백이·숙제의 경우에서처럼, 사실과 분명히 다른 것도 있기 때문이다. 사마천이 제시한 "fact-check"의 목록은 다음과 같다:

(1) 한번은 제환공이 뱃놀이 도중에 배를 흔든 세 번째 부인 채희(蔡姬)에게 화가 나 친정으로 내쫓은 적이 있다. 채목공(蔡穆公)이 다른 곳으로 시집을 보내자 제환공이 대로해 남쪽 채(蔡)나라를 쳤다. 이때 관중은 내친김에 초나라를 치면서 초나라가 주나라 왕실에 제사용 띠풀[包茅]을 바치지 않은 것을 꾸짖었다. (2) 제환공이 북쪽으로 산융(山戎)을 칠 때 관중은 이 기회에 연(燕)나라에 연소공(燕召公)의 선정을 실행하도록 했다. (3) 또 가(柯) 땅의 회맹 때 제환공이 조말(曹沫)과 한 약조를 어기려 하자 관중은 그 약조를 지켜 신의를 세우도록 했다.

제후들이 제나라에 귀순한 이유이다. (4) 그는 《관자》〈목민〉에서 이같이 말했다.

주는 것이 곧 얻는 것임을 아는 것이 성공하는 정치의 비결이다(知與之爲取 政之寶也).[13]

이상과 같은 사마천의 평가를 요약하면 다음과 같다 ~

(1)(2) ⇒ 전형적 "패도정치"

(3)(4) ⇒ 정통적 "왕도정치"

---

13) 이와 관련하여 필자의 오랜 친구인 최현도 군의 "두 개의 바다" 이야기를 떠올려 본다. 그 내용은 다음과 같다: 슬픔의 땅, 팔레스타인에는 2개의 바다가 있다. 하나는 갈릴리 바다이고, 다른 하나는 사해이다. 똑같이 요단강에서 흘러들어가는 바다인데 갈릴리 바다는 물이 맑고, 고기도 많으며, 강가엔 나무가 자라고, 새들이 노래하는 아름다운 생명의 바다이다. 그런데 사해는 더럽고, 바다에 염분이 너무 많아 고기도 살 수 없고, 새들도 오지 않고, 어떠한 생물도 살지 않는, 죽음의 바다이다.

똑같은 요단강 물줄기에 멀지 않은 곳에 위치한 갈릴리 바다와 사해는 왜 이렇게 차이가 나는 것인가? 왜 하나는 생명이 숨 쉬는 바다가 되고, 하나는 이름 그대로 죽음의 바다가 되었을까?

요단강 때문도 아니고, 토양 때문도 아니고, 기후 때문도 아니다. 그 이유는 다른 데에 있었다. 갈릴리 바다는 강물을 받아들이지만 그것을 가두어두지 않는다. 한 방울이 흘러들어오면 반드시 한 방울은 흘러나간다. 주는 것과 받는 것이 똑같이 이루어지는 것이다.

반면, 사해는 들어오는 강물을 절대 내어놓지 않는다. 한 방울이라도 들어오면 자신의 것이라고 그것을 가져버리고, 한 방울의 물도 내놓지 않는다. 받기만 하고 주는 것을 모르는 것이다. (2021년 7월 29일자 '동문 카톡방'에서)

필자는 사마천이 제시한 위의 "fact-check"에 따라 제환공의 "패권정치"는 관중의 "살림의 정치"와 구분되어야 한다고 본다. 보다 정확하게 말하면, 필자는 관중이 제환공의 "패권정치"를 "살림의 정치"의 입장에서 살려주었을 뿐, [공자가 생각한 것처럼] 거기에 "커미트먼트(commitment)"를 했거나 몰입한 것은 아니었다고 본다. 관중은 "패권"보다는 차라리 "사치"를 더 선호했던 것으로 보인다. 이런 점에서 관중은 검소한 안영과 대비된다. (『열전1』, pp.34-35;『열전2』, pp.948, 1018)

둘째, 사마천은 관중이 민생을 살리는 "살림의 정치"에 있어서는 남다른 "탁월성"이 있음을 확신했다. 그는, 속된 말로 표현해서, 관중의 주특기는 "살림의 정치"라고 보았다. 그는 관중의 "살림의 정치"의 "어떠함"을 이렇게 기술한다:

정사를 간략하게 해 백성 모두 쉽게 실천하도록 하고 백성이 바라는 것을 그대로 들어주고, 백성이 반대하는 것을 그들의 뜻대로 없애주었다. 관중은 정사를 펼치면서 화가 될 일도 잘 활용해 복으로 만드는 것[因禍爲福]과 실패할 일도 성공으로 잘 이끄는 것[轉敗爲功]에 능했다. (『열전1』, p.33)

셋째, 사마천은 관중이 보여준 "살림의 정치"의 가능성을 「화식열전」에서 보다 확장하고 체계화시켜 집중적으로 검토하면서, "부(富)"와 "재산(財産)"의 의미는 어느 하나의 단일한 가치관으로 귀결될 수 없는 다양한 측면을 갖는다는, 이른바 다원적 또는 다성악적 "재부론 (財富論)"을 제시한다. 그가 「화식열전」에서 "관중"을 다시 한번 다룬 것도, 마치 공자가 지하 깊숙이 파묻혀 망각된 "백이·숙제"를 되살려낸 것처럼, 잠자고 있는 관중의 "살림의 정치"와 그것의 "물적·인적 연결망"을 되살려보려는 높은 차원의 "살림"의 동기 때문이었다고 생각한다. 『국부론 (Wealth of Nations)』의 원형이라 할 수 있는 「화식열전」[14]의 제일성은 "화식의 일반 원칙"에 대한 천명(闡明)이다:

    a. "사람은 각자 자신의 능력에 맞추어 그 힘을 다해 원하는 것을 손에 넣는다. 사람마다 자신의 일에 힘을 쓰고 각자의 일

---

14) 황태연은 『17–18세기 영국의 공자 숭배와 모럴리스트들』 상권(Nexen, 2020, p.35)에서 "흄의 자유상공업론은 공자의 '무위이치無爲而治' 테제와 비밀스럽게 연관되어 있고, 스미스의 '보이지 않는 손'은 케네의 '자연질서(ordre naturel)'로 개념화된 공맹의 천지지도(天地之道)·무위이성(無爲而成) 및 사마천의 '자연지험(自然之驗)' 개념과 '보이지 않게' 긴밀히 연결되어 있다"고 주장한다. 그는 기원전 145–86년의 인물인 사마천이 일찍부터 "노자의 고립된 소국과민체제(小國寡民體制)와 상홍양 (桑弘羊)의 관치·국영제를 거부하고, "무위의 자유시장"론을 옹호하면서, "물자의 유통도, 수요공급의 조절도 시장의 자연지험, 곧 자연지도의 징험에 따라 저절로 이루어지니, 통치자는 이를 따르기만 하면 된다"는 점을 지적했다고 밝힌다. 황태연·김종록 공저, 『공자, 잠든 유럽을 깨우다』(김영사, 2018), pp.247–248

을 즐거워하면 이는 마치 물이 낮은 곳으로 흐르는 것과 같아 밤낮으로 멈추는 때가 없다. 부르지 않아도 스스로 몰려들고, 억지로 구하지 않아도 백성들은 스스로 물품을 만들어낸다. 이것이 어찌 도에 부합되어 저절로 그리되는 징험이 아니겠는가? 그래서 농민이 먹을 것을 제공하고 어민과 산민(山民)이 물자를 산출하면 공인이 이것으로 물건을 만들고 상인들은 제품을 유통시킨다. 농업·공업·상업·어업 등 네 가지 산업은 백성이 입고 먹는 것의 근원이다. 산업의 근원이 크면 풍요로워지고, 작으면 빈곤해진다. 위로는 나라를 부강하게 하고, 아래로는 가정을 부유하게 만드는 것이 바로 산업의 크기에 달려 있다. 빈부의 차가 일어나는 것은 누가 빼앗거나 주어서 나타난 결과가 아니다. 산업의 상호관계와 재화의 흐름을 잘 아는 자는 늘 여유 있고, 이를 제대로 모르는 자는 부족하다. 이런 일들이 어찌 정령이나 교화, 징발, 또는 약속 등에 따라서 하는 것이겠는가? 따라서 최상의 치도는 천지자연의 도에 부합하도록 이끄는 도가의 도민(道民)이고, 그다음으로는 백성을 이롭게 하는 식으로 이끄는 상가의 이민(利民)이고, 또 그다음으로는 가르쳐 깨우치는 유가의 교민(教民)이며, 그다음 다음으로는 백성들을 가지런히 바로잡는 법가의 제민(齊民)이고, 최하가 백성과 이익을 다투는 여민쟁리(與民爭利)이다." 사마천에 의하면 "말세에는 모두 이익을 다투며(末世爭利)", 이익을 "독점"함으로써 "원망과 재앙"을 초래한다. 여기서 사마천은 먼저 "가난"에 대해 강도 높게 '질타한'다. 그는 이렇게 말한다:

집이 가난한 데다 어버이는 늙고, 처자식은 먹지 못해 연약하고, 명절 등이 돌아와도 조상에 제사조차 지내지 못하고, 스스로 해결하지 못하고 남의 도움으로 근근이 먹을 것과 입을 것을 해결하는 자가 있다. 이런 참혹한 상황에 있는데도 전혀 부끄러운 줄 모른다면 언급할 가치조차 없다. 〈중략〉 도인처럼 세상을 등지고 깊은 산속에 사는 것도 아니면서 오랫동안 빈천한 처지에 놓여 있는데도 입만 열면 인의를 이야기하는 자들이 있다. 이역시 부끄럽기 짝이 없는 일이다. (『열전2』, pp.945-946, 946-947, 968-969, 1018)

b. 다음으로 사마천은 "상업(商業) 예찬론"을 드높게 외친다: "농공과 상업에 종사하는 일반 백성들이 곡식을 키우고 물건을 만들며 재화를 유통시키는 것은 무엇 때문인가? 모두 재산을 더욱 늘리고자 하는 것이다. 이처럼 다양한 일에 종사하는 사람들이 각각 자신의 지식과 능력을 다 짜내 일에 임하는 것은 결국 따지고 보면 전력을 다해 재물을 얻으려 하는 것에 지나지 않는

다. 재물과 재산을 늘리는 데 가장 좋은 업종은 본업인 농업과 공업 등이고, 그다음은 말업인 상업이다. 가장 나쁜 것은 남을 속이는 협잡 등의 간악한 수단을 통해 치부하는 것이다. 대체로 가난에서 벗어나 부를 추구할 때 농업은 공업만 못하고, 공업은 상업만 못하다. 부를 이루려면 자수를 놓는 것보다 시장에 나가 장사를 하는 것이 낫다. 비록 말단의 업이기는 하나 장사만큼 가난한 사람에게는 도움이 되는 것이 없다. 교통이 발달한 대도 시에서는 소비하는 양이 엄청나다. 예컨대 1년을 기준으로 그 이식을 금전으로 환산할 경우, 동전 1000관(貫)에 달한다. 탐욕 스러운 상인은 때를 기다리지 않고 물건을 마구 사고파는 까닭 에 그 이식이 본전의 10분의 3을 넘지 못하지만, 깨끗한 상인은 공정하게 장사하므로 신용을 얻어 본전의 10분의 5까지 버니 그 부유함이 천승의 제후와 같다. (『열전2』, pp.969~970)

이어서 사마천은 당대에 널리 명성을 날린 부자들에 관해 간 략히 언급한다. 여기서는 그 명단만을 밝히기로 한다: 1) 범리 (范蠡) 또는 치이자피(鴟夷子皮), 2) 자공(子贛·子貢), 3) 백규 (白圭), 4) 노나라 의돈(猗頓), 5) 조나라 한단의 곽종(郭縱), 6) 오씨(烏氏)의 땅 나(倮), 7) 파 땅의 청(淸)이라는 과부, 8) 촉 땅의 탁씨 조상, 9) 촉 땅의 정정(程鄭), 10) 완 땅의 공씨 조상, 11) 조(曹)나라 땅의 병씨(邴氏), 12) 제 땅의 조한(刁閑), 13)

주나라 사사(師史), 14) 선곡에 사는 임씨(任氏)의 조상, 15) 장안에 사는 무염씨(無鹽氏), 16) 전색(田嗇)과 전란(田蘭), 17) 진양(秦揚), 18) 전숙(田叔), 19) 환발(桓發), 20) 옹락성(雍樂成), 21) 장씨(張氏), 22) 질씨(郅氏), 23) 위포(胃脯), 24) 탁씨(濁氏), 25) 장씨(張氏) 등이다. (『열전2』, pp.951-956, 971-977)

c. 흥미로운 것은 '소봉(素封)'이라는 새로운 사회현상에 대한 설명이다. 상업의 발달과 더불어 자금을 필요로 하는 사람에게 돈을 빌려주고, 그 대가로 이자를 받는 금융대출업이 중국 각지에서 성행하게 되었고, 이들 중 상당수는 거만금(鉅萬金)을 가진 자로서, 비록 "관에서 주는 봉록"이나 "작위나" 또는 "봉읍에 따른 수입도 없지만", 이런 점에서 "흰옷" 입은 일반 서민[15]에 불과하지만, "작위"나 "봉읍"을 가진 자와 하등 다를 바 없이 "즐겁게 사는 사람"들이 등장하기 시작하였다. 사마천은 이들을 "소봉(素封)"이라 칭했다. 예컨대, "원금 1만 전이"면, "1년 이자가 2000전이 되니 100만 전의 재산만 있으면 이자로 20만 전을 거둘 수 있다. 병역이나 요역을 대신해줄 대가와 토지세 등을 모두 이 이자로 충당할 수 있"으니, "1000호의 봉읍을 가진 영지

---

15) 황태연·김종록, 앞의 책, p.251

와 하등 다를 바가 없게 된다. 이들이 바로 소봉이다.〈중략〉이 수준에 달하는 부의 자원을 소유한 자는 시정을 기웃거릴 필요도, 타향으로 바삐 뛰어다닐 필요도 없이 가만히 앉아서 수입을 거두면 된다. 소봉이 안정적인 수입 속에서 처사(處士)의 도리를 행할 수 있는 배경이 여기에 있다.”(『열전2』, pp.967, 968)

d. 다음으로 사마천은 각 지역의 특산물들을 소개한다:“대개 산서(山西)는 재목·대나무·닥나무·삼·모(旄)·옥석 등이 풍부하다. 산동은 물고기·소금·옻명주실·미녀가 많다. 강남은 녹나무·가래나무·생강·계수나무·금·주석·납·단사·무소·대모(玳瑁)·진주·짐승의 이빨과 가죽 등이 많이 난다. 또 용문(龍門)과 갈석(碣石)의 북쪽은 말·소·양 등의 모직물과 가죽을 비롯해 짐승의 힘줄과 뿔 등이 많이 난다. 구리와 철은 사방 1000리 안에서 나오는 까닭에 마치 바둑돌을 펼쳐놓은 것 같다. 이것이 각지에서 생산하는 재화의 개략적인 내용이다. 모두 중원의 인민이 좋아하는 것이다. 세간의 널리 사용되는 피복과 음식이고, 산 사람을 먹이고 죽은 자를 장사 지낼 때 쓰는 용품들이다.”(『열전2』, p.946)

e. 그다음으로 그는 각 지역의 다양한 삶의 양식과 풍습 또는 유풍 등등에 대해서 소상히 기술한다. 예컨대 “한(漢)나라는 천하를 통일”하자, 관문과 교량을 개방하고 산림과 천택(川澤)의

금령을 느슨히 하였으며, 권문세가를 경사(京師)로 이주시키고, 교역을 활성화하였다. 관중(關中)은 비옥한 땅이 1000리에 걸쳐 펼쳐져 있는 지역으로서, 요순과 우왕 때부터 상등의 전지(田地)로 인정된 곳이며, 기산 기슭, 풍읍(豐邑)과 호경(鎬京) 지역의 백성은 선왕의 유풍을 그대로 간직하고 있으며, 농사짓기를 좋아하고, 오곡을 심으며, 땅을 중히 여기고 사악한 짓을 심각하게 여기고 두려워하였다. 진문공(秦文公)·진덕공(秦德公)·진목공(秦穆公)이 옹(雍) 땅에 도읍했다. 이곳은 농(隴)과 촉 땅의 물자가 교류되는 요지였고 상인도 많았다. (『열전2』, p.956)

〈중략〉

"은나라 주(紂)가 음란한 짓을 저지른 사구(沙丘) 일대는 아직도 은나라 후예가 남아 있다. 풍속은 경박하고 투기에 능하며 교활한 방법으로 이익을 얻어 생활했다. 사내들은 함께 어울려 희롱하며 놀고, 슬픈 노래로 울분을 터뜨리고, 한 사람이 일어서면 서로 패를 지어 따르며 사람을 때리거나 약탈하고, 쉴 때는 도굴을 해 교묘한 위조품을 만드는 등 간악한 짓을 일삼는다. 잘생긴 사람은 배우가 되기도 한다. 여자들은 거문고와 같은 악기를 연주하고 신발을 질질 끌고 곳곳을 찾아다니며 부귀한 자에게 아부해 첩으로 들어가기도 한다." (『열전2』, p.958)

〈중략〉

"장강과 회수 남쪽에는 얼어 죽거나 굶어 죽어 죽는 사람이 없다. 그러나 1000금의 재산을 소유한 부자도 없다. 기수(沂水)와 사수 이북 일대는 오곡과 뽕과 삼을 심고 육축을 기르기에는 적당하다. 그러나 땅은 좁은데 인구는 많고, 수해와 가뭄이 잦다. 백성들이 자진해서 저축을 하는 이유이다. 진(秦)·하·양·노나라 일대는 농사에 힘쓰며 농민을 중시한다. 삼하 지역을 포함해 완과 진(陳) 땅 또한 이와 같으나 상업에도 힘을 기울인다. 제나라와 조나라 백성들은 재주를 부리며 기회를 보아 이익을 잡으려 한다. 연나라와 대나라 일대는 농사를 짓고 목축을 하며 양잠에도 힘쓴다. (같은 책, p.962)

f. 아울러 사마천은 "살림의 정치"의 사례들을 "화식지관(貨殖知官)"들의 실무활동을 중심으로 소개한다: "태공망(太公望) 여상(呂尙)(1)이 제나라에 봉해졌을 당시 그곳의 땅은 소금기가 많고 주민은 매우 적었다. 여상이 부녀자들에게 방직을 장려하며 공예기술을 끌어올리고, 생선과 소금을 널리 유통" 시키니, "마치 엽전꾸러미가 하나로 꿰어진 듯, 수레바퀴살이 중심으로 모여들 듯", 물자와 사람들이 제나라로 모여들기 시작했다. "동해와 태산 사이에 있는 모든 나라의 제후들이 옷깃을 여미고 제나라에 조회하게된 것도 바로 이 때문"이었다. "이후 제나라는 한때 쇠약해졌으나 관중(2)이 나타나 태공망의 정책을 정비하

고, 재화를 다루는 아홉 개 관서인 구부(九府)를 설치했다. 덕분에 제환공이 중원의 패자가 되어 제후들을 아홉 차례 회맹하며 일거에 천하를 바로잡을 수 있었다." 이와 같은 정황에 대해서는『사기—표서·서(表序·書)』에 수록된「평준서(平準書)」가 웅변적으로 잘 말해준다:

"제환공(齊桓公)은 관중(管仲)의 계략을 이용하여 물가를 안정시키고 염철사업을 잘 경영하여, 모든 제후들로 하여금 조정에 와서 임금을 뵙게 하였고, 작디작은 제나라로써 패업(霸業)을 달성하여 그 명성을 천하에 알렸다."[16]

관중은 또한 사치했으며, 비록 그의 지위는 제후의 신하였지만 그의 부유함은 제후를 훨씬 뛰어넘는 것이었다. (『열전2』, pp.947-948)

다른 한편, 월왕 구천이 회계산(會稽山)에서 고통을 겪을 당시, 계연(計然)(3)이 구천에게 건의했다: "전쟁이 있을 것을 미리 알면 준비를 잘할 수 있고, 시기와 쓰임을 알게 되면 어떤 물품이 필요한지 알게 됩니다. 이 두 가지가 잘 드러나면 모든 재

---

16) 사마천 저/정범진 외 옮김,『史記 表序·書』(까치, 1966), p.278

화의 실정을 제대로 알 수 있습니다. 목성의 위치가 오행의 금이면 풍년이 들고, 수이면 수해가 나며, 목이면 기근이 들고, 화이면 가뭄이 듭니다. 가뭄이 든 해에 미리 배를 마련하고, 수해가 난 해에 미리 수레를 마련하는 것이 사물의 이치입니다. 6년마다 풍년과 가뭄이 들고, 12년마다 대기근이 일어납니다. 곡식값이 한 말에 20전밖에 하지 않으면 농민이 고생하고, 90전으로 오르면 상인이 고생합니다. 상인이 고생하면 물품이 나오지 않고, 농민이 고생하면 농지가 개발되지 않습니다. 값이 올라도 80전을 넘지 않고, 떨어져도 30전 아래로 내려가지 않으면, 농민과 상인 모두 이익을 봅니다. 가격이 안정되도록 물가를 조정하고, 관문과 시장의 세금을 적절히 조절해 재화가 부족하지 않도록 하는 것이 나라를 다스리는 기본 원칙입니다. 재화의 비축은 그 효용을 극대화하는 데 취지가 있는 만큼 자금이 적체되도록 해서는 안 됩니다. 물건을 사고팔 때 부패하고 썩기 쉬운 것을 쌓아두어 값이 오르기를 기다리는 식의 무모한 짓을 해서는 결코 안 됩니다. 재화가 남거나 부족한지 여부를 연구하면 값의 등락을 미리 알 수 있습니다. 값은 오를 대로 오르면 이내 내려가고, 내려갈 대로 내려가면 이내 오르게 마련입니다. 비쌀 때는 썩은 흙을 내버리듯 비축한 재화를 내다 팔고, 쌀 때는 구슬을 손에 넣듯 재화를 비축합니다. 재화와 자금의 흐름은 마치 흐르는 물처럼 자연스러워야 합니다." 계연의 계책을 좇아 10년간 다스리자 월나라가 부강해졌고, 병사도 두텁게 보상받게 되었다. 병사들은 목마른 사람이 물을 찾듯 적의 돌과 화살을 향해 용감히 진격했다. 구천이 마침내 강력한 오나라에 보복하고 천하에 무위를 떨쳐 춘추오패의 일원이 되었다. (『열전2』, pp.950-951)

g. 사마천은 마지막으로 부(富)를 바라보는 여러 가지 시각들을 제시한다. 그의 논의는 첫째 부를 사적인 것으로 보는 사적 가치론(1)과 그와 대립적인 공적 가치론을, 그리고 공적 가치론을 다시 2가지 가치론, 즉 윤리적 가치론(2)과 정치적 가치론(3)으로 양분하여 소개한다. 그의 논의는 결론적으로 3가지로 집약되는 셈이다: (1) 사적 가치론; (2) 윤리적 가치론; (3) 정치적 가치론. 이에 대한 사마천의 언급들을 살펴보면, 다음과 같다:

(1) 부의 사적 가치에 대한 언급들:
가. 천하가 희희낙락한 것은 모두 이익을 위해 모여들기 때문이고, 천하가 흙먼지가 일 정도로 소란스러운 것은 모두 이익을 찾아 떠나기 때문이다. (『열전2』, p.949)
나. 무릇 1000승의 군사를 보유한 왕이나 1만 호의 봉지를 지닌 제후나 100실을 소유한 대부 모두 가난해질까 걱정하는데

하물며 겨우 호적에 이름이나 올린 필부의 경우야 더 말할 것이 있겠는가! (『열전2』, p.949)

다. 현자가 조정에 들어가 국사를 도모하며 정사를 논하고, 선비가 믿음을 지켜 절개에 죽거나 바위동굴 속에 은거하다가 세상에 명성을 드러내는 것은 결국 무엇을 위한 것인가? 모두 부귀로 귀착된다. (『열전2』, p.965)

라. 부를 추구하는 것은 인간의 기본적인 성정이다. 배우지 않고도 하나같이 추구할 수 있다. 건장한 병사가 성을 공격할 때 먼저 성벽을 오르고, 과감히 돌진해 적진을 함락시키고, 적장의 목을 베고 깃발을 빼앗고, 돌멩이와 화살을 무릅쓰고, 진격하면서 화상을 당하는 등의 어려움을 피하지 않는 것은 무엇 때문인가? 후한 상을 받기 위해 그리하는 것이다. (『열전2』, p.965)

마. 여염집의 소년이 강도질을 해 사람을 죽인 후 땅에 묻고, 협박 공갈하며 사기를 치고, 도굴하며 위조지폐를 만들고, 이리저리 망나니짓을 일삼고, 패거리를 대신해 복수하고, 후미진 곳에서 물건을 빼앗고, 법에 저촉되는 일을 마다하지 않는 등 죽을 곳을 향해 마구 달려가는 말처럼 날뛰는 것은 무엇 때문인가? 실은 용돈을 얻기 위한 것에 지나지 않는다. (『열전2』, pp.965-966)

바. 지금 조나라와 정나라의 미인들은 얼굴을 아름답게 꾸

민 채 거문고를 연주하고, 긴소매를 나부끼며 경쾌한 발놀림으로 춤을 추어, 보는 이들의 눈과 마음을 설레게 만든다. 그들이 천 리 길을 마다하지 않고, 노소를 가리지 않는 것은 부를 좇아 물불을 가리지 않고 내달리는 것과 같다. 시간과 재물의 여유가 있는 공자들이 멋진 관과 칼로 치장하고, 수레와 말을 끌고 다니는 것은 무엇 때문인가? 자신들의 부귀를 뽐내기 위한 것이다. (『열전2』, p.966)

사. 주살로 새를 잡고 그물 등으로 물고기와 짐승을 잡으며, 밤낮으로 눈과 서리를 무릅쓰고 깊은 골짜기를 뛰어다니고, 맹수의 위험도 피하지 않는 것은 무엇 때문인가? 내기에 져 손실을 볼까 우려하기 때문이다. (『열전2』, p.966)

아. 의사나 도사를 비롯해 기술로 먹고사는 자들이 노심초사하며 재능을 다하는 것은 무엇인가? 양식을 구하려 하기 때문이다. 관리가 문서와 법문을 가지고 교묘히 농간하고, 문서와 인장을 위조하고, 작두와 톱 등에 의해 몸이 잘리는 형벌도 피하지 않는 것은 무엇 때문인가? 뇌물에 마음을 빼앗겼기 때문이다. (『열전2』, p.966)

(2) 부의 윤리적 가치에 대한 언급들:

가. 창고가 가득 차야 예절을 알고, 의식이 넉넉해야 영욕(榮

辱)을 안다. (『열전2』, p.948)

　나. 예의염치는 재화에 여유가 있을 때 생기고, 없으면 사라진다. 군자는 부유해지면 덕을 행하기를 좋아하고, 소인은 부유해지면 능력에 맞게 적절히 행동한다. 연못이 깊어야 물고기가 노닐고 산이 깊어야 짐승이 뛰어놀듯이, 사람은 부유해야 비로소 인의를 행할 수 있다. (『열전2』, p.948)

　다. 자공(子贛·子貢)은 일찍이 공자에게서 배웠다. 물러나서는 위나라에서 벼슬을 했다. 또 조나라와 노나라 사이에서는 물자를 사두고 내다 파는 등의 장사를 했다. 공자의 제자 70여 명 가운데 자공이 가장 부유했고, 정반대로 원헌(原憲)은 지게미조차 배불리 먹지 못하고 후미진 뒷골목에 은거했다. 자공은 네 마리 말이 이끄는 수레를 타고 비단 꾸러미 예물로 제후들을 방문했다. 그가 이르는 곳의 제후 가운데 뜰 양쪽으로 내려와 자공과 대등한 예를 행하지 않는 자가 없었다. 무릇 공자의 이름이 천하에 골고루 알려지게 된 것은 자공이 그를 앞뒤로 도왔기 때문이다. (『열전2』, pp.952-953)

　라. 덕은 인심과 재화를 말하는 것이다(德者人物之謂也). (『열전2』, P.967)

(3) 부의 정치적 가치에 대한 언급들:

가. 부유한 사람이 세력을 얻으면 세상에 그 이름을 더욱 드러내고, 세력을 잃으면 따르는 자가 없게 되어 즐겁지 않게 된다. 이런 현상은 변방의 오랑캐 나라에서 더욱 심하다. 속담에 이런 말이 있다:

천금을 가진 부자의 자식은 시장에서 형벌을 당해 죽는 일이 없다. (『열전2』, p.948)

나. 계연의 계책을 좇아 10년간 다스리자 월나라가 부강해졌고, 병사도 두텁게 보상받게 되었다. 병사들은 목마른 사람이 물을 찾듯 적의 돌과 화살을 향해 용감히 진격했다. (『열전2』, p.951)

다. 특히 사마천에 따르면, "천금을 모은 부자는 한 도시를 거느린 영주와 어깨를 나란히 하고, 거만의 재산을 보유한 자는 제왕과 하등 다를 바 없는 즐거움을 누린다(千金之家比一都之君, 巨萬者乃與王者同樂)"고 피력하면서, "부"가 "군주(君)"나 "왕(王)"에 비해 조금도 손색없는, '비등하고(比)' 또는 조동일 교수가 말하는 "대등"한[17] 삶을 유지시켜줌으로써 이른바 "비지

---

17) 김영숙, "– 여기 새로운 길이 있다 – 『우리 옛글의 놀라움』을 읽고", 「대한민

국학술원통신」, 334호(2021년 5월 1일). p.23 ; 조동일, 『대등한 화합』(지식산업사, 2020). 조동일 교수는 "차등론·평등론·대등론"을 각각 구분하면서, "대등론"이란 "쇠똥구리는 쇠똥 뭉치를 자기 나름대로 사랑해[면서], 검은 용의 여의주를 부러워하지 않는" 것이고, "검은 용 또한 여의주를 가지고 스스로 자랑하면서 저 쇠똥구리의 뭉치를 비웃지" 않는 것이라고 요약한다. 그러나 이러한 "대등론"이 과연 "자유"와는 어떻게 연관되는지에 대해 그는 언급하지 않는다.(pp.26-27)

반면, Richard Pipes는 그의 저, 『소유와 자유』(리처드 파이프스 지음/서은경 옮김, 자유기업원, 2020)에서 소유가 자유의 발전에 어떤 역할을 하는지를 영국과 러시아의 사유재산제의 발전과정을 추적하면서 비교적 자세히 보여준다. 그에 의하면, "19세기 이전까지 러시아에서는" "토지가 풍부했기 때문에 러시아 농민들은 토지를 물과 공기처럼 신이 모든 사람을 위해 창조하신 무주물(res nullius)이라고 믿었다. 모든 사람들이 이를 자유롭게 사용할 수 있었지만 어느 누구도 배타적 권리를 주장할 수 없었다. 어느 누구도 땅을 만들지 않았기 때문에 소유할 수 없었다. 러시아 농민들은 숲은 공동 소유지만 자신이 벌목한 목재는 자기의 것이라고 생각했다. … 이러한 사고방식은 러시아의 경우 풍요의 시대를 지나서까지 계속되다가 20세기 초에 인구 증가와 영토 확장의 한계로 경작할 수 있는 토지가 희소해진 다음에야 바뀌"기 시작했다. "차르 정권은 19세기와 20세기 초에 국민들의 소유권은 존중했지만 시민권에 대해선 별로 관심이 없었으며 정치적 권리는 아예 인정하지 않았다. 1861년 해방될 때까지 농노들은 일종의 동산(動産)으로 지주가 마음대로 채찍으로 처벌하거나 시베리아에 강제노역을 보내거나 평생 군대에 복역하도록 할 수 있었다. 〈중략〉 모든 정치적, 행정적 수단이 전제군주의 손에 있었"다. "정치적 자유와 시민권이 1905~1906년 마침내 러시아에서 인정받게 된 계기는 소유와 법을 통해 행사하는 국민의 권력이 자연스럽게 왕권을 추월했기 때문이 아니라 군주가 예상되는 혁명을 필사적으로 좌절시키려고 했기 때문이었다. 결국 10년 후 혁명이 일어나자 소유와 함께 모든 자유와 권리는 공중 분해되었는데", 이러한 "러시아의 경험은 자유란 법만으로 보장되는 것이 아님을 시사한다." 말하자면, "자유는 소유와 법과의 긴밀한 관계 속에서[만] 서서히 성장"한다는 것이다. "취득성은 인간의 본능이지만 다른 사람의 소유와 자유에 대한 존중은 그렇지 않기 때문이다. 자유란 사람들의 의식 속에 깊이 뿌리 내려 이를 무너뜨리려는 모든 노력을 견뎌낼 수 있을 때까지 계속해서 강화해야만 한다." 이런 점에서 파이프스는 "소유와 법은 자유를 위한 필요조건이긴 하지만 충분조건은 아니"라고 결론짓는다.(pp.207, 208, 260-261, 345)

배 자유"를 성취하고 실현시키는 중요한 수단임을 시사한다. 예컨대, (1) "노나라의 의돈은 소금으로 사업을 일으켰고, 조나라 한단의 곽종은 제철로 사업에 성공했다. 그들의 부유함은 왕들과 대등할 정도였다(與王者埒富). (2) 오씨(烏氏) 땅의 나(倮)는 목축으로 성공했다. 가축 수가 많아지면 팔아서 진기한 물건이나 견직물을 구해 은밀히 융족의 왕에게 바쳤다. 융족의 왕이 그 보상으로 열 배의 가축을 그에게 주었다. 소나 말 등의 숫자가 엄청나게 많아져 가축을 셀 때 한 마리씩 세는 것이 아니라 가축이 있는 골짜기를 단위로 세야 할 정도였다. 진시황은 그를 군호에 봉해진 자들과 동등하게 대우하여, 그를 정례적으로 다른 대신들과 함께 조회에 참석하도록 청했다(令倮比封,以時與列臣朝請)."(『열전2』, p955). (3) "또 파 땅에 청(淸)이라는 과부가 있었다. 그녀의 조상은 단사를 캐내는 동굴을 발견해 여러 대에 걸쳐 이익을 독점했다. 가산이 이루 헤아릴 수 없을 정도로 많았다. 청은 과부였으나 기업을 잘 지키고, 재물을 적절히 활용해 자신을 지킨 까닭에 사람들이 함부로 침범하는 일이 없었다. 진시황은 그녀를 정조 있는 부인으로 여겨 빈객의 예우를 베풀고, 특별히 그녀를 위해 '여회청대(女懷淸臺)'를 지어주었다(以爲貞婦而客之, 爲築女懷淸臺). 오씨 땅의 인물 나(倮)는 비천한 목자였고, 파 땅의 과부 청은 외딴 시골의 과부에 불과했으나 모두 만승의 군왕과 대등한 예를 나누고(禮抗萬乘). 명성을 천하에 드러냈다. 이 어찌 재력 때문이 아니겠는가?"(『열전2』, pp.955-956) (4) "촉 땅의 탁씨 조상은 원래 조나라 사람으로 쇠를 녹여 제품을 만드는 사업을 통해 부자가 되었다. 당초 진나라가 조나라를 병탄한 후 탁씨 등을 촉 땅으로 이주시켰다. 탁씨는 재산을 모두 빼앗긴 탓에 부부 둘이서 수레를 몰고 촉 땅으로 가야 했다. 당시 재산이 조금 남아 있던 자들은 앞다투어 뇌물을 바치며 가까운 곳으로 가게 해달라고 부탁해 마침내 가맹(葭萌)으로 이주했다. 그러나 탁씨는 이같이 말했다: 가맹은 땅이 좁고 척박하다. 내가 듣건대 '촉 땅의 민산 아래는 땅이 기름지고 큰 토란 농사가 잘되어 굶지 않고, 사람들은 수완이 좋아 장사하기에 좋다'고 했다. 그는 멀리 보내줄 것을 요구했다. 결국 임공으로 보내진 그는 기뻐했다. 곧 철광이 있는 산으로 들어가 쇠를 녹여 그릇과 다양한 유형의 제품을 만들어 촉 땅 주민들의 환영을 받음으로써 마침내 노비 1000명을 부리는 부를 쌓게 되었다. 전야와 못 등에서 사냥하고 고기 잡는 즐거움은 제왕에 버금가는 정도였다(田池射獵之樂,擬於人君)."(『열전2』, pp.971-972) (5) "제 땅은 노비를 천대하는 풍속이 있었다. 그러나 조한(刁閑)은 그들을 아껴주고 정중히 대해주었다. 교활한 노비는 모든 사람이 싫어하기 마련인데도 오히려 그들을 발탁했다. 생선과 소금을 팔게 해 이익을 보거나, 말과 수레를 몰게 하거나 태수와 교제를 하도록 했다. 노비들을 더욱 신임한 덕분에 그는 노비들의 힘을 빌려 몇 천만금의 부를 쌓게 되었다. 노비들은 서로 만나 이런 농을 주고받았다: '앞으로 평민이 되어 벼슬을 얻는 것이 나을까, 아니면 계속 조한의 노비로 있는 것이 더 나을까?' 이들이 일한 이유는 재능 있는 노비들을 과감히 발탁해 부유하게 만들어줌으로써 그들 스스로 자신들의 능력을 최대한 발휘토록 분위기를 조성해준 결과이다(能使豪奴自饒而盡其力)."(『열전2』, pp.973-974)[18]

---

18) 필자는 사마천이 「화식열전」에서 기술한 "살림의 정치"의 내용이 1789년 미 연방헌법을 둘러싼 논쟁 중에 집필된 85편의 『페더랄리스트 페이퍼(The Federalist Papers』(한울 아카데미,1995 & 2005) 중, 특히 알렉산더 해밀턴이 쓴 51편의 논문들에서 공유되고 있음을 발견하고, 이를 독자들에게 알리고자 그 내용의 일부를 지루하지만 다음에 발췌·인용하였다: 해밀턴은 먼저 "장래 우리 정치방향"을 "실용적" 관점에서 "채택할 때가 되"지 않았는가라고 물으면서, 다음과 같은 질문을 던진다. 즉 "황금시대에 대한 그릇된 꿈에서 깨어나 이 지구상의 다른 사람들과 마찬가지로 우리 국가도 아직은 완벽한 지혜와 덕으로 통치되는 제국과는 거리가 멀다는 사실을 장래 우리 정치 방향의 실용적인 좌우명으로 채택할 때가 되지 않았는가?"(p.42) 여기서 그는 "상업정신은 인간의 태도를 부드럽게 만들고 전쟁을 자주 일으켰던 흥분하기 쉬운 감정을 소멸시키는 경향이 있고 우리와 같은 중상주의 공화국들은 서로 간의 파괴적인 투쟁으로 자신을 소모하는 성향이 절대 없을 것이며 그들은 상호 이익의 지배를 받고 상호 우호와 조화를 배양할 것이라"는 잘못된 주장에 대해 경고하면서(p.39), "상업 경쟁"은 오히려 "분쟁의 잦은 원인"이라고 지적한다.

이어서 그는 말하기를. "구속받지 않는" 미국 상업의 "모험정신"은 "이미 유럽의 여러 해상 세력들 간에 불편한 심정을 야기시키고" 있다. 특히 "아메리카 대륙에 식민지를 두고 있는 나라들은 이 나라가 성장할 수 있는 가능성을 괴로운 근심의 눈으로 바라보고 있다." 이들 식민지 국가들은 "강력한 해군을 창조하는 데 필요한 모든 자원을 가지고 있으며 또한 모든 수단을 갖추게 될" 아메리카 대륙의 "주들이 그들의 아메리카 식민지의 통치권을 위협할 수 있다는 위험을 예측하고 있다."(P.69) 우리에게 비우호적인 유럽 해상세력에 대항하는 길은 "연맹 해군을 설립함으로써 가능해"지며(p.71), "우리가 상업국가가 되려면, 또는 대서양 쪽에서나마 안전하려면, 가능한 빨리 해군을 갖도록 노력해야 한다. 이 목적을 위해 조선소와 군수 창고가 있어야 하며, 이를 방어하기 위한 요새와 주둔군이 있어야 한다."(pp.151–152) 해밀턴에 따르면, "해군의 형성과 지원을 위해 집중되는 수단의 양과 범위에 비례하여", 기타의 "모든 기관"도 "성장하고 번창할 것이"고(p.73), "해군의 보호"를 필요로 하는 "대외 또는 해상무역"의 "번영에 이바지"할 것이다. 이어서 해밀턴은 그 후의 발전상에 대해 다음과 같이 기술한다: "주들 간의 자유로운 교역은 국내에서의 상호적인 필요에 대한 공급뿐 아니라 외국시장으로 수출하기 위한 그들 각자의 생산품의 교환으로서 서로의 상업을 발전시킬 것이다. 모든 지역의 상업적 통로는 가득 채워질 것이고 전 지역 소비재의 자유로운 유통으로부터 더 많은 동력과 활력을 얻게 될 것이다. 여러 다른 주들에서 생산되는 제품의 다양성으로 상업의 범위는 훨씬 넓어질 것이다. 흉작 또는 비생산적인 농작물로 한 주의 주요 산물이 실패하면 다른 주의 주요 산물을 요청하여 도움을 받을 수 있다. 수출을 위한 생산품의 가치만큼이나 그 다양성도 해외 상업활동에 기여한다. 해외 수출은 많은 양의 가치 있는 재료가 있을 때 그와 동등한 가치를 지닌 작은 양의 재료를 가졌을 때보다 더 좋은 조건으로 시행될 수 있다. … 특정 물품에 대해 어떤 시기에는 엄청난 수요가 있고 다른 시기에는 전혀 팔리지 않을 때가 있다. 그러나 만약 다양한 물품이 있다면 이들이 모두 동시에 팔리지 않을 가능성은 희박하므로 이런 면에서 그 상인의 사업이 어떤 상당한 장애나 침체를 겪을 가능성이 적어진다." 이런 점에서 "사려 깊은 무역인은 곧 … 미합중국 상업"이 "13개 주들보다 훨씬 더 유리하게 작용할 것이라는 점을 인정하게 될 것이다."(P.74)

해밀턴에 의하면, "세입 없이 국가는 오래 존재할 수 없다. 이런 필수불가결한 자원이 궁핍하다면, 그 국가는 자신의 독립을 포기하고 한 지역으로 강등된 상태"를 감수해야 한다."(P.80) "'정치적 산수에서는 2+2가 언제나 4가 되지는 않는다'는 속담은 재치 있으면서도 합당하다. 만약 과세가 너무 높으면 소비가 감소되어 징수가 이루어지지 않게 되[므로] 과세가 합리적이며 적당한 한계로 국한되었을 때만큼 국고의 수입이 발생하지 않는다. 이것은 이런 종류의 세금을 부과함으로써 물질적으로 시민을 억압하는 데에" 일정한 "장애물" 역할을 함으로써, "그 자체로서 과세권의 자연적인 한계가 된다. 이런 종류의 세금은 보통 간접세라는 부류에 속하게 되고 오랜 기간 동안, 이 나라가 올리는 수입의 주요 부분을 구성"하였다.(p.131) "아메리카는 세입의 수단으로 주로 이런 과세[간접세]에 의존해야 할 것이라는 점이 확실하고 소비세는 좁은 범위에 국한되어야 한다." 그리고 "연맹이 세금 징수에 대한 규정을 보다 단순하고 효과적으로 만드는 데 기여"할 것으로 기대되는 만큼, "동일한 비율의 세금이 더 많이 걷히도록 하고, 그 비율을 무역에 불리하지 않게 증가시킬 수 있는 권한을 정부에 위임하는 목적에 부응할 수 있어야 한다"고 강조한다.(p.78) 끝으로 해밀턴은 "정치체제"가 원활한 "기능" 수행을 통해 "완전한 권력"으로 실현되기 위해서는 "자금의 정규적이고 충분한 공급을 확보"해줄 "살림의 정치"가 "절대적으로 필수적"임을 다음과 같이 장엄한 어조로 피력한다:

돈은 재산과 마찬가지로, 가장 필수적인 기능을 수행할 수 있도록 해준다. 따라서 사회자원이 허용하는 한, 자금의 정규적이고 충분한 공급을 확보하기 위한 완전한 권력은 모든 헌법의 필수불가결한 요소로 간주될 수 있다. 자금이 결핍되면 국민들은 공공재의 부족을 메꾸는 적절한 대안으로 계속적으로 강탈을 당하거나, 그렇지 않으면 정부가 치명적으로 쇠약해져 짧은 시간 내에 소멸하고 마는 현상이 반드시 일어난다."(p.181)

사족을 하나 붙인다면, 김부식의 『삼국사기』는 사마천의 『사기』를 본으로 삼아 저술되었음에도 불구하고, 그 핵심 부분이라 할 「화식열전」을 생략하였고, 그 공백을 박제가(朴齊家)의 『북학의(北學議)』와 같은 저술들이 메꾸어 온 것으로 보인다. 필자는 김부식의 생략이 단순한 실수이기보다는, 의도된 결정일지도 모른다는 입장이다. 이러한 의구심은 『삼국사기』의 부록으로 수록된 「잡지(雜誌)」(1)~(9)의 서술방식과 사마천의 「화식열전」의 그것을 대비시켜 살펴보면 어렵지 않게 짐작할 수 있다.

사마천의 예(1): 영천과 남양은 옛날 하나라 백성이 살던 곳이다. 하나라 백성은 충실하고 질박한 정사를 숭상했다. 이곳에는 아직 선왕의 유풍이 남아 있다. 영천의 주민은 후덕하고 성실하다. 진나라 말기에는 반역한 자들을 남양으로 이주시켰다.

남양은 서쪽으로 무관 및 운관(鄖關)과 통하고, 동남쪽으로 한수(漢水)와 장강 및 회수와 마주하고 있다. 완(宛) 땅 또한 대도시 가운데 하나다. 풍속은 여러 가지가 뒤섞여 있고, 생업으로 장사하는 자가 많고 협객 기질이 있다. 이곳은 영천과 서로 통해 지금까지도 이곳 사람들을 '하나라 사람'이라는 뜻의 하인(夏人)이라고 부른다. (『열전2』, pp.961-962)

김부식의 예(1): 신라 시조 혁거세는 전한(前漢) 오봉(五鳳) 원년 갑자(기원전 57)에 나라를 열었다. 〈중략〉 국호는 '서라벌(徐羅伐)'이라 했는데 혹은 '사라(斯羅)', 혹은 '신라'라고 하였다. 탈해왕 9년(65)에 시림(始林)에 닭의 신이한 변괴가 있었으므로 '계림(雞林)'이라고 이름을 고쳤는데 이를 따라 국호로 삼았다. 기림왕(基臨王) 10년(307)에 다시 신라로 불렀다.(김부식 저/이강래 옮김, 『삼국사기II』(한길사, 2007, p.651)

사마천의 예(2): 교통이 발달한 대도시에서는 소비하는 양이 엄청나다. 예컨대 1년을 기준으로 술 1000독, 식초와 간장 1000단지, 음식 1000시루 〈중략〉 여우와 담비 갖옷 1000장, 염소와 양의 갖옷 1000석, 담요 1000장, 과일과 야채 1000종에 달한다. (『열전2』, pp.969-970)

김부식의 예(2): 여러 군관 가운데 장군은 모두 36명이다. 대당(大幢)을 관장하는 4명, 귀당(貴幢)에 4명, 한산정(漢山停)[신라인들은 영(營)을 정(停)이라고 하였다]에 3명, 완산정(完山停)에 23명, 하서정(河西停)에 2명, 우수정(牛首停)에 2명으로, 여기에는 진골의 상당(上堂)부터 상신(上臣)까지의 관등을 가진 자가 취임하였다.(『삼국사기II』, p.730)

사마천의 예(3): 옛날 요임금은 하동, 은나라는 하내, 주나라는 하남에 도읍했다. 무릇 하동·하내·하남 등 이른바 삼하 일대는 천하의 중심에 자리해 큰 솥의 세 개 발처럼 갈라져 있고, 제왕이 교대로 거주했던 곳이다. 해당 왕조는 수백 년에서 수천 년 동안 유지되었다. 이곳은 땅이 좁고 사람이 많다. 도성에는 제후들이 모여든 까닭에 풍속이 섬세하고 절검을 숭상하며 제각기 일을 익혔다. 양 땅과 평양은 서쪽으로 진(秦) 및 적(翟)과 거래를 했고, 북쪽으로 종(種) 및 대와 교역했다. (『열전2』, pp.957-958)

5

결론적으로 누군가가 『사기 열전』이 주는 멧세지가 무엇이
냐고 필자에게 묻는다면, 사마천이 남기고 간 "서주 공화정"

김부식의 예(3): 국원성(國原城)[미을성(未乙省)이라고도 하고 탁장성(託長城)이라
고도 한다], 남천현(南川縣)[남매(南買)라고도 한다], 잉근내군(仍斤內郡), 술천군(述
川郡)[성지매(省知買)라고도 한다], 〈중략〉 곡도(鵠島)는 지금의 백령진(白嶺鎭)이다.
승산(升山)은 지금의 신주(信州)이다. 가화압(加火押). 부사파의현(夫斯波衣縣)[구사
현(仇史峴)이라고도 한다]. (『삼국사기II』, pp.689–691)

다시 말하면, 사마천의 「화식열전」은 해밀턴의 말을 빌려 표현하면, "정치체제의 완
전한 권력"을 가능케 할 "헌법적 구상"의 밑그림으로 집필되었던 데 반해, 김부식의
「잡지(雜誌)」는 그와 같은 의도를 철저하게 배제하기 위하여 일상인들이 먹고, 입고,
거주하면서 즐기고 또는 다투는 감각적이고 경험적인 삶을 보거나 느낄 수 없도록
여러 지명과 각종의 명칭들을 탈–맥락화하여 기호화시키고 기계적으로 나열하는
방식으로 왜곡시켰다. 이런 점에서 그의 「잡지」는 "몰—생활세계적" 프레임(frame)
안에서 공공기관에 초점을 맞추어 쓰여진 공문서 요약본을 방불케 한다. 필자는 「잡
지」(1)∼(9)를 독자들이 "직접" 눈으로 읽고, 이를 사마천의 「화식열전」과 대비시켜
판단해 주기를 기대한다.
김부식의 특이한 글쓰기의 흔적은 『삼국사기』의 「본기(本紀)」에서도 발견된다. 『삼
국사기』를 자세히 읽어보면 "삼국시대"는 말 그대로 "전국시대"였고, "전란의 시기"
였음을 알 수 있다. 그러나 이상한 것은 대부분의 독자들이 이러한 사실을 의식조
차 하지 못한다는 점이다. 도대체 왜 그런 것일까? 그것은 결국 김부식의 독특한 글
쓰기 외에는 다른 이유가 없다는 것이 필자의 생각이다. 다시 말하면 『삼국사기』에
는 분명히 무수한 전쟁들이 기록되어 있음에도 불구하고, 계속 이어지는 다른 사건
들의 틈새에서 각각의 전쟁을 낱개로 쪼개어 분산시켜 기술함으로써, 독자들의 눈
에는 숨겨지고 잊혀진다는 것이다. (김홍우, 『한국정치의 현상학적 이해』, 인간사랑,
2007, p.441) 요약하면, 『삼국사기』 가운데서 특히 「잡지」는 사마천의 『사기』의 살림
의 정치와는 가장 멀리 떨어진, 왜곡된 부분이라는 점을 환기하는 것으로 이 주(註)
를 마친다.

의 짧은 기록 가운데서 묻어나오는 긴 "기억들의 홈커밍 현상 (home-coming phenomena)"이라고 말할 것이다. 왜냐하면 고죽국(孤竹國)의 정치적 위기상황을 슬기롭게 극복한 "국인(國人)"들의 탁월성과, 안영이 보여준 "비지배적 정치"와, 관중으로 집약되는 "살림의 정치", 그리고 거만의 부호들이 누렸던 대등한 탈예속적 삶 속에서 아직도 살아 작동하고 있는 가장 오랜 공화정의 맥박 소리와 그 울림이 『열전』에서 은밀히 감지되기 때문이며, 잠자던 자유와 자발성의 기억들을 조한(刁閒)의 노비들이 다시 일깨워주고 있기 때문 이다.[19]

---

19) 이런 점에서 "중국 전제국가론 테제에 이의를 제기"하고, "형이상학 공화국 (the metaphysical republic)" 또는, 보다 정확하게 말해서, "도학적(道學的) 형이상학 공화국"에 주목한 김영민 교수의 『중국정치사상사』(앞의 책, pp.65,353-445)는 필자의 큰 관심을 끈다. 김 교수는 진시황 이후의 중국 정치사상의 전개를 "탈전제주의"를 지향한 "특별한 종류의 공화적 비전"이 장기간에 걸쳐서 숙성된 과정으로 이해하고, 이를 3단계로 서술한다. 첫 번째 단계는 한 무제(漢武帝: B.C.141-87) 사후에 제기된 "염철논쟁(鹽鐵論爭)"이다. "진나라의 천하 통일이 이루어"진 지 "얼마 지나지 않아 유목민들도" 묵특(冒頓)의 주도하에 "하나의 거대한 [흉노] 제국으로 통일"되었고, "결국 한나라를 자신들의 실질적인 조공국으로 만들어버렸다." 즉 "기원전 198년에 맞은 [평성]조약으로 한나라는 매년 옷감, 음식, 여성을 바쳐야 했고, 그 대가로 흉노 제국은 한나라를 침략하지 않기로 약속했다." 김 교수에 의하면, 그 후 "흉노족의 실질적인 조공국 처지에서 벗어나 패권국가로 탈바꿈하는 과정에서 … 한 무제는 핵심적인 역할을 하였다." 그는 "농업지대의 보급에 의존하여 중앙아시아로까지 원정을 감행하였"고, 이는 그 "지역에서 자원을 보유하고 있던 실력자들의 기득권을 침해하는 결과를 가져"와, "그 유명한 『염철론(鹽鐵論)』" 논쟁이 일어나게 되었다. 한 무제는 세수 증대를 위해 "마침내 소금과 철"의 생산과 판매

를 정부가 독점하여 전매(專賣)하고자 하였다. "그러나 흉노와의 장기전으로 사람들은 무거운 세금에 허덕였고, 지식인들은 점차 군사 원정을 의혹의 눈길로 바라보게 되었다. 한 무제가 죽자 … 두 그룹의 학자들이 염철"의 "전매 문제와 제국의 향방에 대해 거침없는 논쟁을 벌였다. 한 그룹은 국가 전매에 찬성하는 상홍양(桑弘羊: B.C.152?~B.C.80)이 이끄는 국가주의적 전략가들이었고, 다른 그룹은 전매에 반대하는 곽광(霍光: B.C.?~B.C.68)의 지원을 받는 일군의 문인들이었다. … 곽광의 지원을 받는 일군의 문인들은 … 국가주의적 전략가들"에 비해 "훨씬 덜 직접적이고 덜 관리 지향적(far less direct and managerial)"인 "이른바 최소 정부(minimalist government)"를 선호하였다." 그들은 "과도한 세금 부담이 농민들을 지치게 하고, 결과적으로 농민들이 제국의 정부에 불만을 가질까 우려하였다. … 그리고 군사적인 수단보다는 도덕적 설득과 같은 평화적인 방법으로 유목민들을 복속시켜야 한다고 주장하였다. 그들은 … 가장 다루기 어려운 유목민들조차도 한나라 문명의 힘으로 교화할 수 있다고 믿었다." 요컨대 "이 문인들은 … 자신들의 논리를 주나라라는 이상화된 과거를 통해 정당화하"면서 "국가의 주된 책임은 소금과 철을 전매함으로써 이윤을 얻는 일이 아니라 신민의 도덕적 감수성을 진작할 교화에 힘쓰는 일이다"라고 보았다. (같은 책, pp.278–280, 292–293, 296–298)

두 번째 단계는 북송(960–1127)의 대표적 지식인 "소식(蘇軾)의 비전"이다. "907년"에 "당나라가 해체되면서 당의 영토는 5대10국으로 갈라졌다." 960년에 이르러 송 왕조가 성립했지만, 그 영토는 이전의 통일 왕조들에 비해 "훨씬 작았다." 이때를 기점으로 송 이전에 존재했던 귀족 엘리트들은 "과거 시험을 통해 입신하는 새로운 유형의 엘리트로 교체되었다." 이러한 "관료제 확대를 추진한 대표적인 정책이 왕안석의 신법(新法)이었다." 왕안석은 "중앙정부가 직접 임명한 관리들이 지방사회를 장악할 수 있도록 관료제를 개혁하고자 하였다." 그의 "신법에 따르면, 국가는 지방의 경제에 개입하여 세금 수입 증대에 앞장서야" 했다. 따라서 "당시의 관리들은 도덕성이나 문학적 소양보다는 재정(財政) 분야를 다룰 수 있는 전문 지식을 갖추어야 했다. 이러한 신법의 조치를 통해 국가의 하부구조가 강화되었고, 그에 힘입어 국가는 전에 비해 훨씬 더 적극적으로 지방사회를 장악"하고, 국가권력을 집중화시켰다. "왕안석은 개인의 도덕성보다는 중앙정부의 조직적 역량을 이상적 정치 질서의 궁극적 열쇠로 간주했다." 여기서 "왕안석 사상"은 "수신제가치국평천하(修身齊家治國平天下)"와 같이 "주체의 수양[을] 이상적 정치 질서의 주된 동력"으로 본 "도학(道學)"과 충돌하게 된다. "북송대에 시작되었지만 남송대에 한층 더 영향력을 갖게 된 도학"은 한때 왕안석의 "신법에 찬성했지만", 1127년에 북송이 몰락하자 "신법을 명백히 실패한 정책으로 보기 시작했"고, 특히 "소식"은 "왕안석의 신법에 적극적으로 반대"했다. 김영민 교수는 "소식의 대표적인 작품이라고 할 수 있는 「적벽부」"를 "문학작품을 넘어 소식 자신의 정치사상을" 담고 있는 정치적 텍스트라고 말하면서, 여기서 찾아볼 수 있는 "소식의 [정치적] 비전의 특징은 거대한 획일적 국가 팽창주의에 반대하여, 개인의 주체를 강조하였다는 점과 삶의 영역을 국가가 관장하는 영역으로 전부 환원하지 않고자 했다는 점에 있다"고 집약한다. 이어서 김 교수는 이렇게 덧붙인다:

그런데 이와 같은 점들이 보다 많은 지식인의 호응을 얻게 되는 것은 북송 때가 아니라 남송 때이다. 그리고 가장 강력하게 부응한 집단은 다름 아닌 도학자들이었다. 도학자들은 국가의 팽창에 대하여 경계심을 가지고, 국가보다는 개별 주체의 정치적 잠재력에 더 주목했다는 점에서 소식과 입장을 같이 하였으나, 소식에 비해 훨씬 더 윤리적 완전주의에 경도되었다. (같은 책, pp.357, 362, 364, 365–366, 368 , 370–371, 395)

세 번째 단계는 남송시대(1127–1279)의 "도학자들"에 의해 사회정치에 대한 광범위한 "혁신적인 사상"으로 제시된 "형이상학 공화국(the metaphysical republic)"론이다. 김영민 교수에 의하면,
"1127년 남송의 성립은 새로운 왕조 창건보다 더 중대한 정치적·사회적 함의를 가"진다. 왜냐하면, 이때부터 "북쪽의 중원 지역은 중국문화의 전형으로서의 지위를 잃게"된 반면, "문화적 벽지 혹은 유배지로 간주되었던 남쪽 지역이 인구가 집중되고 중국의 경제적·문화적 중심지로 떠"올랐기 때문 이다. 게다가 "제국의 관료제 규모가 관리 후보자 수의 증가를 따라잡지 못하면서 엘리트들은 점차 … 전국적인 레벨의 엘리트가 되려고 하기보다는 자기네 고향의 엘리트 집안과 통혼을 통해 해당 지방사회에서 자신들의 입지를 공고히" 하는 쪽으로 바뀌었으며, 이와 더불어 "자신들의 고향을 후원하고 지배하기 시작했"다. 다시 말해 "남송을 기점으로 국가 중심의 정치적·제도적 개혁주의에서 지방의 자발적 활동주의로 의식의 전환이 일어났다." 한 연구에 따르면, 지방직에 해당되는 "과거 시험 하위 단계 합격자의 수는 1400년도에 4만 명가량이었다가 1700년에는 60만 명 정도가 되었"고, "한 세기가 더 지나서는 100만 명을 크게 상회했다." 김 교수는 "도학의 융성"이 이와 같은 지

방으로의 전환을 부추겼다고 지적하면서, "도학자들"이 생각한 "공공성"은 "국가의 권위나 지방의 이해관계로 환원되"지 않는 독특한 특성을 갖고 있었다고 주장한다: (1) "도학자들은 공공연하게 위기지학(爲己之學)에 헌신하였다." 말하자면 "그들이 추구했던 것은 국가의 이해관계도 지역의 이해관계도 아닌", "자아의 완성이었다." 위기지학의 "목표는 도덕적인 자아수양을 통해 성인[聖人]이 되는 것이었"고, "그 점에서 도학자들의 과업은 오직 과거 시험 합격을 위해 공부하는 범상한 학인들의 과업과는 명시적으로 구별되었다." (2) "엘리트 대다수가 지방사회에서 활동했다고 할지라도 그들이 국가의 권위에 명시적으로 도전한 것은 아니었"고, 그 대신에 "관직 경력만큼이나 지방사회에서의 헌신과 공헌을 높게 평가하였다." 여기서 김 교수는 "도학의 대표적 이론가인 주희를 예로" 든다. "그는 조정에서보다는 지방관으로서 더 기꺼이 많은 봉사를 하였다. 주희에게 지방에서 활동한다는 것은 성공적인 정치 경력을 쌓지 못해서 마지못해 선택한 길이 아니었다." 그보다는 그가 "중앙정부와 지방사회 사이 어딘가에서 그 어느 쪽과도 자신을 완전히 동일시하지 않"았기 때문이었다. "주희의 『중용장구』"는 그가 "개인의 도덕적 완성을 너무 강조한 나머지, 정부를 매개로 한 통치 행위를 중요시하지 않"았음을 보여준다. (3) '이(理, pattern/principle)'에 대한 "도학의 믿음"이다. 김 교수는 이 믿음이야말로 도학을 이전 중국 정치사상들과 구분해주는 매우 중요한 특질이라고 지적하면서, 이렇게 주장한다:

도학자들은 우주가 모든 레벨에서 '이'에 의해 구조화되고 통일되어 있다고 보았다. 이 통합된 세계상 속에서 인간 세계와 자연 세계는 근본적인 구분이 없고, 인간은 사물과 사건 저변에 놓여 있는 이 '이'를 알아차릴 수 있는 존재이다. 도학자들이 생각한 '이'란 그 다양한 표현 양상에도 불구하고 하나로 통일되어 존재하는 총체적인 패턴이었다. 이러한 생각은 '이일분수(理一分殊: there is one principle but its particuarizations are diverse)' 개념에 집약되어 있다.

요컨대, 당시의 엘리트들은 "부분을 통해 전체를 전유"할 수 있다는 "이일분수 개념"을 토대로 "도학적 자아 수양"을 통한 "자아—세계의 합일" 곧 치국평천하를 이룰 수 있다고 믿었다. 여기서 김 교수는 당시의 엘리트들이 "두 층위로 이루어진" 복합적 "세계에서 정치적 삶을 영위했"다고 본다. 하나는 "황제를 정점으로 하는 위계적인 정치질서(이른바 현상 세계 physical/phenomenal, 事)"이고, 또 다른 하나는 도학의 이념을 통해 보게 된 "형이상학적 세계"이다. 도학자들은 "도학 이론 덕택에 … 현실[事]에서 중앙 정계에 진출하지 않더라도 자신이 변방으로 밀려나 있다는 왜소한 느낌을 갖지 않"았다. 이들은 "인간의 공통성이라는 맥락에서 사유하는 동시에 사회적 위계라는 맥락에서 행동"하였고, "지방적 차원에서 행동"하면서도 "동시에 글로벌하게, 혹은 우주적으로 사유하기를" 실천했다. 김 교수는 "이 특이한 성질들을 형이상학 공화국이라는 이름 아래 개념화"한다. 그는 이렇게 선언한다:

형이상학 공화국이라는 용어를 통해 내가 의미하고자 하는 것은 다음과 같은 결합체이다. … 현상 세계에[서]는 여전히 계층화된 사회요소들이 남아 있음에도 불구하고, 개개인은 형이상학 공화국 안에서(만) 누구나 형이상학적 원리와 도덕성을 실현하는 시민이 된다. … 형이상학 공화국의 시민들은 공통된 인간성을 실현하는 성인이 되고자 배움에 종사하는 이들의 펠로우십(fellowship)이다.
… 이러한 독특한 세계관을 통해 도학자들은 평천하의 능동적인 참여자가 되기 위해 반드시 관료적 제국의 정치적 중심(the political center of the bureaucratic empire)에 있어야만 한다는 생각을 버릴 수 있었다. … 왕양명과 그의 추종자들은 도학이 가진 공화적 성격을 논리적 극단까지 밀어붙였다. 그 결과 도학은 하위 계층에게까지 퍼져나가게 되었다. (같은 책, pp.396, 402, 403, 406–408, 415, 429, 430, 432, 434–438, 440–441)

김영민 교수의 『중국정치사상사』는 중국정치사상에 대한 수준 높은 담론이 어떤 것인지를 소개한 반갑고도 고마운 우리 학계의 기념비적 성과라고 생각된다. 그러나 이 책을 읽노라면, 한 가지 뼈아픈 안타까움과 아쉬움을 느끼지 않을 수 없는데, 이 저작에서는 14년간 지속된 "서주 공화정(B.C. 841–828)"의 존재에 대해 단 한 차례도 언급하지 않기 때문이다. "서주 공화정"에 대한 이러한 침묵은 서술된 역사와 그 서술자에 대한 신뢰를 모두 떨어뜨리게 마련이다. 이 저작의 아이로니는 그것이 보여준 탁월성만큼이나 역사 서술에 대한 불신감을 증폭시킨다는 것이다.
사마천이 서술한 "서주 공화정"은 "형이상학 공화정"과 같은 "개념적인 것"이 아니라 "직접 행동"인 것이다. "그것은 이념으로서의 공화주의를 뚜렷하게 각인시키거나 부각시키기를 주저한다. 그것은 다만 경험으로서의 공화정을 직접 보고, 느끼며, 살게 하고, 함께 공유한 바를 서로 말하게 함으로써 '공화'의 말문을 열게 해줄 뿐이다. 사실 사마천의 『사기』 전체는 바로 이런 방식, 다시 말하면 '개념적 이해'보다는 '직접 경험하는' 방식에 초점을 맞춰 쓰여진 책이다. 이처럼 '직접 보고, 느끼고, 경험

*

"과거와 미래의 문화에 대한 창조적인 평가와 상상을 할 수 있는 정치만이 힘차고 뜻있는 현재를 건설할 수 있는 것이다."

"평등과 평화는 자유가 정립된 상황에서 이루어지는 것이지, 반대로 자유를 억누르고 강압된 평등은 끝내 자유를 가져오지 못한다."

〈이홍구〉[20]

"모든 사람이 자유롭고 동등한 세계는 아마도 낙원일 것이다. 이 같은 세상은 실현하기 어렵다. 억지로 선택해야 한다면 아마도

하는' 사마천의 방식은 '촌락을 연구하는 것이 아니[라,] 촌락에서 연구'할 것을 주장했던 기어츠(Clifford Geertz)의 인류학과 상당히 닮아 있다." 요약하면, 사마천이 기술한 "서주 공화정"은 지구상에 존재했던 가장 오래된 "원—공화정"이며, 결코 임의로 "지워버릴 수 없는 역사적 실재"로서, 왕이 부재한 정치적 위기상황에서, 성인(聖人)이 아닌 보통의 나랏사람들 즉 국인(國人)들에 의해 탄생한, 중국 역사에서 유례없는 정치의 최정점에 이른 체제였다. (김홍우, "사마천의 공화정에 대한 이해", 앞의 논문, pp.104, 114 참조) 이에 덧붙여 필자는 김영민 교수의 "형이상학 공화국"론은 "서주 공화정"에서 싹튼 "공화주의"가 어쩌면 중국정치의 전 역사를 관통하는 "집요저음(basso ostinato)"일지도 모른다는 해석의 여지를 남긴다고 본다.(김홍우, "한국정치사상 연구의 새로운 지평", 한국동양정치사상사학회 엮음,『한국정치사상사: 檀君에서 解放까지』, 백산서당, 2005, p.747, 각주(27))

평등보다 자유를 우선으로 꼽을 것이다. 자유가 없으면 반드시 불평등과 부정의가 초래되며 결국 독재정치로 이어지기 때문이다. 그러나 불평등이 반드시 자유의 부재로 이어지는 것은 아니다."

〈칼 포퍼(Karl Popper)〉[21]

"선(善)이란 세계의 절대적 종착점이며 목표인 자유가 실현된 것이다(The good is thus freedom realized, the absolute end and aim of the world)."

〈헤겔(Georg W.F.Hegel)〉[22]

---

20) 이홍구, 『李洪九 文集』 1(나남출판, 1996), pp.70, 308. 이홍구 선생님은 "공동체와 국가"(『李洪九文集』3)에서 "통일"과 관련하여 "자유"의 중요성을 다시한번 강조한다: "민족통일의 추구가 교조적 집단주의에 의하여 이끌려져서는 안 되겠다는 생각에서, 그리고 통일로의 진전이 자유와 복지의 신장을 수반할 때만 바람직하다는 입장에서 우리는 한민족공동체의 청사진을 그리게 되었다. 그러한 합리적 입장이 중심을 이루게 하는 정치체제는 몽테스키외가 말하는 '온건한 국가'(moderate state)일 수밖에 없다. 온건한 것이 화려한 것은 아니다. 그러나 온건의 미덕을 유지할 때만 민주화와 통일로의 행진은 실질적 소득을 얻게되는 것이다. 온건은 우리 시대의 지혜라 할 수 있다."(pp.418-419)

21) 처드 파이프스, 앞의 책, p.345(Frankfurter Allgemeine Zeitung, 1976년 12월 24일자)에서 재인용.

22) Georg W.F.Hegel, Hegel's Philosophy of Right, tr. with notes by T.M.Knox (Oxford: The Clarendon Press, 1967), p.86. 다른 한편, 루소는 헤겔과는 달리 그의 『정치경제론(Political Economy』에서 "소유권"이 "자유 그 자체보다도 더 중요하다"고 다음과 같이 주장한다: "소유권은 모든 시민의 권리 중에서 가장 신성한 권리이며, 어떤 점에서는 자유 그 자체보다도 더 중요하다."(이 논문집에 수록된 김용민 교수의 글, "루소의 일반의지와 『정치경제론』, p.396"에서 재인용)

◇◇◇ 참고문헌 ◇◇◇

사마천 저/신동준 옮김. 2015, 『사기열전』 1, 2, 위즈덤하우스

사마천 저/신동준 옮김. 2015, 『사기세가』, 위즈덤하우스

사마천 저/정범진 외 옮김. 1966, 『史記 表序·書』, 까치

김부식 저/이강래 옮김. 2019, 『삼국사기』 I, II 한길사

국사편찬위원회, 『고종실록』 13권 http://sillok.history.go.kr/id/kza_
    11302006_001

하디, 그랜트. 1994, "고대 중국의 역사가가 근대 서구의 이론에 기여할 수
    있는가? - 사마천의 복합 화법," 『문학과 사회』, 가을

기어츠, 클리퍼드 저/문옥표 옮김. 1999, 『문화의 해석』, 까치

이홍구. 1996, 『李洪九 文集』, 1, 3, 나남출판

김영민. 2021, 『중국정치사상사』, 사회평론아카데미

김영숙. 2021, "조동일 저, -여기 새로운 길이 있다-『우리 옛글의 놀라움』
    을 읽고", 「대한민국학술원통신」, 334호, pp.21-25

김용민. 2021, "루소의 일반의지와 『정치경제론』", 『이홍구 선생님 미수기
    념문집』, 중앙북스, pp.376-409

김홍우. 2021, "사마천의 공화정에 대한 이해(理解)", 『한국정치학과 세계
    정치학의 새 비전: 준봉 구범모 교수 미수기념논문집』, 뿌쉬낀하우스,
    pp.77-122

김홍우. 2019, "자유는 우리 역사의 오래된 이야기다", 『학술원논문집』(인

문·사회과학편), 58집 1호, pp.469-518

김홍우. 2016, "데이비드 흄(David Hume)의 법치(Rule of Law)의 이념", 『학술원논문집』(인문·사회과학편), 55집 1호, pp.215-335

김홍우. 2007, 『한국정치의 현상학적 이해』, 인간사랑

김홍우. 2005, "한국정치사상 연구의 새로운 지평", 한국·동양정치사상사 학회 엮음, 『한국 정치 사상사: 檀君에서 解放까지』, 백산서당, p.747

김용민. 2021, "루소의 일반의지와 『정치경제론』", 『이홍구 선생님 미수기 념문집』, 중앙북스, pp.

김태영. 2020, "자치권의 확대에 대한 이해와 오해: 역사적 고찰", 〈항국정 치평론학회 연례학술회의: 기본소득과 다층적 통치성〉, pp.91-113

바흐찐, M./김근식 옮김. ?, 『바흐찐의 시학』, 정음사

박제가 저/이익성 옮김. 2011, 『북학의』, 을유문화사

베넷, 제인 저/문성재 옮김. 2020, 『생동하는 물질: 사물에 대한 정치생태 학』, 현실문학

샌델, 마이클 저/김선욱 감수·김명철 옮김. 2014, 『정의란 무엇인가』, 미 래엔

이해영. 2020, 『정책사상 대계』, 박영사

조동일. 2020, 『대등한 화합 : 동아시아문명의 심층』, 지식산업사

최현도. 2021, "두 개의 바다", 동문 카톡방

파이프스, 리처드/서은경 옮김. 2020, 『소유와 자유』, 자유기업원

페팃, 필립 저/곽준혁·윤채영 옮김. 2019,『왜 다시 자유인가』, 한길사

페팃, 필립 저/곽준혁 옮김. 2012,『신공화주의 : 비지배 자유와 공화주의 정부』, 나남

황태연. 2020,『17-18세기 영국의 공자숭배와 모럴리스트들』, 상권, Nexen

황태연·김종록. 2015,『공자, 잠든 유럽을 깨우다』, 김영사

황태연. 2013,「공자의 공감적 무위·현세주의와 서구 관용사상의 동아시아적 기원」, 상, 하,『정신문화연구』, 제36권 제2호

황태연. 2012,「서구 자유시장론과 복지국가론에 대한 공맹과 사마천의 무위시장 이념과 양민철학의 영향: 공자주의 경제·복지철학의 보편성과 미래적 함의에 관한 비교철학적 탐색」,『정신문화연구』, 제35권 제2호, 2012

해밀턴, 알렉산더; 매디슨, 제임스; 제이, 존 저/김동영 옮김. 1995,『페더랄리스트 페이퍼』, 한울아카데미

Hegel, Georg W.F./tr. with notes by Knox, T.M. 1967, Hegel's Philosophy of Right, Oxford: The Clarendon Press

Heidegger, M./tr. and intro. by Hofstadter. 1971, in his Poetry, Language, Thought, New York: Harper & Row, Publishers, Inc.

Heidegger, M./tr. by Barton, W.B., Jr. with an analysis by Gendlin. 1967, What is A Thlng. South Bend, Indiana: Gateway eds., Ltd.

사회과학의 완성으로서 정치철학

– 파슨스(T. Parsons) 사회체계이론의 토대로서 칸트철학의
"체계적 통일성" 및 초월성의 원리, 헤겔–마르크스주의의 총체성
이념, 그람시(A. Gramsci)의 시민사회이론, 후기마르크스주의의
'정치의 사회초월성' 논제의 사상사적 연속성을 중심으로 –

양승태(이화여대 명예교수)

"… 학문은 … 그 창시자가 기술한 그대로가 아니라

그가 짜 맞추어 놓은 부분들이라도

그것들 사이의 당연한 통일성 때문에

이성 자체에 근거가 있는 것으로 밝혀진

이념에 따라 설명되고 규정되어야 한다."[1]

– 칸트(Kant), 『순수이성비판』 A834

---

1) 필자의 번역으로 원문은 "… muss man Wissenschaften … nicht nach der Beschreibung, die der Urheber derselben davon gibt, sondern nach der Idee, welche man aus der natürlichen Einheit der Teile, die er zusammengebracht hat, in der Vernunft selbst gegründet findet, erklären, bestimmen."

◇◇◇ 요 약 ◇◇◇

이 논문은 '정치철학은 사회과학의 완성'이라는 논제를 파슨스의 사회체
계이론에 함축된 칸트철학적 상호침투(interpenetration) 개념과 연관된
철학사 및 정치사상사에 해석을 통해 해명하려는 시도이다. 파슨스는 상
호침투 개념의 인식론적 근거인 칸트의 "체계적 통일성(die systematische
Einheit)"의 원리를 인지하지 못함에 따라 '정치의 사회초월성'을 이해하
지 못하였으며, 이에 따라 사회현상을 총체적이고 동태적으로 파악하는
데 성공하지 못했다. "체계적 통일성" 원리의 기원은 플라톤의 후기 존재
론에 등장하는 '일자와 다자(hen kai polla)'의 원리인데, 그것은 근대에 이
르러 칸트, 헤겔, 하이데거를 통해 새롭게 해석되고 부활하였다. 루카치
(Georg Lukàcs)와 프랑크푸르트학파로 대변되는 20세기 헤겔-마르크스
주의의 발전은 마르크스 사상에 함축된 헤겔철학의 총체성(Totalität) 이
념을 재해석하는 과정으로 이해될 수 있는데, 그들 또한 그 이념의 철학
적 근거인 "일자-다자"의 원리에 대한 이해의 부족으로 '정치의 사회초월
성'을 제대로 파악하지 못하면서 자본주의 체제와 사회주의 체제의 차이
를 떠나 현대정치의 역동성을 제대로 설명하지 못했다. '정치의 사회초월
성' 논제는 그람시(Antonio Gramsci)의 시민사회이론을 통해 새롭게 부활
하고 이른바 후기마르크스주의(post-Marxism) 학자들에 의해 존재론 차
원의 접근이 시도되었으나, 그들 또한 정치철학의 근본에 대한 이해의 부
족으로 그 논제의 의미를 제대로 구명하지 못했다.

I. 사회과학과 정치철학, '정치의 사회초월성' 논제, 그리고 파슨스의 사회과학

이 글은 한국 학계에 정치사상 연구 및 교육의 기초를 마련한 이홍구 서울대학교 명예교수의 미수(米壽)를 기념하기 위해 작성되었다. 개인적으로 필자에게 이홍구 교수는 대학 시절 은사이기도 하면서 지식인이 무엇이고 인물이 크다는 것이 무엇인지 처음으로 가늠하게 해준 분이며, 정치사상 연구와 정치철학적 사유를 일생의 업으로 삼게 된 결정적인 계기를 마련해준 분이기도 하다.

이홍구 교수가 서울대학교 정치학과에 부임한 1969년 이후 지나간 50여 년의 시간은 한국 학계에서 정치사상을 전공하는 학자들도 많아지고 학술 논문이나 저서들도 많이 출간되는 등 정치사상 연구가 확산되고 심화되는 과정이라고도 말할 수 있다.[2] 그럼에도 불구하고 한국의 정치학계뿐만 아니라 사회과학계 전반에서 정치사상의 연구와 교육은 아직도 해결되어야 하고 새롭게 발전시킬 학문적 과제들이 많이 남아 있다. 그 가운데 가장 근본적인 것들 가운데 하나는 바로 정치사상을 왜 연구하고 가르쳐야 하는지 그 학문적 근거에 대한 체계적이고 명

---

2) 한국 학계에서 정치사상 연구에 관한 개관으로는 양승태(2008) 참고.

확한 해명이다. 이 문제는 현재 한국 대부분의 대학에서 정치학과가 사회과학대학에 속하는 제도의 타당성 문제와도 연관되어 있고, 정치학과 내에서 강의 과목의 설정이나 교수 인사 등 학과의 행정에도 실제적인 영향을 미치고 있다.[3] 어쨌든 정치사상의 연구 및 교육과 관련하여 제기되는 현실적인 의문은 이것이다. 일반적으로 과거의 사상에 대한 연구나 철학적 사유행위는 인간의 주관적 세계에 대한 연구 또는 일종의 형이상학으로서 사회과학적 연구가 아닌 인문학적 연구로 간주되고 있는데, 왜 사회과학의 하나로 분류되는 정치학에는 인문학적 연구가 공존하는가이다.

실제로 정치학계나 사회과학계 전반적으로 자연과학적 방법

---

3) 정치학과 내에는 통계나 조사방법과 같은 '과학적 방법'에 대한 강의나 연구와 함께 정치사나 외교사와 같은 역사 분야, 정치경제학, 정치사회학, 정치심리학 또는 비교적 최근의 역사정치학과 같이 다른 학문 분야와 결합된 분야도 존재한다. 그러한 사실은 대학 내에서 다른 학과와의 관계 문제를 제기한다. 정치사나 외교사는 '사'이기 때문에 대학에서 역사학과에 귀속되어야 하는지 아니면 '정치'나 '외교'이기 때문에 정치외교학과에 귀속되어야 하는지, 정치경제학이나 정치사회학 등은 '경제정치학'이나 '사회정치학'으로 명칭의 순서를 바꾸어 경제학과나 사회학과에 귀속되어야 하는지 등 학과 사이의 경계성 문제를 제기한다. 그와 같은 경계성의 문제와는 다른 성격의 관계 문제가 '현실 분야'와 '이론 분야' 사이에도 존재하는데, 그러한 관계의 본질을 명확히 해명하지 못할 경우 정치학이라는 학문 자체의 정체성이 제대로 정립될 수 없음은 물론 '정치적인 것들'의 실체가 제대로 구명될 수 없을 것이다.

이 학문적 연구방법의 전부로 믿거나 경험적 대상에 대한 연구만이 실질적이고 실용적이며 실천적인 학문이라고 믿는 학자들이 상당수 있다. 그들은 나름대로의 논리적 일관성을 발휘하여 사상 연구란 과학과 공존할 수 없기 때문에 연구와 교육에서 제외되어야 한다고 대담하게 혹은 은밀하게 외치기도 하며, 그들보다 '비교적 온건한' 학자들은 정치사상에 관한 지식을 정치학자로서 쌓아야 할 부수적인 교양으로 인정하거나, 또는 정치학자라도 형이상학적 문제에 '관심 정도는' 가져야 한다면서 학자들 간의 '상호 공존노선'을 추구하기도 한다. 결국 '왜 과거의 정치사상을 연구하고 교육해야 하는가?' 또는 '정치철학이라는 형이상학적 사유는 무엇이고 왜 필요한가?'의 문제는 정치학이라는 학문의 정체성은 물론 사회과학과 인문학의 관계 문제 등 대학 교육 전반과도 연관된 현실적 쟁점이기도 하다. 그와 같은 근본적이고 현실적인 쟁점이 근대 서양학문이 이 땅에 본격적으로 유입된 지 한 세기가 지난 현재까지도 제대로 해명되어 있지 않은 상태에 있는 것이다.

이 문제에 관해서는 필자 나름대로 여러 글들을 통하여 해명하려 노력한 바 있는데,[4] 그 핵심 내용을 정리하자면 다음과

---

4) 대표적으로 양승태(2015; 1999) 참조.

같다. 사고(思考)행위란 오래전 아리스토텔레스가 『형이상학』(1074b)에서 갈파한 "생각은 생각함을 생각하기(noēsis noēseōs noēsis; thinking is thinking of thinking)"라는 명제로 압축된다. 타인의 사고와 교류하지 않는 사고란 존재할 수 없다. 자연과학 연구를 포함하여 모든 사고행위(thinking)가 지향하는 체계적이고 엄밀하고 총체적인 사유란 기존의 사고 내용을 구성하는 사상(thoughts)이라는 '사유의 결과물들'에 대한 이해와 검토를 떠나서 형성될 수 없다. 그 이해와 검토가 얼마나 철저하고 그것에 잠재한 새로운 사고를 창출해낼 수 있는 정도에 따라 그 내용이나 깊이에서 지극히 다양한 내용 및 형태의 다차원적 혹은 창조적인 사고가 출현할 수 있다. 일반인들의 단편적이고 혼란스러운 관념에서부터, 문학작품들과 같이 직관력은 풍부하지만 개념적 엄밀성이 부족한 사고, 새로운 사실의 발견 등을 통해 기존의 지식체계를 확장하는 데는 기여하지만 기존의 사고틀을 벗어나지 못하는 범용한 학자들의 사고, 통찰력은 있지만 체계성이 부족한 창조적인 사상, 진정한 의미에서 철학으로 불릴 수 있는 것으로서 몇백 년 만에나 등장할 수 있는 위대한 지식인의 창조적이고 포괄적이면서도 체계적이고 엄밀한 사상 등 인간의 사유세계는 무한한 변용을 현현할 수 있다.

  그렇기 때문에 정치학 연구만이 아니라 모든 학문 연구의 기초에는 위대한 사상과 철학의 원천인 고전에 대한 치밀한 독해 과정을 -일반적으로 문헌학적 연구(philological study)로 불리는- 통한 지성적 사고훈련이 있어야 한다. 그러한 사고훈련의 과정을 거친 학자들이 상호 진지한 대화 및 연구의 교류를 통한 비판적이고 종합적인 사고를 추구하지 않을 경우, 독자적인 학문세계의 구축은 물론 진정으로 새롭고 보편적인 학문적 성과는 나타날 수 없다. 비판적이고 종합적이고 창조적인 사고란 다른 말로 -앞으로 III~IV장에서 파슨스의 사회과학과 칸트철학의 관계 및 마르크스주의 사회과학을 논의하는 과정에서 부각되겠지만- 총체성(totality)과 초월성(transcendence)을 추구하는 사고인데, 그것은 오래전 고대 희랍의 지식인들이 '철학하기(philosophein)'로 표현한 성찰적 사고행위를 근대 철학을 통해 다른 어휘체계로 표현되거나 개념적으로 좀 더 엄밀하게 재해석된 결과일 뿐이다. 그리고 뒤에 가서 칸트철학에서 이념(Idee)과 초월성의 관계와 관련하여 제시된 본질(Wesen)의 구현(Erscheinung) 및 가상(Schein)에 대한 논의를 설명하는 과정에서 좀 더 구체적으로 해명되겠지만, 정치철학이란 철학적 성찰이 사물과 인간의 본질 또는 이념에 대한 탐구를 넘어 이념들이 작동하는 사회현상 및 정치 질서 전반으로 확대될 때 그 진정한 모습이 드러난다. 정치철학이란 그러한 이념들이 현실세

계에서 불완전하고 왜곡된 가치관이나 허구적 이념으로 정당화
되고 여러 가지 형태의 행위와 제도로 드러나는 총체적인 양상
에 대한 비판적인 탐구이자, 그러한 탐구를 통해 그와 같이 불
완전하고 허구적인 행위 및 제도들의 한계를 극복할 수 있는 방
안의 제시를 통해 새로운 세계의 비전을 창출하는 성찰적이고
초월적인 사유이기 때문이다.

따라서 정치철학은 사회과학의 완성임과 동시에 철학의 한
분야가 아니라 그것의 완성이다. 헤겔(Hegel)의 어구를 인용
하자면, 그것은 인간의 삶의 질서 및 역사의 흐름 전반에 대
한 '생각을 생각하기(Denken des Denkens)'이다.[5] 서구나 한국
의 학계에서 정치사상 연구의 이름으로 수행되는 지식인 평전
(intellectual biography), 유학(儒學)에서의 훈고학이나 서양 고
전학에서의 문헌학(philology), 해석학(hermeneutics), 개념분석
(conceptual analysis), 개념사(Begriffsgeschichte), 사상사(history
of thoughts)나 이념사(history of ideas) 연구 등등은 정치철학적
성찰에 필요한 자료와 판단 근거를 제공하는 연구이자 동시에
그러한 성찰을 제대로 수행하기 위해 필수적으로 요구되는 사

---

5) '생각을 생각하기'는 헤겔의 『철학사 강의(Vorlesungen über die Geschichte
der Philosophie)』에 제시된 철학사 이념의 핵심적인 요소인데, 그것이 정치사상 연
구에 갖는 의미에 관해서는 필자도(양승태 2015) 나름대로 설명한 바 있다.

고훈련의 과정이기도 하다.[6] 이 글의 주요 제재인 파슨스를 비롯하여 나름대로 창조성을 갖춘 모든 학자들은 거의 예외 없이 학창 시절 그러한 지적 수련과정을 거치기도 했지만,[7] 그러한 과정은 정치사상을 전공하는 학생들만이 아니라 사회과학자들은 물론 철학도와 역사학도와 문학도를 포함하여 지성적 사고

---

6) 필자는 그동안 개인적으로 강의나 강연 또는 여러 다른 계기들을 통해서 철학자란 신성한 명칭의 범속화에 비판한 바 있다. 즉, 특정한 철학이나 사상을 요약·정리하여 소개하는 작업에 그치거나 특정한 철학의 틀을 벗어나 사고하지 못하는 철학교수들 또는 개념적 사유 능력을 갖추지 못한 에세이스트들은 철학자라는 숭고한 타이틀을 함부로 '참칭'해서는 안 된다는 것이다. 그들은 철학이라는 거대한 소업을 수행한다는 '허영'을 함부로 떨기 전에 위대한 철학자들의 거대한 사고가 농축된 고전들에 대한 문헌학적 연구부터 제대로 수행해야 한다. 서양의 대학에는 일반적으로 존재하는 고전학과가 한국 대학들에 거의 없음은 그러한 지적 허영의 산물이기도 하다.

7) 파슨스의 경우 그의 첫 대작이자 사회체계이론의 정치사상사적 및 사회과학사적 토대를 이루는 『사회적 행위의 구조(The Structure of Social Action)』는 (Parsons 1949; 초판은 1937) 30대 학자로서는 가히 경이롭다고 할 정도로 근대 정치사상사 및 사회과학사의 고전들에 대한 섭렵과 더불어 서양 지성사 전체의 흐름에 대한 그 나름의 관점과 해석이 제시되어 있다. 그의 자전적(自傳的) 고백에도 (Parsons 1970, 특히 876) 나타나 있지만, 그와 같은 지성적 사유 능력과 더불어 나름대로 독자적인 이론을 창출할 수 있는 교육적 배경에는 암허스트대학(Amherst College) 학부 시절의 고전 강의와 하이델베르크대학 유학 시절 야스퍼스(Karl Jaspers)의 지도로 많은 철학 고전들을 세밀하게 독해하는 훈련이 있다. 앞으로 파슨스의 그 해석 및 식견에 함축된 근원적인 문제들이 검토될 것이지만, 파슨스가 사회체계이론을 정립하기 전에 『사회적 행위의 구조』를 통해 그 이론의 사상사적 및 지성사적 배경을 치밀하게 검토한 작업은 한국만이 아니라 세계적으로 이 시대의 사회과학계에서 진실로 부활되어야 할 학문적 귀감이라고 할 만하다.

를 추구하는 모든 인간에게 필수적이다.

이 글은 그와 같은 정치철학적 성찰 능력의 미성숙이 한국 사회과학계 전반의 학문적 한계의 근원이라는 점을 새롭게 환기시키기 위한 논구이다. 여기서 그 한계란 다음과 같이 요약될 수 있다.

한국의 사회과학은 구체적 사실들의 총체적인 연관관계에 대한 독자적인 탐색이 없는 상태에서 외국 학계의 개념이나 이론이라면 저차원 지성의 산물이라도 마치 무조건 새로운 지식인 것처럼 소개하거나, 그것들에 의탁하여 한국 현실을 일방적으로 윤색 또는 비판하거나 경우에 따라서는 뻔하고 상투적인 현실 인식을 외국어 또는 그 번역어로 포장하여 마치 새로운 지식처럼 제시하는 수준의 글들이 학술 논문으로 포장되어 나타나는 경향도 있다. 이와 반대로 독자적 혹은 토착적 이론이라는 이름으로 거대한 역사적 상황을 그 개념적 근거에 대한 치밀한 검토행위 없이 특정 관념에 의거하여 일방적으로 또는 허황되게 재단하는 성격의 거대 담론을 제시하는 경향도 있다. 또한 전문성이라는 이름으로 연구 대상이 사회의 지극히 부분적인 영역에 국한되는 경향도 강하며, 이에 따라 사회 전반적인 혹은 역사적 의미를 설명하지 못한 채 지엽적인 사실 발견이나 정보 제공 수준의 연구에 그치거나 지극히 한정된 의미의 일반화나 수학적 도식화의 수준을 넘어서지 못하는 경향도 강하다. 그러한 결과 한국의 사회과학계는 세계 학계에 내놓을 만한 독창적인 개념, 이론, 사상을 창출하지 못하는 학문적 후진 상태가 지속되고 있다.

물론 학문에 '우리 생각-남의 생각'의 구분은 없으며, 학문 발전의 요체는 언제나 '남의 생각'을 진정으로 '우리 생각'으로 만드는 데 있다. 외국의 이론이나 사상에 대한 관심이나 그것들을 소개하고 이해하려는 태도 자체에 잘못은 없다. 외국의 이론이나 사상의 표면적인 내용을 소개 또는 요약·정리하는 수준의 작업에 머물면서 그것을 구성하는 개념들 하나하나에 대한 치밀한 검토와 더불어 그 전체의 의미를 근원적이면서 총체적으로 파악하는 행위가 연구의 관행으로 정착되어 있지 않은 점이 문제인 것이다. 그러한 연구에는 당연히 외국의 이론이나 사상을 역사적, 지성사적, 사상사적 맥락에서 그 형성과정을 구명하고, 그 내용을 우리의 전통적인 사상을 포함하여 다른 이론이나 사상과의 연관 속에서 그 학문적 가치를 독자적으로 평가하고, 그 전체적인 의미를 종합적으로 해석하며, 그것에 내재한 새롭고 창조적인 의미를 파악하는 행위가 수반되어야 한다. 그러한 성찰적 행위를 통해서 구체적인 현실을 끊임없이 새롭게 해석하면서 새로운 변화의 방향을 제시할 수 있는 창조적인 이론이나 사상이 등장할 수 있는데, 그 '행위'가 바로 정치철학이다.

그러한 의미에서의 정치철학은 인간과 사물에 대한 스스로의 사고방식 및 사고 내용의 철학사적 혹은 사상사적 근거에 대한 탐색이 없이 기존의 철학적 교설로 현실을 꿰어 맞추어 설명하거나 특정한 역사적 상황을 정치현실 그 자체로 전제하고 당위적 판단을 이끌어내는 수준의 '의사(擬似) 정치철학'과는 구분되어야 한다.[8] 그리고 그것은 현재 한국의 사회과학이 처한 학

---

8) 후자 성격의 정치철학도 참고할 만한 가치는 있지만 본질적으로 '비정치적' 정치철학으로서 '의사(擬似) 정치철학'으로 규정할 수 있다. 물론 정치철학과 '의사 정치철학'의 구분 근거에 대한 설명은 별도의 방대한 논의가 필요하지만, 플린(Bernard Flynn)이라는 학자가 제기한 "정치화된 철학(politicized philosophy)"의 문제는 이와 관련하여 참고할 만하다. 플린은 앞으로 논의될 '정치의 사회초월성 논제'와 관련된 학자들 가운데 하나로서 특히 메를로-퐁티(Merleau-Ponty)의 현상학과 마르크스주의의 접목을 시도한 르포르(Claude Lefort)의 학문세계를 정리한 바 있는데, 그러한 정리과정에서 데리다(J. Derrida)의 저서 The Politics of Friendship에 대한 한 서평을 인용하면서(Flynn 2005, pp. xv~xviii 참조) 그 문제를 제기하고 있다. 즉, 데리다뿐만 아니라 사르트르(J. P. Satre)와 레비나스(E. Levinas) 등으로 대표되는 프랑스 철학계의 일반적인 경향은 국가의 본질 문제나 정치체제나 관료제의 존재와 기능 또는 정치사의 구체적 사례에 대해서는 무관심하면서 존재론이나 인식론에서 차출한 개념들의 "정치적 확대(politicized extension)"가 마치 정치철학의 전부로 믿는 경향이 강하다는 것이다. 그러한 점은 일반인들이 현대정치철학을 대표하는 학자로 믿는 롤스(John Rawls)의 경우에도 앞의 철학자들과는 조금 다른 이유에서 해당되는데, 그 점에 대해서는 이 글의 말미에서 논급될 것이다.

문적 빈곤상황을 극복하기 위해서도 필수적이다. 그 극복의 출발은 외국의 사회과학이론에 대해 외국 것이기 때문에 우리 현실에 맞지 않는다는 '속 편한' 논리로 아예 읽으려는 노력조차 하지 않거나, 그 '세속적' 권위에 압도되어 모조건 학문적 권위로 숭배하는 비학문적 태도의 청산이다. 이 글은 필자 나름대로의 '정치철학하기'를 통해 그러한 청산에 기여하기 위한 목적으로 작성되었다. 그 주요 제재는 현대 미국 사회과학을 대표하는 학자들 가운데 하나로서 아직도 학문적 권위를 누리고 있는 파슨스(Talcott Parsons)의 사회체계이론이다.

파슨스는 실질적으로 미국 사회학의 창시자이며, 그의 사회체계이론은 아직도 한국은 물론 미국과 서구의 많은 사회학자들과 사회과학자들의 사고방식 및 실제적인 연구에 지대한 영향을 끼치고 있다.[9] 일반적으로 구조기능주의로 규정되듯이, 그 이론의 핵심은 사회 전체의 구조 및 그 부분들의 기능과 변화를 행위-가치정향-체계라는 개념도식을 통해 기술하고 설명하면서 사회과학 연구에 그 나름대로 과학성과 포괄성과 체계성을 부여하는 데 있다. 그런데 그 '과학적' 이론의 실체와 관련하여 주목할 사실이 있다. 즉, 그것의 토대에는 상호침투(interpenetration) 개념으로 축약된 칸트철학이 있으며, 이와 더불어 정치를 사회의 일부로 간주하면서 '그 자체의 자율성이나 독자성 또는 사회 전체를 이끌어 가는 초월적인 성격'을 −앞으로 간략히 '정치의 사회초월성'으로 명명−10) 부인하는 근대 자

---

9) 앞으로의 논의를 통해 그 학문적 의미가 명확하게 되겠지만, 일반적으로 사회학자로 분류되는 파슨스의 연구 대상은 단순히 사회과학의 한 분야로서의 사회학이 아니다. 즉 물질 및 용역의 생산−교환의 현상을 연구하는 경제학이나 공적 영역의 현상을 연구하는 정치학과 구분되어 사적 영역에 국한된 현상만을 연구한 학자가 아니라 그 모든 현상들을 포괄하는 사회 전체에 대한 설명을 시도한 학자이다. 그의 경우에는 '사회학=사회과학'의 등식이 성립하며, 그러한 관점은 앞에서 언급된 『사회적 행위의 구조』 전체에 잘 나타나 있다. 그곳에서 그는 간접적이나마 스스로를 파레토(Vilfredo Pareto), 뒤르카임(E. Durkhiem), 막스 베버로 대표되는 유럽 사회과학 전통의 발전적 계승자로 표현하고 있는 것이다. 따라서 이 글에서는 맥락에 따라 파슨스는 사회학자 또는 사회과학자로 규정될 것이다. 파슨스의 제자로서 한국 학계에서도 자주 언급되고 논의되는 독일의 사회학자 루만(Niklas Luhmann)의 명성이나 파슨스의 이론을 원용한 하버마스(Jürgen Habermas)의 유명한 '체계−생활세계(Lebenswelt)'의 구분도식은 파슨스의 학문적 영향력의 지속성을 증언하는 대표적인 사례라고 할 수 있다.

10) 그 논제는 서구 학계에서 보통 "정치적인 것의 자율성(the autonomy of the political)", "정치적인 것의 사회적인 것에 대한 우선성(the primacy of the political over the social)", 또는 "정치적인 것의 독립성과 초월성(independence and transcendence of the political)" 등의 어구로 표현된다. 이 글에서는 일관되게 '정치의 사회초월성'이라는 어구를 사용하기로 한다. 동구 사회주의권의 붕궤에 직면하여 마르크스주의의 한계를 "혁명적 주체(revolutionary subjectivity)" 개념의 재구성을 통해 극복하려는 크리겔(Blandine Krigel), 르포르(Claude Lefort), 네그리(Antonio Negri), 라클라우(Ernesto Laclau), 무페(Chantal Mouffe), 바디우(Alain Badiou) 등이 그 논제를 제기한 대표적인 학자들이라고 할 수 있다. 현대 정치학의 그러한 경향에 관해서는 쏜힐(Chris Thornhill; Thornhill 2009)이 체계적으로 기술한 바 있으며, 해리슨(Oliver Harrison; Harrison 2014)은 라클라우, 네그리, 바디우를 중심으로 학술적 요약의 귀감이라고 할 정도로 그 핵심적인 논지와 쟁점을 간결하게 정리한 바 있다. 비록 '정치의 사회초월성'과 같은 어구를 명시적으로 사용한

유주의적 혹은 다원주의적 정치관이 있다는 것이다.[11]

따라서 파슨스 사회체계이론의 근저에 있는 '칸트철학적' –
앞으로 설명되겠지만 '칸트철학의'와 구분하여– 상호침투 개념
및 자유주의적 '정치의 사회종속성' 관념은 '정치철학은 사회과

것은 아니고 존재론이나 인식론적 성찰에 이르지는 않았지만, 미국정치학계에서 월린(Sheldon Wolin)의 저작은(Wolin 1960) '정치와 상상력'이나 '전통과 혁신' 등과 같은 문제들이 서양정치사상사의 발전 맥락에서 어떻게 해명되어 있는지 기술하면서 그 논제를 선구적으로 탐구한 업적으로 인정될 수 있다. 필자로서는 후기마르크스주의 계열의 학자들이 자신들이 제기한 논변의 혁신성을 과도하게 믿기 전에 월린의 저작부터 깊이 읽었으면 하는 바람이 있다.

11) 물론 사회와 국가의 관계 문제는 정치사상사의 흐름 전체를 관통하는 거대한 주제들 가운데 하나이며, 자유주의를 어떻게 규정하느냐에 따라 그것과 '정치의 사회초월성' 논제와의 관계도 다르게 이해될 수 있다. 이 글은 로크(John Locke)로 대변되는 자유주의는 국가의 설립을 사적 소유권이 자연권으로 존재하는 사회를 전제할 뿐만 아니라 사회에 대한 국가의 개입을 한계를 –그 한계의 범위는 로크 이후 출현한 다양한 자유주의 이론들에 따라 달라지지만– 규정하고 있다는 점에서 그러한 '정치의 사회종속성' 논제의 근대적 원형으로 볼 수 있다는 전제에서 출발함을 밝힌다. 다만 고드윈(William Godwin)의 무정부주의(anarchism)는 바로 자유주의 전통의 산물이고, 그로부터 영향을 받은 슈티르너(Max Stirner)와 바쿠닌(Mikhail Bakunin) 등 19세기에 출현한 다양한 형태의 무정부주의들은 결국 '정치의 사회초월성' 논제를 부정하는 정치사상으로 볼 수 있으며, 현대 정치학에서 중세적 분권주의와 근대의 자유주의 및 마르크스주의를 기묘하게 결합한 다원주의의 이름으로 국가의 사회초월성을 부정한 라스키(Harold Laski)도 '정치의 사회초월성' 논제를 부정한 학자로 볼 수 있다. 그러한 사실은 그 논제가 정치사상사 및 정치사 흐름 전체와 지극히 복잡하게 얽혀 있는 문제임을 압축적으로 보여준다. 참고로 각주 #10에서 언급된 월린(Wolin)의 저작의 9장은 "자유주의와 정치철학의 쇠퇴"의 제목으로 그러한 복잡성의 몇몇 측면들을 체계적으로 기술한 바 있다.

학의 완성'이라는 논제를 해명하기 위해 필수적으로 검토되어야 할 철학사와 정치사상사의 배경이다. 이 글은 바로 파슨스의 사회과학에 내재한 그러한 '비사회과학적' 요소에 대한 검토와 더불어 그것과 연관된 철학사 및 정치사상사에 대한 개관을 통해 그 점을 확인할 것이다. 이에 따라 다음 II~III장은 '칸트철학적' 상호침투(interpenetration) 개념이 어떻게 파슨스 사회체계이론의 토대를 이루고 있는지, 그리고 그 칸트철학적 개념은 또한 어떻게 칸트철학의 "체계적 통일성(die systematische Einheit)"의 원리에 근거하고 있는지 설명할 것이다. 이어 IV장에서는 그 원리로부터 어떻게 헤겔철학 및 헤겔-마르크스주의적 사회과학의 총체성 개념이 발전했는지 간단히 기술하고, 그람시(Antonio Gramsci)의 영향을 받은 이른바 후기마르크스주의자들(post-Marxists)을 통해 부활한 '정치의 사회초월성' 논제는 바로 헤겔-마르크스주의적 총체성 개념의 필연적 외연이라는 점이 해명될 것이다. 마지막으로 V장은 그러한 논제를 제기한 후기마르크스주의자들에게도 해당한다는 점을 지적하면서 고대 정치철학 이념의 창조적인 복원이 필요함을 결론으로 제시할 것이다.

II. 파슨스의 사회체계이론과
칸트철학적 상호침투(interpenetration) 개념

하나의 중심개념을 토대로 일관된 사유체계를 건설하는 능력 자체가 범용한 학자의 영역을 벗어나지만, 파슨스는 사회체계이론 혹은 구조기능주의 이론으로 미국의 사회학을 체계화하는 데 결정적인 공헌을 한 학자라는 사실만으로도 사회과학의 역사뿐만 아니라 20세기 지성사에서 반드시 논의되어야 할 인물임은 분명하다.[12] 과연 자신의 저술 내용 전체의 의미를 제대

---

12) 그러한 평가와 관련하여 간단하게나마 다음 세 가지 사실이 지적될 필요가 있다. 첫째, 그의 사유체계에서 사회학이란 스펜서–파레토–뒤르켐–베버 등의 전통에서와 같이 사회과학 자체와 동일할 수밖에 없으며, 미국의 사회과학에서 정치학이 '학문의 제왕'이라는 전통적인 학문적 위상과는 달리 여러 사회과학들 가운데 하나로 간주되는 이유에는 자유주의적 정치관과 더불어 그러한 지성사적 배경도 있다. 둘째, 그의 사회과학이론에 대해서는 수많은 학문적 비판이 제기되고 경우에 따라서는 비학문적 비난마저 이루어졌지만, 사회에 대한 철학적 혹은 역사적 연구와 대비되어 '과학적' 연구를 추구하는 20세기의 미국 학계에서 파슨스만큼 포괄적이면서 체계적인 학문세계를 구축한 학자는 없다고 볼 수 있다. 20세기 미국의 경험주의적 정치학을 대표하는 아몬드(Gabriel Almond)나 이스튼(David Easton) 등의 정치이론이란 파슨스 사회체계이론의 아류나 부분적 모방에 불과하다고 볼 수 있다. 셋째, 엄밀히 말하여 파슨스의 사회과학은 미국 사회과학에서 일반적으로 행동주의나 경험주의로 불리는 연구정향과는 구분된다는 점도 지적되어야 한다.
파슨스의 사회체계이론은 『사회적 행위의 구조(The Structure of Social Action)』를 통해 그 이론적 발전이 설명된 "주의주의적 행위이론(a voluntaristic theory of action)"과 자연과학적 체계이론의 결합으로 볼 수 있다. 근대 철학사 및 사회과학사 전반을 나름대로 섭렵한 결과인 그의 주의주의적 행위이론을 간단히 정리하자면, 콩트(A. Comte)와 스펜서(H. Spencer)와 마샬(Alfred Marshall) 등으로 대표되

로 파악하고 있는지 의심이 들 정도로 그는 일생 동안 끊임없이 자신의 사회체계이론을 수정하고 확장하려 노력한 인물이기도 하며, 그러한 과정에서 그가 실제로 지극히 다양한 학문 분야의 새로운 업적을 끊임없이 수용하면서 수많은 학자들과 지적으로 교류하고 대화를 나눈 삶의 궤적은 학문적 진지성의 표상으로도 받아들일 만하다.[13] 파슨스의 학문세계 전체는 그러므로 몇 가지 간단한 진술로서 요약될 수 있는 성격의 것은 분명히 아니지만, 일생에 걸친 그의 모든 지적 탐색과 발전은 그의 사회체

는 실증주의적이고 공리주의적(utilitarian) 사회과학의 근저에 있는 개인주의적 가정에 대한 비판, 파레토와 뒤르카임이 제기한 개인적 행위 자체의 사회성 및 사회적 사실 자체의 규범성 논제의 비판적 수용, 그리고 좀바르트(W. Sombart), 짐멜(G. Simmel), 베버로 대표되는 독일의 소위 "이념적(idealistic)" −그의 규정으로− 사회과학을 융합하려는 시도의 산물이다. 아울러 노년의 그가 직설적으로 표명하였듯이(Parsons 1970, 830) 그의 사회과학은 인간의 주관적 정신세계에 대한 해석행위 자체를 "얼빠지게 순진한(fatuously naive)" 행위로 여기는 "무모한(rampant)" 행동주의, 과학 지식을 단순히 "저 밖의 현실(the reality out there)"의 "전적인 투영(a total reflection)"으로 믿거나 그러한 현실의 취사선택마저 과학에 대한 "비정통적인(illegitimate)" 행위로 여기는 '무모한 경험주의'와의 구분에서 출발한 것이다.

13) 파슨스의 일생에 걸친 학문적 발전의 궤적에 관해서는 위에서 언급된 그 자신의 자전적 고백과(Parsons 1970) 더불어 Gerhardt(2002)가 참조할 만하다. 그의 학문적 여정은 학부 시절 생물학과 칸트철학에 대한 관심에서 시작하여 독일 유학 시절에 짐멜(Georg Simmel)과 막스 베버 등 유럽의 사회학에 본격적으로 접하기 시작했으며(Parsons 1970, 특히 826~830 참조), 교수로 활동하면서도 경제학, 현상학, 언어철학, 정신분석학, 발달심리학, 사회진화론, 두뇌공학, 소통이론 등 다른 학문 분야의 지식들을 끊임없이 섭렵하려 노력했음을 보여준다.

계이론에 집약되어 있는 것도 사실이다. 그 사회체계이론의 토대에 칸트철학이 있다는 사실이 중요한데, 그 점을 설명하기 위해서는 먼저 간단하게나마 그의 과학 이념과 유기적으로 연관된 사회-행위-체계라는 개념구조를 정리할 필요가 있다.[14]

파슨스의 과학 이념은 바로 체계개념과 직접 연관되는데, 그것은 쿤(Thomas Kuhn; Kuhn 1962)을 통해 유명해진 파라다임(paradigm) 개념의 원형으로도 볼 수 있다. 그에 의하면 과학은 개별적인 사실에 대한 지식이나 경험적 현상에 대한 부분적인 일반화가 아니며, 언제나 "하나의 이론체계(a theoretical system)"에 포섭될 경우에만 과학적 지식이 된다는 것이다.(특히 Parsons 1949, 16~17 참조) 그런데 그러한 이론체계의 본령

---

14) 파슨스의 사회이론의 철학사적 및 지성사적 배경은 위에서 언급된 『사회적 행위의 구조(The Structure of Social Action)』에 나타나 있으며, 사회체계이론 전체는 1951년 출간된 그의 대표작인 『사회체계(The Social System)』에(Parsons 1951) 종합적으로 기술되어 있다. 그리고 후자의 저작과 같은 해에 출간된 책으로서 그의 하버드(Harvard)대학 동료인 쉴스(Edward Shils)와 공편한 『행위의 일반이론을 향하여(Toward a General Theory of Action)』(Parsons & Shils 1951)에 수록된 두 사람의 공동논문 "가치, 동기, 그리고 행위의 체계(Values, Motives, and Systems of Action)"에는 그 개념구조가 자세하게 설명되어 있다. 그리고 그러한 설명들은 『사회체계(The Social System)』의 제 I장인 "The Action Frame of Reference and the General Theory of Action Systems: Culture, Personality and the Place of Social Systems"에(Parsons 1951, 3~23) 요약되어 있다. 파슨스의 행위 및 사회체계 개념에 대한 이 글의 논의는 위의 저술들에 기초하고 있다.

과 관련하여 파슨스가 강조하는 점은 그 체계 자체의 개방성이다. 사실이나 기술과 관련된 정보나 지식은 물론 어떠한 형태나 내용이든 신화나 미신과 같이 사회 저변의 언어를[15] 구성하는 상징이나 관념 또는 형이상학적 이념들도 이론체계에 포섭될 수 있으며, 그것들은 그러한 포섭을 통해 과학적 지식으로 승화될 수 있다는 것이다.

따라서 모든 과학에는 객관성과 더불어 주관성(subjectivity)이 개입될 수밖에 없다는 관점은 파슨스가 사회과학의 본령을 탐색하는 출발점을 이룬다. 그러한 관점을 토대로 그는 위에서 논급된 바와 같이 근대 철학사 및 사회과학의 역사를 탐구하면서 공리주의-실증주의-경험주의적 사회과학과 독일의 이념적(idealistic) 사회과학을 종합하려는 거대한 시도를 한 것이다. 그가 사회과학적 이론체계를 구성하는 "단위개념(unit concept)"으로[16] 경험을

---

15) 파슨스의 용어로는 "기층 범주(residual category)"로서, 그가 같은 책의 여러 곳에서(Parsons 1949, 특히 chap. V 참조) 직간접적으로 인용하고 논의한 파레토(V. Pareto)의 유명한 "기층정서(residues)–파생문화(derivatives)" 대립개념의 원용으로 볼 수 있다. 파레토의 'residue'는 사실 번역하기가 쉽지 않은 용어인데, 한국 학계에서 통용되는 '잔기(殘基)'라는 번역어는 그 번역 의도는 이해가 가지만 한자어 의미에 억지로 맞춘 어색한 조어라고 할 수 있다. 그것은 기본적으로 한 사회에서 일반인들 대부분이 수용하는 기본적인 행동양식이자 명제 형태의 언어이므로 미흡하지만 '기층정서'가 그나마 그 개념적 의미에 가깝다고 생각된다.

16) 이 개념에 관해서는 Parsons(1949, 특히 38~40) 참조.

통해 인지할 수 있는 현상으로서의 행위(action)를 분석의 기본 대상으로 받아들이고, 그와 동시에 그 근저에 있는 주관성 및 시간에 따른 변화를[17] 설명하려 시도한 사실은 그러한 과학이념의 일관된 표현으로 볼 수 있다.[18] 그가 공저한 책의 제목에도 나타나 있듯이(Parsons & Shils 1951a), 행위개념을 중심으로 사회에서 발생하는 '거의'[19] 모든 현상들을 포괄하는 일반이론을 구축하려는 그 나름대로의 치열한 노력은 감탄의 대상이기도 하다. 그의 사회체계이론 자체가 그러한 체계적인 노력의 산물임은 분명하다.

---

17) 이 점은 "행위는 언제나 시간의 과정이다(an act is always a process in time)"라는(Parsons 1949, 45) 그의 언명에 압축적으로 표현되어 있다.

18) 따라서 그의 '행위중심주의'는 스키너(B. F. Skinner)로 대변되는 생물학적 행동주의(behaviorism)를 무비판적으로 수용하는 상당수 미국 사회과학자들의 "무모한 행동주의"와 구분된다. 사회현상에 대한 그의 '과학적' 연구의 바탕에는 현실(reality)은 그 자체로서가 아니라 언어로 구성된 "개념적 틀(conceptual scheme)"을 통해서만 인지된다는 현대 언어철학의 관점과 더불어 베버(Max Weber)의 사회과학에서 주관적 의도와 가치지향이 수반된 행위(Verhalten) −외면적인 양상을 지칭하는 행동(Handeln)과 구분되는− 개념이 있기 때문이다. 파슨스의 행위이론이 착안되고 발전 및 형성되는 과정에 수반된 학문적 영향력 관계에 관해서는 그 자신이 직접 술회한 내용도(Parsons 1977) 참고할 만하다.

19) 여기서 '거의'라는 유보적 표현의 의미는 뒤에 가서 파슨스의 행위 및 사회체계 개념을 토대로 세계사라는 '인류 사회' 전체가 주체가 되는 행위나 그의 용어로 "인지적 행위(cognitive action)"로 불리는 현상, 즉 경험적 대상에 대한 '생각 자체를 생각하는' 행위에 대해 설명할 때 발생하는 문제들을 논의하는 과정에서 밝혀질 것이다.

파슨스에게 모든 경험적 현상은 그 자체로 인식되는 것이 아니라 언제나 언어로 매개되어 주관적으로 인식되기 때문에 현상과 개념 혹은 개념도식(conceptual scheme)은 분리될 수 없다. 행위란 그에게 바로 생명체 일반의 현상에서부터 인간현상 일반을 구성하는 기본요소이기 때문이다. 그것은 인간현상을 구성하는 심리현상, 사회현상, 문화현상의 가장 기본적인 요소이자 동시에 그 모든 현상들을 설명하기 위한 일반이론의 기본적인 요소로서, 심리-사회-문화 각각의 영역에서 욕구(need), 역할(role), 상징(symbol)의 형태로 나타난다. 개인 차원에서 그것은 욕구성향(need-dispositions)과 관련된 행위로, 문화 차원에서는 내면화되고 제도화된 가치유형과 관련된 행위로 나타난다. 사회적 차원에서는 동기(motive), 의도(intention), 기대감들(expectations)과 더불어 다양한 목적들이 결합하여 인지적(cognitive), 대상작용적(cathetic), 평가적(evaluative) 성격을 갖는 다양한 행위유형들의 체계로 나타난다. 이러한 개념체계에 대한 설명과 관련하여 파슨스가 특히 강조하는 것은 각 차원의 행위들은 독립적이면서 동시에 상호의존의 관계에 있으므로 다른 행위나 이론에 일방적으로 흡수되거나 환원될 수 없다는 점이다.[20]

　　이와 같이 구성된 파슨스의 '행위에 관한 일반이론'은 쉴스

(Edward Shils) 등 학문적 동료들과의 공동 작업을 통해 개념적으로 좀 더 면밀해지고 체계화되면서 여러 도식들로 정형화되어 제시되기도 하였는데,[21] 그러한 도식들은 그 자신의 명명(命名)은 아니지만 미국 사회학 교과서에서 이른바 구조기능주의 모델[22] 또는 'AGIL Paradigm'으로 널리 알려져 있다.[23] 그러한

---

20) 이에 대한 자세한 설명은 파슨스의 전 저술에 대한 세밀한 검토가 필요하므로, 이 글의 제한된 목적에 맞추어 그러한 논지의 전거가 되는 대표적인 문장들을 발췌하여 중요한 대목을 밑줄로 강조하여 소개하면 다음과 같다. "Reduced to the simplest terms, then, a social system consists in a plurality of actors interacting with each other in a situation which has at least a physical or environmental aspect, actors who are motivated in terms of a tendency to the optimization of gratification and whose relation to their situations, including each other, is defined and mediated in terms of a system of culturally structured and shared symbols. ⋯ With regard to the actor our interest is organized about the cognitive, cathectic and evaluative modes of his orientation; with regard to the situation, ⋯ all three implicated in the structure of what has been called expectation."(Parsons 1951, pp. 5~8) "⋯ the theory of social systems is ⋯ is one of the three main differentiated sub-systems of the larger conceptual scheme, the other being the theory of personality and the theory of culture ⋯ a combination of independence and interdependence ⋯. ⋯ this fundamental relationship between need-dispositions of the personality, role-expectations of the social system and internalized-institutionalized value-patterns of the culture, is the fundamental nodal point of the organization of social systems of action."(같은 책, 537~540)

21) 앞에서 언급된 파슨스와 쉴스와의 공동 작업의 결과로서 Parsons et. al. 1951a와 1951b, 그리고 스멜서(N. Smelser)와의 공동 작업의 결과인 Parsons et. al. 1956 참조. 그의 사회체계이론의 도식화는 특히 1951b, 247~275 참조.

기능들은 인간세계는 물론 물질의 세계나 생명체의 세계에 등
장하는 모든 체계들이 존속하기 위해 필수적으로 작동해야 하
는 요소들로서, 인간의 사회생활에서는 경제활동, 정치권력의
행사, 사회공동체 차원의 영향력 행사, 전통적 규범이나 문화적
가치의 보존 및 재생산 활동 등의 형태로 나타난다.

그와 같은 사회체계의 존재와 관련하여 파슨스가 다시 강조
하는 점은 그러한 기능들이 현실 사회에서 실제로 수행되는 방
식의 복잡성이다.[24] 그러한 기능들 각각은 단독적으로 또는 기

---

22) 파슨스는 자신의 이론을 구조기능주의(structural functionalism)로 규정함은
"부적절하다(inappropriate)"고 표명한 바 있다. 그렇게 표명한 이유는 사회의 변
화에 대한 그의 진화론적 관점과 관련되어 있는데(이에 관해서는 Parsons 1970,
849~853 참조), 문제는 그러한 진화론적 관점이 과연 자신의 사회체계의 개념과
조화를 이룰 수 있는지 여부이다. 이 문제에 관해서는 이 글의 결론 부분에서 논급
될 것이다.

23) 사회학 교과서에 대체로 '고정품목'으로 소개되어 널리 알려져 있지만 이
글에서 다시 소개하자면, 각각 'environment Adaptation', 'Goal attainment',
'components Integration', 'Latency pattern maintenance'의 약어이다. 각각의
기능은 우리말로는 '적응', '목표달성', '통합', '잠재적 유형유지'로 일반적으로 번역
되어 있으며, 전자의 두 기능은 체계 "외적 차원(outer dimension)"의 기능으로, 후
자 둘은 "내적 차원(inner dimension)"의 기능으로 구분된다.

24) 이에 관한 논의로는 특히 Parsons 1951, "Conclusion: The Place of
Sociological Theory among the Analytical Sciences of Action"(pp. 536~555)
및 Parsons & Shils 1951, "The Problem of Social Change"(pp. 230~233)
참조. 자신의 이론과 특정 사회의 구체적인 사실 및 변화에 대한 이해문제의
관계에 대한 파슨스의 입장은 다음 문장에 압축적으로 표현되어 있다. "Our

계적으로 작동하는 것이 아니라 사회라는 거대한 체계를 구성하는 수많은 다른 하위체계들(subsystems)의 기능과 교차하고 중첩하면서 상호의존적인 방식으로 수행된다는 것이다. 이에 따라 특정한 사회에 대한 이해는 단순히 그의 사회체계이론을 기계적이고 형식적으로 적용한다고 해서 자동적으로 이루어지지는 않으며, 그러한 기능들이 각 사회에 따라 다양한 형태로 제도화되어 나타나는 하위체계들에 의해, 즉 '각 사회체계를 구성하는 하위체계들의 지위나 역할에 의해' 각각 다른 방식으로 수행되는 복잡한 양상을 파악할 때 진정한 이해가 가능하다는 것이다.[25] 간단히 말하여 그의 사회체계이론은 사회현상을 이해하기 위한 추상적인, 곧 '현실이나 실천과는 유리된 순수 이론적인' 도식(scheme)일 뿐이며, 현실 사회에서 벌어지는 구체적인 사상(事象)들의 성격이나 내용이 자동적으로 반영되어 있거나 후자의 것들을 자동적으로 밝혀주는 이론은 아니라는 것이

---

dynamic generalizations have to be formulated relative to their setting. The present state of knowledge does not allow the establishment of dynamic generalizations which both cut across many different social and personality structures and are sufficiently concrete to be helpful in the solution of concrete problems."(Parsons & Shils, 1951, p. 242)

25) 파슨스의 그러한 관점은 1960년대 이후 구체적인 사례 연구로 나타났는데, 그것들 가운데 하나가 많은 학자들이 참여하여 미국 흑인사회를 연구한 논문들을 수록한 Parsons & Dark(1966)이다.

다. 문제는 파슨스의 사회과학이론 자체의 그와 같은 이론적 성격이 과연 이론적으로 타당한지 여부에 있다.

이와 관련하여 일단 파슨스의 사회체계이론은 무엇보다 막스 베버의 사회과학을 발전시키고 그것의 한계를 극복하려는 노력의 결과라는 점이 환기될 필요가 있다. 그 점은 특히 그가 『사회행위의 구조』 XIV~XVII장에서 베버의 종교사회학 및 방법론을 논의한 내용에 잘 나타나 있다.[26] 베버의 사회과학에 대한 파슨스의 이해 자체가 별도의 방대한 논의를 요구하는 거대하고 복잡한 주제이지만, 이 글의 제한된 목적에 맞추어 파슨스가 베버 사회과학의 한계에 대해 비판한 내용의 핵심을 먼저 정리할 필요가 있다.

파슨스의 행위 및 가치 개념은 베버 이론의 전폭적인 수용으로 볼 수 있다. 순수하게 경험이나 직관을 통해 인식 가능한 사회현상은 존재하지 않으며, 모든 경험적 현상은 개념을 매개

---

[26] 파슨스도 논의 과정에서 깊이 검토하고 있는 베버의 사회과학방법론 관련 저술들은 『학문론 글모음(Gesammelte Aufsätze zur Wissenschaftslehre)』(Weber 1922b)과 후자의 사후 출간된 『경제와 사회(Wirtschaft und Gesellschaft)』의 (Weber 1922a) 제1부에 제시된 방법론 논의에 제시되어 있다. 특히 후자의 저작에 수록된 방법론 관련 논문은 파슨스가 그의 동료인 헨더슨(A. M. Henderson)과 공동으로 번역하여 The Theory of Social and Economic Organization(Henderson et. al. 1947) 제목으로 출간한 바 있다.

로 존재하고 개념을 통해서만 인식이 가능하며, 사회과학의 연구 대상인 행위는 그것에 필연적으로 수반하는 가치에 대한 이해를 떠나 과학적 인식은 불가능하다는 관점이 그것이다. 베버 사회과학의 주요 연구 대상인 종교나 문명이나 지배와 같은 경험적 현상들은 물론 행위로 나타나지만, 그것들은 베버의 용어로 "가치연관(Wertbeziehung)"을 떠나 존재하지 않는다는 것이다. 그리고 사회과학적 개념들의 본질 문제와 관련해서도 파슨스는 베버의 관점을 그대로 받아들인다. 사회과학적 개념들은 바로 종교, 문명, 지배와 연관된 행위들의 존재를 개념적으로 규정하고 그 구조를 파악하고 유형에 따라 분류하는 기능은 하지만, 그 개념들 자체는 경험적 현상들에 내재하는 것이 아니라 경험세계를 초월하는 순수한 분석적이고 "형식적인 도식(formal scheme)"이자 인간의식의 창안으로서 일종의 "허구(fiction)"라는 것이다.(Parsons 1949, 593~594)[27] 파슨스는 바로 경험세계와 인식체계의 관계에 대한 칸트철학적 이원론(Kantian dualism)을 베버를 통해 수용한 것이다.

---

27) 그러한 표현들은 파슨스가 막스 베버의 사회과학방법론의 핵심을 그러한 형식성에서 찾았음을 의미한다. 다음 III장에서 사회과학적 개념의 본질과 관련된 베버와 파슨스의 그러한 관점을 필자는 형식주의(formalism)로 ─그들 자신은 이 용어를 직접 사용하지는 않았지만─ 규정하면서 그 철학적 및 사회과학적 한계에 대해 설명할 것이다.

베버의 사회과학이 일반적으로 "이해사회학(die verstehende Soziologie)"으로 불리듯이, 파슨스의 체계개념들도 의도와 목적 및 가치지향적인 행위로 구성된 사회현상을 '이해' 또는 해석(Deutung)하기 위한 수단이다.[28] 그 점에 대해서는 파슨스 스스로가 그것들 자체는 사회현실의 구체적인 양상을 자동적으로 밝혀주거나 사실들 사이의 인과관계나 변화의 방향을 기계적으로 결정하지는 않는다는 진술로 명확히 하고 있다.[29] 베버나 파슨스 모두에게 사회적 변화의 궁극적 주체는 인간의 자유의지이며, 구체적인 사회적 사실이나 변화의 방향에 관해서는 베버의 경우 농업사, 종교, 지배체제 연구 등 별도의 역사적 사례 연구로, 파슨스의 경우는 특정한 가치관이나 세계관이 인간의 사회적 행위에

---

28) 이 점을 파슨스는 베버의 문구를 직접 인용하며 설명하고 있다. 즉, 사회학이란 "deutend Verstehen"이며, 동기(motive)란 "의미 있는 복합체(meaningful complex; Sinnzusammen)"라는 것이다.(Parsons 1949, 642)

29) 이 점은 파슨스가 자본주의 정신과 칼빈(Calvin)신학과의 관계에 대한 베버의 주장을 해설하는 과정에서 앞에서 언급된 파레토(Pareto)의 '기층정서-파생문화' 관계의 상대성을 강조하는 진술에서도 확인된다. 즉, 기층정서와 파생문화는 본질적으로 상대적이고 상호 영향의 관계여서 기층정서를 구성하는 요소들은 각 사회의 특수성에 따라 파생문화로 변환될 수 있다는 것이다. 이에 관해서는 Parsons(1949, 특히 535~536) 참조. 이 글의 뒤에 가서 파슨스 사회체계이론의 한계에 대해 논의하는 IV장에서 좀 더 상세하게 기술되겠지만, 그의 이론으로는 바로 그 특수한 상황이 전개되는 역사성에 내재한 정신사적 보편성을 설명할 수 없다는 점에서 바로 사회에 대한 이론으로서 근본적인 한계가 있다.

구체적으로 어떻게 나타나는지 실증적인 연구를 수행한 것이다.

파슨스의 사회체계이론이 베버 이전의 유럽 사회과학에 대한 비판적 이해를 통해 미국의 많은 사회학자들이나 사회과학자들의 정신세계를 지배하고 있는 교조적이고 독단적인 –간단히 말해서 흄(David Hume) 철학의 철학사적 의미를 이해하지 못하는– 경험주의 혹은 실증주의의 사고의 틀에서 벗어나려는 시도임은 분명하다.[30] 동시에 그것은 베버 사회과학체계의 한계를 극복하려는 시도라는 점도 강조될 필요가 있다. 그러한 시도의 지적 동인은 베버의 사회과학 개념들에 대한 파슨스의 '불만'에서 비롯되었다고 볼 수 있는데,[31] 그 불만의 핵심에는 사회과학이라는 체계를 구성하기에는 베버가 그러한 개념들 사이의 총

---

30) 필자는 그러한 '틀'은 다음과 같이 정리될 수 있다고 본다. 1)경험적 현상들이란 마치 그 자체가 관찰자에게 객관적으로 주어져 있다는 경험주의적 인식론의 독단적 전제를 마치 자명한 진리처럼 수용하는 태도; 2)경험적 현상이란 결국 언어로 규정될 수밖에 없는데도 그 실체를 파악하기 위해 필수적으로 요구되는 언어 의미의 분석이라는 사유행위 자체를 회피하는 태도; 3) 파슨스를 포함한 체계이론가들이 일반적으로 '과도사실주의(hyperfactualism)'로 비판하는 경향으로서, 사실들을 체계적으로 포괄하고 분류하는 근거인 개념 자체에 대한 검토 없이 자료의 계량화와 통계 처리 또는 수학적 형식화를 과학적 연구 자체로 믿는 태도; 4)부분적 사실들 사이의 표면적이거나 일시적인 상관관계를 마치 고정 불변의 인과관계로 쉽게 받아들이는 태도 등이 그것이다.

31) 파슨스는 그 점을 "Weber did not attain a fully satisfactory position"(1949, 591)이란 문구로 표현하고 있다.

체적인 연관성을 명확하게 제시되지 못했다는 비판이 있다.

그 점을 파슨스는 무엇보다 베버 사회과학의 표상과 같은 이념형(Ideal-typus)에 내재한 이론적 결함을 지적하면서 제시하고 있는데,[32] 그 결함의 핵심은 베버의 이념형이란 개념적으로 추상적이고 경직되어 있어서 구체적인 사례들과의 유기적 연관성을 밝혀줄 수 없다는 것이다.(Parsons 1949, 624 참조) 즉, 베버에게 지배(Herrschaft), 정당화(Legitimierung), 합리화(Rationalizierung) 등과 같은 이념형이란 종교와 문명 등 역사적이고 사회적인 현상 전반을 설명하기 하기 위한 지극히 포괄적이면서 순수하게 분석적이고 논리적인 '대규모' 개념인데,[33] 베

---

32) Parsons(1949, 601~610) 참조. 파슨스는 베버의 방법론에 대해서 논의한 그 책의 XVI장에서 "Ideal Type and Generalized Analytical Theory"의 제목으로 이념형에 대해 별도로 검토하고 있다.

33) 이념형의 개념적 성격에 대해서 파슨스는 다음과 같이 간결하고도 명확하게 정리하고 있다. 즉, " … an ideal construction of typical course of action, or form of relationship which is applicable to the analysis of an indefinite plurality of concrete cases, which formulates in pure, logically consistent form certain elements that are relevant to the understanding of the several concrete situations."(같은 책, 606) 이념형의 그러한 개념적 성격은 바로 베버나 그를 추종한 파슨스 사회과학이념의 근저에 있는 칸트철학의 존재를 확인하는 대표적인 사례이기도 하다. 결국 '이념(Idee)'적인 '유형(Typus)'이라는 그 순수하고 분석적인 개념의 인식론적 근거나 그 개념 내용의 보편성 문제는 칸트철학에서 이념이란 무엇인지에 대한 검토를 통해서만 해명 가능할 것이다. 문제는 두 '위대한' 사회과학자가 그러한 검토를 제대로 수행하지 않았다는 사실에 있는데, 그 문제에 대해서는 다음 III장에서 논의될 것이다.

버는 그것들이 개인적인 심리나 가치관, 신분질서의 양상, 종교적 혹은 문화적 이념이나 상징 등과 관련된 구체적이고 부분적이고 개별적인 현상들과 어떠한 유기적 연관성을 갖는지 명확하게 설명하지 못했다는 것이 그에 대한 파슨스 비판의 요체이다.

결국 심리체계, 사회체계, 문화체계들을 구성하는 각각의 행위들이 전체적으로 하나의 체계라는 구조를 이루면서 기능하는 양상들 전체를 포괄적으로 설명하려는 파슨스의 사회체계이론이란 베버 사회과학의 그와 같은 미완성성을 극복하려는 시도의 산물로 볼 수 있다. 그런데 그와 같은 이론 형성 시도의 바탕에는 베버도 깊이 영향을 받은 칸트철학이 있다는 사실이 중요하다. 특히 파슨스에 대한 칸트의 영향은 베버의 경우와 같이 단순히 지적 성장과정에서의 감동 차원이나 자신의 이론을 정립하는 과정에서 참고하는 수준을 넘어 그의 사회과학적 사고 전반을 지배하고 있다는 점도 주목될 필요가 있다.[34] 따라서 칸트철학 자

---

34) 이 글에서 자세히 논구할 수는 없지만, 베버와 파슨스의 사회과학이념 각각의 차이는 그들 사회과학자 각각이 칸트철학을 이해하는 방식이나 수준 또는 그것과의 긴밀성의 차이에 기인한다고 볼 수 있으며, 그러한 차이가 '정치의 사회초월성' 논제와 관련된 두 학자 차이의 근원이라고도 말할 수 있다. 아울러 파슨스의 자유주의적 윤리이념만이 아니라 그의 정치적 실천 개념도 칸트의 의무론적 도덕철학에 기초를 두고 있다는 사실도 잘 알려져 있는데, 그 점에 대해서는 미국의 사회학자 알렉산더(Jeffrey C. Alexander; Alexander 1978)가 잘 정리한 바 있다.

체는 물론 그 철학사적 및 정치사상사적 의미에 대한 이해가 없이는 파슨스의 사회과학을 제대로 이해할 수 없음은 당연하다.

일단 파슨스의 사회과학의 토대에는 칸트철학의 초월적(transcendental) 인식론과 더불어 주의주의(主意主義: voluntarism) 및 의무론(deontology)적 윤리론이 있다. 그 점에 관해서는 오래전 뮌히(Richard Münch)라는 독일 학자가[35] "파슨스의 행위이론과 칸트철학의 구조 및 발전"이라는 제목으로 이어지는 전편과 후편의 두 논문에서(Münch 1981; 1982) 파슨스의 전 저작을 검토하면서 세밀하게 구명한 바 있다. 그런데 그러한 논의 내용에는 칸트철학 자체만이 아니라 칸트철학과 파슨스의 사회체계이론 사이의 관계에 관한 해석에도 의문점들이 있다. 다시 말하여 그의 논문만으로는 파슨스의 사회과학이론과 칸트철학 관계의 구명에 충분하지 못하다는 것이다. 왜 그러한지 설명하기 위해서는 먼저 위의 두 논문의 핵심적인 논점부터 정리할 필요가 있다.

뮌히는 파슨스의 사회체계이론을 체계성이나 지적 방대함 면에서 뿐만 아니라 사회학 및 사회과학 전반에 대한 기여의 차

---

35) 〈Wikipedia〉에는 뮌히가 1945년생으로 독일 Heidelberg대학 졸업 후 Harvard대학에 유학하여 파슨스의 지도를 받은 바 있으며, 현재는 독일 밤베르크(Bamberg)대학 명예교수라는 사실이 공표되어 있다.

원에서 현대 사회과학의 어떤 이론보다 높이 평가한다. 아울러 그는 다렌도르프(R. Darendorf)나 밀스(C. W. Mills) 등이 대표적으로 제기하는 파슨스 이론의 정치적 보수성이나 현실순응성(conformity)에 대한 비판이나 "물화(reification)"라는 어휘로 표현되는 객관성에 대한 그의 과도한 집착이 사회현실을 제대로 접근하는 데 장애가 된다는 다른 학자들의 비판을 소개하면서, 그러한 비판들이란 기본적으로 그의 저작들 전체를 세밀하게 검토하지 않은데 기인하는 것으로 반박한다. 파슨스 이론의 특장은 바로 이론과 현실, 이론과 실천, 개념과 직관의 종합을 통해 사회를 정태적이 아니라 "통일된 전체(a unified whole)" 차원에서 이루어지는 변화·발전을 동태적으로 설명하려는 노력에 있다는 것이다.(1981, 709~712) 그러한 노력의 중심에 "상호침투(interpenetration)"라는 개념이 있는데, 수많은 체계들 사이의 상호 관계 및 작동은 그 개념을 통해 설명되고 있다는 것이다.(같은 글, 712~714 참조) 그리고 그 상호침투 개념의 원천은 칸트의 『순수이성비판』에 있으며, 사회체계이론의 차원을 넘어 그의 학문세계 전체에 그 상호침투의 개념과 긴밀히 연관된 칸트의 인식론 및 윤리론이 "스며 있다는(permeated)"-아마도 칸트철학이 단순히 파슨스 사회이론의 철학적 배경만이 아니라 그것 전체에 수반하고 있다는 점을 강조하기 위한 표현으로서-

것이다.(같은 글, 714~718)[36] 간단히 요약하여 뮌히의 논문 전

---

36) 뮌히는 파슨스의 일생에 걸친 학문적 작업을 "a progressive amplification of the Kantian core"(Münch 1982, 774)로, 또는 "Parson's general theory of action and theory of social systems are exactly parallel, in structure and method, to Kant's critical philosophy"(Munch 1981, 713)로 표현하기도 한다. 그런데 뮌히는 'interpenetration'이라는 개념은 칸트의 초월철학(transcendental philosophy) 전체에서의 "도출(derivative)"로(1981, 709) 표현하면서, 그것이 인식론에서는 인간 정신의 선험적 요소와 경험적 현상 사이의 관계를, 윤리론에서는 보편적 의무와 실제적 욕구 및 효용(utility) 사이의 관계를, 예술론에서는 목적론과 취향(Geschmack; taste) 사이의 관계를 표현하는 개념으로 설명하고 있다. 다시 말해서 그는 그 용어 자체가 칸트철학의 특정한 독일어 어휘의 번역어는 아닌 것으로 암시하고 있다.

그런데 필자는 그 개념은 『순수이성비판』에 명시적으로 제시되어 있다고 해석한다. 그것은 [초월적 분석학(die Transzendentale Analytik)]의 2권인 〈원칙의 분석학(die Analytik der Grundsätze)〉에서 칸트가 경험적 인식에 작동하는 종합적 판단에 수반하는 도식(Schematismus)의 존재에 대해 논의하는 가운데 등장하는 "상호작용(Wechselwirkung; Max Müller의 영어 번역어로는 'reciprocity')" 개념의 번역어일 수 있다는 것이다. 칸트는 그 개념을 통해 "순수 이해에 작동하는 원칙들의 체계"를 구성하는 "경험을 종합하는 원칙들의 표상들" 가운데 "경험에서 유추(Analogie)하는 원칙들" 가운데 하나인 "공동성(Gemeinschaft)"의 법칙에 따른 "동시적 존재의 원칙(Grundsatz des Zugleichseins)"을 설명하고 있기 때문이다. 그 원칙은 간단히 "실재하는 모든 것들은 공간상에서 동시에 지각될 수 있는 한 일관된 상호작용 속에 있다(Alle Substanzen, so fern sie im Raume als zugleich wahrgenommen werden können, sind in durchgängiger Wechselwirkung)"는 명제로 (『순수이성비판』 A211) 요약된다. 이 명제 자체가 칸트 인식론의 상호작용 개념과 파슨스 체계이론과의 친밀성을 말해준다. 파슨스의 상호침투 용어와 관련된 필자의 또 다른 추정도 있다. 아마도 파슨스는 'Wechselwirkung'의 번역어로 일반적으로 사용되는 'interaction'이나 'mutual action' 등의 어휘로는 칸트 자신이 강조하는 판단력의 역동성을 제대로 표현할 수 없다고 판단했을 수 있다는 것이다. 즉, 그러한 용어로는 한편으로 칸트철학적 판단력의 핵심인 경험적 표상들을 종합

체는 파슨스의 상호침투 개념과 칸트의 인식론, 윤리론, 예술론 사이의 긴밀한 관계에 대한 해명으로도 볼 수 있는데, 그 해명 내용을 좀 더 구체적으로 소개하면 다음과 같다.

인식론 차원에서 상호침투 개념은 인간의 마음(Gemüt 혹은 Gemütskraft)이 사물(Ding)을 인식하는 행위에 작동하는 두 단계의 관계에 대한 칸트의 해명인 초월적 감성학(die transzendentale Aesthetik)과 초월적 분석학(die transzendentale Analytik)의 맥락에서 설명된다.(위의 글, 714~718) 전자의 맥락에서 상호침투는 사물과 사물에 대한 감각(Sinnlichkeit) 사이에 필연적으로 요구되는 시간-공간이라는 순수한 직관형식 사이에 존재하며, 후자의 맥락에서는 경험적 대상을 인식하는 과정에서 이해(Verstand)라는[37) 기능과 그 기능의 작동 대상인 표상(Vorstellung) 사이에 존재한다. 칸트의 인식론에서 경험과학의 지식은 후자의 과정을 통해 형성된다. 즉, 사물들은 감각작용을 통해 마음에 표상의 형태로 주어진다는 것인데, 경험과학의 인식도 결국은 그러한 표상들과 선험적 범주들을 결합하

하는 인식행위의 "철두철미 역동적인(durch und durch dynamisch)"(Kant 1968, A215) 성격을 표현하거나, 다른 한편으로 자신의 사회학에서 설명하려는 체계들 사이의 상호작용에 의한 상호 변화를 통해 나타나는 사회적 진화나 융합이라는 '역동적인' 행위를 표현하는 데 적합하지 못하다고 판단했기 때문일 수 있다는 것이다.

고 그와 같이 결합된 결과를 추론(Syllogismos)을 통해 사물들의 요소나 그것들 사이의 관계를 파악하는 이해의 기능, 즉 분석(Analytik)하고 판단(Urteil)하는 이해의 초월적 기능 사이에

---

37) 칸트 철학용어의 한국어 번역 작업에는 아직도 많은 과제가 남아 있는데, 'Verstand'를 오성(悟性)으로 번역한 것은 오역에 해당한다. 사물을 감각기관의 작동을 통해 직접 접하는 수준인 감각(Sinnlichkeit)과 이념들의 결합을 통해 사물 전체를 종합하는 능력인 이성(Vernunft; 그렇기 때문에 '이성' 대신 '오성(悟性)'으로 번역함이 오히려 타당) 사이의 중간 단계를 지칭하는 이 어휘가 오랫동안 '사물의 영원한 본질에 대한 깨닫는 능력'을 의미하는 '오성'으로 번역되어 사용된 것이다. 그러한 번역상의 오류에 대해서는 한국 학계에서 칸트 전 저작의 번역이라는 큰 업적을 이룩한 백종현 교수도 지적한 바 있는데, 그는 칸트에게 'Verstand'는 라틴어 'intellektus'에 상응한다는 논거로 '지성(知性)'을 대안으로 제시한 바 있다.(칸트 2012, 〈부록: 칸트철학 주요 용어의 해설 및 번역어 선택의 문제〉, 416~418 참조) 그런데 그 라틴어는 희랍어 'nous'에 상응하는 어휘로서 앎이라는 행위의 궁극적 주체라는 의미로 '지성'으로 번역될 수 있을 만큼 포괄적인 의미가 있지만, 좁은 의미로서 이해나 파악의 의미도 갖고 있다는 사실도 염두에 둘 필요가 있다. 칸트의 인식론 전체는 '마음(Gemüt)'이라는 '힘(Kraft)'이 주체가 되는 앎이라는 '행위'의 본질에 대한 탐구이고, 특히 '지성적(intelligibil)'이란 말은 '감각적(sensibel)'과 대응하여 'Verstand'와 'Vernunft'의 영역 모두를 포괄하는 어휘이기도 하므로, '지성'이란 어휘는 'Verstand'의 번역어로서 적실성이 부족하다고 본다. 그리고 무엇보다 칸트를 포함하여 헤겔과 하이데거 등 근대 독일 철학자들의 주요 특징들 가운데 하나는 −고대의 플라톤도 그러했듯이− 가능한 한 외래어를 배제하고 자국어로 철학하려는 시도라고도 볼 수 있으므로, 필자로서는 칸트의 난해한 철학용어들도 가능한 한 −비록 지난한 과제지만− 순 우리말로 번역함이 그들 철학행위의 근본적인 지향점을 표현할 수 있다고 생각한다. 따라서 필자 개인적으로는 세 차원의 앎을 각각 지칭하는 위의 세 철학용어도 각각 '느낌', '헤아림', '깨달음'으로 번역함이 타당하다고 믿지만, 왜 그러한 번역이 타당한지 자세하게 설명하기 위해서는 별도의 방대한 논의가 필요할 것이므로 이 글에서는 일단 '감각', '이해', '이성'이란 용어를 사용하기로 한다.

존재하는 상호침투의 결과라는 것이다. 간단히 말하여 경험과학의 지식이란 개념과 직관, 이론과 현실 혹은 이론과 실천 사이의 끊임없는 상호침투 과정을 통해 형성된다는 것이며, 그러한 점에서 그것은 구체적인 사례들을 보편적이고 추상적 규범과 연관하여 끊임없이 새롭게 검토하고 재해석하는 과정을 통해 이루어지는 민법(common law)의 체계화나 변천과정과도 유사하다는 것이다.(같은 글, 711)

파슨스의 사회학이 칸트철학에 근거한 '상호침투' 개념이 중심이라는 뮌히의 해석 논리는 과학적 인식의 차원을 넘어 『실천이성비판』에 제시된 윤리론과 『판단력비판』에 제시된 예술론과 관련해서도 일관되게 전개된다.(위의 글, 718~739 및 1982 전체) 그러한 논의를 통해서 뮌히는 상호침투가 파슨스 사회학에서 칸트철학의 주의주의 및 의무론적 윤리학과 결합하여 개인의 지적 변화·발전을 설명함과 동시에 사회질서의 형성과 변화·발전을 설명하는 핵심적인 개념이라는 점도 강조한다. 파슨스의 사회학은 곧 사실과 가치, 과학과 도덕의 분리가 아니라 그것들을 나름대로 종합하려는 시도라는 것이다.[38] 그 점을 설

---

38) 이 점을 강조하기 위하여 뮌히는 파슨스의 사거 1년 전에 출간된 Social systems and the Evolution of Action Theory(Parsons 1977)의 한 문장을 인용하는데, 그것은 파슨스의 사회학이 기존 현실에 대해 보수적이라거나 순응적이라

명하기 위해 뮌히는 칸트의 3대 비판서 및 파슨스의 전 저작들에 대한 독해를 토대로 후자에 대한 칸트철학의 구체적 영향이 무엇이고, 그러한 영향이 베버, 뒤르카임, 프로이트 등의 이론들과 결합하고 발전하면서 어떻게 파슨스 사회학을 형성하게 되었는지 기술한다.

파슨스의 사회학에서 인간의 행위는 단순히 객관적 인식의 대상만이 아니라 사회질서의 변화 및 발전의 주체이므로, 뮌히는 먼저 상호침투 개념과 행위 개념과의 관계가 무엇인지 설명한다.[39] 즉, 상호침투는 파슨스 사회학의 '상표'처럼 되어 있는 네 차원의 "행위 공간(action space)"에 존재하는 수많은 관계들 가운데 하나이면서 동시에 사회적 변화 및 발전의 근원적인 동력이라는 것이다. 무엇보다 상호 대립하는 체계들 사이

는 비판에 대한 그 자신의 대응으로 해석될 수 있다. 즉, "도덕이란 용어는 가능한 행위의 여러 선택지들 가운데 하나를 취하는 근거가 되는 문화적 정당화를 지칭하며(the term moral refers to any culturally grounded justifications of selection among alternatives for action), … 그것들은 기존 체계의 유지나 혁명적 전복 또는 여타 광범위하고 다양한 퇴영적(withdrawing) 혹은 일탈적(deviant) 양상으로 나타날 수 있다"는(1982, 772에서 재인용) 것이다.

39) 이와 관련하여 다음 문장을 참조할 필요가 있다. "Interpenetration is that form of relation through which opposed spheres or subsystems can both expand without thereby creating mutual interference. Interpenetration is the mechanism by which the potentiality of every system is converted into actuality; it is the mechanism of self-realization and evolution."(Münch 1982, 772~773)

의 상호침투가 그러한 동력의 핵심이라는 것인데, 그러한 상호침투의 과정에서 하나의 체계는 다른 체계에 종속되는 "환원성(reducibility)"의 관계가 아니라 "상호의존성(interdependence)"의 관계로 파악되고 있음을 강조한다. 파슨스는 바로 그러한 관계 속에서 진행되는 체계들 사이의 상호침투 과정에서 개인들의 창조성이나 자기실현(self-realization)이 발현되고 사회적 집단들의 잠재력이 구현되면서 새로운 사회적 변화나 발전의 계기가 조성됨을 파악했다는 것이다. 간단히 말하여 파슨스의 사회학은 칸트의 철학과 결합하여 '개인의 심리-인간들의 행위-사회조직들' 전체의 구조 및 변화를 총체적이고 역동적으로 설명할 수 있는 포괄적인 이론체계라는 것이다.

두 편의 논문을 통해 칸트의 인식·윤리·예술론의 요체를 간략히 정리하면서 이 시대의 대표적인 사회과학자의 학문적 성장과 완숙의 과정을 밝히고 그의 이론의 철학적 근거를 구명하려 노력한 30대 후반 소장학자(1981년 당시) 뮌히의 학문적 역량은 높이 평가할 만하다. 파슨스 사회체계이론의 토대에 칸트철학이 있다는 사실은 그의 저술들을 세밀하게 읽으면 어렵지 않게 발견될 수는 있지만, 철학과 사회과학을 별개의 다른 직능처럼 믿는 수많은 '미국식' 사회과학자들에게는 어느 정도 충격일 수도 있다. 그런데 앞에서 지적한 바와 같이 파슨스 사회과학이론의 근저에 있는 칸트철학에 대한 탐색을 통해 대학원 시절 은사의 학문세계를 재조명하고 옹호한 뭔히나 그 은사인 파슨스 자신은 체계개념 자체는 충분히 이해했는지 여부는 의문의 대상이다. 그 의문을 파고들 때 파슨스의 사회체계이론 및 사회과학 이념 전체의 한계를 파악할 수 있으며, 그러한 한계는 바로 사회과학과 정치철학의 관계와 더불어 '정치의 사회초월성' 논제의 타당성을 밝혀준다.

III. 칸트철학적 상호침투 개념의 토대로서 칸트철학의 "체계적 통일성" 및 초월성의 이념, 그리고 파슨스 사회체계이론의 철학적 및 사회과학적 한계

칸트철학의 체계개념에 대한 파슨스의 이해 문제를 논의하기 전에 체계란 말 자체의 원초적 의미부터 검토할 필요가 있다. 한자어 체계는 영어 system의 번역어이며, 그 영어는 희랍어 'systēma'가 어원으로서, '함께' 의미의 접두어 'sys'와 '서게 하다' 의미의 'histanai'가 결합하여 사물이 일관되고 조직적인 상태에 있음을 지칭하는 동사 'systateō'에서 파생한 명사이다. 말 그대로 그것은 여러 부분들이 '함께 조직적으로 공존하면서 일관성을 이루고 있는' 상태를 지칭한다. 그 용어는 플라톤(Platon)의 『에피노미스(*Epinomis*)』에서 "수의 체계(arithmou systēma; system of number)"라는 표현으로 처음 등장하는데,[40] 그 용례는 자연과학이나 사회과학의 차이를 넘어 체계라는 말의 개념적 실체가 무엇인지 암시하고 있다.

『파르메니데스(*Parmenidēs*)』에 대표적으로 집약된 플라톤 후기 존재론의 핵심은 '일자와 다자(hen kai polla; one and many)'의 원리이다. 완성된 플라톤철학의 표상이라고도 말할 수 있으며 지극히 심원한 내용이 함축된 그 원리를 간단히 설명하면 다음과 같다. 모든 개별적이고 서로 다른 모든 사물들은 각각 독립된 존재이자 동시에 그것이 속한 전체를 구성하는 무한한 부분들 가운데 하나일 뿐이다. 이에 따라 존재하는 것들 전체로 구성되어 있으면서 동시에 그것에 속한 모든 부분들이나 구성 요소들을 초월하는(transcendental)[41] 궁극적이고 절대적인 존재로서의 하나는 바로 그 하나라는 절대성 때문에 다른 언어로 규정 불

---

40) 『에피노미스(Epinomis)』 991e. 제목에도 나타나 있듯이 이 대화편은 『법률(Nomoi)』에 대한 부록('epi') 형태의 저작인데, 문체의 빈곤이나 철학적 논증 및 대화 전개 방식의 품격 문제 등의 이유로 서양 고전학계에서 일반적으로 플라톤의 위서(僞書)로 간주된다. 앞으로의 논의를 통해 간접적으로 설명되겠지만, 그렇다고 하더라도 필자 개인적으로 그것은 플라톤의 후기 존재론을 이해하는 데 편리한 '참고서'로서의 유용성은 충분히 있다고 본다.

41) 이 점은 플라톤철학과 칸트철학을 연결하는 주요 접점이자 이 글의 논제와 직접 연관되므로 특별히 강조될 필요가 있다.

가능하다. 그 절대적인 하나는 중기 플라톤의 저작들까지 절대자의 표상으로 부각되어 있는 이데아를 포함하여 신, 자연 등 다른 언어로 규정될 경우에는 이미 하나가 아닌 것이다. 그러한 원리를 『에피노미스』에서는 수(數; arithmos)의 개념을 중심으로 설명하고 있다. 수란 자연세계에서 별들의 움직임과 같이 부분들이 개별적인 독립성을 유지하면서 동시에 하나로서 전체적인 통일과 조화를 이루는 완벽한 형상(eidos)의 전형적인 예라는 것이며, 그러한 최상의 질서를 바로 '체계'라는 말로 표현한 것이다.

그와 같은 의미에서 체계란 곧 존재하는 모든 것들에서 -플라톤철학에서는 '존재(ousia)'와 대비되어 '존재자(to on)'로 표현되고 하이데거(Heidegger)의 철학에서는 "Sein"과 대비되어 "das Seiende"에 상응하는- 바로 그 존재성이 진정으로 실현되는 상태이다. 그것은 곧 자연세계나 인간세계의 모든 사물들은 물론 모든 사회적 제도나 조직들이 진정으로 그 존재적 가치를 구현하기 위해 갖추어야 할 구조와 더불어 그 구조를 통해 필연적으로 수행되어야 할 모든 활동이나 행위의 일관된 양태를 지칭한다. 실제로 물리학에서 행성들이나 별들의 움직임과 같은 거대한 '행위'는 태양계(the solar system) 혹은 우주 전체의 존재원리로 작동하는 상호작용을 떠나 이해될 수 없다. 극미세계에서도 원자라는 '하나'와 그것을 구성하는 양자, 중성자, 전자,

소립자들이라는 '많은' 것들이 역동적으로 현현하는 하나의 체계가 존재하고, 화학에서 분자를 구성하는 여러 원자들과 그것들 사이의 상호작용을 통해 그것들 전체를 하나의 구조로 움직이는 양상도 감탄스러운 체계의 예이다. 나아가 애벌레가 나방이 되는 것과 같은 신비로운 생명현상 등 생물학자들을 매혹시키는 모든 생명체들의 활동, 최근의 코로나 사태로 그 심각성이 새롭게 부각되고 있는 모든 생명체들 사이의 생태학적 상호의존 관계는 부분들을 '초월적으로' 융합하는 하나의 원리를 전제하지 않고는 이해될 수 없는 것이다.

무생물이나 생물 모두가 그 기능적 분화의 정도에 차이는 있지만, 존재하기라는 목적을 위해 내부적 및 외부적 관계에서 다양하고 세밀한 기능으로 분화되어 벌이는 환상적인 활동들의 존재는 실제로 자연과학자들이 체계개념을 창안하게 된 계기이기도 하다.[42] 그것은 바로 모든 존재자들이 그 내적 구조와 외적 관계에서 '다자'이자 동시에 그것들을 초월하면서 하나인 존재의 원리에 통합되어 전체적인 통일성과 조화를 벌이는 체계들의

---

[42] 자연과학에서 통용되는 체계개념에 대해서는 베르탈란피(Ludwig von Bertalanffy; 1968)의 고전적인 해설이 있다. 체계개념과 관련하여 교과서적으로 자주 소개되는 경계유지(boundary maintenance) 개념이나 항상성(homeostasis) 개념 등은 그러한 원리의 필연적 외연으로 볼 수 있다.

현시인 것이다. 파슨스의 사회체계이론에도 분명히 그러한 체계 개념이 '어느 정도는' 반영되어 있다. 하지만 그것을 그 이론의 철학적 토대인 칸트철학에서 체계를 성립시키는 통합의 원리인 초월성 개념과 연관하여 명시적으로 설명하지 못한 점에서 칸트철학에 대한 파슨스 이해의 근본적인 한계를 발견할 수 있다. 이 점을 명확히 밝히기 위해서는 '일자-다자'의 원리와 관련된 서양철학사의 흐름에 대해 좀 더 구체적으로 논급할 필요가 있다.

플라톤 스스로는 명시적으로 표현하지는 않았지만, 그의 정치철학은 간단히 말하여 앞에서 언급된 일자-다자 원리를 국가생활에서 구현한다는 의미에서 '국가생활의 체계화'를 위한 모색이자 탐구이다. 그것은 개개인의 자질과 역량이 각각 최대한 발휘되고 각각의 삶이 조화를 이룸과 동시에 국가라는 삶의 질서 전체와 통일을 이루기 위한 국가적 '체계'의 구조와 기능이 무엇인지에 대한 탐구이며, 이와 동시에 그러한 이상을 정치현실에서 구현하거나 그 이상에 가장 가깝게 구현하기 위한 방법에 대한 모색으로 정리될 수 있다.[43] 여기서 중요한 점은 그러

---

43) 참고로 『에피노미스』의 핵심적인 내용들 가운데 하나는 바로 '일자와 다자'의 원리에 대한 인식이 바로 플라톤의 『법률』에서 최고의 국가기관으로 제시된 '원로회의(nykterinoē syllogē; 말 그대로는 '야간회의)'의 —『국가』에 제시된 철인통치 제도에 상응하는— 의원이 가져야 할 지혜(sophia)의 핵심이라는 점에 대한 설명이기도 하다.

한 체계의 구조와 기능은 본원적으로 각 부분들을 통합하면서 그것들을 초월하는 하나의 원리 혹은 이념을 통해서만 이해될 수 있다는 것이다. 실제로 플라톤 이후 전개된 서양철학사의 주요 흐름들 가운데 하나는 바로 '일자-다자' 원리 및 이에 기초한 초월성의 이념에 대한 탐구로 해석될 수 있다.

  그러한 흐름 속에 고대 후기에는 기독교의 신을 바로 그 초월성의 원리로 재해석한 아우구스티누스(Augustinus) 신학에 깊은 영향을 끼친 플로티노스(Plotinos)의 이른바 신플라톤주의(Neo-Platonism)가 있으며,[44] 그 근대적 흐름의 정점에 칸트, 헤겔, 하이데거의 철학이 있다.[45] 비록 칸트는 플라톤의 존재론

---

44) '신플라톤주의'라는 용어는 플로티노스 자신의 창안은 아니며, 19세기 유럽의 고전학계가 플로티노스의 철학사적 의미를 새롭게 규정하면서 채택한 용어이다. 그 핵심은 일자(to hen; the One) 개념과 그 일자로부터 만물이 파생한다는 유출(aporroia; emanation)개념으로 정리될 수 있다. 한국 학계에서 플로티노스의 철학은 그리 깊이 연구되지도 않음은 물론 그의 이름조차 널리 알려져 있지 않은데, 서양철학사에 대한 이해는 물론 로마시대에 근동 지방에서 이루어진 동서양 문화의 교류, 특히 서양철학과 힌두교 및 불교 등 인도철학과의 교류를 연구하는데도 필수적이다.

45) 이에 대한 세밀한 연구는 앞으로 더욱 진행되어야 할뿐더러 현재까지의 연구 업적들에 대한 설명 또한 별도의 방대한 논의를 필요로 하므로, 이 글에서는 서양 학계에서 그러한 해석의 선구자로 볼 수 있는 인물과 더불어 그 기본적인 의미를 소개하는 것으로 그친다. 현대 서양 학계에서 일자-다자의 원리의 중요성을 새롭게 환기시킨 학자는 독일의 대표적인 플라톤 연구자들 가운데 하나인 크레머(Hans Krämer; 특히 Krämer 1990 참조)다. 일자-다자의 원리를 플라톤철학의 근

적 원리를 명시적으로 원용하는 방식으로 설명한 것은 아니지만, 파슨스 사회학의 철학적 토대인 칸트의 저작 수많은 곳에 등장하는 체계라는 용어는 본질적으로 그러한 의미를 갖고 있다. 그 점에 대해서는 오파렐(Frank O'Farrell)이라는 학자가 칸트철학에서 체계와 이성의 관계를 검토하면서 논구한 바 있으므로,[46] 칸트의 저작 전체에 대한 세밀한 독해를 토대로 제시된 그 논지를 먼저 소개할 필요가 있다.

본적인 토대로 파악하고 서양철학사의 흐름을 그러한 토대에 근거하여 해석한 선구자로 크레머는 쉴라이어마허(F. Schleiermacher; 1768~1834)를 들고 있으며, 그러한 철학사의 흐름에서 칸트, 헤겔, 하이데거 철학의 등장을 파악하고 있다. 참고로 틸리히(Paul Tillich)의 신학이 헤겔철학과 하이데거의 철학에 영향을 받은 사실은 잘 알려져 있는데, 그의 "존재 근거로서의 신(god as the ground of being)" 혹은 "존재자들의 존재로서의 신(god as being of beings)" 등의 어구로 표현되는 신, 즉 규정 불가능하고 영원한 존재 자체로서의 신개념 또한 '일자-다자' 원리의 신학적 표현이라고 볼 수 있다. 그리고 앞 장에서 뮌히의 파슨스 해석에 대해 논의하는 과정에서 언급되었듯이, 칸트의 체계개념은 인식·윤리·예술 이론 모두의 차원에서 그러한 의미를 갖는다. 칸트의 윤리론은 본질적으로 고대철학의 '일자-다자' 원리의 재현이라는 점에 대해서는 미국의 철학 교수 월프(Robert Paul Wolff)도 칸트의 도덕이론에 대한 논의 과정에서 다음과 같이 정리한 바 있다. "The paradox of a multiplicity which has unity without losing its diversity —the problem which the ancient called the one and the many— is resolved by the notion of rule-directed activity."(Wolff 1969, 123)

46) O'Farrell(1981) 참조. 이 논문은 뮌히의 앞의 논문과 같은 시기에 출간되었는데, 그가 파렐의 논문을 읽지 못했거나 참고하지 못한 점은 유감스럽다. 설사 오파렐의 논문을 읽지 못했더라도 뮌히 스스로가 칸트의 체계개념을 깊이 고구했다면 그의 논문 내용이 더욱 충실해졌을 것인데, 그러지 못한 점 또한 유감스러운 대목이다.

칸트의 체계개념과 관련하여 오파렐은 기본적으로 하이데거의 해석을 수용한다. 즉, 칸트는 이성의 본질(essence)에 의거하여 체계의 본질 및 외양(determination)을 고찰하면서 "이성의 내적 체계성(the inner systematic character of reason)"을 발견한 최초의 철학자라는 해석이 그것이다. 그리고 그러한 철학적 배경에서 헤겔(Hegel)의 "체계가 없는 철학하기는 결코 학문일 수 없다"라는[47] 선언도 등장했다는 것이다.(앞의 글, 5)[48] 계속해서 오파렐은 『순수이성비판』의 여러 장절들 제목들 자체에 체계라는 말이 등장한다는 사실을 지적하면서 칸트의 체계개념을 압축적으로 표현하는 여러 문장들을 인용하는데,[49] 그러한 체계개

---

47) 헤겔의 Enzyklopädie I권에 등장하는 이 유명한 문구의 독일어 원문은 "Ein Philosophieren ohne System kann nichts Wissenschaftliches sein"이다. 헤겔 스스로 'ohne system'을 이태리체로 강조한 점도 참고할 만하다.

48) 이와 관련된 하이데거 철학의 의미를 필자 나름대로 간략히 정리하면 다음과 같다. 하이데거철학에서 존재(Sein)와 존재자(das Seinende) 관계는 바로 고대철학의 '일자–다자' 원리에 대한 해석 및 철학사적 탐구를 기초로 제시된 것이며, 그러한 관계의 원리가 초월성(Transzendenz)의 이념과 결합하여 여러 형태의 통일성(Einheit) 개념으로 나타난다. 예를 들어 『존재와 시간』에 제시된 "세계의 통일성(Einheit der Welt)", "세계내적 존재의 통일성(Einheit des In–der–Welt–seins)", "경험의 통일성(Einheit des Erlebnisses)", "분절된 구조의 통일성(Einheit der gelgliederten Struktur)" 개념 등이 그것들이다.

49) 그 인용문들 가운데 대표적인 것으로는 『순수이성비판』의 [초월적 변증법]에(A680) 제시된 "이성의 통일성이 바로 체계의 통일성(the unity of reason is the unity of system; 독일어 원문은 Die Vernunfteinheit ist die Einheit des

념이 칸트의 인식·판단의 이론과 윤리론 전체를 관통하며, 철학이 모든 학문들의 근원이 될 수 있다는 주장의 근거도 그러한 체계개념에서 찾을 수 있다고 주장한다. 간단히 말하여 인간의 지식 및 행동의 본질을 해명하려는 칸트의 학문적 노력 전체의 근저에 체계개념이 있다는 것이다.

비록 오파렐은 칸트 이전의 철학사에 대해 언급하지는 않았지만, 칸트의 체계개념에 대한 그의 설명은 근본적으로 위에서 논급된 '일자-다자' 원리의 확인이다. 여기서 그러한 확인을 뒷받침하는 핵심적인 문장들 몇몇을 발췌하고 종합하여 -필요할 경우 필자의 간단한 부기나 문장의 이해에 필요한 독일어 원문을 [ ]로 부기하여- 정리하면 다음과 같다.

체계란 분할되어 있으면서도 통일되어 있는 부분들의 "총체적인 상호연관성(the interconnection in a whole"을 의미하며(p. 9), "내재하는 이념(its indwelling idea)"이나 선험적인(a

---

Systems)"이란 문구이다. 필자로서는 이 문구와 더불어 『순수이성비판』의 II부인 [초월적 방법론]에 제시된 다음 문장을 그의 체계개념을 축약하는 또 다른 대표적인 문구로 소개하고 싶다. "이성의 지배 아래서 우리의 인식들 전반은 광상곡(Rhapsodie)이 되어서는 안 되며 하나의 체계를 이루어야만 한다. … 나는 체계를 한 이념(Idee) 아래 이루어진 잡다한 인식들의 통일성(Einheit)으로 이해한다."(A832)

priori) 원리에 의거해 발전한 체계를 칸트는 동물의 신체와 같은 유기체적 통일성에 비유한다.(p. 14) 그러므로 칸트에 이르러 이성(Vernunft)은 [이해(Verstand)와 같이 논리적으로 작동하는 것이 아니라] "초월적으로(transcendentally)" 작동하며, 그것의 내용이나 성격은 외적인 경험에 의해서가 아니라 "그 자체의 종합으로 이루어진 선험적인 내용에 따라(according to the a priori content of synthesis it implies)" 규정된다.(p. 29) 다시 말하여 이해가 사물들에 대해 "분배적 통일성(distributive unity)"을 제공한다면 이성은 "집합적 통일성(collective unity)"을 제공하는데(p. 35), [이성이 발현시키는 인식의 체계물이 (das Systematische der Erkenntnis) 바로 이념(Idee)이다].[50] 개별적인 사물들에 대한 경험적 인식은 다른 것들에 의해 "조건 지어져 있지만(conditioned; bedingt)" 있지만, 그러한 개별적인 조건들의 "총체성(totality)"인 이념은 "무조건적(unconditioned)"인데, 그와 같이 경험적으로 규정되거나 한정될 수 없는 이념들을 [인간의 불완전한] 이성이 마치 실제적인 사물이나 사건들인 것처럼 "객관적 실체(objective reality)"로 착각하고 [상상력(Einbildungskraft)을 발동하여] 온갖 개념들을 제멋대로

---

50) 『순수이성비판』 B674

융합할 때 이념이라는 이름의 온갖 가상(illusion; Schein)이 발생한다.(p. 33) [그와 같은 이념적 가상을 극복하는 방법으로]51) 칸트는 이념을 구성하는 개념들의 융합과 관련된 세 원칙을 제시하는데, 그것들은 각각 "동질성의 원칙(das Prinzip der Homogenität)", "분화(Spezifikation)의 원칙", "친근성(Affinität)의 원칙"이다.52) 앞의 두 원칙을 통해 개념들 상호 간의 포섭 및 종속 관계가 밝혀진다면, 세 번째 원칙을 통한 "상위 종(種)으로의 상승 및 하위 유(類)로의 하강(sowohl im Aufsteigen zu höheren Gattungen, als im Herabsteigen zu niederen Arten)"에 의해 개념들의 융합이 이루어진다.(p. 36) 그러한 융합의 결과가 "체계적 통일성(die systematische Einheit)"이며,53) 체계와 이성

---

51) 그 방법은 특히 『순수이성비판』[초월적 변증법(Transzendantale Dialektik)]장의 부록(Anhang)에서 자세히 논의되고 있다. 뒤에 가서 다시 논급되겠지만, 그러한 이념적 허상이 마르크스(Karl Marx)가 사회 분석의 목적과 더불어 다른 사상가들의 이념을 비판하기 위해 본격적으로 사용한 이데올로기 개념의 원형이다.

52) 각 원칙을 칸트는 'Gattung–Art(種–類)'의 개념적 상하관계에 따라 더 높은 종(Gattung)의 개념을 통해 이루어지는 "다양성(Mannigfaltigkeit)의 동질성(Gleichtigkeit) 원칙", 더 낮은 유(Art) 개념을 통한 "동질성의 다양성(Varietät) 원칙", "형식들 연속성의 원칙(das Prinzip der Kontinuität der Formen)"으로 명명하기도 한다.(B686) 세 번째 원칙에서 형식이란 경험적 인식을 가능하게 하는 개념(Begriff)의 다른 표현으로 볼 수 있다. 형식이라는 동일한 성격으로 인해 개념들 사이의 연속이나 연쇄가 가능하기 때문이다.

53) 『순수이성비판』 B687

의 그와 같은 본원적 통일성 때문에 이성은 이해의 행위에 총체성을 부여할 수 있다. 칸트의 철학이 초월철학이 되는 이유도 바로 그 점에 있다.(pp. 46~47)

칸트철학에서 결국 이 세계에 대한 이성적 인식은 그 규정 불가능하고 무제약적인 초월적인 통일성 속에서 그것을 구성하는 부분들 사이의 일자-다자 관계, 즉 '단일성 속의 다양성' 혹은 '다양성 속의 단일성'이 벌이는 동태적인 양상의 체계성을 파악하는 데 있다.[54] 사물들이나 경험적 현상들의 실체를 총체적으로, 즉 부분과 전체의 통일성을 제대로 파악하기 위해서는 소리나 색채와 같이 감각적으로(Sinnlich) 주어지는 자료들 사이의 표면적인 의미나 인과관계 등을 분석적으로 정리하는 수준의

---

54) 또 다른 방대한 논의를 필요로 하기 때문에 이 글에서 논의할 수는 없지만, 헤겔의 유명한 '변증법적 삼위(dialectical triad)'인 '보편성-특수성-개별성' 원리 및 '동일성과 비동일성에 의한 동일성(Identität der Identität und Non-identität)'의 원리에 기초한 그의 법철학과 역사철학은 칸트의 초월철학을 확대 및 발전시킨 결과라고 할 수 있다. 화이트헤드(A. N. Whitehead)의 '유기체철학(the organic philosophy)'의 이념 또한 상대성원리와 양자역학 등 현대 물리학의 성과를 일자-다자의 원리를 통해 새롭게 종합하려는 시도로 해석될 수 있다. 그리고 이 글의 모두에서 언급된 후기마르크스주의자들 가운데 소위 포스트모더니즘에 대한 비판자이자 필자로서는 철학적 사변의 폭과 깊이 면에서 가장 탁월한 학자로 평가하는 바디우(Alain Badiou)의 신플라톤주의 핵심에도 일자-다자의 원리가 있다.

인식인 이해(Verstand)의 차원을 넘어서야 한다. 그러한 현상들에 내재하는(immanent) 동시에 '초월하여 존재하는'-이에 따라 칸트철학에서 "초월적(transzendental)"과 구분하여 "초재적(transzendent)"이란 어휘로 표현된- 이념들을 종합적으로 판단하면서 그 다기하고 다양한 경험적 현상들에 통일된 체계를 부여하는 순수이성의 초월적이고 비판적인 능력이 발휘되어야 한다는 것이다.[55] 칸트의 상호작용(Wechselwirkung) 개념이 일자-다자의 원리에 근거한 체계개념을 통해서만 이해될 수 있는 점도 그러한 이유 때문이다. 앞에서 설명했듯이, 그러한 상호작용 개념을 파슨스는 상호침투라는 개념으로 변형하여 사회 분석에 원용한 것이다.

따라서 사회현상을 체계로 파악하고, 사회체계 전체의 작동이나 변화·발전을 수많은 심리-문화 체계들 및 사회체계 내의 수많은 하위 체계들 사이의 상호침투의 결과로 포괄하여 설명하려는 파슨스의 시도 자체에 잘못은 없다. 파슨스는 이념형(Idealtypus)으로 집약되는 베버의 이론체계를 "유용한 허구

---

55) 그러한 점에서 칸트철학은 플라톤철학과 친밀성이 있다. 두 거대한 철학 사이의 친밀성에 관해서는 칸트 사후 상당한 기간이 지난 19세기 후반 코헨(Hermann Cohen)과 하르트만(Nikolai Hartmann) 등의 연구를 통하여 인지되고 논의된 주제이기도 하다. 이에 관한 간단한 기술로는 Kroner(1924, I부, 35∼36) 참조.

(useful fiction)"로 비판하면서 자신의 사회체계이론을 "분석적 현실주의(analytical realism)"로 규정한 바도 있지만,[56] 그의 체계이론은 무엇보다 현실 속에 존재하는 여러 사회적 제도나 행위의 존재가 사회 전체의 차원에서 갖는 위치나 의미를 분석적으로 조망하여주는, 인지과학의 용어로 이른바 발견도구(heuristic device)의 기능을 수행할 수 있음은 분명하다. 칸트철학에서 경험적 현상의 인식에 작동하는 여러 선험적 범주들처럼, 파슨스의 이론은 사회현상의 분석을 위한 도식(scheme) 혹은 형식적인 틀을 제공할 수 있는 것이다.

파슨스 체계이론은 간단히 말하여 개별적인 사회현상의 구체적인 성격이나 내용과는 분리되지만 그것에 대한 분석력은 있다고 주장하는 이론들 가운데 하나로 볼 수 있다. 논리학이나 미학에서 통용되는 용어로 형식주의(formalism) 성격의 이론이다. 그런데 그러한 이론을 통해서는 사회현상을 칸트철학의 용어로 이해(Verstand)의 차원에서는 파악할 수는 있어도 이성(Vernunft) 차원의 인식에는 도달할 수 없다는 점에 파슨스 사

---

56) "분석적 현실주의"란 명칭의 논거로 파슨스는 자신의 이론이 현실을 초월한 "분석적" 성격과 동시에 "객관적인 외부 세계의 여러 측면들을 충분히 파악하기(adequately grasp aspects of the objective external world)" 때문에 "현실적(realistic)" 주장을 제시한다.(Parsons 1949, 730)

회과학의 근본적인 한계가 있다. 그러한 성격의 이론으로는 사회라는 현상의 존재성 자체를 구명할 수 없고 그 변화 양상을 총체적으로 설명할 수 없기 때문이다. 간단히 말하여 파슨스의 사회체계이론으로는 사회라는 현실을 '제대로' 인식할 수 없기 때문에 '과학적' 이론으로서 근본적인 한계가 있다는 것이다. 왜 그러한지 좀 더 자세한 설명이 필요할 것이다.

파슨스의 이론에서 사회체계란 기본적으로 경험적으로 인지가능한 가치정향 행위들의 집합이다. 여기서 가치와 이념은 본질적으로 동일한 것으로 간주되며,[57] 행위-가치-체계는 분리 불가능하다. 행위로 구성되는 사회현상은 가치지향을 떠나서, 그리고 체계라는 형태로 이루어지는 다른 행위들과의 '상호침투' 또는 상호 연관성을 떠나서, 존재할 수도 없고 인식될 수도 없다. 이에 따라 파슨스의 사회체계이론은 한편으로 모든 사회현상을 설명할 수 있다. 특정한 사회현상이나 사회적 변화에 접했을 때 파슨스의 이론은 일단 그러한 현상들이 어떠한 체계를 이루면서 각각 어떠한 '상호침투'의 관계를 이루고 있는지 조

---

[57] 파슨스는 무엇보다 베버의 종교사회학(Religionssoziologie)을 자세히 검토하는 가운데(Parsons 1949, 특히 Chap. XIV~XV) 이념의 존재가 사회현상의 이해에 중요하면서도 불가결한 점을 강조한 바 있는데, 그럼에도 불구하고 그의 체계이론에서 가치와 이념은 행위의 지향성 차원에서 동질적이다. 그러한 관점의 문제는 이 글이 진행되면서 밝혀질 것이다.

망하고 접근하게 만드는 발견도구(heuristic device)로서의 기능
이 있음은 분명하다. 그러한 조망과 접근을 통해 그것은 이러이
러한 체계들 사이의 관계라거나 그것들 사이 이러이러한 상호
침투의 결과라는 수준의 포괄적이고 추상적인 수준의 분석이나
진단을 내릴 수 있다는 것이다. 문제는 그러한 분석이나 진단은
본질적으로 동어반복 성격의 것이라는 점에 있다. 각각의 개별
적인 현상들이 왜 다르게 나타나는지, 다시 말하여 체계들 사이
의 관계나 상호침투가 왜 각각 다른 양상으로 나타나는지 그 차
이에 대해 그의 형식주의적 이론으로는 제대로 설명할 수 없기
때문이다. 더 나아가 그의 이론으로는 체계의 형태로 나타나는
각각의 현상들이 그 존재성 및 행위지향성의 핵심인 가치나 이
념을 얼마나 제대로 구현하고 있는지 그 이론체계 자체로는 평
가하고 판단할 수 없다는 점도 중대한 결함이다.

　일반적으로 가치는 개별적인 행위들의 지향성을 지칭하는 용
어이고 이념은 그 개별적인 가치들이 종합된 형태이자 더 높은
차원의 가치지향성을 지칭하는 용어라고 할 수 있다. 이념과 가
치 사이에는 행위지향성의 차원에서 상하관계가 존재하며, 이
에 따라 개별적인 가치나 개별적인 이념들 사이에는 무한한 형
태와 성격의 상호포섭 혹은 상호갈등의 관계가 존재한다. 다
음 IV장에서 논의할 칸트철학의 "초월적 가상들(transzendentale

Scheine)" 개념과도 연관되지만, 이념인 또는 사상가로 자칭하는 인간들 가운데는 지적으로 허황된 인간이 많은 이유도 스스로 표방하는 이념을 구체적인 가치 및 사실과 연관하여 유기적이고 총체적으로 파악하지 못한 채 그 추상적인 어구의 현란함에 의식적 혹은 무의식으로 도취되어 있기 때문이다. 파슨스는 물론 그러한 성격의 이념인과는 다른 부류의 탁월한 지식인이지만, 그의 가치개념은 또 다른 문제를 제기한다.

파슨스의 사회체계이론은 바로 사회행위라는 경험적 현상을 일반화하고 체계적으로 설명한다는 사회과학적 이론을 표방하며, 가치나 이념의 실체 혹은 본질을 탐구하는 윤리이론 혹은 형이상학적 이론을 표방하지는 않는다. 그것은 특히 가치와 이념을 구분하지 않고 공통적으로 행위지향을 일으키는 동인(動因)이라는 의미에서 본원적으로 동일한 것으로 간주한다. 그런데 사회에 대한 '과학적' 연구이기 때문에 그 연구 대상인 사회현상의 본질적 요소라고 스스로 규정한 가치나 이념의 실체가 무엇이고 그 관계가 무엇인지에 대한 탐구를 그 '과학적' 연구에서 제외할 경우 바로 '과학적으로 부조리한' 상황이 발생한다. 가치라는 행위지향과 이념이라는 행위지향 사이의 질적 혹은 차원상의 차이가 무엇인지 구명하지 못할 경우, 개별적인 사회체계들 사이의 관계나 기능의 차이를 제대로 파악할 수 없음은 물론 바로 그 과학적 연구 대상 자체를 잃어버리게 되기 때문이다.

가족이라는 행위체계가 지향하는 가치가 무엇이고, 그것을 포괄하는 사회나 국가 혹은 국제질서가 지향하는 가치나 이념과의 질적 혹은 차원상의 차이가 무엇이며, 각각의 가치나 이념이 어떻게 형성되고 변화해 왔는지 등의 문제를 경험적 연구의 차원을 넘어 '형이상학'의 차원에서 구명하지 못할 경우, '가족현상'이라는 연구 대상 자체가 무엇인지 규정할 수 없게 되는 상황이 발생한다. 그러한 부조리는 정치체계에 대한 연구에도 발생할 수 있다. 파슨스의 이론에 따를 경우 국가 혹은 공적 영역의 행위들은 정치체계라는 틀에 맞추어 표면적인 양상을 기술할 수는 있다. 그러나 국가 전체가 지향하는 이념이 무엇이며, 개인이나 사회집단이 지향하는 가치와 어떻게 구분되고 왜 상위의 차원에 있는지 등과 같은 형이상학적 문제를 해명할 수 없을 경우, 국가라는 행위체계가 사회의 수많은 행위체계들을 권위적으로 통제할 근거도 잃게 됨은 물론 어떠한 행위가 국가적 행위로서 그 체계에 포함되어야 하고 어떠한 것은 배제되어야 하는지 그 척도마저 잃게 된다. 이러한 논점의 설득력을 높이려는 목적에서, 비록 상식적인 윤리의식에는 불편할 수 있지만 파슨스의 이론에서는 행위체계라는 점에서는 동일한 종교와 범죄를 예로 들어 설명할 필요가 있다.

파슨스의 체계개념을 일관되게 적용한다면, 범죄도 '걸리지만 않으면' 특정 목적을 '효율적으로' 달성한다는 의미에서 가치지향의 행위이다. 특정 범죄의 수행을 위한 일회성 행위들의 집합도 -소매치기의 경우 대상 물색, '삑치기', 도주 등등- 일시적이나마 체계가 될 수 있으며, 범죄행위는 어느 사회에서나 존재한다는 의미에서 그 자체가 인류사회를 구성하는 '보편적인' 사회체계들 가운데 하나일 수도 있다. 동성애는 전적으로 개인들의 심리체계에 속하는 욕구로서 파슨스의 이론체계에서 사적인 "취향(taste)"으로[58] 간주된다. 그런데 그와 같은 사적인 취향도 경우에 따라서는 사회체계에 포섭되어 사회적 혹은 공적인 가치로 인정되어 광범위하게 유포될 수도 있고, 관용이나 무관심의 대상일 수도 있으며, 철저한 금제 혹은 더 나아가 혹독한 처벌의 대상이 되는 부도덕하거나 신성모독 또는 반(反)국가적 범죄가 될 수도 있다. 그 현실적 양상을 결정하는 것은 궁극적으로 한 사회나 국가를 지배하는 포괄적인 가치관으로서의 이념이다. 실제로 국가행위를 포함하여 집단적이고 조직적인 행위 모두가 같은 차원에서 이해될 수 있다.

---

58) 이 개념은 파슨스가 칸트 『판단력비판』의 주요 개념들 가운데 하나인 'Geschmack'의 차용으로 보이는데, "구속성이 없는(the absence of binding character)" 가치로 정의되고 있다.(Parsons 1949, 679)

한국사회를 오랫동안 괴롭힌 왜구들의 노략질이나 최근 소말리아의 해적행위는 한국사회에는 범죄이지만 그들 사회나 국가에게는 가족의 생계를 책임지는 '사나이다운' 가치지향의 행위이자 사회 전체 혹은 국가 전체의 부를 증진시키는 헌신적이고 영웅적인 이념지향의 행위일 수 있다. 역사적 시각을 더욱 확대하면, 조선시대의 여진족과 왜구, 중국의 북방민족, 로마제국 시대의 게르만족, 근대세계 초기에는 선진 국가인 스페인에 대해 영국이 특히 벌인 집단적 혹은 '민족적' 노략질이나 해적행위는 당하는 사회나 국가에게는 범죄이지만 중심 문명에서 떨어진 그들 주변부 국가들에게는 국가적 생존이나 발전에 '필수적인' 원동력이었다. 범죄라는 행위 유형은 가치관이나 이념에 따라 범죄 자체가 아닐 수 있고, 동일한 사회체계 내에서라도 그 역사적 시점에 따라 범죄일 수도 있고 고도의 정치적 행위일 수도 있는 것이다.[59]

---

59) 이 점은 모든 사회현상의 보편적인 속성이기 때문에 무한한 수의 실례들이 있을 수 있지만, 이해의 편의상 '머리 깎기'라는 '간단한' 행위를 예로 들 수 있다. 파슨스의 체계이론에 의거할 때 그것은 기본적으로 개인의 심리체계와 머리카락이라는 몸이라는 체계의 하위 체계 사이의 상호침투 행위이다. 그런데 그것은 문명화나 상업화에 따라 경제체계나 문화체계 또는 두 체계와 함께 작동하는 상호침투로 나타날 수 있다. 머리 깎기가 이발업이나 미용업의 형태로 패션의 하나로 작동할 때 그러하다. 또한 이 시대에서 그것은 순순히 개인적인 선호나 문화적인 취향 또는 자유로운 경제활동의 하나로 간주되어 그것에 대한 정치적 관여가 ―파슨스의 용어로는

거의 모든 사회에서 보편적으로 존재하는 문화체계인 종교의 경우에도 같은 논리가 작용될 수 있다. 집단적인 신념체계로서 종교 하나하나는 결코 언제나 '순탄하게' 한 국가나 문명 종교체계의 일부로 편입되는 경우란 없으며, 그 존재성 자체가 기존의 문화체계를 지배하는 이념에 의해 결정된다. 문화적 혁명성이 높은 종교일수록 그 발생 단계에서는 기존의 문화체계를 부정하는 요소로 백안시되는 경우가 대부분이며, 사회적 혁명성이 높을수록 당연히 기존의 사회체계에 의해 탄압이나 박멸의 대상이었다. 문화체계의 불가결한 일부로 편입된 뒤에도, 개별 종교들은 다른 사회체계들과 평등한 관계를 유지하거나 한편이 다른 한편을 종속시키거나 우월적 혹은 초월적인 '사회적' 지위를 유지할 수 있다. 그것은 오직 상업적 가치만을 추구하는 조직으로서 단지 경제체계의 일부로 기능할 수 있고, 상호침투라는 말이 무의미할 정도로 정치체계와 완벽하게 동일체가 될 수도 있고, 서로 완벽하게 분리되거나 후자에 의해 사라질 수도 있다. 종교라는 문화체계의 '종교성' 자체가 이미 존재하는 심

정치체계와 문화체계 사이의 상호침투— 코미디의 소재가 될 수 있지만, 조선조 말의 단발령에서 보듯이 거대한 사회 혼란이나 정치체제 변혁의 촉발제일 수도 있고, 한국에서 과거 유신시대 경찰의 장발 단속의 경우처럼 사회 기강 확립의 순기능과 개인적 자유에 대한 침해라는 역기능의 공존일 수도 있다.

리체계, 사회체계, 문화체계를 지배하는 이념의 성격에 의해 결정될 수 있는 것이다. 간단히 말하여 행위가 지향하는 궁극적인 목표로서의 이념을 떠나 가치는 존재하지 않고 그 실체가 파악될 수도 없으며, 경험적 현상이나 행위에는 복잡한 형태로 언제나 이념이 존재하기 때문에 후자를 떠나 전자의 진정한 실체가 파악될 수 없는 것이다.

이러한 비판에 직면하여 파슨스는 다음과 같이 대응할 수 있다. 모든 가치나 이념도 언제나 체계의 형태로 존재하고, 그것의 구현은 물론 발생 자체도 개인-사회-문화 각 체계들의 다양한 가치정향 및 상호침투 행위의 결과로 설명할 수 있으므로, 자신의 체계이론 자체에 잘못된 것은 없다는 항변이 그것이다. 물론 모든 개인-사회-문화 현상뿐만 아니라 자연현상과 사물 등 모든 존재하는 것들은 체계 및 행위의 형태로 존재한다는 명제를 그 표면적인 의미 그대로 수용할 경우 그 항변은 타당하다. 그러나 그것은 기독교도가 모든 현상들과 행위들에 대해서 '그 모두는 하느님의 뜻'이라는 설교로 그 존재성을 설파했다고 믿는 것과 본질적으로 다를 바 없다. 모든 존재하는 것들은 절대자의 산물이자 그에 종속되어 있다는 명제가 참이라면, 모든 것은 다 '하느님의 뜻'이라는 명제 역시 참이다. 다만 그러한 주장으로는 모든 것을 설명할 수 있으면서 동시에 아무것도 설명할 수 없다.[60] 그 '하느님의 뜻'이 구체적인 상황이나 역사적 시점에 따라 왜 각각 다르게 나타날 수 있고 경우에 따라서는 왜 모순되게 나타나는지 설명할 수 없다면, 그 '하느님의 뜻'은 독단적 신앙의 대상으로서 설사 '마음의 안정'의 원천은 될 수 있어도 과학적 설득의 원천은 못되는 것이다.

결국 모든 사회현상을 파슨스의 행위 및 사회체계이론으로 설명할 수 있으면서 동시에 어느 하나도 제대로 설명할 수 없다. 개별적인 체계의 기능은 그 고유의 기능일 수도 있고 다른 것의 기능일 수도 있다. 각 체계의 기능들은 서로 중첩될 수 있고 서로 부정하거나 갈등을 일으킬 수 있으며, 스스로가 속한 상위 체계를 파괴할 수도 있다. 심리이든 사회이든 문화의 영역이든 모든 체계들은 다른 체계의 밖과 안에서 또는 위와 아래에

---

60) 헤겔은 『정신현상학』 서문에서 "모든 소는 (밤에) 검다(Alle Kühe sind schwarz)"라는 유명한 잠언을 인용하면서 쉘링(Friedrich Schelling)의 구체적이고 개별적인 부분들과 분리된 무차별적인 절대자 개념을 비판한 바 있는데,(Hegel 1970, 22) 그러한 비판은 파슨스의 '무차별적으로 포괄적인' 체계개념에도 해당된다. 참고로 쉘링의 절대자 개념에 대한 헤겔의 비판은 앞에서 논급된 '일자-다자'의 관계에서 다자의 개별성 및 차이성으로 분화되지 않은 일자 개념에 대한 비판이기도 하다. 필자가 비판한 파슨스 체계이론의 형식주의 성격 또한 헤겔이 『정신현상학』의 같은 곳에서 제시한 형식주의(Formalismus) 개념과 본질적으로 동일하다. 이 개념을 통해 헤겔은 사물들의 구체적인 양상에 대한 설명력을 결여한 채 동일성만 추구하고 강조하는 추상적인 개념이나 이론을 비판했기 때문이다.

서 동시에 존재할 수 있으며, 그 모든 체계들의 존재를 넘어 초월적이 될 수도 있다. 각 체계들 사이의 경계 및 관계가 명확하게 규정될 수 없다면 그의 이론을 통해 학계에 유포된 네 개의 체계적 기능 또한 무의미할 수 있다. 또한 그의 체계이론으로는 각 체계가 추구하는 가치정향의 내용이나 강도(强度)의 변화 또는 그것들 사이의 관계가 역사적 및 공간적 상황에 따라 다른 의미나 다른 성격을 갖고 나타나는 구체적 양상을 설명하지 못하며, 동일한 사회의 과거나 다른 사회에는 존재하지 않았던 체계들이 왜 특정한 시점이나 상황에서는 존재하고, 체계들 사이의 상호침투가 어떠한 계기로 왜 특정 사회에는 나타나게 되었지만 다른 사회에서는 나타나지 않았으며, 비슷한 상호침투가 왜 특정한 사회에서는 새로운 사건을 발생시키지만 다른 사회에서는 그러하지 않은지 등을 설명할 수 없다.

간단히 말하여 행위체계들 사이의 상호침투를 통해 나타나는 사회적이고 역사적인 변화를 과학적으로 설명하려는 파슨스의 학문적 목표가 달성되려면 그의 사회과학이념 전체가 혁명적으로 재구성되어야 한다. 과학과 형이상학에 대한 이분법적 사고를 넘어서야 하고, 이념과 가치, 경험적 현상이나 행위의 관계가 새롭게 정립되어야 한다. 그와 같은 사고의 변혁을 통해서만 바로 사회체계 각각의 실체 및 그것들 사이의 관계와 그것들의 변화가 제대로 설명될 수 있다. 그런데 그와 같은 사고의 변혁이란 사실 새로운 것이 아니며, 서양지성사의 전통에서 오래전 희랍시대에 확립된 것이라는 사실이 중요하다. 그러한 설명이란 필연적으로 경험적 현실을 총체적이면서 초월적인 이념들에 대한 탐구와 종합적으로 수행할 경우에만 가능한데, 그러한 차원의 탐구가 다름 아닌 정치철학이기 때문이다. 학문적 진지성 및 성실성과 더불어 치밀하고 포괄적인 사유 능력에도 불구하고 정치철학적 탐구로 나아가지 못한 것에 파슨스 학문세계의 근본적인 한계가 있다는 것이다.

파슨스 사회과학의 그러한 한계는 만일 그가 칸트철학을 사회과학적 탐구에 원용하는 차원을 넘어 그 철학 자체를 깊이 탐구했다면 극복될 수 있는 가능성도 있었다는 점 때문에 학문적 유감을 증폭시킨다. 그러했을 경우 파슨스는 바로 사회체계의 존재 및 기능에 대한 탐구가 이해 수준의 경험적 일반화의 차원을 넘어 이념의 본질에 대한 이성적 탐구로 이어졌을 것이고, 나아가 이념이 사회현실 속에서 왜곡된 가치 및 행위의 체계를 산출하고 잘못된 현실을 정당화하는 이데올로기로 작동하는 양상을 체계적으로 설명할 수도 있었기 때문이다. 그 점은 무엇보다 파슨스가 과학이 아닌 잘못된 이데올로기로 비판한 마르크스주의라는 복잡하고 거대한 심리–사회–문화적 행위체계 및 가치이자 근대 지성사-정치사상사-정치사-사회문화사의 흐름을 그의 사회과학으로는 제대로 설명할 수 없다는 사실과도 연관된다는 점 또한 중요하다. 그 점이 자유주의적 사회과학과 마르크스주의적 사회과학의 대립이라는 현대 사회과학의 거대한 쟁점의 실체와 더불어 '정치의 사회초월성' 및 '사회과학의 완성으로서의 정치철학'이라는 논제를 더욱 포괄적으로 이해하기 위한 첩경인데, 다음 IV장은 그 근거에 대한 논의이다.

IV. 칸트-헤겔철학에서 체계 및 총체성의 이념과 마르크스주의의 역사적 총체성 이념, 그람시(A. Gramsci)의 시민사회이론과 정치의 주체성 문제

칸트『순수이성비판』의 [초월적 변증론] 편에서는 경험적 인식을 통해 이해가 창출하는 판단들이나 개념들을 추리(Schluss)를 통해 그것들의 근저에 있는 원리를 해석하고 이념을 창안하는 이성의 초월적이면서 종합적인 기능이 자세히 논의되고 있다. 그러한 논의를 통해 "세계개념(Weltbegriff)" 혹은 "총괄개념(Inbegriff)"으로 표현되는 영혼, 세계, 신 등 "모든 본질들의 본질(Wesen aller Wesen)"을 표현하는 세계관적 이념들 및 그것들과 필연적으로 연관된 자유와 영원성과 같은 보편적인 이

넘들의 실체를 탐색하는 이성의 본원적 기능이 설파되고 있다.[61] 그러한 설파과정에서 칸트는 직관을 통해 주어지는 경험적 현상들에 작동하는 "이해의 종합(Verstandesverbindung; synthesis intellectualis)" 기능과는 대조적으로 발현되는 "이성추리(Vernunftschluss)"라는 초월적 기능에 대해 설명하고 있다. 즉, 후자의 초월적 기능은 상상력(Einbildungskraft)의 잘못된 발동이나 오류추리(Paralogismus) 등으로 인한 이율배반(Antinomie)의 발생과 같이 잘못되게 작동할 수 있다는 것이다. 그러한 설명에는 그러한 오작동으로 인해 이성 활동이라는 이름으로 원칙이나 이념이 잘못 해석되고, 이에 따라 현실 속에서 그 원칙이나 이념의 진정한 실체가 제대로 현현(顯現; Erscheinung)하지 못하여 이성의 이름으로 현실을 "곡해(Missdeutung)"하거나 "기만(Verblendung)"하는 "초월적 가상들(transzendentale Scheine)"들이 —감각적 착각에 기인하는 "경험적 가상들(empirische Scheine)"과 구분하여— 작동하는 양상들도 소개되어 있다.

그러한 논의와 설명을 통해서 칸트는 어떠한 경험적 현상이

---

61) 필자 개인적으로는 베버가 만일 칸트철학의 이 부분을 세밀하게 읽었다면 그의 이념형 이론은 파슨스가 비판한 결점을 보완하여 보다 치밀한 개념체계로 완성되었을 것으로 추정한다.

나 행위가 그 본질의 진정한 현현인지 아니면 외면적 양상은 비슷하지만 그것의 진정한 구현이 아닌 가상인지도 파악할 수 있는 근거를 제공하는데, 그것이 바로 칸트의 총체성(Totalität) 개념이다. 칸트철학의 개념들 대부분이 그러하지만, 그의 총체성 개념 또한 지극히 난해하고 복잡한 철학적 사변의 소산이자 다른 개념이나 원리 또는 이념들과의 연관 속에서만 그 개념적 실체가 파악될 수 있다. 무엇보다 그것은 앞 장에서 논의된 체계적 통일성의 원리를 바로 칸트철학 전체의 차원에서 이해하기 위해 필수적이다. 공간적인 제약상 그 근거의 핵심만을 간단하게 정리하면 다음과 같다.

총체성 개념을 칸트는 먼저 [초월적 변증론]에서 초월적 "이성개념(Vernunftbgriff)", 즉 이성적 인식의 대상인 이념의 초월성에 대해 논의하는 가운데 "주어진 어떤 것을 구성하는 조건들의 총체"라는 문장으로 정의한다.[62] 일견 동어반복의 성격이 있는 이 문장의 의미는 그 앞과 뒤의 문장을 통해 좀 더 깊이 파악될 수 있다. 즉, 총체성이란 이해의 네 가지 판단기

---

62) 『순수이성비판』 B 379. 원문은 "따라서 초월적 이성개념이란 주어진 어떤 것을 구성하는 조건들 총체에 관한 개념에 다름 아니다(Also ist der transzendentale Vernunftbegriff kein anderer, als der von der Totalität der Bedinungen von einem gegebenen Bedingten)."

능 가운데 양적 판단(Quantität der Urteile)을 구성하는 세 가지 계기(Moment)인 "보편(Allgemeine)-특수(Besondere)-개별(Einzelne)" 판단에서 "보편"에 상응하고, 이해 차원의 인식이 가능하게 하는 선험적 범주들 가운데 양적 범주의 세 계기인 "통일성(Einheit)-다수성(Vielheit)-전체성(Allheit)"에서 "전체성"에 상응한다는 것이다.[63] 총체성의 개념적 실체는 다음 문장을 통해 좀 더 명확하게 드러난다. 즉, "무제약적인 것(das Unbedingte)"만이 "조건들의 총체성(die Totalität der Bedingungen)"을 가능하게 하고 "제약된 것들의 총체성" 자체는 언제나 "무제약적(unbedingt)"이므로, 이성은 오직 그 "무제약성의 개념을 통해서만(durch den Begriff des Unbedingten)" "제약적인 것을 종합하는 근거(einen Grund der Synthesis des

---

63) 총체성이 왜 선험적 범주에는 통일성이 아닌 전체성에 상응하는지는 칸트학계에서 해석상 논란의 대상이기도 하다. 그러한 논란에 관해서는 Thomson(1989) 참조. 이 글에서 그 문제를 자세히 논의할 수는 없으나, 필자 개인적으로는 그것이 칸트철학의 미완성성을 보여주는 하나의 사례로 본다. 칸트의 총체성 개념은 헤겔철학에서 명확히 드러나듯이 정신과 물질 또는 주관과 객관을 포함하여 사물들 및 관념들의 총체적인 연관성을 강조하는 개념이다. 그런데 칸트 스스로도 그것을 전체성이나 통일성만이 아니라 개별성이나 특수성 등 이해 및 이성 차원의 인식을 가능하게 하는 선험적이고 초월적인 개념들 모두와의 연관 속에서 설명하려 노력했지만, 각각의 개념적 차이를 엄밀하게 구분하지는 못했기 때문에 그러한 해석상의 논란이 발생한다는 것이다. 다시 강조하지만, 그 모든 문제들은 '일자-다자' 원리를 통해 접근할 때 바로 그 총체적인 의미가 이해될 수 있다.

Bedingten)"를 자체 내에 함축할 수 있고 제약적인 것들을 설명할 수 있다는 것이다.[64]

여기서 "무제약적인 것"을 칸트는 뒤에 가서 헤겔철학을 통해 개념적으로 좀 더 명확하고 체계적으로 제시되는 "절대적인 것(das Absolute)"과 동일한 것으로 규정한다. 즉, 이성의 기능은 사물에 대한 이해 차원의 인식 과정에서 필연적으로 등장하고 제기되는 원리나 이념들의 초월성 및 총체성의 파악을 통해 바로 이해 차원 인식의 한계를 극복하는 데 있다. 다시 말하여 이해가 사물들이나 현상들이라는 "제약적인 것들", 즉 언제나 다른 사물이나 현상에 의해 한정되고 규정되는 사물들이나 현상들 사이의 한정적이고 부분적인 관계에 대한 인식에 머무른다면, 이성은 그것들이 어떻게 "함께 연관되어(zusammengestezt)" 하나의 초월적 원리에 의해 포섭되면서 전체적인 하나를 이루면서 변화하고 발전하는지, 즉 사물들과 현상들 전체를 "체계적 통일성"의 원리로 파악하는 데 있다는 것이다. 그것은 바로 앞에서 강조했던 칸트철학에 반영된 일자-다자 원리에 다름 아니다.

---

64) 총체성에 대한 위의 정의와 관련된 부연 설명은 『순수이성비판』 B380~390에 제시되어 있으며, [초월적 변증론]의 2권 〈순수이성의 이율배반〉의 9절에는(같은 책, B544~595) 경험세계에 대한 바로 총체적인 이해에 그 개념이 어떻게 사용되는지 설명되어 있다.

그런데 칸트철학에는 분명히 그와 같이 일자-다자의 원리에 기초한 체계적 통일성 및 총체성의 원리를 현실의 인식에 구체적으로 적용하여 체계적으로 설명하는 수준의 사회과학적 연구나 정치철학은 없다. 칸트는 근대철학사에서 선구적으로 존재론적 질서 및 그것에 근거한 삶의 질서를 체계적으로 인식하기 위해 필연적으로 제기되는 초월적 이념들의 존재 및 그것이 왜곡된 형태로 등장하는 가상적 이념의 허구성에 대해 논의하고 있지만, 그러한 논의가 체계적인 역사 및 사회과학 탐구로 이어지거나 정치철학적 성찰로 발전하지는 않았다는 것이다.[65] 다시 말하여 사회나 국가의 존재성 자체에 대한 탐구를 포함하여, 그 현실적 삶을 이념적 가상들의 존재에 의탁하여 살아갈 수밖에 없는 다수 인간들의 정신세계, 그러한 가상들을 창출하는 행위로 생계와 사회적 신분을 유지하는 다양한 수준 및 형태의 종교인들과 지식인들의 존재, 그러한 사회적 계층질서에 필연적으로 수반되는 엘리트-대중의 관계, 그러한 이념적 가상들 사이의

---

65) 일례로 칸트의 정치사상에 대한 논의할 때 대표적으로 거론되는 『영구평화론(Zum ewigen Frieden)』에는 그의 공화주의 정치이념이 피력되어 있지만, 부제에도 표현되어 있듯이 지극히 개괄적인 구상(Entwurf)을 피력하는 차원의 글로서 치밀하고 체계적인 논저(treatise)는 못된다. 칸트의 정치철학은 정치에 관한 하나의 철학적 구상일 뿐 진정한 의미에서 정치철학이 되지 못한다는 점은 역설적이게도 '칸트의 정치철학'이란 제목으로 그의 정치적 사유를 체계적으로 정리한 릴리(Patrick Riley)의 저작을(Riley 1983) 통해서도 확인된다.

충돌 및 그것에 수반된 인간집단들 사이의 갈등과 폭력, 그러한 혼란의 상태에서 오직 상대를 제압 혹은 제거하기 위한 권력투쟁 목적뿐인 정치의 횡행, 그러한 과정에서 등장하는 새로운 지배질서의 성립과 같은 현상 등에 대해 칸트가 본격적으로 탐구하지는 않았다는 것이다. 그러한 사실 속에 칸트 이후에 전개된 철학사 및 정치사상사의 흐름과 더불어 헤겔-마르크스적 사회과학 출현의 의미를 이해하는 요체가 있다.

칸트 이후 전개된 서양 철학사 및 지성사의 주요 흐름들 가운데 하나는 바로 칸트의 체계적 통일성의 원리 및 총체성의 이념을 개념적으로 더욱 정치(精緻)하게 이해하고 철학적으로 새롭게 재구성하는 노력과 더불어 그것을 사회과학 연구에 적용하는 과정이라고 볼 수 있다. 다시 말하여 그러한 이념을 인간의 역동적이고 복잡한 삶 전체에 대한 이해에 적용하는 과정으로서, 거대한 사건만이 아니라 개별적인 사건이나 지엽적인 현상도 그 총체적이고 동태적이고 역사적인 삶의 구조 및 변화의 흐름 속에서 그 구체적인 의미를 파악하면서 미래에 대한 실천적 처방을 제시하려는 노력의 확산 과정이라는 것이다. 그러한 노력은 일단 칸트철학을 혁명적으로 재구성한 헤겔에 의해 거대하면서도 획기적인 결실을 맺게 된다.

간단히 정리하여 헤겔의 그 거대하고 복잡하고 심오한 철학의 핵심은 "보편성-특수성-개별성" 혹은 "즉자-대자-즉자대자"의 변증법적 삼위(the dialectical triad)의 원리, "동일성과 비동일성에 의한 동일성(Identität der Identität und Nicht-identität)"의 원리, 그리고 그러한 원리들을 칸트철학에 제시된 총체성 이념과 결합하여 이 세계의 존재질서 전체 및 그 변화를 논리학-자연철학-정신철학의 총체적이면서 초월적인 일자-다자의 원리로 파악한 데 있을 것이다. 그의 정치철학은 그 정신철학 발전의 한 계기(Moment)로 제시된다. 그것은 인간 삶의 질서 전체를 인간의 욕구 및 의지의 변증법적 발전으로 파악하면서, 그러한 발전이 개인-시민사회-국가-국제정치-세계사의 역동적인 삶의 체계로 현현되는 과정으로 설파한 『법철학(*Philosophie des Rechts*)』에 압축되어 있다. 그리고 비록 강의록으로만 남겨진 미완성의 작업이지만, 그러한 세계사적 삶의 질서가 구현되는 기본적인 양상은 『역사철학(*Philosophie der Geschchte*)』을 통해 제시되어 있다. 그것에 포함된 구체적인 역사적 사상(事象)들에 대한 그의 해석이 특히 실증주의적 역사학자 등 많은 학자들로부터 비판의 대상이 된 것은 잘 알려진 사실인데, 파슨스의 사회과학이 속하는 경험주의적이고 자유주의적 사회과학의 전통이 부분적으로 헤겔철학의 역사 및 현실 인식에 대한 그러한 비판이나 거부와 관련되어 있다면, 헤겔-마르크스주의적 사회과학의 출현은 기본적으로 헤겔철학을 비판적으로 계승하려는 시도의 소산으로 볼 수 있다.

사회에 대한 연구가 단순히 표면적으로 드러나는 경험적 현상에 대한 일반화의 수준을 넘어 그러한 현상의 근저에 있는 이념 및 이념적 가상이 연출하는 복잡하고 동태적인 역사적 변화 전체를 설명하는 차원의 사회과학 연구는 마르크스를 통해 본격적으로 시작되었다고 볼 수 있다. 『독일 이데올로기(*Die Deutsche Ideologie*)』 등의 여러 논저를 통해 동시대의 여러 주장이나 관념들에 대한 비판은 바로 '이데올로기'란 이름의 '이념적 가상'들의 실체를 밝히려는 시도로 볼 수 있다. 『정치경제학 비판(*Zur Kritik der politische Oekonomie*)』이나 『자본론(*das Kalital*)』 등에 제시된 고전파 경제학에 대한 비판과 더불어 자본주의 경제 및 사회에 대한 그 나름의 사회과학적 분석 또한 결국은 또 다른 형태의 '이념적 가상'의 실체를 밝히는 작업이다. 마르크스에게 고전파 경제학과 같은 사회과학이란 사회에 대한 진정한 의미에서의 과학적 지식이 아니었다. 그것은 자본주의적 사회경제적 현실을 -그가 자주 사용하는 표현으로서 칸트철학의 "제약적(bedingt)"을 역사 차원으로 확대한- "역사적으로 결정된(historisch bestimmt)" 현실이 아니라 현실 그 자체로 받아들이기 때문에 사회현실을 총체적이면서 역사적 변화

차원에서 동태적으로 파악하지 못한다는 것이다.

마르크스의 그러한 시도가 과연 학문적으로 성공했느냐의 여부, 다시 말해서 그 자신은 과연 사회현실을 진정으로 총체적이고 동태적으로 파악했는지 여부를 떠나, 그러한 시도에 필수적으로 수반되어야 할 작업을 그는 제대로 수행하지 않았다는 사실은 지적할 필요가 있다. 철학의 본령에 대한 그 특유의 관점 때문일 수도 있는데,[66] 마르크스는 역사적 실천이념 자체의 인성론적 근거나 그 철학사적 기원 또는 자신의 사적 유물론의 근저에 있는 총체성(Totalität) 이념의 존재론적 및 인식론적 근거를 독자적인 철학적 논의하지 않았음은 물론 칸트나 헤겔 철학의 총체성 개념에 대한 세밀한 논구를 통해 제시하지도 않았다는 것이다. 다만 마르크스의 역사주의적 총체성 이념은 앞에서 언급된 헤겔철학의 총체성 및 '동일성과 비동일성에 의한 동일성' 이념의 원용으로 간주될 수는 있으며, 그러한 사고체계가 자

---

66) 철학의 본령에 대한 마르크스의 관점은 젊은 마르크스의 저술들 가운데 무엇보다 〈포이에르바하에 관한 논제들(Thesen über Feuerbach)〉에 압축적으로 표현되어 있는데, 그 논제들 가운데 #11, "철학은 지금까지 세계를 여러 가지로 해석만 했다. 이제 그것을 변혁할 때이다"는 논제는 특히 주목할 만하다. 실제로 철학 자체에는 사회현실에 대한 과학적 이해 및 그 변혁을 위한 실천적 기능이 없다는 견해는 '늙은' 마르크스에 이어지는 일관된 관점이며, 그것이 그가 스스로를 철학자가 아니라 그 나름의 사회과학적 지식에 기초한 혁명운동이라는 사회적 실천가로 활동한 이유로 해석될 수 있다.

본주의 사회에 대한 그의 역사적이고 동태적인 분석의 시도로 나타남과 동시에 공산주의 혁명이라는 역사적 실천의 이론적 토대로 작동했음도 분명하다.[67] 그 점에 대해서는 누구보다 루카치(G. Lukács)가 마르크스의 『자본론』에 대한 획기적인 해석을 통해 밝힌 바 있는데,[68] 루카치의 그러한 영향을 통해 마르크스주의 경향의 많은 학자와 지식인들이 경제결정론의 한정된 시각을 탈피하여 자본주의 국가들의 정치·경제·사회만이 아니라 심리와 문화 등 모든 현상들의 상호 연관성에 대한 총체적인 분석을 시도하게 된 것은 일종의 지성사적 필연이다.

그러한 시도들 가운데 하나가 문화적 마르크스주의(cultural Marxism) 혹은 프로이트 마르크스주의(Freudian Marxism)로도 불리면서 소위 신좌파운동의 철학적 기초를 제공한 프랑크푸르트학파(the Frankfurt School)의 비판철학이라고 할 수 있다. 그 철학의 핵심은 마르크스의 관점을 자본주의 경제구조나 운영 행

---

67) 이에 관해서는 Martin Jay(Jay 1984)가 간결하게 정리한 바 있다.

68) Lukács(1971) 참조. 그를 세계적으로 유명하게 만든 『역사와 계급의식』은 마르크스 사상에 대한 나름대로의 깊은 해석의 결과로서 그 논지를 대변하는 특정한 문장 하나를 강조함은 무의미할 수 있다. 하지만 헤겔철학의 '동일성과 비동일성에 의한 동일성'의 원리가 마르크스의 총체성 개념의 기초라는 사실과 관련하여 그가 특히 강조적인 어조로 표명한 다음 문장은 참고할 만하다. "We repeat: the category of totality does not reduce its various elements to undifferentiated uniformity: to identity."(앞의 책, 12)

태에 대한 분석의 차원을 넘어 문화와 예술 등의 영역에 대한 분석에 적용한 데 있다. 즉, 자본주의적 삶의 질서가 일반 대중들의 정신세계나 가치관의 형성에 영향을 미치고, 그러한 영향이 다시 자본주의 사회의 정치·경제에 영향을 미치는 동태적인 상호작용에 대한 그들 나름대로의 총체적인 분석과 비판이 그 학문적 기여의 주요 내용이라는 것이다. 그 비판철학은 한때 서구의 많은 지식인들을 열광시켰고, 이제 비록 그 창조적 기운은 사라졌지만 대표적으로 하버마스(Jürgen Habermas) 등 그 후속 세대를 통해 아직까지도 서구 학계에 영향을 끼치고 있음이 사실이다. 그 학파가 그와 같은 영향력을 발휘할 수 있었던 이유들 가운데는 자유주의-경험주의-과학주의적 사회과학에 대한 지적 불만이 있음도 사실이다. 즉, 파슨스 수준의 이론적 포괄성마저 제대로 수용하지 못하고, 과학성과 전문성이라는 이름으로 사회과학 각각의 영역이 배타적일 정도로 분할되어 다른 영역에 무관심하면서 파편적이고 지엽적인 지식의 추구에 만족하며, 경우에 따라서는 학문 활동이라는 이름으로 프로젝트 수주와 '학술여행'에만 열정적인 범속한 사회과학자들의 '행위 및 가치정향의 체계'가 그러한 불만을 증폭시켰다고 볼 수 있기 때문이다.

그런데 20세기 마르크스주의 운동 내에서 프랑크푸르트학파의 출현과 비슷한 수준의 지적 충격을 준 인물이 이탈리아 공산주의 혁명운동가이자 정치인인 그람시(Antonio Gramsci)이다. 비록 그의 이론이나 사상의 학문적 공헌은 과도하게 평가된 점이 있고, 특히 프랑크푸르트학파의 학자들보다는 철학적 사유의 엄밀성이 부족하며, 파슨스의 사회과학보다는 이론적 체계성이 부족하고, 그 사유의 근본 목적이 공산주의 혁명운동이라는 당파적 -그 자신에게는 인류 보편의 목표이지만- 성격을 벗어나지 못하는 근본적인 한계가 있다. 그럼에도 그는 상황에 따라 비열할 정도로 파당적이고 대중영합적일 수 있는 의회주의 정당정치에서는 보기 드물게 인간적 순수성을 유지하면서 인간의 삶과 역사에 깊은 통찰을 보여준 글들을 저술한 희귀한 정치인이기도 하다.

혁명가이자 정치인인 그람시의 학문적 공헌은 마르크스주의의 역사적 실천 및 총체성 이념의 본원적 요소들 가운데 하나를 새롭게 부각시킨 점에서 찾을 수 있다. 단적으로 그것은 사회적 변화 및 역사적 실천의 주체는 정치라는 고대 정치철학의 근본적인 관점의 부활이다. 바로 '정치의 사회초월성' 논제의 새로운 등장이다. 그람시의 지성사적 및 정치사상사적 중요성은 특히 아도르노(Theodor Adorno)와 호르크하이머(Max Horkheimer) 등 프랑크푸르트학파 1세대 학자들과 -그들 가운데 2차 대전 종전 후에도 미국에 남아 활동한 마르쿠제(Herbert Marcuse)는 소위 '68혁명'을 사상 차원에서 뒷받침하였다는 점에서 앞의 두 학자들과는 어느 정도 구분되지만- 비교할 때 더욱 부각된다. 그들의 이론이 일반적으로 정치철학이 아닌 사회철학으로 불리는 사실에도 암시되어 있지만, 그것에는 '정치의 사회초월성' 논제는 물론 정치의 본원적 중요성에 대한 논의가 실질적으로 부재하기 때문이다.[69]

앞에서 논급된 〈포이에르바하 테제〉에 압축적으로 표현되어 있듯이, 서구 철학 전통의 실천성 결여에 대한 비판과 더불어 사회에 대한 '과학적 인식(wissenschaftliche Erkenntnis)'에 근거한 '역사적 실천(historische Praxis)'을 표방하는 마르크스의 사상에서 역사적 실천의 주체는 잘 알려져 있듯이 프롤레타리아트 계급이다. 그런데 그와 같이 거대한 역사적 책무가 부여된 그 계급의 실체에 관해서 마르크스 자신은 정작 지극히 추상적이고 신비적이며 우상숭배적인 방식으로 규정하는 것으로 그치

---

69) 비록 문제의 근원에 대한 성찰로까지 나아갔다고 볼 수는 없지만, 프랑크푸르트학파의 그러한 이론적 결함에 대해서는 Dick Howard(Howard 2000)가 간단하게 논의한 바 있다. 그러한 이론적 결함에 대한 극복의 시도는 하버마스의 소통행위이론(Theorie des kommunikativen Handelns)을 통해 이루어졌다고 볼 수 있다. 필자로서는 그러한 시도가 철학사적으로 진정으로 새로운 내용은 없으며, 소크라테스–플라톤의 대화(dialogos) 이념에 함축된 심원한 인성론이나 존재론에 대한 천착이 없이 자유로운 토론과정을 통한 합의라는 근대 민주주의의 이상을 현대 언어철학 및 심리학의 개념들로 윤색한 것으로 평가한다.

고 있는 사실이 중요하다. 그러한 사실이 그의 지적 혹은 정치적 추종자들 사이에서 벌어진 학문적 논쟁이나 정치적 분열, 때로는 피로 물든 정파적 투쟁의 근원이기도 하기 때문이다. 마르크스주의 역사에서 그람시의 결정적인 공헌은 -비록 그 스스로는 그 점을 명확히 의식하지는 못했지만- 그와 같은 마르크스주의적 우상숭배의 파괴에 결정적으로 기여한 데 있다. 그런데 그 생산적 파괴의 핵심에 그 나름으로 새롭게 제기한 '정치의 사회초월성'이라는 고대적 논제가 있다.

'정치의 사회초월성' 논제는 근대에 이르러 마키아벨리(Machiavelli)를 통해 재조명되고 홉스(Hobbes)를 통해 계승되었지만, 결정적으로 로크(John Locke)적 자유주의의 확산을 통해 희미하게 -전적으로 사라진 것은 아니므로- 되었다고 볼 수 있다. 실제로 그람시는 무엇보다 마키아벨리에 대한 독자적인 독해를 통해 '정치의 사회초월성' 논제를 새롭게 부활시키는 작업을 수행하게 된다. 그러한 작업의 핵심은 정치를 사회의 일부로 간주하는 견해에 대한 비판이자 시민사회를 단순히 자본가 계급이 노동자 계급을 지배하고 억압하는 사회로 파악하는 마르크스주의적 관점을 수정하고 개념적으로 재구성하는 작업이다. 그런데 그람시의 그 이론에도 칸트철학이 말하는 이념적 가상들이 작동하고 있다는 사실이 중요하다.

마르크스-엥겔스의 『공산당 선언』에 적시된 진술을 레닌이 『국가와 혁명』을 통해 부각시키면서 현대 공산주의 운동가들에게는 금과옥조처럼 된 교의가 있다. 국가란 자율적인 존재가 아니라 지배계급의 억압도구이고 자본주의 국가란 단지 자본가 계급의 공통적인 문제를 처리하는 "운영위원회(Ausschuss)"에 불과하므로 공산주의 혁명에 의한 타도의 대상이라는 교설이 그것이다. 그들에게 부르주와는 고대 희랍세계의 'politēs'나 로마의 'civis'와 같은 시민이 아니다. 국가 통치에 참여하는 공인이 아니라는 것이다.[70] 그런데 고대 정치철학에서도 '시민이

---

70) 참고로 말 그대로는 '시민사회'로 번역될 수 있는 아리스토텔레스 『정치학』에서의 'koinoia ploitikē' 및 그것의 라틴어 번역어인 'societas civilis'는 근대적 의미의 시민사회, 즉 재화 및 용역의 생산과 교환이 이루어지는 실제적 혹은 가상적(virtual) 공간으로서 사적 질서인 가정과 공적 질서인 국가를 매개하는 영역을 지칭하는 개념이 아니다. 그것은 국가를 지칭하는 'polis'나 'civitas'의 다른 이름일 뿐이다. 근대세계에서 시민사회라는 개념은 아담 스미스 경제학의 지성사적 원천인 18세기 영국의 스코틀랜드학파(the Scottish School)의 저술들을 통해 부각되었는데, 기본적으로 근대세계에서 부패나 무능과 폭력의 상징으로 지탄의 대상이 되었던 왕권 및 귀족세력에 대응하는 근면하고 생산적이고 문명적인 질서를 지칭하는 개념이다. 그러한 의미의 시민사회라는 용어는 19세기에 이르러 마르크스주의자들이 그 프랑스어 변형인 'bourgeois society'라는 어휘를 주로 사용하면서 일반적으로 장사꾼이나 상업 혹은 산업 자본가 집단을 지칭하는 의미로 사용되었다. 20세기 후반은 그람시나 하버마스 등을 통해 18세기적 시민사회 개념이 부분적으로 부활하는 시기로 볼 수 있다. 고대에서 현대에 이르는 시민사회 개념의 역사에 관해서는 코헨(Jean Cohen)과 아레이토(Andrew Arato)가(Cohen et. al. 1992) 종합적으로 정리한 바 있다.

란 누구인가'는 언제나 검토와 논쟁의 대상이었지만, 근대에서도 대표적으로 루소, 칸트, 괴테, 헤겔, 키르케고르와 같은 소수의 지식인들에게 그 존재성은 성찰의 대상이었다. 마르크스주의 역사에서는 그람시가 바로 그들과 어느 정도 비슷한 역할을 수행했다고 볼 수 있다. 그람시 또한 마르크스주의자로서 부르주아 사회 및 국가를 타도와 변혁의 대상으로 파악한 것은 사실이지만, 다른 마르크스주의자들과는 달리 '정통적 교의'에 얽매이지 않고 그 개념적 실체에 대해서 그 나름대로 깊이 성찰했기 때문이다. 그 성찰의 내용을 검토하기 위해서는 간단하게나마 그람시라는 인물의 존재를 부각시킨 20세기 초반 마르크스주의 운동의 성격을 정리하고 지나갈 필요가 있다.

거의 모든 이념이나 종교운동에서도 비슷한 양상이 발견되지만, 마르크스주의 내에서도 사회주의 혁명이라는 궁극적 목표에는 그 '주의자들' 모두가 일치한다. 그러나 그 구체적인 방법이나 시기는 언제나 논쟁의 대상이었다. 타도나 변혁의 주체가 구체적으로 누구이고, 구체적 전략이나 방법 또는 '결정적 시기'는 언제이고, 특히 부르주아 정권 붕괴 후 혁명적 파괴의 범위나 새로운 사회 건설의 구체적 정책이 무엇이 되어야 하는지 등의 문제들은 마르크스의 생전부터 마르크스주의자들 사이에서는 물론 사회주의 운동권 전반에서 언제나 논쟁과 노선 대립의 대상이었음은 주지의 사실이다.[71] 그러한 대립은 1차 대전의 종전을 전후하여 공산주의 혁명이 러시아에서는 성공하고 서구 국가들에서는 실패하는 역사적 상황이 전개되면서 더욱 복잡한 양상을 갖게 되었다. 그람시라는 개인에게 그러한 실패에 기인한 괴로운 수형생활은 혁명운동이라는 '바쁘고 정신없는' 상태에서 벗어나 -다산 정약용의 귀양살이와 조금은 비슷하게- 오랜만에 여유롭고 자유로운 사색의 시간을 주었던 것이며, 이에 따라 그 역사적 상황 전반에 대해 그 나름대로의 총체적인 성찰을 할 수 있었던 것이다. 그 지성사적 아이러니의 산물이 그의 사후 그의 이름을 혁명운동가로서보다 학문적으로 유명하게 만든 『옥중수고(*Quaderni del carcere; Prison Notebooks*)』(Gramsci 1975; 1971)이다.

그람시의 교육 배경에 역사적 상황 전체를 조망할 수 있는 식

---

71) 일반 독자를 위해서 참고로 그러한 대립의 주요 두 흐름을 간단히 정리하면 다음과 같다. 한편으로는 1889년 창립된 제2인터내셔널을 지배했던 견해로서 국제주의와 경제적 결정론이 결합된 점진적 변혁론이 있다면, 다른 한편으로 실제로 제2인터내셔널의 타협주의에 대한 비판을 통해 사회주의 운동권에 새로운 지도자로 부각된 레닌과 룩셈부르크(Rosa Luxemburg) 등을 중심으로 제기된 개별 국가의 특수성에 주목하는 행동주의가 있다. 즉, 점진적 개혁을 통해 사회주의 세계가 도래할 역사적 시기를 소극적으로 기다리는 입장과 적극적인 혁명투쟁을 통해 사회주의 혁명을 신속히 달성하자는 입장의 차이가 그것이다. 인터내셔널의 역사에 관해서는 대표적으로 브라운탈(Julius Braunthal)의 저작이(Braunthal 1967) 있다.

견의 함양과정이 발견되기도 하지만,[72]『옥중수고』의 전체적인 내용은 특히 르네상스 이후 전개된 서구 및 이탈리아 근현대사의 저변을 흐르는 정신적 변화과정에 대한 그 나름대로의 추적이라고 할 수 있으며, 그러한 추적에는 인간성과 사회제도에 대한 그 나름의 깊은 통찰이 담겨 있다. 그 통찰의 핵심은 역사의 변천을 단순히 정치체제나 사회경제제도 또는 관행의 변화나 외적으로 드러난 사건들의 연속으로 파악하는 것이 아니라 그러한 변화를 주도하는 정신적 활동의 주체성에 대한 인식, 그리고 그러한 인식을 바탕으로 파악해야 할 이탈리아의 민족사적

---

72) 그람시 자신이 고백한 '엉터리 중학교 교육'과 대비되는 토리노대학의 소중한 지적 체험에 의하면, 그 대학 언어학과 교수인 파리넬리(Arturo Farinelli)의 독일 낭만파 고전들에 대한 강독이 그람시의 "언어학적인 엄격한 사고훈련 습관"과 "방법론적인 면밀성" 등의 탐구정신을 형성하는 데 결정적으로 기여했다는 것이다.(페리오 1991, 98) 그 점은 다음과 같은 그의 자전적 고백에 잘 나타나 있다. "가령 자연과학을 놓고 보더라도 물의 흐름의 원천이 강수(降水)이며 바닷물이 아니라는 결론에 도달하기까지는 인간의 정신을 신학적, 철학적 전제나 편견으로부터 해방시키기 위해 엄청난 노력이 소요되었던 것이다. … 이것을 대학에서 배웠다. 이것이 대학 생활의 가장 활기찬 부분이었다."((1916년 11월 19일자 이탈리아 사회당의 기관지 전진!(Avanti!)에 기고한 글; 페리오 p. 98에서 재인용) 아울러 그의 사상 형성에 이탈리아 헤겔주의자들인 라브리올라(Antonio Labriola)와 크로체(Benedicto Croce)가 직접적인 영향을 끼친 점은 그람시 연구를 통해 잘 알려진 사실이다. 그람시 사상의 그러한 요체에 대해 한 그람시 연구자는 다음과 같이 정리한 바 있다. "그람시는 자동적이고 환원주의적인 마르크스주의를 비판함으로써 유물론적 철학과 관념론적 철학을 동시에 극복하려 했으며, 주체와 객체 그리고 과거와 현재의 변증법적 상호작용을 재확인하려 했다."(로저 시몬, 187)

특수성에 대한 고찰이 있다.[73] 그의 시민사회이론은 그러한 성찰적 사유의 집약으로 볼 수 있는데, 그것은 20세기 마르크스주의자들만이 아니라 비(非) 혹은 반(反) 마르크스주의적 사회과학자들이 사회라는 존재에 대해 새로운 눈을 뜨게 되는 계기를 만들었다고 말할 수 있다. 기존의 그람시 연구를 통해 이미 널리 소개되어 있지만, 그 내용을 필자 나름대로 정리하면 다음과 같다.

마르크스주의자들에게 공통적으로 도덕적 폄하 및 혁명적 타도의 대상이었던 근대 부르주와 사회의 실체를 새롭게 파악하는 데 기여한 그람시의 지적 공헌은 "정신적 주도(l'egemonia culturale; cultural hegemony)"라는[74] 개념에 집약되어 있다. 그 개념의 핵심은 역사상 존재하는 지배체제를 −그람시는 주로 이탈리아 중세사와 근대사의 맥락에서 봉건제와 자본주의를 중

---

73) 그러한 관점과 관련하여 다음의 두 문구를 참고할 필요가 있다. "인간은 우선 무엇보다 정신이다. 즉, 역사적 피조물이지 자연이 아니다"『인민의 외침』(1916); 제3 인터내셔널의 국제주의를 비판하면서 "발전은 국제주의의 노선에 달려 있다. 그러나 중요한 출발점은 민족적이어야 하며 우리가 출발해야 하는 곳은 바로 민족주의이다."(Merrington 1968, p. 149에서 재인용)

74) 한국 학계에서는 영어 'culture'는 거의 무조건 '문화'로 번역하는 경향이 있는데, 그 기본적인 의미는 '정신의 함양'으로서 단순히 예술과 문학의 영역이나 활동만이 아니라 학문과 종교를 포함하여 정신적 활동 전반을 지칭하므로 맥락에 따라 정신으로 번역할 필요가 있다. 그람시의 "l'egemonia culturale"의 경우도 그러한 경우에 해당한다.

심으로 논하고 있지만- 단순히 물질적 생산 토대의 상부구조로 파악하는 것이 아니라 그 자체 내에서 자율적으로 작동하고 진화하는 정신세계를 중심으로 파악하는 데 있다.[75] 즉, 상부구조의 정신세계는 하부구조에 속한 인간들에게 일방적으로 강요되는 것이 아니라 그들의 정신세계를 주도하는 행위를 통해 후자의 인간들을 자발적으로 순응하게 만든다는 것이다. 지배층은 피지배층 위에 단순히 억압하거나 착취하며 일방적으로 군림하는 것이 아니며, 정신적으로 설복하거나 세뇌하여 후자를 자발적으로 추종하도록 정신적으로 주도한다는 것이다. 간단히 말하여 "국가의 전체적인 기능은 바뀌어졌으며 국가는 교육자가 되었다"는 것이다.(Gramsci 1971, 260) 그러한 '교육적 주도'의 역할은 단순히 통치 영역에 직접 종사하는 이른바 어용 혹은 관변 지식인에 국한되는 것이 아니다. 그것은 스스로의 행동에 계급의식을 갖고 있는지 여부를 떠나 학자, 종교인, 문학가, 예술가 등 시민사회의 여러 영역에서 활동하는 지식인들의 언행 및 그 총체적인 사회적 연관관계를 통해 -파슨스의 용어를 사용한

---

75) 마르크스주의의 전통적인 '상부구조-하부구조'에 대한 그람시 나름으로의 혁신적인 이해는 그의 실천 개념과 결합하여 "역사 블럭(historical bloc)"이라는 개념으로 나타나는데, 자연과 정신(구조와 상부구조)의 통일 또는 대립물의 통일(unity of oppositions)로도 표현된다.(Gramsci 1971, 137)

다면 체계들 사이의 전반적인 상호침투를 통해- 수행된다.

그람시를 당대의 다른 마르크스주의자들의 타성적 사고와 구분하게 만드는 기본적인 특징은 경제체계와 비경제체계가 별도로 작동하는 것이 아니라 파슨스의 체계이론과 비슷하게 하나의 총체적인 체계로 움직이는 양상을 주목한 데 있다. 그러한 양상의 근저에 자본주의 국가 및 시민사회의 여러 제도들을 통해 수행되는 '정신적 주도 행위'가 있는데, 그의 새로운 혁명 전략이란 그러한 주도 행위를 폭로하고 타파하는 것이었다. 즉, 자본주의적 계급질서를 정당화하고 호도하는 이념전쟁에서 공산당이 승리하기 위한 요체는 거리의 시위나 테러 또는 성공한 러시아 혁명이나 실패한 독일 혁명의 경우가 현시하듯이 국가의 권력체제를 직접 공격하는 "기동전(guerra di movimento)"에 있지 않다는 것이다. 국가라는 요새의 전면에 배치되어 자본주의 시민사회를 보위하는 견고한 참호나 진지의 역할을 수행하는 학문, 종교, 문화 등 다양한 형태의 정신적 주도권을 점진적으로 공략하는 전략, 그의 용어로 "진지전(guerra di posizione)"이 필요하다는 것이었다.

그람시는 그러한 진지전 전략의 주체를 "유기체적 지식인 (intellettuali organici)"으로 규정한다. 그러한 지식인들이란 자본주의적 사회질서를 총체적으로 파악할 수 있고, "무산자 계급이라는 새로운 역사적 계급이 바로 역사에 진입하기 위해 자기 계급 내에서 창조하고 발전시켜야 할 새로운 형태의 지식인"이기 때문이다.(앞의 책, 5~6) 그러한 지식인은 그람시가 "유기적 위기(crisi organicis)"라는 용어로 표현한 상황, 즉 자본주의의 구조적 병리가 표출되는 시기에 바로 모든 사회현상들 사이의 유기적인 관계를 파악하고 총체적으로 대처할 줄 아는 능력을 갖춘 인물이기도 하다.

그람시는 그러한 성격의 유기체적 지식인을 "전통적인 지식인(intellettuali tradizionale)"과 대비시킨다. 그런데 역설적인 것은 그가 말하는 유기체적 지식인이란 본질적으로 동서양 고대 사상의 전통에서 철학자 또는 군자(君子)와 동일하다는 사실이다. 그람시는 유기체적 지식인을 새로운 시대가 요구하는 새로운 형태의 지식인상으로 내세웠지만, 그러한 지식인에게 요구되는 정신적 소양이란 "작업으로서의 기술(technique as work)"이 아닌 "과학으로서의 기술(technique as science)"과 "인간주의적인 역사관"을 지닌 인물, 즉 종합적이며 총체적인 지식 및 지도성을 갖춘 인물에 다름 아니기 때문이다.(앞의 책, 4) 그것은 바로 고대세계에서 군자나 철학자로 표현되었던 이상적인 인간상에 다름 아니다. 그러한 인물에 의해 지도되는 계급은 권력을 장악하기 이전에도 자기와 동맹을 맺은 계급을 지도하고 적대적 계급을 압도한다는 주장도 주목할 만하다.(앞의 책, 56~57) 그러할 경우 그는 단순히 특정한 계급을 대표하는 인물이 아니라 계급을 초월한 보편적 인간이며, 그러한 인간이 활동할 수 있는 자본주의 사회 또한 단순히 자본가들이 일방적으로 지배하는 계급적 공간만이 아니라 보편적 가치를 지향하는 시민적 공간의 성격을 가질 수밖에 없는 것이다.

실제로 그람시에게 자본주의적 시민사회는 근본적으로 이중적 성격을 갖고 있다. 그것은 자본가가 노동자를 착취하는 불평등한 지배질서가 작동하는 영역인 동시에 공산주의 사회라는 비착취적이고 평등한 시민사회를 구현하기 위한 정신적이고 정치적인 변혁운동이 작동하는 영역이다. 그러한 변혁운동을 주도하는 인물은 '오직 실천만이 중요하다'와 같은 '씩씩한' 구호를 내걸면서 '씩씩하게' 행동하는 인간도 아니고, 이론과 현실은 별개라는 관념에 의탁하여 현실의 변화를 무한정 기다리는 나약한 인물도 아니다. 그는 또한 추상적인 이론적 틀이나 이념적 가상에 맞추어 개별 국가 및 시민사회의 상황을 일방적으로 재단하는 수준의 지식인이 아니며, 개별 국가 및 시민사회 각각의 역사적 특수성 및 동태적 구조를 총체적으로 인식할 줄 아는 지식인이다. 아울러 그는 그 변화의 흐름 및 방향을 파악할 줄 알면서 구체적인 상황에서 최적의 판단을 통해 일반대중을 최선의 행동으로 이끌 줄 아는 지도자이기도 하다.

따라서 그람시의 유기체적 지식인이 수행하는 정치는 자본주의 국가체제 및 시민사회 내에서 기능함과 동시에 그것을 초월하는 정치이다. 다른 말로 그는 '역사적 정치'를 수행하는 인물이자 '정치의 사회초월성'을 구현하는 인물이다. 그러한 인물만이 사회 내 집단들의 이익을 대변하거나 그 갈등을 조정하는 수준의 정치에 만족하지 않으면서 기존의 관념이나 지식의 한계를 초월하여 사고할 능력이 있다. 그리고 그러한 사유능력을 갖출 때 기존 사회의 역사성을 인식하고 그 한계를 파악하고 초월하여 보편적인 가치 및 이념이 구현되는 보편적인 삶의 질서를 구현하는 '사회초월의 정치'가 이루어질 수 있다.

그런데 소크라테스의 처형이나 공자의 방랑으로 집약되는 정치와 지식인의 관계 문제는 사실 고대 정치철학의 탄생에 직접적인 계기를 제공한 주제이기도 한데, 그 주제는 그람시의 정치사상과 관련해서도 근본적인 의문을 제기한다. 그가 말하는 유기체적 지식인이 반드시 공산주의자가 되어야 할 필연적인 이유가 있는지 여부의 의문과 더불어 그의 정치사상에 과연 진정으로 새로운 내용이 있는지 여부의 의문이 그것이다. 그 의문들에 대한 해명은 정치철학이 진정으로 사회과학의 완성이 되기 위해서 돌아가고 회복되어야 할 근본이 무엇인지 밝혀준다.

V. 후기마르크스주의 '정치의 사회초월성' 논제의 근본적인 한계, 그리고 정치철학의 근본을 향하여

지금까지 현대 사회과학에서 가장 포괄적인 이론이라고 볼 수 있는 파슨스의 사회체계이론의 근저에 있는 칸트철학에 대한 해명에서 시작하여, 후자의 "체계적 통일성"의 원리가 헤겔철학을 거쳐 어떻게 마르크스주의 사회과학에서 역사적 총체성의 이념으로 발전하였으며, 마르크스주의의 총체성 이념이 그람시를 통해 고대적 정치이념의 부활로 이어지게 되는 근현대철학사 및 지성사의 흐름을 개관하였다. 실제로 현대 정치학에서는 그람시의 직간접적인 영향으로 파슨스 사회과학이론의 근저에 있는 '정치의 사회종속성' 관점에서 벗어나 '정치의 사회초월성' 논제를 새롭게 부활시키는 일군의 학자들이 있다. I장에서 이미 언급하였듯이,[76] 그람시의 지적 후계자라고도 말할 수 있는 소위 후기마르크스주의 계열의 학자들이 그들이다.

사실 마르크스의 사상 자체 내에서도 국가나 정치의 개념은 '정치란 경제의 종속변수'라는 식의 상투적인 규정으로 간단히 정리될 수 있는 주제가 아니다. 그것에는 헤겔의 정치철학의 영향으로 국가란 시민사회를 초월하는 존재라는 관념과 동시에

---

76) 각주 #10 참조.

그 철학이 지배계급의 이익을 반영하는 현실의 국가를 설명하지 못한다는 비판도 함께 존재하며, 이와 더불어 슈티르너(Max Stirner)나 바쿠닌(M. Bakunin)의 무정부주의에 대한 비판, 프롤레타리아트의 해방이라는 그의 일관된 이상과 연관된 직접민주주의 혹은 공동체적 민주주의에 대한 동경 등 일생에 걸친 그 자신의 사상적 모색과도 연관된 복잡한 문제이다.[77] 그의 사상을 추종하면서도 수정하려는 후기마르크스주의 계열 학자들 또한 '정치의 사회초월성' 논제를 제기하는 방식이나 내용 또는 정치적 성격은 개별적으로 많은 차이가 있다. 하지만 그들은 마르크스의 사상에서 신성불가침의 영역인 노동의 신성성 및 노동자 계급의 역사적 주체성 이념 및 그것에 기초한 자본주의체제에 대한 부정논리는 계승한다는 점, 그리고 '고전적' 마르크스주의의 경제결정론이나 계급결정론을[78] 폐기하거나 수정하려는 시도 속에서 '정치의 사회초월성' 논제를 제기한다는 점에서

---

77) 마르크스의 복잡한 국가 및 정치의 개념과 관련된 마르크스의 문헌들 및 그것과 관련하여 그가 특히 비판의 대상으로 삼은 19세기 유럽의 무정부주의 문헌들에 대해서는 토마스(Paul Thomas; Thomas 1980)가 세밀하게 독해하고 정리한 바 있다.

78) 좀 더 부연하자면, 사회현실에서 노동자들이 하나의 단일하고 동질적인 계급을 구성한다는 '고전적인' 관념의 부정으로서, 계급의 구성이나 성격은 한 사회가 처한 구체적인 역사적 상황에 따라 결정된다는 관점의 형성을 의미한다. 그러한 관점은 네그리(A. Negri; 특히 Negri 2008)의 "계급 구성(class composition)"이란 개념에 압축되어 있다.

는 공통적이다. 그러한 공통적인 관점은 그들 가운데 라클라우(Ernesto Laclau)가 "사회의 존재론적 범주(ontological category of society)"라는 어구로 집약한 바 있는데(Laclau 1999), 정치의 본령을 사회적 삶의 근저에 있는 보편적인 요소 또는 사회적 삶 전체의 성격을 새롭게 결정하는 사회 초월적이며 창조적인 요소로 파악하려는 시도이다.

그러한 시도는 그람시의 유기체적 지식인 개념과 더불어 그와는 달리 공산당의 역사에서 성공한 정치인이자 혁명가의 대표적 사례인 레닌과 모택동의 실천적 전략을 참고하여 정립한 "혁명적 주체성(revolutionary subjectivity)"이란 개념을 중심으로 제시된다.[79] 서구 공산당이 직면했던 정치적 현실에 대한 고찰과 더불어 정치의 존재론적 의미에 대한 그들 나름의 성찰이 바로 '정치의 사회초월성' 혹은 '정치의 자율성' 논제로 정리되어 나타난 것이다. 그들이 프롤레타리아트나 노동자 계급이라는 '고전적인' 어휘 대신에 비계급적이면서 가치 비하적인 의미도 있는 대중이나 다중(the multitude)이라는 어휘에 혁신적인 의미를 부여하여 새로운 개념으로 사용하게 된 것은 그러한 이

---

79) 그 점에 관해서는 특히 Harrison(2014, 특히 3장 "Revolutionary Subjectivity in Marxist Thought") 참조.

론적 전환의 필연적인 결과라고 할 수 있다. 그러한 이론적 전환은 그들 가운데 하나인 무페(Chantal Mouffe)가 그람시의 개념을 그대로 복제해 놓은 것 같은 "원초적인 주도행위(originary hegemonic acts)"(Mouffe 2005, 18)라는 개념에 잘 반영되어 있다. 이에 따라 그들은 다수결 민주정치에서 현실적 주체인 그 다수의 인간들을 교육·문화적으로 교화시키는 행위를 통해 역사적 변혁의 주체로 만드는 목표, 혹은 적어도 그 다수를 '정치적 올바름(political correctness)'으로 이끌려는 정치적 목표를 "급진민주주의(radical democracy)" 등의 이름으로 추구한 것이다.[80]

그들 21세기형 급진주의자들의 논변에는 그들 나름의 광범위한 독서와 깊은 사변이 있으며, 프랑스 철학 특유의 현란한 어휘나 정신분석학 개념들을 원용하여 사회주의 운동의 위기를 타개하고 마르크스주의의 한계를 극복하려는 노력에 그들 나름대로 지식인으로서의 진지성이 있음도 사실이다. 다만 필자로서는 그들의 철학적 사변능력은 치밀성이 부족하고, 그 내용에 정치사상사 차원에서 진정으로 새로운 것은 없다고 평가

---

80) 대표적으로 Laclau & Mouffe(2001) 참조. 이에 따라 현대 정치학에서 대중영합주의로 이해되어 일반적으로 가치 비하적인 의미를 갖는 'populism'이라는 용어가 그들에게서는 민주주의의 '올바른' 형태로서 긍정적인 의미를 갖게 된 것은 그들 사고체계의 성격으로 볼 때 당연한 귀결이라고 할 수 있다.

한다.[81] 근대 자유주의의 지배적인 영향 속에서[82] 희미해진 고대 정치철학의 '정치의 사회초월성' 논제가 그들의 논변을 통해서 현대 정치학에서 미묘하고 복잡한 방식으로 부활한 것은 분명한 사실이지만, 그 논제는 그들 이전에 이미 파슨스 학문세계의 주요 원천이자 그람시에게도 영향을 준 막스 베버의 말기 저술들,[83] 그람시와는 정치적으로 대척관계에 있는 나치즘의 옹호자였던 -그 깊은 정치사상적 배경이 무엇이었든- 칼 쉬미트 (Carl Schmitt), 그람시와 정치적으로 대척적은 아니라도 동질

---

81) 필자 개인적인 판단으로 그들이 진정으로 마르크스주의를 극복하기를 원한다면 칸트까지는 아니라도 헤겔철학, 특히 헤겔의 철학사 이념을 좀 더 깊게 이해할 필요가 있다고 본다. 그리고 앞에서 언급한 대로 그들의 사상은 기본적으로 그람시와 레닌과 모택동(毛澤東)의 사상을 벗어나지 못하고 있다. 그들 가운데 철학적 사변 차원에서 가장 깊이가 있다고 볼 수 있는 바디우(Alain Badiou)의 경우에도 모택동의 영향이 명시적으로 나타나 있는데, 바디우나 그의 지적 동지들이 제기한 실천적인 주장의 핵심도 실제로는 모택동의 신민주주의론에 이미 개진되어 있음이 사실이다. 다만 모택동의 경우에는 그 '주도적 행위'의 역할이 결국은 공산당이라는 특정 정당에 배타적으로 부여되어 있다면, 그들 급진민주주의자들의 경우에는 특정 정당이 아니라 바로 그들 지식인들 자신들에 부여한 것에 차이가 있다고 볼 수 있다. 그런데 후자 지식인들의 '어설픈' 권력의지로는 민주주의의 이름으로 대중을 강압적으로 지도하는 일당독재의 길을 열어주든가, 아니면 그들이 새롭게 미화한 포퓰리즘이 아니라 본래 의미의 포퓰리즘, 즉 언제나 대중의 가변적이고 저급한 욕구에 끌려다니는 혼란스럽고 무정견한 정치로 나아갈 수밖에 없다는 점에서 그들의 실천적 주장은 바로 실천의 면에서 근본적인 한계가 있다고 본다.

82) 자유주의 이념의 그러한 측면에 관해서는 뉴이(Glen Newey; Newey 2001)라는 학자가 잘 정리한 바 있다.

적일 수는 없는 아렌트(Hannah Arendt)와 레오 스트라우스(Leo Strauss) 등에 의해 이미 제기되었기 때문이다. 특히 아렌트와 스트라우스의 경우에는 '정치의 사회초월성' 논제가 직접 고대 정치철학적 사유에 의거하는 방식으로 제기되었다는 사실도 주목할 필요가 있다. 그람시의 유기체적 지식인 개념이나 그의 영향을 받은 후기마르크스주의자를 통해 새롭게 제기되는 '정치의 사회초월성' 논제에는 부분적이고 구체적인 내용에서는 나름대로 새로움이 있지만 근본적으로는 고대 정치철학 사유의 틀에서 벗어나지 못하고 있다는 것이다. 지극히 복잡하고 광범위한 설명을 필요로 하는 논제를 간단하게 정리하면 다음과 같다.

그람시의 혁명이념은 다음의 전제들이 성립한다면 그 실현성 자체를 의심할 필요는 없을 것이다. 첫째, 그람시는 그렇게 믿었듯이 자본주의 사회에 대한 마르크스의 분석과 비판이 전적으로 타당하며 그가 제시한 공산주의의 세계가 진정으로 인류 보

---

83) 특히 베버의 유명한 『직업으로서의 정치(Politik als Beruf)』 참조. 베버와 그람시 사이의 지적 영향력이나 이념적 친근성에 관해서는 이미 서구 학계에서 수많은 저술들을 통해 여러 각도에서 논의된 주제이며, 실제로 그람시는 『옥중수고』 몇몇 곳에서 베버의 청교도 윤리 관련 글이나 의회주의의 일탈적 행태에 비판적인 저술들을 직접 인용하면서 역사적 변혁의 주체로서 정치 및 문화에 대해 논의한 것이 사실이다. 그러나 필자가 보기에 그것이 그람시가 베버를 깊이 체계적으로 연구한 결과로 간주하기는 어려우며, 한 시대의 근원적인 문제를 통찰할 줄 아는 지식인들이 우연적으로 공유할 수 있는 사유 내용의 유사성으로 이해함이 타당할 것이다.

편적 이상의 표현이다. 둘째, 그람시가 말하는 유기체적 지식인이란 한마디로 인류 보편의 이상이 무엇인지를 제대로 파악할 수 있는 인간이다. 셋째, 그러한 유기체적 지식인은 마르크스가 특히 『독일 이데올로기』에서 다른 지식인들을 비판하면서 제기했던 허위의식, 즉 특정한 국가나 특정한 시민사회라는 구체적인 역사적 상황을 지배하는 이념적 가상의 실체를 인식할 수 있다. 넷째, 그 유기체적 지식인은 일반인들이 그러한 이념적 가상의 허구성을 깨닫도록 설득할 수 있는 정치적 언변 혹은 수사(修辭) 능력도 있다.

먼저 첫째의 전제가 성립하는지 여부부터 검토할 필요가 있다. 20세기 후반 전개된 과거 구소련 및 동구권 공산정권의 몰락이나 공산당 정권이 주도한 중국의 자본주의화는 그것에 대한 반증으로 쉽게 예시될 수도 있을 것이다. 그러나 마르크스주의를 구현한다는 목표를 천명하고 추진한 공산당 정권의 붕궤라는 '경험적' 사실이 마르크스주의 자체의 비진리성을 자동적으로 증명하는 것은 아니다. 그들 공산당 지도자들이 신봉한 이념이란 본질적으로 마르크스주의라는 이름의 비마르크스주의 혹은 마르크스주의라는 이념의 가상에 불과하거나, 그 정책 추구과정에서 잘못된 정보나 상황 판단 등 실천적 오류를 범한 결과일 수도 있기 때문이다. 20세기 공산주의 운동의 실패는 마르크스주의라는 이념 자체의 결함이 아니라 그들 공산주의자 정치인들이 진정한 의미에서 공산주의자가 아니고 그람시가 말하는 유기체적 지식인이 아니었기 때문일 수도 있는 것이다.

그 점은 혁명가로서는 실패한 마르크스나 그람시와는 달리 성공한 혁명가인 레닌과 모택동은 과연 유기체적 지식인의 역사적 실례에 해당하는지에 대해서도 의문을 제기한다. 그들이 각각 다른 방식으로 주도한 공산주의 혁명은 권력 장악의 호기를 놓치지 않은 정치적 순발력의 결과일 수는 있어도 진정한 의미에서 그 역사적 상황을 총체적으로 파악한 후 내린 지성적 결단의 결과는 아닐 수 있다. 역사상 이루어졌던 혁명들이 대체로 그러하지만, 그 두 혁명의 성공은 역사적 상황 전개의 온갖 우연과 아이러니의 -러시아 및 중국의 근현대사에 대한 연구로 이제는 대체로 밝혀져 있듯이- 결과일 수 있는 것이다. 만일 그람시가 형기를 채우고 나와 스스로가 말하는 유기체적 지식인으로 활동할 수 있었고, 이에 따라 옥중생활을 통해 수립한 새로운 혁명이론을 실천하여 이탈리아에서 공산주의 혁명을 성공시킬 수 있었는지 여부는 역사적 가정에 속하기 때문에 합리적 논변의 대상은 아니다. 다만 앞에서 열거한 전제들의 타당성 여부는 그러한 혁명 성공의 역사적 및 정치적 의미를 사소하게 만들 수도 있다는 점이 중요하다.

간단히 말하여 사회주의나 마르크스주의의 이념적 타당성 문제는 특정한 경험적 사실이나 역사적 사례를 근거로 결정될 수 있는 것이 아니며, 궁극적으로는 사상이나 철학 내용 자체의 체계성과 보편성에 대한 치밀한 논의를 통해 결정될 수 있다. 그것은 무엇보다 그 이념을 가장 창조적이고 포괄적이며 체계적으로 정립한 마르크스의 사상 자체에 대한 정치철학적 검토를 통해서만 해명될 수 있다. 그리고 그러한 검토와 성찰의 일차적인 대상은 그의 사상의 토대를 이루는 그의 노동 및 노동자 개념일 것이다. 별도의 방대한 철학적 및 문헌학적 논의가 필요한 거대한 주제이지만, 그 개념에 대한 고착되고 우상화된 관념은 현대의 후기마르크스주의자들의 사고도 강력하게 지배하고 있기 때문에 간단하게라도 그 개념과 관련된 근원적인 문제는 지적할 필요가 있다.

마르크스를 비롯하여 19세기 서구의 사회주의자들 나름대로의 인류애가 바탕에 있는 지성적 모색의 소산이지만, 육체노동자 혹은 고용노동자가 착취의 대상이자 동시에 도덕적인 인간으로서 역사적 실천의 주체가 된다는 관념은 사실 희화적일 정도로 인간성의 복잡함에 대한 몰이해의 표현이며, 조금만 깊이 성찰해도 칸트철학에서 말하는 이념적 가상에 해당한다. 그것은 무엇보다 어떠한 형태의 노동이든 그 행위 자체에 내재하는 지적 능력이나 그것과 관련된 지식의 전달 및 교습에 수반되는 장인정신 등 지적·문화적 전통의 존재를 제대로 인식하지 못한 결과이다. 또한 그것은 그러한 교육행위를 가능하게 하는 지식 체계의 사회성 및 역사성이나 물질 및 용역의 생산-교환-소비 라는 사회적 분업체계의 유기적이고 총체적이며 역사적인 성격 도 제대로 인식하지 못한 결과이고, 특히 자본주의 산업사회에 서 발생하는 노동은 경영자의 책임과 기획이 없이는 존재할 수 없음을 간과한 결과이다. 아울러 정신사 차원에서 그러한 관념 은 서양 중세의 수도원 운동 초기를 지배했던 육체노동을 신성 시하는 전통의 산물이자, 농촌생활에서의 순박성을 간직한 채 갓 산업사회에 진입한 '가난하면서도 착한 노동자상'을 신비화 한 결과이기도 하다. 그러한 문제들을 떠나, 가장 근본적으로는 약한 자이기 때문에 사회적으로 보호받아야 한다는 논리에서 다수의 약한 자가 역사의 주체가 되어야 한다는 논리가 도출될 수 있다는 점도 강조되어야 한다.

노동 및 노동자 개념에 내포된 그러한 근본적인 문제에 대해 서는 마르크스 자신도 "룸펜프롤레타리아트(Lumpenproletriat)" 라는 어휘를 통해 부분적으로 인정했고, 레닌의 프롤레타리아 트 전위정당(vanguard party)이론, 모택동의 신민주주의론, 그 람시의 유기체적 지식인 개념 등에도 부분적으로 반영되었다고

볼 수 있다. 그람시의 이론적 전환의 배경에는 투옥이라는 정치
적 실패가 있지만, 레닌과 모택동이 공산혁명이라는 정치적 성
공을 거두게 된 이유도 그들이 제2인터내셔널의 '무기력한' 정
치 전략에 수정을 가할 수 있었던 사실에서 찾을 수 있을 것이
다. 그럼에도 불구하고 레닌의 사후(死後) 전개된 스탈린 주도
의 잔혹한 전체주의체제의 등장, 모택동이 주도한 인민공사 정
책의 비극적인 파국과 이어지는 문화혁명의 광기 등으로 대표
되는 20세기 공산주의를 상징하는 사건들은 그들의 사고 자체
에 존재하는 근본적인 한계가 무엇인지도 드러낸다. 그것들은
그들 모두가 노동자의 존재에 대한 우상화에서 벗어나지 못한
채 공산주의 혁명의 역사적 당위성에 대한 강박관념에 사로잡
혀 있었음의 증언이다. 동시에 그것은 비록 최고 권력자라고 하
더라도 그 정치의식은 조직체제의 성격상 자신들이 속한 정당
의 근본적인 교설을 결코 포기할 수 없는 구조적 상황에 구속되
어 노동자들 혹은 인간들 일반의 행태나 의식구조의 실상을 의
식적 혹은 무의식적으로 외면한 결과일 수 있다.

　노동자들은 자본주의적 산업사회의 상업적이고 도시적인 삶
의 구조에 예속되어 역사의식을 운위함은 처음부터 불가능하
고, '닳고 달아서' 얄팍하게 계산적인 소시민이나 눈앞의 이익
또는 순간적인 쾌락에 몰두하는 우중(愚衆)이 될 수 있다. 그들

은 빈곤 속에서 도덕에 대한 관념 자체가 사라지고 파렴치해져 상황에 따라서는 쉽게 폭민(暴民)이 될 수도 있다. 아렌트(H. Arendt)를 통해 이제는 평범한 상투어처럼 되어버린 '악의 평범성(the banality of evil)'이라는 어구에 집약되어 있듯이, 공적 영역이나 사적 영역을 막론하고 평소에는 예의바르고 착한 피고용인들이 자신이 속한 조직체계의 명령이라면 도덕성에 대한 의식조차 없이 비인간적 혹은 무도한 행위를 무자비하게 수행하는 "무사고성(thoughtlessness)"의 인간으로 전락하거나 거리의 군중이 되어 자신들의 계급 이익과는 정반대로 나치즘이나 파시즘의 협력자로 활약했음은 20세기 정치사가 생생하게 증언하고 있다. 그러한 정치사회적 양상은 현재에도 한국정치나 세계 각국의 정치에서 민주화 운동이나 시민운동의 이름으로 간헐적 혹은 지속적으로 진행되고 있음이 사실이다.[84]

현대 민주정치의 그와 같은 실제적 양상과 더불어 동구 공산권의 몰락이라는 정치현실의 변화를 고려할 때, 20세기 말 마르크스주의자이면서 동시에 마르크스주의를 넘어서려는 후기

---

84) 그와 같이 신비화되고 우상화된 노동자 관념은 일찍이 레이몽 아롱(Raymond Aron)의 『지식인의 아편』이란(아롱 1986) 대중적으로도 유명한 저작을 통해 "프롤레타리아트라는 신화(the myth of the proletariat)"라는 어구를 통해 널리 유포되었는데, 마르크스의 사상에서 그 신화가 형성되는 과정 및 그 다양한 측면에 관해서는 로블(David Lovell; Lovell 1988)이란 학자가 탁월하게 기술한 바 있다.

마르크스주의자들의 출현은 일종의 사상사적 필연이라고 볼 수 있다. 그리고 그들 후기마르크스주의의 핵심에 전통적 마르크스주의의 노동자 혹은 프롤레타리아트 개념의 변혁에 있는 것도 당연한 사상사적 귀결이라고 할 수 있다. 그들의 "혁명적 주체성(revolutionary subject)" 개념이란 결국은 '생각 없는(thoughtless)' 피고용자 및 노동자의 상을 대체하면서 혁명의 주체가 되는 다수(the multitude)나 인민(the people)을 새롭게 창출하여 마르크스주의 본연의 역사적 목표인 자본주의 사회의 타도를 새롭게 기획한 결과이기 때문이다.[85]

이와 관련하여 그들 후기마르크스주의자들 가운데 특히 바디우(A. Badiou; 특히 Badiou 2002 참조)가 프롤레타리아트 개념에서 계급이나 계층 개념 자체를 제거하고 주체적으로 사고할 수 있는 인간을 바로 혁명의 주체로 설정한 점은 주목할 필요가 있다. 역사적 변혁의 주체가 되는 인간집단이란 바로 주체적으

---

85) 후기마르크스주의자들의 그러한 노력은 일반적으로 '존재론적 전회(ontological turn)'로도 —이른바 '언어적 전회(linguistic turn)' 등 20세기 지성사에 자주 등장하는 '전회'라는 유행어를 쫓아서— 규정된다. 전통 마르크스주의의 추상적인 프롤레타리아트 개념을 극복하기 위해 라클라우의 경우처럼 라깡(Jacque Lacan)의 정신분석학의 결핍(manque) 개념을 차용하거나, 네그리의 경우와 같이 스피노자의 범신론적 인간론에 호소하거나, 바디우의 경우와 같이 수학의 집합이론(set theory) 등을 원용하려는 노력 등이 그와 같이 규정될 수 있다.

로 사고할 줄 아는 인간집단이 되어야 함은 논리적으로 지극히 당연하다. 그 자명한 공리를 외면하고 특정한 정치적 단체나 사회적 집단 혹은 특정한 정치 지도자를 그러한 주체로 설정하려는 무리한 시도들이 마르크스주의의 역사에서 역사적 진보라는 이름으로 행해진 온갖 시행착오와 비인간적이고 잔혹한 행태들의 근본적인 원인이라고도 볼 수 있다. 대체로 어느 시대에서나 현실 정치에서 영악함과 음흉함의 형태로 등장하는 그러한 비이성과 우매함의 문제를 떠나, 핵심적이고 본질적인 쟁점은 이것이다. 주체적으로 사고할 줄 안다는 것이 무엇이며, 그러한 능력을 갖춘 인간은 누구이고, '다중'이나 '인민'이 바로 그러한 인간이 될 수 있는지의 문제이다. 필자 개인적으로 그들 후기마르크스주의들은 이 문제들을 제대로 해명하지 못했다고 판단한다. 그러한 판단 근거에 대한 자세한 해명은 또 다른 방대한 작업을 요구하므로, 그들에게 깊은 영향을 끼친 인물들 가운데 하나인 그람시의 유기체적 지식인 개념에 내포된 근본적인 문제를 지적하면서 이 글을 맺기로 한다.

그람시는 유기체적 지식인의 살아 있는 표상으로 자기 자신을 생각하고 있었을는지 모르지만, 그가 말하는 유기체적 지식인이란 결국은 플라톤이 오래전 철인 왕이라는 용어로 개념화한 완벽한 지적 능력과 덕성을 갖추어 변화하는 국가 현실 전체를 자유롭게 파악할 수 있으면서 삶의 이상을 실현할 수 있는 통치자상으로 귀착될 수밖에 없다. 유학(儒學)의 전통에서는 덕이 완성된 인물이자 경륜과 식견을 완벽하게 갖춘 인물을 지칭한다. 유학의 전통이나 플라톤철학 전체는 그 인간적 및 철학적 이상에 대한 각 나름대로 존재론·인식론·윤리론 차원의 탐구이자 그러한 이상이 정체체제와 문학 등 인간을 지배하는 제도들이나 관념들 또는 대중들의 존재와 갖는 총체적 연관성에 대한 탐구이다. 실제로 '원초적으로 정신을 주도하는 행위'에 학문 이외에 다른 무엇이 있겠는가. 결국 그람시나 후기마르크스주의자들이 추구해야 할 실천적 행위란 아리스토텔레스를 대표적으로 고대인들이 이론과 실천의 궁극적인 종합으로 간주한 정치(철)학 이외의 다른 것이 아니다. 인간과 사물에 대한 그와 같은 총체적 탐구행위가 근현대에 이르러는 각각 다른 수준 및 체계성으로 칸트, 헤겔, 하이데거의 철학에서 재현되고 있는 것이며, 그들의 철학을 관통하는 것이 앞에서 논급한 '일자-다자'의 원리 및 초월성의 이념인 것이다.

그람시와 후기마르크스주의자들은 '정치의 사회초월성' 논제를 새롭게 제기한 지성사적 공헌은 인정받을 수 있으나, 그러한 논제 자체의 정치철학적 근거에 대한 탐색의 불완전함과 더불어 그것의 발생 및 발전과 관련된 정치사상사 연구의 미비함에서 그 지성적 한계를 찾을 수 있다. 그것은 결국 그들은 자신들의 사상이나 이론과 연관된 원리와 이념을 제대로 파악하지 못하고 정립하지 못했음을 의미한다. 동시에 그것은 그들이 자신들이 제시한 정치적 실천의 목표로서 역사적 척결의 대상인 자본주의 사회를 제대로 이해하지 못했음도 의미한다. 자본주의 사회를 제대로 이해하기 위해서는 무엇보다 시민사회를 개념적으로 치밀하게 파악해야 하며, 그러한 파악을 위해서는 그람시가 수행한 연구의 수준을 넘어 시민사회의 역사적 변화 양상만이 아니라 그것과 관련된 일상적인 관념이나 학문적 개념들의 사상사적 변화·발전, 그리고 그 개념적 실체에 대한 정치철학적 검토 및 성찰이 요구되는 것이다. 그들은 분명히 그러한 수준의 연구를 수행하지 못한 것이다.[86] 특히 후기마르크스주의자

---

86) 파슨스의 사회와 그람시의 시민사회의 대립을 포함하여 자유주의–경험주의 사회과학과 마르크스주의 사회과학 사이 대립의 근저에는 시민이라는 존재에 내재하는 공적 요소와 사적 요소의 공존이 있다. 그 점은 개인과 국가의 관계라는 정치철학의 고전적인 주제와도 관련되는데, 현대 사회과학계에서 시민사회를 연구한 대표적인 학자들 가운데 하나인 킨(John Keane)도 그 점을 시민사회와 국가 관계의 네 단계 변화의 차원에서 다음과 같이 정리한 바 있다. 각 단계를 소개하자면 다음과 같다. 첫 단계는 사적 영역과 공적 영역의 융합을 삶의 이상으로 받아들이는 고대 및 중세시대의 관점을 지칭한다. 둘째 단계는 근대세계에 들어 상인들 및 장인들이 발흥하여 시민계급으로 등장하면서, 한편으로 근면하고 생산적이면서 문명성(civility)을 대변하는 영역인 시민사회와 다른 한편으로 강압 및 폭력의 영역으로 대변되는 정치사회를 대비시키는 18세기 영국의 소위 스코틀랜드학파(the Scotch School)의

들이 추구한 '존재론적 전회'의 시도가 제대로 이루어지려면 무엇보다 앞에서 논급된 칸트와 헤겔의 철학에서 제기된 초월성 개념이나 일자-다자 원리는 물론 고전적인 존재론을 제대로 천착해야 되는데, 바디우를 제외하면 그들은 그러한 문제의 존재조차 제대로 인식하지 못한 것이다.[87]

언제나 그러하듯이 모든 문제의 근원적인 해결은 바로 근원

관점이다. 셋째 단계는 스코틀랜드학파와의 연속성 속에서 정치사회와 시민사회의 공존 속에서 후자에 대한 전자의 간섭을 최소화하려는 19세기 자유주의적 관점을 지칭한다. 넷째 단계는 비슷한 시기에 바로 자유주의와의 대립적 관계에서 발흥한 마르크스로 대표되는 사회주의적 관점이다. 그것은 국가를 자산계급이 지배하는 시민사회의 관리자로 비하하면서, 교과서적으로 '국가소멸론(the withering away of the state)'으로 잘 알려진 바와 같이 무산자의 혁명을 통해 생산수단을 공유하여 계급 착취가 사라진 역사적 상황에 이르기 때문에 억압과 폭력의 주체인 국가는 더 이상 필요가 없게 되어 사회가 자율적으로 운영된다는 관점을 지칭한다. 그러한 파악에는 서양 정치사상사의 복잡한 전개과정에 대한 나름대로의 전문적인 이해가 수반되어 있는데, 모든 역사적 사실들이 그러하듯이 각 단계의 관점 또한 내용상 중첩되고 시기적으로 교차하는 경우도 많다. 이에 관해서는 Keane(1988)에서 편집인인 Keane 자신이 기고한 Part One, 1장의 "Despotism and Democracy: The Origins and Development of the Distinction between Civil Society and the State 1750–1850"에서 특히 37∼39 참조.

87) 앞에서 논급된 해리슨은 후기마르크스주의자들에게는 공통적으로 −필자가 보기에 그람시와는 어느 정도 대조적으로− 마르크스 사상의 근저에 있는 "헤겔 철학의 사회존재론에 대한 적대감이(shared hostility to Marx's Hegelian social ontology)" 있다는 점을 지적한 바 있다.(Harrison 2014, 125) 물론 특정 철학에 지적인 호불호를 갖는 것은 학문적 자유이나, 그러한 자유를 향유하기 전에 헤겔철학을 더 심층적으로 연구했어야 했다고 본다.

으로 돌아가는 데 있다. 그 근원이란 소크라테스-플라톤에 의해 오래전 학문하기의 본질로 설파된 검토하고 성찰하는 행위이다. 헤겔의 간결하면서도 평범한 어구로는 '생각을 생각하기(Denken des Denkens)'이다. 시시각각으로 역동적으로 변화하는 사회현실의 실체는 부분적인 사실이나 정보의 수집 또는 그것들을 일반화하는 차원의 사회과학 연구를 넘어서야 한다. 사회현상들의 존재 자체를 규정하고 그것에 의미를 부여하는 관념, 이론, 개념, 이념 등에 대한 철저한 검토와 깊은 성찰을 통해 그것들 사이의 총체적인 연관성을 파악해야 하며, 그러한 연관관계에 내재하는 새롭고 창조적인 요소를 발견하려 끊임없이 노력하여야 한다. 그러한 노력이 정치철학이라는 소업이다. 그러한 소업의 추구함이 없이 진정한 의미의 사회과학은 성립할 수 없고, 현실에 대한 진정한 이해는 불가능하며, 진정으로 새롭고 바람직한 미래도 창출될 수 없다. 물론 그 거대한 소업은 지난하며, 진정으로 새롭고 창조적인 정치철학자가 등장하기 어려운 이유도 그 지난함에서 찾을 수 있을 것이다.[88]

---

88) 프랑스 출신 정치학자인 마낭(Pierre Manen)은 1999년 미국 의회도서관에 제출한 보고서에서 "20세기는 정치철학의 실종 혹은 소멸(the disappearance or withering away)을 목격했다"고 증언한 바 있다.(Flynn, 2005, xiv에서 재인용) 그가 정치철학의 본령을 어떻게 이해했고 그 실종과 소멸의 의미가 무엇인지 어떻게 파악했는지의 문제를 떠나, 그러한 증언에는 진정으로 새로운 정치철학의 출현은

한 세기에도 기대하기 어려운 지난한 과제라는 점이 함축되어 있다. 여기서 일반인은 물론 많은 지식인들에게 20세기의 대표적인 정치철학자로 부각되어 있는 롤스(John Rawls)에 대해 가볍게라도 -그 학문적 무게를 고려하면 비례(非禮)일 수도 있지만- 언급하고 지나갈 필요가 있다.

서양 정치철학사에 대한 롤스의 이해와 관련해서는 오래전 블룸(Allan Bloom)이 그의 대저(Rawls 1971)에 대한 장문의 서평에서 "칸트의 오용(the misuse of Kant)"이나 "아리스토텔레스의 오용(the misuse of Aristotle)" 등과 같은 혹독한 표현을 사용하면서, 롤스는 기본적으로 "과거의 철학들을 오직 자신의 더욱 협소한 사상을 뒷받침하기 위해서만 읽는다(he reads older philosophies only for support for his own much narrower thought)"고 비판한 바 있다.(Bloom 1975, 656~660 참조) 필자는 그러한 비판에 대체로 동의하면서도 다음의 문제를 추가로 제기하고 싶다. 즉, 자신의 이론의 기본 토대를 구축하는 과정에서 롤스는 자유롭고 평등한 인간의 존재를 전제하고 "기본적 재화(primary goods)"라는 개념으로 인간이 추구해야 할 본원적 가치들의 존재를 자명한 것처럼 전제하고 있는데, 바로 그 점에서 그의 사고 체계의 근본적인 한계가 드러난다는 것이다. 그는 현대의 많은 사회과학자들처럼 20세기 자본주의 국가 및 사회의 역사적 성격을 무시한 채 그것과 관련된 현상들을 마치 보편적인 인간성의 발현처럼 간주하는 오류를 범하고 있다는 것이다. 그 점은 그가 자신의 이론의 철학적 정당성을 강화하기 위하여 원용한 칸트 및 아리스토텔레스의 윤리학에 비추어도 감추어지지 않는다. 칸트에게 자유는 결코 외적 제약이 없는 욕망의 추구가 아니며, 평등 또한 롤스와 같이 모든 인간에게 욕망 추구의 권리가 동등하게 부여되어 있음을 의미하지 않고, 롤스가 "기본 재화"라는 말로 표현한 가치 또한 칸트가 제시한 보편적인 가치와는 전혀 성격이 다르다. 칸트철학에서 자유와 평등 혹은 보편적인 가치는 인간이 바로 인간이 되기 위해서 필수적으로 추구해야 할 보편적인 도덕성을 떠나 이해될 수 없기 때문이다. 서양 학계에서 일반적으로 공동체주의(communitarianism)라는 이름으로 제기되었던 롤스철학에 대한 비판에도 반영되어 있지만, 아리스토텔레스에게 인간의 정치적 혹은 사회적 삶에서의 행복(eudaimonia)은 세속적 가치들의 충족 면에서 "가장 불리한 사람(the least advantaged)"도 감내할 수 있는 수준의 불평등이 완화된 상태가 아니다. 그것은 덕(arete)이라는 보편적이면서 초월적인 인간적 가치가 국가적 삶 전체를 통해 구현될 때 -구현이 아니라면 적어도 추구될 때- 이루어지는 것이다. 실천적인 차원에서도 그의 정의론으로는 마르크스주의적 혁명론은 물론 위대한 인물이 기존의 관념을 모든 진지한 예술가들은 공통적으로 위대한 예술가들 앞에서 진정으로 겸허하고 그들의 위대한 정신세계에 조금이라도 더 다가가려 끊임없이 노력한다. 이 시대 많은 사회과학자들은 과학을 한다는 명분에 도취되어 과거의 위대한 정치철학자들이 이룩한 거대한 지성세계에 무관심할뿐더러 그것을 형이상학이라고 속 편하게 무시하면서 그 거대함의 의미조차 깨닫지 못하고 있는 것 같다. 그러한 불각(不覺)과 오만 속에서 스스로를 왜소하고 편협한 지적 나르시시즘의 포로로 만들고 있는 것은 아닌지 각자 지적 자화상을 한번 그려볼 때이다.

'초월하는' 새로운 정의의 이념을 제시하면서 새로운 가치 및 새로운 국가질서를 창출하는 '초월적인' 행위를 설명할 수 없다. 그의 한정된 사유세계로는 그러한 정치적 가능성 자체를 두려워하는 것은 아닌가 하는 의심도 든다. 그 점은 블룸이 앞의 글에서 롤스가 니체(Nietzsche)를 제대로 이해하지 못했다고 비판한 점과도 연관되는데, 20세기 자본주의 사회의 세속적인 가치 및 도덕관념에 기초한 정의론으로는 기존의 자본주의 사회 경영을 위한 도덕적 지침서는 될 수 있어도 니체 특유의 강렬한 어구로 "모든 가치의 전도(Umwertung aller Werte)"로 집약될 수 있는 새롭고도 초월적인 정의 이념을 창출할 수는 없는 것이다.

◇◇◇ 참고문헌 ◇◇◇

스트라우스, 레오. 2002.『정치철학이란 무엇인가』양승태 옮김, 아카넷

시몬, 로저(Roger Simos) 외. 1985.『그람시의 정치사상』도서출판 청사

아롱, 레이몽. 1986.『지식인의 아편』안병욱 역, 삼육출판사

양승태. 2015. "정치사상을 연구한다는 것은 무엇인가: 헤겔(Hegel)의 '철
　　학으로서의 철학사' 이념에 대한 재성찰"『정치사상연구』21집 2호,
　　9~26

_____. 2010.『대한민국이란 무엇인가: 국가정체성 문제에 대한 정치철학
　　적 성찰』이화여자대학교출판부

_____. 2008. "한국정치학의 서양 정치사상 연구사 서설: 구한말의 정치학
　　소개에서 1970년대 연구의 정초까지", 대한민국학술원 간,『한국의 학
　　술연구』9호, 345~375

_____. 1999. "분리된 안과 밖, 그리고 비사회과학적 인문과학과 비인문
　　과학적 사회과학의 허구",『철학과 현실』40호, 233~253

_____. 1991. "무존재적 역설: 자유주의적 시민사회 개념에 대한 하나의
　　비판적 논급" 한국사회학회 · 한국정치학회 편『한국의 국가와 시민사
　　회』(한울), 339~359

피오리, 주세페(Giuseppe Fiori). 1991.『그람시: 한 혁명가의 생애와 사상』
　　두레출판사

칸트, 임마뉴엘. 2012.『실천이성비판』백종현 옮김, 아카넷

칸트, 임마뉴엘. 2006. 『순수이성비판』 백종현 옮김, 아카넷

Alexander, Jerrey C. 1978. "Formal and Substantive Voluntarism in the Work of Talcott Parsons: A Theoretical and Ideological Interpretation" *American Sociological Review*, vol. 43, 1978, 177~198

Aqinas, Thomas. 20002. *Aquinas: Political Writings*, R. W. Dyson trans. Cambridge: Cambridge U. Press

Badiou, Alain. 2002. *Ethics*, London: Verso

Berlin, Isaiah. ed. 1956, *The Age of Enlightenment*, New York: New American Library

Bertalanffy, Ludwig von. 1968. *General System Theory: Foundations, Development, Applications*, New York: George Braziller

Bloom, Allan. 1975. "Justice: John Rawls vs. the Tradition of Political Philosophy" American Political Science Review, vol. 69, no. 2, 648~662

Braunthal, Julius. 1967. *History of the International*, Vol. 1~2, New York: Praeger

Chadwick, Ruth F. & C. Cazeauk eds. 1992. Immanuel Kant: Critical Assessments, in 4 vols., London: Routledge

Cohen, Jean L. & Andrew Arato. 1992. *Civil Society and Political Theory*, Cambridge, Ma.: M. I. T. Press

Cole, G. D. H. 1955. *A History of Socialist Thought*, 7 vols. London:

Macmillan

Colletti, Lucio. 1972. *From Rousseau to Lenin: Studies in Ideology and Society*, New York: Monthly Review Press

Flynn, Bernard. 2005. *The Philosophy of Claude Lefort*, Evanston, Ill.: Northwestern U. Press

Gerhardt, Uta. 2002. *Talcott Parsons: An Intellectual Biography*, Cambridge: Cambridge U. Press

Gramsci, Antonio. 1975. *Quaderni del Carcere*, vol. terzo, quaderni 12~29, Torino: Giulio Einaudi

_____. 1971. *Selections from the Prison Notebooks*, ed. & trans. Quintin Hoare & Geoffrey Nowell Smith, New York: International Publishers

Hampshire, Stuart. ed. 1956. *The Age of Reason,* New York: New American Library

Harrison, Oliver. 2014. *Revolutionary Subjectivity in Post-Marxist Thought, Laclau, Negri, Badiou,* Ashgate: Burlington, VT.

Hegel. G. W. F. 1970. *Phänomenologie des Geistes*, Frankfurt am Main: Suhrkamp

Henderson, A. M. & Talcott Parsons. 1947. *The Theory of Social and Economic Organization*, New York: Oxford U. Press

Howard, Dick. 2000. "Political Theory, Critical Theory, and the Place of the

Frankfurt School" *A Journal of Philosophy and Social Theory*, vol. 1, no. 2, 271~280

Howland, Douglas H. 2002. *Language and Political Reason in Nineteenth-Century Japan*, Honolulu: U. of Hawai'i Press

Jay, Matin. 1984. *Marxism and Totality: The Adventures of a Concept from Lukács to Habermas*, Berkeley: U. of California Press

Kant, Immanuel. 1968. *Kritik der reinen Vernunft*, Frankfurt am Main: Suhrkamp

_____. 1966. *Critique of Pure Reason*, F. Max Muller trans. New York: Doubleday Anchor Book

Keane, John ed. 1988. *Civil Society and the State*, London: Verso

Kelly, Robert F. 1984. "The Legalization of the Kantian Tradition in Moral Philosophy and Sociology: An Analysis of Rawls and Parsons" *American Journal of Sociology*, 17(1), 45~58

Kolakowski, Leszek. 1978. *Main Currents of Marxism*, 3vols., Oxford: Oxford U.

Press

Krämer, Hans. 1990. *Plato and the Foundations of Metaphysics*, New York: State U. of New York Press

Kroner, Richard. 1924. *Von Kant bis Hegel*, Tübingen: J. C. B. Mohr

Kuhn, Thomas. 1962. *The Structure of Scientific Revolutions*, Chicago: U. of Chicago Press

Laclau, Ernesto. 1999. *New Reflections on the Revolution of Our Time*, London: Verso

Laclau, Ernest & Chantal Mouffe. 2001. *Hegemony and Sociologist Strategy: Toward a Radical Democratic Politics*, 2nd. ed. London: Verso

Lovell, David W. 1988. *Marx's Proletariat: the Making of a Myth*, London: Routledge

Lobkowicz, Nicholas. 1967. *Theory and Practice: History of a Concept Aristotle to Marx*, Notre Dame: U. of Notre Dame Press

Lukács, Georg. 1971. *History and Class Consciousness: Studies in Marxist Dialectic*, Cambridge: MIT Press

McNeill, P. & C. Townley. 1981. *Fundamentals of Sociology*, (Hutchinson Educational

Mouffe, Chantal. 2005. *On the Political*, London: Routledge

Münch, Richard. 1981. "Talcott Parsons and the Theory of Action I : The structure of the Kantian Core" *American Journal of Sociology*, 86(4), 709~739

_____. 1982. "Talcott Parsons and the Theory of Action II : The Continuity of the Development" *American Journal of Sociology*, 87(4), 771~826

Negri, Antonio. 2008. *Goodby Mr. Socialism: Radical Politics in the 21th Century*, London: Seven Stories Press

Newey, Glen. 2001. *After Politics: the Rejection of Politics in Contemporary Liberal Philosophy*, London: Palgrave

O'Farrell, Frank. 1981. "System and Reason for Kant", *Gregorianum*, vol. 62, no. 1, 5~49

Parsons, Talcott. 1978. *Action Theory and Human Condition*, New York: Free Press

_____. 1977. *Social Systems and the Evolution of Action Theory*, New York: Free Press

_____. 1970. "On Building Social System Theory", *Daedalus*, 99(4), *The Making of Modern Science: Biographical Studies*, 826~881

_____. 1951. *The Social System*, Glencoe, Ill.: The Free Press

_____. 1949. *The Structure of Social Action: A Study in Social Theory with Special Reference to a Group of Recent European Writers*, New York: The Free Press

Parsons, Talcott & Kenneth B. Dark, eds. 1966. *The Negro American*, Boston: Houghton Mufflin Company

Parsons, Talcott & Edward A. Shills eds. 1951a. *Toward a General Theory of Action*, Cambridge Mass.: Harvard U. Press

Parsons, Talcott & Edward A. Shills. 1951b. "Values, Motives, and Systems of Action" in Parsons & Shills, 45~275

Parsons, Talcott & Neil J. Smelser. 1956. *Economy and Society*. London: Routledge & Kegan Paul

Plato. 1927. *Epinomis*, Loeb Classical Library, Cambridge: Harvard U. Press

Rawls, John. 1971. *A Theory of Justice*, Cambridge: Harvard U. Press

Riedel, Manfred. 1975. "Gesellschaft, bürgerliche" O. Brunnder et. al. eds. *Geschichtliche Grundbegriff: Historische Lexikon zur politisch-sozialen Sprache in Deutschland*, vol. 2, Stuttgart: Klett

Riley, Patrick. 1983. *Kant's Political Philosophy*, Totowa, New Jersey: Rowman & Littlefield

Santillana, George de. ed. 1956. *The Age of Adventure*, New York: New American Library

Schmidt, Alfred. 1972. *The Concept of Nature in Marx*, London: NLB

Strauss, Leo. 1959. *What is Political Philosophy*, Chicago: U. of Chicago Press

_____. 1953. *Natural Right and History*, Chicago: U. of Chicago Press

Thomas, Paul. 1980. *Karl Marx and the Anarchists*, London: Routledge & Kegan Paul

Thomson, Manley. 1989. "Unity, Plurality, and Totality as Kantian

Categories", *The Monist*, vol. 72, no. 2, pp. 168~189

Thornhill, Chris. 2009. "The Autonomy of the Political: A Socio-theoretical Analysis", *Philosophy and Social Criticism*, vol. 35, no. 6, 705~735

Weber, Max. 1922a. *Wirtschaft und Gesellschaft*, Tübingen: J. C. B. Mohr

_____. 1922b. *Gesammelte Aufsätze zur Wissenschaftslehre*, Tübingen: J. C. B. Mohr

Wolff, Robert Paul. 1969. *Kant's Theory of Mental Activity*, Cambridge: Harvard U. Press

Wolin, Sheldon. 1960. Politics and Vision, Boston: Little, Brown and Company

중국 유교와 막스 베버의 가산제 이론 비교연구

임혁백(고려대 명예교수, 광주과학기술원(GIST) 석좌교수)

1. 머리말: 공자와 베버는 가산제 출현을 어떻게 서술하고 있나

가산제는 동서양을 막론하고 현실적으로 실현가능한 차선 또는 차악의 정치사회체제로 등장하였다. 그런데 중국의 가산제인 소강(小康)을 이야기한 공자와 서구의 가산제(patrimonialism)를 이야기한 막스 베버(Max Weber)가 가산제의 출현 방식을 설명하는 역사 서술방식은 다르다.

공자의 가산제 이론은 소강사회론으로 불린다. 소강사회는 공자의 이상사회인 대동사회로부터 출발한다. 공자는 자신의 이상사회이자 유토피아인 천하위공의 대동사회를 이야기한 뒤, 현실적으로 실현가능한 차선의 사회로서 천하위가(天下爲家)의 소강을 이야기한다.[1] 소강사회에서는 권력이 세습되고 사유화되지만 예치, 인의, 신의, 법치가 지배하여 '작은 평화'인 '소강'이 이루어진다. 공자는 소강이 현실적으로 실현가능한 최선의 정치사회체제이지만 그가 살고 있는 세계는 '만인의 만인에 대한 전쟁상태'인 춘추라는 '난세'(亂世)라고 한탄한다. 공자가 이상적인 대동사회(大同社會)에서 현실적인 소강사회로의 퇴화 과정으로 중국의 가산제를 설명하고 있다는 점에서 플라톤의 퇴화의 역사관과 유사점을 발견할 수 있다.

반면에 베버는 가산제를 헤겔리안적 진보사관으로 서술

---

1) 이 점에서 비슷한 시기에 살았던 공자와 플라톤의 역사 서술방식은 유사한 면이 있다. 플라톤은 『국가론』에서 철인왕이 지배하는 이상사회로부터 퇴화하는 역사를 서술하고 있다. 역사는 이상사회에서 무사계급 가디언의 명예정치(timocracy), 과두지배자들의 금권정치(plutocracy), 우중들의 민주주의, 그리고 일인 폭정(tyranny)으로 타락한다는 '퇴화의 역사관'을 피력하였다. 플라톤은 철인왕이 지배하는 이상사회는 이데아에서 존재하는 것이고 현실적으로 가능한 최상의 정치체제는 법치에 기반하여 가디언이 공익을 실현하는 가디언 지배라고 『정치가』와 『법률』에서 피력하였다. 공자도 이상사회인 대동(大同)에서 출발하여 현실적으로 차선의 체제인 소강(小康)을 이야기하면서도 자신이 살고 있는 현실세계는 소강에서 더 퇴화한 난세(亂世)라고 함으로써 플라톤과 비슷한 퇴화관적 역사 서술을 하고 있다. 다만 같은 유가인 맹자는 500년마다 난세와 치세가 반복한다는 일치일란(一治一亂)의 순환론적 역사관을 이야기했다. 司馬遷도 「太史公自序」에서 주기적 治亂이 반복, 순환한다고 이야기했다.

한다.[2] 베버는 특출한 능력을 지닌 카리스마 지도자가 국가를 건설한 뒤 카리스마가 일상화, 제도화, 세습화되면서 가부장제(patriarchism)가 출현하고, 카리스마 '아버지의 재산'(patrimony)이 세습되어 '공권력이 사유화'되는 가산제가 서구 봉건사회에서 출현하였다고 한다. 베버는 가산제가 근대에 들어가기 전(前) 단계에서 출현하였고, 가산제가 법치주의, 관직과 관리의 분리, 비인격주의, 합리주의, 능력주의, 사회로부터 격리(insulation)를 특징으로 하는 법적, 합리적인 근대 관료제로 대체되면서 서구사회가 근대로 진입했다고 설명한다. 베버는 서구사회가 카리스마, 가부장제, 가부장제의 특수 형태로서의 가산제, 그리고 법적, 합리적인 관료제로 역사적 진보를 이룩하여 근대사회로 진입하였다고 설명함으로써 헤겔리안적 역사관을 보여주고 있다.

본 논문은 먼저, 공자가 어떻게 요순삼대(堯舜三代)의 대동사회에서 춘추전국시대의 소강사회로 현실적으로 차선인 사회로 퇴화하였는가를 설명하고 있는가를 살펴볼 것이다. 둘째, 막

---

2) 베버는 인류의 정신적 그리고 물질적 생활은 항상 '완전한 합리성'의 실현을 향해 보편적으로 진보한다고 함으로써 인류의 역사는 '절대정신'과 자유의 실현을 향해 진보한다는 헤겔의 역사관을 채택하고 있다는 것을 보여주고 있다. (Mommsen, 1977: 1–21; Lai, 2015: 40–58).

스 베버가 근대의 전 단계에서 서구 봉건사회에서 나타난 가산
제의 특징을 봉건제와 비교해서 설명한 뒤, 이러한 가산제가 어
떻게 진화하여 근대적인 관료제 사회로 이행했는가를 살펴볼
것이다. 셋째, 베버가 중국의 가산제와 가부장제를 어떻게 설명
했는가를 살펴본 뒤, 중국의 가부장제의 역사적, 이론적 변화를
들어 베버의 중국 가부장제 이론을 비판한 신유교주의자들의
베버 비판을 들어볼 것이다.

2. 공자의 가산제 이론(天下爲家)과
맹자, 한비자, 동중서의 小康社會論

(1) 공자의 대동사회론

공자는 『예기』(禮記), 제9장 「예운」(禮運)에서 그가 이상으
로 삼고 있던 요순3대[3]의 대동사회(大同社會)의 핵심은 '天下
爲公'이라고 설파하였다. 천하위공의 정치체제는 천하가 공적
(publicness, *res publica*)이고, 공공의 것(공공재, public goods)이
고, 공익(public interests)을 위해 움직이고, 공유(public sharing)

---

3) 요임금, 순임금, 夏, 殷, 周 왕조

하며, 공개적(publicity)이며, 공적 복지(public welfare)가 제공되고, 공적 덕성(public virtue)을 가진 사람들이 공적인 일에 함께 참여하는 공화적(共和的)인 정치체제였다.

공자가 말씀하셨다. "옛날 큰 도가 행하여진 일과 3대(하, 은, 주)의 영현한 인물들이 때를 만나 도를 행한 일을 내가 비록 눈으로 볼 수는 없었으나 3대의 영현들이 행한 일에 대하여는 기록이 있다. [기록에 따르면] 큰 도(大道)가 행하여진 세상에는 (大道之行也) 천하가 모두 만인의 것으로 되어 있었고(天下爲公), 공의(公義)가 구현되어(public justice, public virtue, public interests) 있었다(公義社會). 어질고(賢者) 능력 있는 자(能者)를 지도자로 뽑고, 신의(信義)를 가르치고 화목(和睦)을 닦게 하였다(正義社會). 그러므로 사람들은 자기 어버이만 어버이로 여기지 않고, 자기 자식만을 자식으로 여기지 않았다. 노인으로 하여금 편안하게 여생을 보내게 하고, 장년의 사람들은 일할 여건을 보장해 주었으며, 어린이는 건전하게 자라나게 하고, 과부·홀아비·고아 그리고 불구자도 모두 부양받을 수 있게 했다(福祉社會). 남자에게는 남자의 직분이 있고 여자에게는 시집갈 곳이 있어서 근심할 것이 없었다. 재화는 민생의 근본이므로 땅에 버리는 것을 싫어했지만, 반드시 사적으로 저장할 필요가 없었다(共有社會). 힘이 몸에서 나오지 않음을 싫어했지만 반드시 자기 한 몸만을 위해서 힘을 쓰지 않았다(均分). 이런 까닭에 (남을 해치려는) 음모도 생겨나지 않고, 도적이나 난적(亂賊)도 생겨나지 않았다(安民社會, 平和社會). 그러므로 집집마다 대문을 걸어 잠그지 않아도 편안하게 살 수 있었으니(公開性) 이런 세상을 大同이라고 한다."(공자, 『예기』, 예운편; 괄호안은 필자(2014)와 이승환, 2004: 301-302 해석 참조)[4)]

공자는 예기에서 이야기한 大道가 행해지던 대동사회는 요·순시대로서 삼대 이전이다. 삼대는 대동이 아니라 소강이 이루어지던 시대였다. 그런데 공자는 대동사회를 설명하면서 주인공인 요, 순을 언급하지 않고 천하위가의 소강사회를 이끈 삼대 영현들(三代之英)을 언급(大道之行也 餘三代之英: 禹, 湯, 文, 武, 成王, 周公)하고 있다는 점에서 공자가 요순의 대동과 삼대의 소강을 동시에 지향했다는 것을 볼 수 있다. 요, 순은 공자의 이상이자 유토피아인 대동사회의 주인공이고, 실제로는 삼대의

---

4) 子曰. 大道之行也 餘三代之英 丘 未之逮也 而有志焉 大道之行也 天下爲公 選賢與能 講信脩睦 故人不獨親其親 不獨子其子 使老有所終 壯有所用 幼有所長 矜寡孤獨廢疾者 皆有所養 男有分 女有歸 貨惡其奔於地也 不必藏於己 力惡其不出於身也 不必爲己 是故謀閉而不興 盜竊亂賊而不作 故外戶而不閉 是謂大同 (孔子, 『禮記』 제9 禮運)

우, 탕, 문, 무, 성왕, 주공이 대동사회의 이상을 소강사회로 실천한 성현이라고 볼 수 있다.[5]

공자의 大同社會에서는 보편적 복지 또는 공공복지가 실현되고, 부가 고르게 공유되는 평등사회이며, 모두가 행복한 공동체이고, 약자를 배려하는 정의사회이다.[6] 말하자면, 대동사회는 평등한 사회(均)이고 백성이 안전한 사회(安)이다. 공자는 『論語』季氏篇에서 균분(均分)을 이야기하였는데 균분은 안전사회를 보장하는 핵심이다. "국가와 가정을 경영하는 자는 모자람(寡)을 걱정하기보다 고르지 못함(不均)을 걱정하고, 가난한 것을 걱정하기보다(不患貧) 편안하지 못한 것(不安)을 걱정한다. 왜냐하면 고르면(均分) 가난한 사람이 없고 서로 화합하는 사회에서는 모자람이 없고, 백성이 안정되면 나라가 기울지 않기 때문이다."[7]

(2) 공자의 가산제 이론: 천하위가와 소강사회

---

5) 기세춘, 『논어강의』. 2010: 556–563. 기세춘은 "공자는 이상은 대도의 대동으로 실천은 인의의 소강으로 절충 종합했다고 해석할 수 있다"고 주장한다.

6) Rawls, John (ed. by Erin Kelly), 2001. 롤스는 최약자에게 최대한의 이익이 가도록 재분배하는 것을 사회정의의 원칙으로 삼았다.

7) "有國有家者 不患寡而患不均 不患貧而患不安 蓋均無貧和無寡 安無傾." 孔子, 『論語』. 季氏篇.

그러나 대동사회는 실제로 존재했는지 의문이 가는 공자의 유
토피아이자 이상사회였다. 대동사회는 회귀적인 복고주의 또는
상고주의의 시간이 아니라 진보적인 희망의 시간이었다. 공자가
현실적으로 회복하고자 하는 실현가능한 최상의 사회는 천하위
가(天下爲家)의 소강사회(小康社會)였다.[8] 천하위가의 세계는
막스 베버의 표현을 빌리면 가산제(家産制, patrimonialism) 사
회이다. 즉 정치의 私有化와 가족 세습(家族 世襲)이 일어나는
세계로서, 하, 은, 주 3대의 영걸들이 예치, 인의, 신의, 겸양의 정
치를 실현하여 작은 평화(小康)를 실현하였다.

지금의 세상은 천하를 공유로 생각하는 大道는 이미 없어지
고, 천하를 私事로운 집(私家)으로 생각하는 천하위가(天下爲
家)가 지배하고 있다. 각각 자기의 어버이만을 친애하며, 자기
의 아들만을 자애한다. 재화와 인력은 자기만을 위하여 벌고 사
용한다(貨力爲己). 천자와 제후는 세습하는 것을 예로 여기며,
성곽과 구지를 견고하게 한다. 예의로 기강을 세우고, 이로써 군
신관계의 분수를 바로잡으며, 부자관계를 돈독하게 하고, 형제

---

8) 전세영은 대동세계는 공자가 실현가능성을 고려하지 않고 설정한 정치적 권고
의 성격을 가진 이상향으로 제시하였고, 소강세계는 헉슬리의 "훌륭한 신세계"와
같이 실현가능한 이상향으로 제시하였다고 주장한다(전세영, 1992: 9–10).

관계를 화목하게 하며, 부부관계를 화합하게 하였다. 제도를 설정하여 경작지와 마을을 세웠으며, 용맹하고 지혜 있는 사람을 훌륭하게 여기고 功을 자기의 것으로 삼았다. 그런 까닭에 간사한 계략이 이 때문에 일어나고 전쟁이 이로 인해 일어났다. 禹, 湯, 文, 武, 成王, 周公은 이러한 상황에서 선출된 사람이다. 이 여섯 군자는 禮를 삼가지 않음이 없었으니, 예로써 義를 밝히고, 그 信義를 헤아리고 허물을 밝혔으며, 仁을 모범으로 삼고, 謙讓을 講說하여, 백성들에게 떳떳한 법도를 보여주었다. 만일 이에 따르지 않는 자가 있으면 권세와 지위에 있는 자라 할지라도 백성들에게 재앙을 끼치는 자라 하여 廢黜하였다. 이러한 세상을 소강(小康)이라고 한다.[9]

공(公)이 아닌 자기만의 이익을 위하는 사(私)와 가족의 이익을 우선하는 가(家)가 지배하는 天下爲家의 사회를 공자는 小康社會로 불렀다. 공공성이 지배하는 대동사회가 공자의 이상 사회라면 권력의 사유화와 세습화가 지배하는 소강사회는

---

9) 今大道旣隱 天下爲家 各親其親 各子其子 貨力爲己 大人世及以爲禮 城郭溝池以爲固 禮義以爲紀 以正君臣 以篤父子 以睦兄弟 以和夫婦 以設制度 以立田里 以賢勇知 以功爲己 故謀用是作而兵由此起 禹·湯·文·武·成王·周公由此其選也. 此六君子者未有不謹於禮者也. 以著其義, 以考其信, 著有過, 刑仁, 講讓, 示民有常. 如有不由此者, 在·者去, 衆以爲殃. 是謂小康(『禮記』 제9 禮運)

공자가 살았던 춘추시대에서 현실적으로 가능한(feasible), '작은 평화', 작은 안전이 이루어지는 사회였다. 소강사회는 가산제를 통해서 실현된다. 예치(禮治)로써 군신 간의 질서를 바로 세우고, 부자간의 관계를 돈독하게 하고, 부부간, 형제간의 관계를 화목하게 하며, 法治로써 백성과 신하를 신상필벌하여 '작은 평화'(小康)를 달성하려 한다. 그러나 대동사회의 '큰 평화'와는 달리,[10] 소강사회의 작은 평화는 경쟁하고 갈등하는 이기적 개인과 가족 간에 예와 법으로 이루어진 평화이기 때문에 항상 투쟁과 전쟁이 일어날 개연성을 갖고 있었고, 소강사회는 난세로 퇴화할 개연성을 갖고 있었다.

실제로 공자는 중국에서 3대(하, 은, 주)의 소강사회가 무너지고 춘추시대라는 난세(亂世)를 목격하면서 실현가능한 차선의 세계로서 '소강'을 이야기하였다.

(3) 공자의 삼정(三正)과 맹자의 오륜(五倫)

공자 정치학의 기본 목표는 '작은 평화'(小康)이었고, 이러한

---

10) 대동은 대동소이(大同小異), 대동단결(大同團結), 태평성세(太平盛世)라는 의미로 사용된다. 이 중 태평성세라는 의미의 어원은 『예기』 예운편에 최초로 보이는 이상사회로서의 대동이다. 이때 동(同)은 평(平)과 화(和)이고 대동사회는 평등, 평화 사회를 의미한다. 기세춘, 『논어강의』, p.557.

소강을 달성하기 위해 공자는 천하위가의 가산제를 주장하였다. 공자는 흠모하는 주공(周公)이 정비한 주례(周禮)가 지향하는 종법질서를 회복하자는 복례(復禮)를 통하여 '작은 평화'(小康)를 회복하려 하였다. 공자가 지향한 복례는 지배부족이 다른 부족의 안녕을 보존해주는 대가로 천하의 통치권을 인정받는 호혜의 원리에 기초하고 있었다. 천하위공의 대동사회가 무너지고 천하가 한 가문의 소유가 되어 버린 소강사회에서는 천하일가(天下一家)의 공동체를 지향한다. 대동사회의 평등공동체와는 달리 소강사회는 신분차별의 가부장적 혈연공동체에 기초하고 있다.

소강사회가 가산제인 이유는 다음과 같다. 천하는 제후(國)의 연합체가 되어야 하고 제후는 다시 가문(家)의 연합체가 되어야 한다. 소강사회는 가문을 기초로 하는 가산제적 사회구성체이다. 공자는 "천하는 모든 가문을 위한 것이 되었다"(天下爲家)라고 이야기했고, 맹자(孟子)는 "나라의 기본은 가문들에 있다"(國之本在家:『孟子』, 離婁 上篇)고 했다. 대동사회에서는 어질고 유능한 자를 지도자로 '선출'하였으나(選賢與能), 소강사회에서는 제후(王)와 가문의 장(族長)을 세습(世襲)을 통해 권력을 이양하는 것을 예로 삼았다(大人世及以爲禮). 이러한 세습체제를 안정시키고 제도화하기 위해서 현명한 군주는 예의를 만들어 기강을 세우고(禮義以爲紀), 강한 군대를 키우고(城郭溝池), 정전제(井田制)로 경제를 풍요롭게 하여(以立田里) 백성들을 보살핌으로써 백성들로 하여금 자발적으로 군주에 충성하게 하였다.

　가산제적 소강사회를 유지시키는 기본 원리는 예치(禮治)이다. 공자와 유가의 예치는 법가의 법치와 다르다. 공자는 극기복례(克己復禮)로 춘추시대의 천하대란을 수습하고 삼대의 작은 평화(小康)를 회복하고자 했다. 사를 버리고 공을 앞세우는 선공후사(先公後私)의 정신(克己)으로 난세에 무너진 주례(周禮)를 복원(復禮)하여야 한다는 것이다. 여기서 공자가 복원하려는 예치는 부부는 구별되어야 하고(夫婦別), 부자는 친해야 하고(父子親), 군주는 신하에 엄해야 한다(君臣嚴)는 정명을 통해 가산제적 신분과 직분을 엄격히 하는 삼정(三正)의 도덕률이다.[11] 예기에서 애공에게 공자는 가족을 기본으로 하는 가산제 사회에서는 삼정이라는 봉건적 도덕률로 나라를 다스리는 정치를 해야 한다고 가르쳐주었다. 그러므로 공자의 예치는 한비자와 상앙의 법가적인 법에 의한 지배(rule by law)와는 달리, 주례

---

11) 公曰 敢問爲政餘之何, 孔子曰 夫婦別 父子親 君臣嚴 三者正 則庶物從之矣, 『禮記』 "哀公問"

라는 봉건적 도덕률(moral code)에 의한 지배로 봉건적, 보수적 그리고 상고적이다.

맹자(孟子)는 공자의 삼정에 기초한 가산제를 신권(臣權)이 강화된 오륜에 기초한 가산제로 수정하였다.

사람에게는 도가 있다.

배부르고 등 따습고 빈둥거리며 배움이 없다면 금수에 가깝다.

성인은 이를 염려하여 설을 사도로 삼아 인륜으로 교화했으니

부자간에 사랑하고(父子有親)

군신 간에 의리 있고(君臣有義)

부부간에 분별 있고(夫婦有別)

장유 간에 질서 있고(長幼有序)

벗들 간에 신의 있게 (朋友有信) 했다. (『孟子』, 滕文公章句 上)[12]

맹자는 공자의 부자친(夫子親)과 부부별(夫婦別)을 그대로 두고 군신엄(君臣嚴)을 군신의(君臣義)로 바꿈으로써 군주와

---

12) 人之有道也 飽食煖衣 逸居而無教 則近於禽獸 聖人有憂之 使契爲使徒 敎以人倫 父子有親 君臣有義 夫婦有別 長幼有序 朋友有信, 『孟子』, "滕文公章句 上"

신하 간에 수직적 권력관계를 강조한 공자와 달리 군주와 신하 간에 수평적인 권력관계를 강조함으로써 신권주의(臣權主義)를 강화하였다. 맹자는 "등 따습고 배부른" 온포(溫飽)사회에서의[13] 인간은 아직 금수에 가깝기 때문에 윤리적인 존재로 발전하지 못했다고 하면서, 오륜을 통해서 인간들 간의 관계가 윤리적인 관계로 발전하여 인의의 정치사회가 될 수 있다고 선언하였다. 그러나 맹자의 오륜은 왕권보다 신권을 강조함으로써 '봉건적인' 가산제 질서를 더욱 강화했다는 비판을 받고 있다.

(4) 법가 한비자의 삼사(三事)와 절대주의 국가

반면에 한비자와 같은 법가들은 군주의 권력을 강화하고 수직적인 사회관계를 강화한 삼사론(三事論)을 제시하여 진시황이 통일한 진제국의 중앙집권적인 통치원리의 기본이 되었다. 한비자는 군주와 신민의 관계를 봉건적인 호혜관계가 아니라 수직적인 지배와 피지배의 관계로 보았다.

신이 듣기로는 신하는 군주를 섬기고(事君)

---

13) 맹자의 온포(溫飽)는 육체적으로는 필요를 충족시키고 있으나 아직도 윤리적으로 자아를 실현하는 (Sittlichkeit) 폴리스(polis)의 단계에 도달하지 못한 아리스토텔레스의 오이코스 (*oikos*)와 닮았다.

자식은 아비를 섬기고(事親)

처는 지아비를 섬긴다고 합니다(事夫).

이 세 가지를 따르면 천하가 다스려질 것이고

이 세 가지를 어기면 천하가 어지러울 것이니

이것은 천하의 상도입니다.[14)

한비자는 부부, 부자, 군신으로 이어지는 공자의 삼정의 순서를 군신, 부자, 부부로 뒤바꾸어놓았다. 한비자는 절대주의적인 충과 사를 봉건적인 효의 상위에 둠으로써 절대주의적 군주 통치의 이론적 기초를 쌓았다. 또한 중앙집권적인 통일 중국을 통치하기 위해 유가의 가산제적인 도덕률에 의한 지배보다는 법가주의적인 법치를 주장하였다.

(5) 전한(前漢) 동중서의 왕권신수설과 후한 반고의 삼강(三剛)

한비자와 진시황에 의해서 공자의 가산제는 쇠퇴하는 것처럼 보였다. 그러나 한고조에 의해서 중국이 재통일된 뒤 동중서(董仲舒)에 의해 공자의 삼정론이 삼강론(三剛論)으로 부활하였

---

14) 臣之所聞曰 臣事君 子事父 妻事夫 三者順則天下治 三者逆則天下亂 此天下之常道也 (『韓非子』, 忠孝, 기세춘, 『논어강의』, pp. 558–579)

다 그러나 한나라의 학자관료인 동중서에 의해 부활한 삼강은 공자의 삼정보다 한비자의 삼강과 더욱 닮아 있었다. 전한의 동중서와 후한의 반고(班固)는 유교를 하늘의 뜻으로 절대화하여 국교화하고 종교적 교리로 삼았는데, 동중서와 반고는 공자와 맹자의 도덕론적 삼정과 오륜을 왕권신수설과 같은 절대주의적 교리인 삼강으로 바꾸었다.

> 인의와 제도의 이치는 모두 하늘에서 취한 것이다.
>
> 왕도의 삼강은 하늘에서 찾을 수 있다…
>
> 하늘이 낳은 민의 성품은 본질은 선하지만 아직 선할 수 없다.
>
> 이에 왕을 세워 민을 선하게 하려는 것이 하늘의 뜻이다.
>
> 왕은 하늘의 뜻을 받들어 민의 성품을 이루도록 책임을 맡은 자다. (董仲舒, 『春秋繁露』, 권12, 基義)[15]

> 삼강은 무엇을 말하는가?
>
> 군주답고, 신하답고, 아비답고, 아들답고
>
> 지아비답고, 지어미다운 것을 말한다.

---

15) 仁義制度之數 盡取之天 王道之三綱 可求于天…天生民性 有善質而未善能 于是爲之立王以善之 此天意也 王承天意 以成民之性爲任者也 (董仲舒, 『春秋繁露』, 基義, 沈察名號, 기세춘, 『논어강의』, pp. 580-581)

그러므로 군주는 신하의 법이요, 아비는 아들의 법이요, 지아비는 지어미의 법이된다. (班固,『白虎通義』, 三剛六紀)[16]

요약하면, 공자는 대동사회를 꿈꾸었지만 현실적으로 실현가능한 차선적 사회로서 천하위가의 소강사회를 제시했다. 공자의 소강사회는 제후(王)와 가문의 장(族長)을 세습(世襲)을 통해 권력을 이양하는 세습체제였다. 이러한 세습체제를 안정시키고 제도화하기 위해서 군주는 예의를 만들어 기강을 세우고(禮治), 강한 군대를 키우고, 정전제(井田制)로 경제를 풍요롭게 하여 백성들로 하여금 자발적으로 군주에 충성하게 한다. 공자와 맹자의 가산제적 소강사회를 유지시키는 기본 원리는 예치(禮治)이다. 공자는 삼정이라는 도덕률로 예치를 실현하려 하였고 맹자는 공자의 가산제보다 더 수평적이고 신권주의적인 군신유의(君臣有義)를 핵심으로 하는 오륜이라는 도덕률로 예치를 실현하려 하였다. 그러나 공자와 맹자는 공통적으로 고대 중국의 봉건적 가산제 질서를 유지하여 작은 평화(小康)를 실현하려 했다.

---

16) 三綱者何謂也 謂君臣父子夫婦也 故君爲臣綱 夫爲子綱 夫爲妻綱 (班固,『白虎通義』, 三剛六紀, 기세춘, 『논어강의』, pp. 582–583)

그러나 법가주의자 한비자는 절대주의적인 충(忠)과 사군(事君)을 봉건적인 효(孝)의 상위에 둠으로써 절대주의적 군주 통치의 이론적 기초를 제공했다. 또한 중앙집권적인 통일 중국을 통치하기 위해 유가의 봉건적인 도덕률에 의해 지배하기보다는 법가주의적인 법치로써 통일 중국을 통치해야 한다는 주장을 함으로써 고대 중국의 유가적 가산제 이론 전통에서 예외(exception)를 만들었다. 그리고 전한의 동중서와 후한의 반고는 유가의 가산제 이론을 부활시키면서도 삼강론을 통해 유교를 하늘의 뜻으로 절대화하여 국교화하였고 왕권신수설과 같은 절대주의적 교리로 만들었다.

3. 베버의 가산제 이론

막스 베버는 가산제를 카리스마 체제에서 근대 관료제로 진보하기 위한 과도기적 체제로 보았다. 베버는 근대사회를 법적 그리고 합리적 정당성(legal rational legitimacy)이 지배하는 관료제 사회로 보았다. 이러한 근대 관료제 사회로 진화하기 이전에 존재했던 체제가 고대 '건국'시대의 카리스마 체제이고 건국의 아버지의 카리스마를 세습한 군주가 지배하는 체제가 가산제(patrimonialism)이다. 베버는 가산제를 가부장제

(patriarchism)의 일종이라고 하면서 가산제를 가부장제의 하위 개념으로 보았다. 베버는 중세 건국기의 신화적이고 주술적인 카리스마 체제가 '인적 결사체'(Personnen verbandstaat)와 세습제로 제도화된 가산제로 진화하였고, 1648년에 전 유럽이 체결한 베스트팔리아 체제 하에서 '인적 결사체'로서의 국가가 '제도화된 국가'(Anstaltstaat)와 '영토국가'(Flachenstaat)로 변환하면서 법적 지배와 합리성에 기반한 관료제 사회가 지배적 사회체제로 진화하였다는 방식으로 근대의 등장을 설명함으로써 근대사를 관료제로의 진화로 보는 진보사관을 피력하였다.

베버의 진보사관적 서술방식은 이상적인 요순삼대의 대동사회에서 출발하여 차선의 체제인 춘추의 소강사회로 추락하고, 소강사회가 타락하여 천하대란의 난세가 벌어진다는 일종의 플라톤적인 퇴화의 역사를 기술하고 있는 공자의 역사 서술과 대조적이다.

베버는 권력의 정당성(legitimacy)의 기초가 무엇이냐에 따라 지배체제를 구분하였다. 베버는 '발가벗은 순수 권력'(Macht)은 유효하고 지속가능한 지배권력이 될 수 없다고 보았다. 베버는 피지배자가 순응하고 인정하는 '권위 있는 권력'(Herrschaft)만이 지배권력이 될 수 있다고 보았다. 말하자면, 지배자의 권력과 도덕적 판단을 피지배자가 인정하고, 피지배자가 지배자의 권력 행사에 대해 순응하는 정당성(legitimacy)을 갖춘 권력이 지배권력이라는 것이다. 베버는 시민들이 인정하고 순응하게 하는 기본적인 권위(authority)의 원천은 '건국시대' 또는 종교 창시 시대의 카리스마(charisma)에서 출발하였다고 주장한다.[17] '건국의 아버지'의 영웅적 행동이나 종교 창시자의 주술적 카리스마가 세속적 피지배자와 종교적 추종자로 하여금 자발적으로 권위를 인정하고 순응하게 하는 원천이다.

(1) 카리스마

카리스마는 종교의 창시자나 건국의 아버지가 개인적으로 가지고 있는 특출한 특성과 자질로부터 나오는 권위이다.[18] 기독교의 창시자인 예수는 신으로부터 영적 카리스마의 은총을 선

---

17) 베버는 카리스마를 다음과 같이 정의한다. "카리스마는 특정 개인의 특출한 능력과 자질을 의미한다. 그는 보통 사람과 구별되는 덕성을 갖고 있으며 초자연적이고 초인간적인 특출한 권력과 자질을 보유한 자로 인정되고 받아들여진다. 이러한 능력과 자질은 보통 사람들은 접근할 수 없으며, 신이 부여한 능력으로 간주되거나, 개인들이 지도자로 받들어야 할 모범을 제공한다." Weber, Max (ed. by Talcott Parsons), 1947. *The Theory of Social and Economic Organization*: 358–359.

18) Weber, Max. 1978. *Economy and Society*: 241–242. 그리스어 카리스마(charima)는 '신의 손길'을 의미한다. 카리스마적 지도자는 선출된 리더가 아니라 '신의 지명을 받은 사람'이다(후쿠야마, 2011. 『정치질서의 기원』, p. 114). 마키아벨리는 비르투(*Virtu*, 국가 경영 능력)라는 개념을 사용했는데 베버의 카리스마와 유사한 개념이다.

물로 받았다.[19] 베버는 카리스마를 종교의 창시자가 신의 은총으로 부여받은 자질과 특출한 능력에 한정하지 않고 세속적 지도자의 특출한 능력까지 포함시켰다. 비상한 용기, 단호함, 자신감, 혜안, 활력을 가진 정치가, 장군, 예술가, 과학자가 가진 특출한 개인의 자질과 능력은 세속적 카리스마이다. 베버는 다양한 카리스마를 인정하면서도 종교적 카리스마나 세속적 카리스마를 보유한 지도자의 권위는 모두 법적 권위(*de jure* authority)라기보다는 실질적 권위(*de facto* authority)라고 주장했다.[20]

(2) 카리스마의 일상화(routinization of charisma)와 전통적 권위의 세습

종교의 창시자 또는 세속국가의 건국자 카리스마는 조직(교회, 국가) 내에 제도화됨으로써 '카리스마의 일상화'가 일어나고 '일상화된 카리스마'(routinization of charisma)를 세습한 후

---

19) 성경에는 하나님(성령)이 선물로 주는 은총으로 지혜, 지식, 믿음, 치유, 기적, 예언, 방언, 방언 통역을 들고 있다. (고린도 전서, 12장)

20) 베버는 호머의 아킬레스, 예수, 중국의 건국 황제들, 성 프란체스코, 솔로몬 왕 등을 카리스마 지도자의 예로 들고 있다(Weber, 1978:1111–1120). 베버의 카리스마와 유사한 비르투(Virtu)의 개념을 개발한 마키아벨리는 비르투를 가진 지도자로 모세, 다윗, 알렉산더 대왕, 키루스 대왕, 아킬레스, 로물루스, 시저 그리고 체사레 보르지아를 들고 있다.

계자가 반복적으로 지배하면 가산제(patrimonialism)로 이행하게 된다. 베버는 카리스마의 일상화에 의해 카리스마적 지도력이 일어나는데, 다양한 카리스마에 따라 다양한 형태의 카리스마의 제도화, 일상화가 일어난다고 이야기했다. 족장 카리스마(Gentilcharisma)는 가부장제로, 세습 카리스마(Erbscharisma)는 가산제로, 관직 카리스마(Amtscharisma)는 관료제로 변환한다는 것이다(Shils, 1973: 21; Weber, 1964: 775). 카리스마는 개인적으로 특출한 세속적 또는 영성적 능력에 기반하고 있기 때문에 원천적으로 불안정할 수밖에 없고, 카리스마적 권위가 안정적으로 유지되기 위해서는 종교적 추종자들의 안정적인 공동체나 정치적 추종자들의 정당 조직이나 다른 정치 조직에 의해 뒷받침되어야 한다. 순수한 카리스마적 권위는 국가를 건국하거나 종교를 창시할 때에 존재한다. 그러나 특출하지만 불안정한 카리스마 체제가 안정화되기 위해서는 카리스마의 권위가 전통(tradition)에 의해 뒷받침되거나 제도적으로 합리화(rationalization)되어야 한다(Eisenstadt, 1968: 54).

카리스마는 인적(personal)인 특출한 지도력에 기반하고 있기 때문에 카리스마 지도자가 그 특출한 지도력을 상실하거나,[21] 카리스마 지도자가 자신의 지도력을 세습하려 할 때, 카리스마 지배체제는 심각한 정당성(legitimacy)의 위기에 직면한다. 이러한 정당성의 위기에 대한 해결책으로 다섯 가지 해결책이 등장한다: (1) 카리스마를 가진 새로운 카리스마 지도자의 발굴; (2) 종교적 계시나 신탁(oracle)이 일러준 방식에 의해 선출된 법적 정당성을 획득한 지도자의 선택; (3) 시조 카리스마 지도자에 의한 후계자 지명; (4) 공동체에 의한 카리스마적인 지도력과 행정력을 갖춘 지도자의 지명 또는 선출; (5) 카리스마 지도자의 아들이나 인척으로의 세습(hereditary succession) 등이다 (Eisenstadt, 1968, pp. 55-56).

베버는 다양한 카리스마의 일상화를 통한 카리스마 이후의 체제 전환 중에서 특히 세습적 카리스마에 의한 가산제로의 체제 전환에 주목한다. 중세의 카리스마 체제 전환은 새로운 카리스마를 발굴하거나, 종교적 또는 세속적 카리스마를 가진 지도자를 선출하는 방식보다는 카리스마 지도자가 후계자를 지명하거나 자신의 아들이나 인척에게 카리스마를 세습하는 방식을 취한다. 카리스마 지도자로 지명되거나 카리스마를 세습한 후

---

21) 카리스마는 지도자의 개인적 자질이기 때문에 열성적인 추종자들에게 카리스마적인 자질, 은총의 징표를 보여주어야 하는데, 지도자가 이러한 자질과 징표를 보여주지 못하면 추종자들은 지도자가 카리스마를 증거해야 할 의무를 방기(dereliction of duty)한 것으로 받아들이게 되면서, 추종자들의 헌신과 열광은 배신감과 실망으로 바뀌고, 카리스마 지도자는 카리스마를 상실한다. Bendix, 1968, "Reflection on Charismatic Leadership," p. 620.

계자는 "카리스마의 일상화"라는 카리스마의 제도화를 통해 자신의 권위의 정당성을 건국의 아버지나 종교의 창시자의 카리스마에서 확보하는 '전통적 정당성'(traditional authority)을 구축한다.

(3) 가산제의 등장과 가산관료제

가산(家産, patrimony)은 아버지의 부동산을 의미하고, 가산제는 아버지의 부동산(국가, 종교)을 세습하는 것을 말한다. 가산제 국가는 카리스마 아버지의 권위를 물려받고 일상화함으로써 권력을 세습화한 국가이다. 베버는 가산제를 근대적인 관료제로 가기 위한 과도기적 체제로 보았다. 베버는 기본적으로 '강제적 조직'(Anstalt)인 근대 국가와는 달리 가산제 국가는 중세적인 동맹, 제휴, 결합을 통한 구체적으로 조직된 연합체(Vergesellschaftung, concrete consociation)라는 특징을 갖고 있다고 보았다. 따라서 가산제는 '인적 결사체'(Versonnenverbandstaat)라는 점과 가산제 군주가 권력을 가산화, 사유화한다는 점에서 근대적 관료제와 대비된다.

가산제는 행정 조직을 갖고 있다는 점에서 카리스마 체제와 비교해서 진화한 지배체제(domination)의 모습을 보인다. 베버는 가산제의 기본적 특징을 자의적 지배(arbitrary rule)와 신성화된 전통(sanctified tradition)으로 보았다. 가산제 행정에서 권위는 지배자의 자의적 결정에 의해 위임된다. 지배자는 일반적으로 수용되고 인정되는 법적 규범과 전례(precedents), 그리고 자의성(arbitrariness)에 의해 정책을 결정한다. 지배자의 가산 관리 충원은 공식적인 규정에 의해 제약받지 않으며, 항상 지배자의 은총과 시혜적 행위로 받아들여진다. 관직을 맡을 수 있는 질적 조건은 지배자의 개인적인 판단에 의해 결정된다. 관리에게 지급되는 금전적 보상은 영주의 개인적인 가계나 금고에서 나온다. 가산제하에서는 영주의 금고와 국가의 금고의 구별이 없다. 영주의 지갑이 곧 국가의 금고이기 때문이다. 가산제하에서 군주나 영주는 권력을 사유화하고 있기 때문에 관직을 자의적으로 그리고 변덕스럽게 이동시킨다. 가산제하에서 국가의 활동은 군주의 일방적 은총으로 받아들여진다.[22] 가산제 군주는 국가의 재산을 자신과 가문의 재산으로 간주하기 때문에 공공재 공급을 자신의 지갑에서 나가는 지출로 간주하게 되고 자연히 도로와 다리와 같은 사회 공공 인프라는 과소 공급되며, 공공 인프라를 제공하기 위한 국가 활동에 대한 공물을 백성으

---

22) 따라서 가산제하에서 국가의 공공재 공급은 사회적으로 최적 이하 수준에서 이루어진다. Przeworski, Adam. 1990. *The State and the Economy under Capitalism* (New York: Harwood Academic Publishers), pp. 52–57.

로부터 거둬들인다. 가산제 군주는 정부 행정을 지배자의 사적 지배영역의 연장으로 간주한다. 가산제 군주는 자의적이고 인치적(personal) 지배를 하며, 이러한 자의적이고 인치적인 지배를 영구적이고 신성화된 전통에 의해 정당화한다(Weber, 1978: 1022-1038). 이러한 가산제하에서 자의성이 극단적으로 발휘되면 가산제는 폭정(tyranny)으로 변하고 자의성이 어느 정도 제거되고 가산제 군주와 가신들 간의 호혜성이 강화되면 봉건제로 변모한다.

베버는 가산제가 법치주의, 관직과 관리의 분리, 익명주의, 합리주의, 능력주의, 사회로부터 격리(insulation)를 특징으로 하는 근대 관료제(bureaucracy)로 대체되면서 서구사회가 근대로 진입했다고 설명한다. 그러므로 베버의 가산제는 근대 관료제로 가기 위한 징검다리의 역할을 한다. 베버에 의하면, 근대 관료제는, 첫째, 명확하게 정의된 법적 권리와 의무, 고정된 규칙과 절차를 갖고 있다. 둘째, 직위(position)와 권위 간의 관계가 체계적으로 질서화되어 있고, 비공식적 흥정은 금지된다. 셋째, 임명과 승진은 계약에 의해 이루어지며, 계약을 통한 합의에 의해 규제된다. 넷째, 관료의 충원 조건은 행정 전문성(expertise)과 기술 훈련의 경험이다. 다섯째, 근대 관료는 고정적인 현금 봉급을 받는다. 여섯째, 관직(office)과 현직(incumbent)은 분리되고, 직위의 사유화는 금지된다. 일곱째, 공적 관료는 전업(fulltime) 정규직 근로자이다. 여덟째, 모든 기록은 문서화되며, 관료는 불편부당하게 규칙과 규정을 적용한다. 관료는 개인적 능력이 아닌 특정한 공직을 맡은 자로서 규정에 의해 행정을 처리해야 한다.

베버의 근대 관료제를 요약하면, 비인격적인(impersonal) 행정규칙의 지배이고, 정당하고 정통성 있는 법의 지배(rule of law)가 작동하는 행정이다. 이러한 익명성, 비인격성, 법의 지배를 가능하게 해주는 원리는 '격리'(insulation)이다. 근대 국가는 관료들을 사회적 이익집단의 영향력으로부터 격리시킴으로써 강력한 이익집단이 행정 집행에 개입하고 간섭하는 것을 차단하려 한다. 관료를 사회 구조로부터 효과적으로 '격리'시킴으로써 근대 관료로 하여금 법적, 제도적 합리성에 따라 불편부당하게 행정을 처리할 수 있게 할 수 있다는 것이 베버의 근대 관료제 이론의 핵심이다. 그러나 베버의 관료제는 규칙성, 격리성, 계산 가능성을 확보할 수 있으나, 지나치게 합리성에 매몰되어 형평성을 고려하지 않는다는 결함을 내포하고 있다는 비판을 받고 있다. 베버 자신도 지나치게 합리성에 매몰될 경우 '합리성의 철창'(iron cage)에 갇힐 수 있다고 경고하였다. 관료들이 기술 합리성에 따라 행동할 경우, 행정이 경직되고, 비인간적이 되며, 규칙과 법 규정에 모든 것을 맡김으로써 자기 혁신을 하지

못하고 행정의 동맥경화(sclerosis)를 초래할 수 있다고 지적하였다.[23]

　베버는 특출한 능력을 지닌 카리스마 지도자가 국가를 건설한 뒤 카리스마가 일상화, 제도화, 세습화되면서 '공권력이 사유화'되는 가산제가 서구 봉건사회에서 출현하였다고 한다. 베버는 가산제가 인격적 지배, 인치적인 자의성과 신성화된 전통과 전례에 의존하고 있다는 점에서 중세적인 전근대성을 벗어나지 못하고 있지만, 특출한 능력을 지닌 카리스마 지도자의 개인적인 국가 통치 능력에만 의존하는 카리스마 체제와는 달리 가산제 행정관리라는 스탭(staff) 조직을 갖추고 있다는 점에서 원초적 근대성을 가지고 있다고 하였다. 베버가 세 가지 이념형적 전통적 권위관계 중 가부장제(patriarchalism)와 술탄주의(sultanism)는 행정 스탭 조직을 갖추고 있지 않으나 가산제는 가부장제에서 분화했지만,[24] '확장된 가족'(extended family)을 관리하기 위한 연합조직(consociation)과 지배자의 온정주의적

---

23) Weber, 1978: 1403; Weber, Max (ed. by Richard Swedberg), 1999. *Essays in Economic Sociology*:110; "The Sociology of Max Weber", webcache. googleusercontent.com.

24) 베버는 가산제적 지배(patrimonial domination)는 기본적으로 가부장제의 분화된 형태로서 오이코스(oikos, 가정관리)에 기초하고 있는 지배체제로 보았다 (Weber, 1978: p. 1010).

권력(paternal power), 그리고 전문적인 관리집단조직, 조직화된 행정, 그리고 관리들 사이의 적절한 기능적 분업이 있었다.[25]

가산제가 발전하면서 지배자는 점점 더 전문적인 행정가가 필요하게 되었고 이러한 필요가 기술 관료적 스탭을 갖춘 근대 관료제 행정을 발전시켰다(Weber, 1978: 1028). 따라서 가산제는 체계적인 조세와 금융 합리화를 담당할 합리적 관료제 행정을 발전시키려는 경향을 촉진하였다(Weber, 1978: 1028). 말하자면, 가산제의 지양에 의해 집단주의와 특혜주의와 같은 가산제 관리조직의 효율성 제고를 저해하는 장애물이 제거되면서 근대 관료제가 발전하였다. 관료제하에서 행정 스탭들은 가산군주의 사적인 인적 집단의 소속이 아닌 기술적 자질과 전문성에 따라 충원된 관료집단의 구성원들이 되었다.

(4) 가산제(patrimonialism)와 봉건제(feudalism)

베버는 봉건제를 가산제의 보완적인 개념으로 보았다. 말하자면, 중세에서의 권위관계를 설명하는 두 가지 접근방식으로

---

25) Weber, 1978: 1025. 물론 가산제적 관리 조직(patrimonial officialdom)은 근대 관료제에서 보는 익명적 목표와 추상적 규범에의 복종 같은 특징은 없었고, 엄격하게 개인적 충성에 기초하고 있었다. 베버는 가산제 관리들은 규칙과 규정에 따라 자신의 의무를 수행하지 않고, 즉흥적(ad hoc) 결정, 특혜, 특권 그리고 개인적 연줄에 따라 행정을 집행하였다고 이야기하였다(Weber, 1978: 1041).

보았던 것이다. 가산제는 중세에서의 권위관계를 군주의 시각에서 접근한 개념이고, 봉건제는 봉건 귀족의 시각에서 접근한 개념이다.[26] 막스 베버는 가산제를 '군주의 시각'에서 중세 유럽의 권위관계를 보는 개념이고, 봉건제는 '봉건 귀족의 시각'에서 중세적 권위관계를 보는 개념이라고 하였다.[27]

가산제하에서 군주는 사법적 관할영역(jurisdiction)을 확장하여 신법에 의해서만 제한되는 절대적인 세속적 권위를 보유한다. 가산 군주는 가부장적 지배자(patriarch)로서 자신의 백성들에게 절대적인 세속적 권위를 가지며 동시에 자신의 가족인 백성을 보호해야 할 책임을 진다. 가산 군주는 신에 의해서 신성화된 권력과 권위를 수임 받았기 때문에 군주의 권위는 절대적이다. 그러나 바로 그 이유로 군주는 하나님의 법(divine law)에 의해 제약받아야 한다. 하나님으로부터의 권위와 권력의 수임은 가산 군주의 정통성의 근원인 동시에 가산제 군주의 권위를

---

26) Bendix, Reinhard. 1977. *Nation-Building and Citizenship* (Berkeley: University of California Press), pp. 39–48. 베버의 가산제와 봉건제 접근방법은 마키아벨리의 접근방법과 유사하다. 마키아벨리는 근대 국가(lo stato)의 형성을 『군주론』에서는 '군주의 시각'(ex parte principis)에서 설명하였고 『로마사 논고』에서는 '민중의 시각'(ex parte populi)에서 설명하였다.

27) Weber, Max. 1978; Jacobs, Norman. 1985. *The Korean Road to Modernization and Development* (Urbana, IL: University of Illinois Press), pp.1–5.

제약하는 요인이다.[28] 봉건 영주는 봉건 귀족과 상호 호혜적인 충성과 봉토(fief)라는 물질적 지대를 교환하는 반면, 가산 군주는 배려, 은총, 시혜로서 봉록(prebend)이라는 봉급을 봉건 귀족과 가산제 관리에게 하사한다.

반면에 봉건 군주와 영주는 봉건 귀족(가산제 관리, 기사)과 부르주아지와 협약, 차터(charter), 특허권을 통해 특권(privileges), 관직(offices), 면책권(immunities), 자유(libeties), 법인체(incorporates), 독점권(monopolies)을 팔거나 부여하여 다양한 호혜적인 후원–수혜관계를 맺는다. 봉건제하에서 가신(vassal)은 가산 군주에게 충성을 맹세하고 봉사의 의무를 인정하는 대신, 군주는 가신에게 봉토를 하사하고 면책권(immunity)을 보장하며, 하사받은 봉토 내에서 재판권과 징세권을 자율적으로 행사할 수 있는 특권을 부여한다. 이러한 가신과 교회의 봉건적인 관할권 행사의 자율성은 가신의 '봉건적 권리의식'과

---

28) 중국의 천자(天子, son of heaven)도 가산제적 개념을 내포하고 있다. 천자는 초월적 권력(天)에 의해 신성화된 권위를 갖는다. 천자는 중세 유럽의 가산 군주와 같이 자의적 지배권을 보유하고 있으나 하늘의 도(道)라는 상위 법(higher law)에 복종해야 한다. 그러므로 천자의 권력은 자의적이나 절대적이지 않다. 천자는 평화와 백성의 복지를 실현해야 할 책임을 진다. 그렇지 못할 경우 천자는 스스로 책임을 지고 비난을 받으면서 하늘에 길을 묻는 기우제와 같은 의식을 거행해야 한다(Bendix, 1977: pp. 40–41).

교회의 세속권 행사를 강화하였다.

가산제와 봉건제는 논리적으로는 양립할 수 없는 중세 유럽의 권위관계 원리였으나, 실제로 중세 유럽에서는 이러한 두 원리 간의 갈등과 타협이 있었고 그 결과 가산제적 관할 영역과 봉건제적 관할 영역 간의 분할과 중복이 동시에 일어났다.[29] 가산제와 봉건제적 권위의 분할과 중복은 가산제와 봉건제를 상호 보완적인 관계로 만들었다. 가산제와 봉건제는 독립적이고 독특한 중세의 권위관계가 아니고 중세의 권위관계의 부분적 특징을 설명한다고 볼 수 있다. 가산제적 권위관계는 일방적인 가부장제적 권위관계에서 지배자와 피지배자의 호혜적 의무와 복종의 권위관계로 진화한 권위관계였다. 반면에 봉건적 권위관계는 가산제보다 더 분산적이고 호혜적인 봉건 귀족 중심의 권위관계였다. 베버는 가산제하에서 권위는 가산 군주와 그에 복종하는 가산 관리에 의해 행사되고, 봉건제하에서는 봉건 가신에 의해 행사된다고 하면서도, 가산제는 봉건제의 제도적 측면을 공유하고 있고, 봉건제는 가산제적 측면을 공유하고 있다

---

29) 조선 건국 시의 정도전의 신권주의와 태종 이방원의 왕권주의 간의 갈등은 중세 유럽에서 권위의 관할영역을 둘러싼 갈등과 비슷한 양상을 보인다. 정도전의 신권주의가 봉건 귀족 우위의 봉건제적 권위관계를 대표한다면, 태종 이방원의 왕권주의는 가산 군주 우위의 가산제적 권위관계를 대표한다고 볼 수 있다.

고 하였다.[30] 가산제하에서 영지의 지배권은 군주가 세습에 의해 획득하지만, 군주가 봉건 토지 귀족에게 하사하는 봉토라는 '봉건제적' 측면이 있고, 봉건제하에서도 봉토가 일정 부분 가산 관리에 의해 중앙집권적으로 관리되는 '가산제적' 측면이 있다는 것이다. 베버는 일반적으로 가산 관리들은 대부분 봉건 귀족가문 출신들이어서 자신들의 영역에 대한 자율적 관할권을 요구하였고, 봉건 귀족들은 봉건 관할권의 자율성을 주장하면서도 가산 군주가 제공하는 국가 서비스에 많이 의존하였다고 했다. 중세의 다양한 계약적 의무와 정교한 이데올로기가 가산제와 봉건제 간의 보완적 지배방식을 뒷받침해주었다(Bendix, 1977: 360-369).

요약하면, 베버의 가산제 이론은 중세 유럽의 정치체제를 설명하는 데 있어서 모범이 되고 있다. 베버는 가산제가 인적 결사체(Personnenverbandstaat)이며 법치주의와 관료제로 '제도화된 국가'(Anstaltstaat)와 영토국가(Flaschenstaat)의 특징을 갖고 있는 근대 국가 이전에 출현했던 전통적 권위체라고 주장했다. 말하자면, 베버는 관료적 근대 국가 이전에 존재했던 정치체제

---

30) Weber, Max, 1964. *Wirtschaft und Gesellschaft*: 737; Bendix, 1977, *Max Weber: An Intellectual Portrait* : 368.

가 가산제라고 하면서 가산제의 전근대성, 전통적 성격을 강조하였다.

(5) 베버의 가산제 이론 비판

베버는 기본적으로 헤겔리안적인 진보 역사관에 충실했다.[31] 베버는 서구 중심주의의 입장에서 국가의 역사가 건국의 아버지나 종교 창시자의 특출한 인적인 능력에 의존하는 카리스마 지배체제에서 카리스마의 일상화와 세습화를 통해 인적인 카리스마 지배가 제도화된 '인적 결사체'(Personnenverbandstaat)인 가산제로 진화하였고, 전통적인 가산제는 산업화와 관료화로 '기계같이'(machine-like) 작동하는 '법적-합리적인'(legal-rational) 근대 관료제로 진화했다는 진보사관에 입각한 관료제 이론을 개진하였다.

이러한 단선적, 진보사관에 의거한 베버의 가산제와 관료제 이론에 대해 루돌프 부부(Lloyd and Sussane Rudolph) 교수는 전통적 권위관계와 근대적 권위관계라는 비동시적 시간이 동시적으로 공존하는 '비동시성의 동시성'의 시각에서 비판하였

---

31) 듀아라(P. Duara)는 베버가 역사를 단선적인 진화 과정으로 보는 헤겔리안적 진화사관을 추종했다고 주장한다. Duara, Prasenjit, 1995. *Rescuing History from the Nation.*

다.[32] 루돌프 부부 교수는 맑스와 베버의 진화론적 진보사관을 비판하면서 인도의 카스트(caste)와 같은 전통적 권위관계가 근대성을 갖고 있어서 인도의 민주주의에 기여했다는 '전통의 근대성'(modernity of tradition)을 주장했다.[33] 루돌프 부부 교수는 베버가 가산제와 관료제를 단순하게 대비시키면서 근대화의 역사는 가산제에서 관료제로의 진화를 의미한다면서 관료제의 우월성을 주장했다고 했다. 그런데 루돌프 부부 교수는 베버가 서구문명의 역사적 보편성과 우월성을 주장하는 서구 중심주의 시각에서 관료제의 우수성을 과장하였고, 서구 국가들이 근대화되는 과정에서 전통적 가산제와 근대적 관료제의 결합이 중요한 역할을 했다는 것을 경시하였다고 비판하였다.[34] 루돌프 부부 교수는 가산제와 관료제를 이분법적으로 대비하면서 역사

---

32) Rudolph, Lloyd and Susan Rudolph. 1979. "Authority and Power in Bureaucratic and Patrimonial Administration," *World Politics*. Vol. 31 (2); '비동시성의 동시성' 개념에 관해서는 임혁백. 2014. 『비동시성의 동시성』: 40–48.

33) Rudolph Lloyd and Susanne Rudolph. 1984. *The Modernity of Tradition*.

34) 루돌프 부부 교수는 규율에 따라 '기계와 같이' 움직이는 프러시아 독일의 군사적 관료 시스템을 모델로 삼아 관료제 이론을 정립하였다고 주장한다. 필자는 메르켈 하이델베르크 교수와의 대담에서 루돌프 교수의 주장을 뒷받침하는 언급을 들었다. 메르켈 교수는 베버가 엄격하고 규율이 강한 프러시아 관리였던 부친에게서 관료제 이론의 모델을 찾았고, 독실한 칼뱅교 신자인 어머니로부터 『프로테스탄트 윤리와 자본주의 정신』의 모델을 찾았다고 이야기했다. Wolfgang Merkel 하이델베르크 대학 교수와의 대담(2006).

는 가산제에서 관료제로 진화했다는 베버의 주장은 수정되어야 한다고 주장한다. 전통적인 가산제에서 관료제의 요소를 발견할 수 있고, 근대적 관료제에서 전통적인 가산제 요소를 발견할 수 있기 때문이라는 것이다. 대륙국가인 프랑스와 프러시아 독일에서는 관료제적 요소가 가산제적 요소를 압도하고 있으나, 당시 가장 근대화된 영국과 미국에서는 관료제가 대륙국가보다 덜 발달하였고 여전히 봉건적이고 전통적인 가산제적 권위관계가 지배하고 있었다는 것을 발견할 수 있다는 것이다. 프러시아의 관료제는 17세기 말부터 유럽 열강과의 경쟁에서 살아남기 위해 전 사회를 군사화시키는 과정에서 제도화되었다는 것이다. 프러시아의 관료제를 특징짓는 중앙집권화, 전문화, 형식적 합리성에 기초한 위계조직과 강한 규율은 군사국가인 프러시아 독일의 군사적, 법적 기구와 제도를 반영하고 있다는 것이다. 그러나 유럽의 근대화 1세대 국가인 영국에서는 가산제적인 로마민법의 전통과 근대 관료제를 결합하여 근대적인 권위관계를 발전시켰다는 것이다.

베버가 프러시아 관료제를 이념형으로 하여 근대적인 관료제 모델을 개발할 당시 유럽의 패권국가는 영국이었다. 그런데 가장 근대화된 영국에서는 가산제적 요소가 강하게 남아 있었다. 베버는 영국이 기술적으로 우월한 관료제를 가장 느리게 발전시킨 것은 잔존하고 있는 가산제적 요소 때문이었다고 주장한다.[35] 루돌프 부부 교수는 이러한 베버의 주장은 당시 영국이 세계 최고의 산업국가 자리를 1세기 동안 유지했다는 사실을 설명해주지 못한다고 비판하면서, 영국이 프랑스와 프러시아에 대해 우위를 유지할 수 있었던 것은 가산제적인 문민주의적("civilian") 아마츄어주의, 일반 교양교육을 받은 박학다식한 토지 귀족, 젠트리, 길드의 역할과 특수 분야의 전문가보다는 분권적이고, 합의주의적(collegial)이고, 차터(charter)적인 공무원과 회사 경영인들이 있었기 때문이라고 주장한다. 말하자면, 영국을 유럽 최초, 최고의 근대 국가로 만든 것은 관료제적 요소보다는 가산제적 요소라는 것이다. 영예, 의무, 예절, 매너를 중시하는 영국의 가산제 문화가 병영의 규율, 법, 질서, 명령, 전문성과 같은 권위에 기초하고 있는 프러시아의 관료제 문화에 대해 우위에 있었기 때문에 영국이 최초의 근대 국가가 될 수 있었다는 것이다.

　루돌프 부부 교수는 베버가 가산제와 관료제를 전통과 근대라는 이분법적으로 개념화한 뒤, 근대화를 이루기 위해서는 전

---

35) Weber, "Bureaucracy" in H. H. Gerth and C. Wright Mills, 1946. *From Max Weber*: 228.

통적 가산제를 극복한(Aufheben) 바탕 위에서 근대적 관료제를 발전시켜야 한다는 진보사관에 입각해서 가산제에서 관료제로의 진화를 설명하려 하고 있다고 주장한다. 그러나 루돌프 부부 교수는 관료적 병리현상과 갈등을 해결하기 위해서는 오히려 전통적 가산제에서 해답을 찾아야 한다고 주장한다. 관료 조직의 역기능, 병리현상을 전통적인 가산제에 내장되어 있는 근대성으로 치유하여 좀 더 효과적인 행정 조직으로서의 관료제를 발전시켜야 한다는 것이다(Rudolph and Rudolph, 1977: 217-227).

4. 베버의 중국 가산관료제론과 그 비판

베버에게서 중국은 근대 유럽(특히 독일)과 날카롭게 대비되는 '절대 타자'(absolute 'other')이다. 서구가 합리성의 화신이라면 중국은 비합리성을 대표한다는 것이다. 베버는 여러 저작에서 중화제국들이 가산관료제를 갖고 있었다고 인정한다. 베버는 중화제국이 "가장 완벽하게 근대적, 평화적, 그리고 관료적인 사회를 대표한다"고 했다(Weber, 1978: p. 1050). 베버는 중국의 과거시험 제도와 관리 평가시스템에서 근대적인 관료시스템을 발견하였다. 베버는 중국은 개인적 특혜와 은혜에 기초한 가산제 관리의 충원과 평가방식과 급진적으로 대조되는 관료적 객관성(objectivity)을 실행하고 있었다고 평가하기도 하였다(Weber, 1978: pp. 1048-1049).

그러나 베버는 유럽의 관료제와 중국의 가산관료제는 기본적으로 다른 원리에 기초한 가부장주의(patriarchalism)에서 출발하여 역사적으로 다른 가산관료제와 근대 관료제를 발전시켰다고 주장했다. 베버는 서구에서 초월적 종교인 기독교, 근대 국가와 자본주의 정신은 가부장주의를 약화시키고 해체하였으나, 중국의 경우 효(孝, hsiao)에 기반한 가부장 지배를 강화하였다고 했다.[36] 중국의 효와 로마의 '가부장 권력'(patria potestas) 개념은 중국과 유럽의 가부장제의 유사성과 차이점을 동시에 보여준다. 로마의 가부장 권력(patria potestas)은 가족에 대한 가부장의 권력(potestas), 토지와 노예에 대한 가부장의 지배권(dominium)을 의미한다. 가부장은 가계(lineage) 구성원의 결혼과 이혼, 토지 소유, 노동력, 사법정의에 대해 '절대적 권위'를 갖고 있다(Hamilton, 1990: 81-82). 근대 유럽에서 기독교가 발흥하고 로마가 몰락하자 개인주의가 발달하여 가족과 대가계

---

36) Hamilton, Gary G., 1990. "Patriarchy, Patrimonialism, and Filial Piety: A Comparision of China and Wester Europe," *British Journal of Sociology*, Vol. 41(1), p. 88.

(patrilineal)적 특성이 약화되고 '가부장'은 여자에 대해 군림하는 남자의 자의적인 권력과 동의어가 되었다(Hamilton, 82).

중국의 가부장은 모든 가족 구성원에 대해 절대적 권위를 갖고 있었다. 가부장은 가정의 경제와 재정권을 갖고 있었으며, 조상에 대한 제사 집행권을 갖고 있었다. 조상에 대한 제사권은 부계 가계(patrilineage)의 영속화와 연대를 위한 가부장 권위의 핵심적 요소였고, 이러한 가부장의 권위는 법에 의해 인정되고 보장되었다(Hamilton, 1990, p.83).

중국의 가부장제의 원천인 효(filial piety)와 로마와 중세 유럽의 '가부장 권력'(*patria potstas*)은 상이성보다는 유사성이 많은 개념이었다.[37] 효는 가족관계에 의해 자연적으로 형성된 가부장의 의사(will)에 대한 가족 구성원의 복종의 의무(duty of submission)인 데 반해, '가부장 권력'은 가족 구성원을 지배할 수 있는 가부장의 '권력'(potestas)을 의미한다. '가부장의 권력'은 '아버지의 권위 있는 권력'을 강조하는 반면, 중국의 효는 '자식의 의무와 복종'을 강조한다(Hamilton, 1990, p.84). 중국과 유럽의 가부장제는 비슷한 개념에서 출발했으나 중국에서는 가

---

37) 베버리안인 해밀턴은 로마의 '가부장 권력'(patria potestas)과 중국의 효(hasio)는 상호 보완적인 '동전의 양 닢'과 같은 개념이라고 했다(Hamilton, 1984: p. 407).

부장제가 최고도로 발전한 반면, 유럽에서는 초월적인 기독교가 출현하여 가부장 지배의 족쇄를 풀어버렸다. 중국에서는 조상 숭배와 제사가 주술과 정신세계를 지배하였고, 조상 숭배는 가족의 유대를 강화하는 이념이 되었다. 가부장제의 정신이 동심원적으로 확장되어 가족, 가계, 씨족, 국가를 지배하는 원리가 되었다(Hamilton, 1990, p.88). 근본주의적 신유교주의자인 주희는 근본주의적 가부장제의 원리인 삼강오륜은 부자, 군신, 형제, 부부, 붕우 관계가 인간의 본성에 내장되어 있으며, 삼강오륜 관계는 천지(天地)로부터 이탈할 수 없는 우주의 기본원리라고 하였다. 효는 단순히 아버지에 대한 아들의 복종의 의무만을 규정하는 것이 아니고 평민에서부터 귀족, 학자관료 그리고 천자(tien-tzu, 天子)에 이르기까지 모든 구성원의 도덕적 표준을 규정하였다. 중국에서는 모든 사람이 처음부터 끝까지 효를 추구하지 않으면 부패와 무질서가 뒤따라 재앙을 초래한다고 믿고 있었기 때문이다.

베버는 근본주의적 효에 기초한 가부장제 질서가 지속되어 중국의 근대화가 지연되었고 중국의 정체를 초래한 데 반해, 로마의 '가부장 권력'에 기초한 가부장제는 민법과 같은 익명적인 로마법의 출현에 의해 쇠퇴했고, 중세 유럽의 초월적인 기독교의 등장으로 약화되어 가산제와 가산관료제로 진화하였고, 궁극적으로 법적, 합리적 원리에 기초한 근대 관료제 국가가 출현하였다고 하였다.

그러나 네오 베버리안 수정주의자인 해밀턴(G. Hamilton)에 의하면, 베버는 『유교와 도교』에서 중화제국의 관료제적 요소를 인정하면서도, 대부분의 경우 중국의 가부장제(patriarchalism)적 측면에 초점을 맞추었다고 하였다.[38] 베버는 중국에서 합리적인 관료제가 발전하지 않은 이유를 다음과 같이 설명하였다(Lai, 2015: 251). 첫째, 진과 한이 중국을 통일하면서 제후국가 시스템이 사라졌고, 제국을 위협하는 이민족의 침략이 부재함으로써 권력을 합리화하려는 인센티브가 없어졌다. 둘째, 광대한 제국의 영토에 비하여 중국 관료기구의 규모는 턱없이 작아서 중앙집권적인 통치를 할 수 없었다. 셋째, 지방 관리와 자율적인 지방 호족들은 서로 경쟁하고 협력하면서 전통적인 지배를 유지하였다. 넷째, 중국의 관료집단은 서구의 관료집단과 다른 정신에 의해 움직였다. 중국의 관리집단은 합리적인 전문가 집단인 서구의 관료와 비교하여 볼 때 학자관료(scholar-officials)로서 유교의 고전 교육을 중시하는 일반교양주의자

---

38) Weber, Max, 1991. *Konfuzianismus und Taoismus*: 68, 78, 101, 105, 130, 131, 151.

(generalist)였다. 다섯째, 중국은 사서오경과 같은 유교 고전을
'신성한 경전'으로 만들어 중국제국의 정통성의 원천으로 삼았
다. 이러한 전통주의(traditionalism)는 필연적으로 중국 가산제
관료들의 합리주의를 제한하는 결과를 가져왔다.

　베버는 중화제국에서 나타난 관료제는 법적, 합리적 관료제
가 아니라, 비합리적인 가산 관료제(patrimonial bureaucracy)였
다고 결론내렸다. 가산 관료제(patrimonial bureaucracy)는 가산
제적 지배와 관료적 지배의 혼합된 지배체제였다. 중국에서는
군주가 반형식주의적(de-formalization)이고 반규정주의적(de-
rule oriented)으로 자의적 통치를 하는 가산제적 지배의 특징
과 지방 관리가 황제의 지방 대리인으로서 절대적이고 무제한
적인 권력을 행사하는 가산관료제적 특징이 있었다(Lai, 2015:
45-46). 이러한 중국의 가산관료제는 가산제적 요소와 관료제
적 요소가 '역설적으로 동조'하고 있는 지배체제였다.[39] 가산 군
주는 지방 관료들이 자율적인 관리 신분계급으로 상승하여 군
주의 권익을 위협할 것을 두려워하였기 때문에 가산 관리들의
관료화를 억제하였고, 반면에 많은 가산 관리들은 '가부장적 관

---

39)　Huang, Philip C. C., 1996. *Civil Justice in China: Representation and Practice in the Qing* : 231.

리'(father-mother officials)의 멘탈리티를 가지고 백성들에 대해서 실질적 공정성과 복지를 책임지는 '전지전능한 가부장'의 역할을 수행하려 하였다. 이러한 가산 군주와 가산 관리의 역설적 동조는 자의적인 정의(khadi justice)도 합리적인 관료제도 실현하지 못했다. 그 결과 중국에서는 법적, 합리적 지배원리에 기초한 관료제를 발전시키지 못했다. 중국의 가산 관료들은 '순수 관료제'의 관료들의 특성을 공유하고 있지 않았다(Lai, 2015, p.46).

중국의 막스 베버 연구가인 준난 라이(Junnan Lai) 교수는 베버가 '보편적 가치가 있는 역사는 서구의 역사'라는 서구 중심적 역사관을 갖고 있었고, 이러한 베버의 서구 중심적 역사관은 서구의 관료제는 보편적 합리성을 갖춘 관료제이며, 이러한 서구의 보편성을 갖추지 못한 관료제가 중국의 가산관료제라는 오리엔탈리즘을 보이고 있다고 비판한다. 베버의 헤겔리안적 역사관은 '조숙하고 정체된' 중국을 세계의 합리화 역사의 시작에 놓고, 서구(특히 독일)를 합리화 역사의 최종 과정에 놓는다.[40] 베버는 서구의 가산관료제는 가산제와 관료제의 요소가 혼합되어 있어서, 근대적인 법적 지배의 합리성을 갖고 있으면서 동시에 전통적 지배의 '자의성'으로 고통받고 있었다고 설명한다. 이에 대해 라이 교수는 베버가 중국의 가산관료제를 설명하면서 가산제적 요소를 강조하면서 중국의 가산관료제에 내장된 관료제적 요소에 대해서는 침묵하였다고 비판한다(Lai, 2015, p. 50)

베버는 근대의 여명 전까지 중화제국은 가산제 이전의 가부장제에 머물러 있었기 때문에 역사의 진보에서 정체되어 있었다고 주장한다. 베버는 중국의 가산관료제가 합리적 법체계, 근대 자본주의 제도, 강력한 전문적인 법관직업을 만들어 내지 못하고, '신성한 전통'(sanctified tradition)에만 의존함으로써 '합리성의 법칙'에 기반한 국가 행정 조직을 발전시키지 못했다고 주장했다. 중국의 일상적 행정과 사법은 비합리적이었다. 반형식주의적(anti-formalistic) 가부장적 사법 집행은 절차적이 아닌 실질적인 공정성을 추구하였고 '공식적인 전례들'을 배제한 자의적이고 반규정지향적이었다는 것이다(Weber, 1991: p. 140).

베버에 의하면, 중국의 가부장제가 가장에 대한 가족의 의무와 복종을 강조하는 효에 기반하고 있었고 서구의 가부장제는 '가부장의 권력'을 강조하는 로마의 가부장제에 기원하고 있었

---

40) 헤겔은 『역사철학』(Philosophy of History)에서 신의 의지(God's will), 절대정신과 자유의 실현이라는 세계 역사는 중국에서 시작하여 독일 민족에서 끝난다고 했다. Hegel, Georg W. F., 1900. The *Philosophy of History* (New York: Colonial Press)

다. 서구의 경우, 로마법의 출현과 개신교의 융성으로 전통적인 '아버지의 권력'의 자의성이 약해지고 가산 관리의 힘이 강해지면서 가산제로 대체되었고, 근대 군주가 등장하여 전통의 족쇄를 파괴하면서 정치결사체의 법적 합리성이 강화된 근대 관료제로 진화하였으나, 중국의 경우, 전통의 족쇄를 파괴할 세력이 나타나지 않았고, 효에 기반한 가부장적 질서가 동심원적으로 확장되어 천자를 정점으로 하는 가부장제가 근대에까지 일관성 있게 유지되었다.[41] 중국에서 사법과 행정의 경계가 없는 전통적 가부장제의 지속은 보편적 역사의 종점인 법적, 합리적 관료제로의 진화에 장애가 되었다.

해밀턴은 베버가 중국을 가부장적 지배의 극단적 형태라고 했다면서 베버의 가산제 이론을 좀 더 본격적으로 비판한다.[42] 베버는 서구의 경우, 가부장제에서 가산제로, 그리고 최종적으로 법적, 합리적인 근대 관료제로 진화하였으나, 중국의 경우, 역사의 진보 없이 공자시대에 출현한 가부장제가 석화(ossify)

---

41) Weber, Max, 1964. *The Religion of China* (New York: Free Press), pp. 61–62.

42) Hamilton, Gary, G., 1984. "Patrimonialism in Imperial China and Western Europe: A Revision of Weber's Sociology of Domination," *Theory and Society*, Vol.13(3), p. 402.

되어 고대 가부장제의 시간에 고착화된 정체의 역사라고 서술하고 있다. 베버는 중국의 가부장제에서 종교, 법, 정부에 있어서 가족의 우두머리인 가부장이라는 개인이 가계와 국가의 행정, 의식, 재판에 대한 '자의적 권력'을 보유하고 있다고 했다. 베버는 중국의 가산제하에서 유교 학자관료(literati)라는 신분 집단의 존재와 원로 장로귀족과 군왕 간의 권력투쟁이 있었다는 것을 인정하나, 지방 명망귀족 권력에게 제한적으로 관직을 할당하였고, 제한적인 후원수혜를 인정하였으며, 관직의 독점은 거의 인정하지 않았다고 했다(Hamilton, 1984, p.403).

이러한 베버의 가산제적 정체사관에 대한 반론도 만만치 않다. 대표적으로 해밀턴(Hamilton, Gary), 홀쯔만(Holzman, Donald), 슈 다우린(Hsu, Daulin)은 효가 중국의 가부장적 질서에서 차지하는 비중은 베버가 이야기하고 있는 것처럼 절대적이지 않았다고 주장한다.[43] 공자는 효를 기본적으로 부친, 군주, 남편에 대한 무조건적인 복종이 아니라 질서 있는 관계를 유지하기 위한 충성(loyalty)으로 보았고, 한나라의 유학자들이 유교

---

43) Holtzman, Donald, 1980. "Fileal Piety in Ancient and Early Medieval China: Its Perennity and Its Importance in the Cult of the Emperor," unpublished manuscript; Hsu Dau-lin, 1970-1971. "The Myth of the 'Five Human Relations' of Confucius," *Monumenta Senica*, Vol.29, p.31.

질서를 삼강오륜으로 체계화했을 때, 효는 삼강오륜 질서를 관통하는 원리가 아니라 다양한 원리 중의 하나에 지나지 않았다는 것이다. 남송시대에 주희를 중심으로 신유교학자들이 윤리적 도덕률(ethical codes)의 표준을 정립하면서 인의예지신(仁義禮智信)이라는 오상(五常)의 덕성을 계발하였고, 부자, 군신, 형제, 부부, 붕우 간의 복종, 충성, 의무가 '자의적으로' 이루어지는 것이 아니라 오상의 덕성에 따라 원리적으로 이루어져야 한다는 신유교(neo-Confucianism)를 정립하였다. 신유교는 현세에서의 지위를 고정시키고, 그 지위에 대한 도덕적 의무와 의무 위반에 대한 처벌을 고정시켰다.

이러한 신유교의 유산에 의해 송대 이후 명청(明淸)시대에 '가부장'은 많은 자의적 권력을 상실하였다. 아버지는 자의적으로 아들의 의무를 이야기할 권리가 없었으며, 자신의 의지와 상관없이 관습에 고정되어 있고 법에 명시되어 있는 '불효'의 기준에 따라서 아들의 불효를 처벌할 수 있었다.[44] 명청시대의 아버지와 군주에 대한 충성은 개인적인 충성(personal loyalty)이 아니라 신유교적 가산제적 질서가 개인에게 부여된 역할을 받

---

44) Hamilton 1984: 417. 이는 명청시대에 "가부장제하에서는 사법 집행이 가족의 문턱을 넘지 못하고 끝난다"는 베버의 주장과는 다르게 가부장제의 도덕률이 규정화(codified)되어 있었다는 것을 보여준다.

아들이면서, 상징과 철학적 원리에 대한 비인격화된 '제도적 충성'(allegiance)이었다. 명청시대에 개인적 충성에서 제도적, 상징적 충성(allegiance)으로 변환함에 따라 사회는 점점 더 개인화되었고, 효의 개념도 인적인 충성에서 특정한 역할과 지위에 대한 충성으로 변모하였다. 지배자의 역할은 표준화된 피지배자의 의무를 설정하는 것으로 바뀌었다. 그 결과 지배자의 자의적 권력은 후퇴했고, 중국의 가부장제는 약화되었다(Hamilton, 1984: 418).

해밀턴은 중국에서 자의적인 가부장제가 원시유교에서부터 고착화되어 가산제와 관료제로 진화하지 못하고 중국의 정체를 초래했다는 베버의 주장은 남송시대에 신유교주의자들에 의해서 가부장제가 도덕률에 의해서 규정화되고 제도화되었으며, 명청시대에는 가부장제가 개인적 충성이 아닌 제도, 지위, 역할에 대한 충성이라는 근대 관료제의 비인격적 지배의 현상이 나타났다는 역사적 사실에 부딪치면 적실성을 상실한다고 주장한다. 해밀턴은 이러한 베버의 오류는 베버가 초시대적(trans-epochal)이고 초문화적(transcultural)인 이념형적 가부장제, 가산제와 관료제 개념을 설정하고 서구의 역사가 이러한 이념형적, 보편적 역사가 진화적으로 실현된 사례라는 서구 중심적 역사관에 집착한 데서 기인한다고 비판했다. 베버는 이러한 이념형적 서구의 관료제 역사에 반대되는 다른 극단에 중국을 위치시키고 중국에서의 가부장제의 지속을 가지고 서구에서의 이념형적 가산제와 관료제의 진화를 정당화하려 하였다(Hamilton, 1984: 419).

결론적으로, 해밀턴은 베버가 중국의 가부장제를 자신의 이념형적인 틀에 고착화시킴으로써 서구가 아닌 중국의 지배 유형의 변화를 설명하지 못했다고 비판하면서도, 베버가 서로 다른 문명의 국가와 사회를 비교할 수 있는 이념형을 제시함으로써 서구와 비서구를 비교할 수 있는 준거 틀을 제공하였다는 점에서 비교사회과학적 기여를 하였다고 평가한다.

5. 맺으면서

베버는 중국의 유교가 기본적으로 가문의 세습에 바탕을 둔 가산주의 지배질서(天下爲家)를 형성했으나 샤오캉(小康)을 달성하기 위해 법치와 예치에 바탕을 둔 가산관료제를 발전시켰다는 것을 인정했다는 점을 평가할 수 있다. 그러나 베버는 중국의 가산제가 인치적이고, 비합리적이며, 자의적이고, 중앙집권적인 가부장제로 고착화됨으로써 중국이 근대로 나아가지 못하고 정체하게 되었다는 오리엔탈리즘을 벗어날 수 없었다. 베버가 중국 유교의 가부장 지배의 전통 속에 내재하고 있는 근대성을 발견하였다면 중국의 유교주의가 동양적 정체성의 연원이라는 잘못된 진단을 내리지 않았을 것이다.

◇◇◇ 참고문헌 ◇◇◇

孔子, 『禮記』, 제9 禮運

孔子, 『論語』, 季氏篇.

기세춘, 2010. 『논어강의』 (서울: 바이북스)

董仲舒, 『春秋繁露』, 基義, 沈察名號

孟子, 『孟子』, 滕文公章句 上

班固, 『白虎通義』, 三剛六紀

이승환, 2004, "유교의 관점에서 본 문화의 진보", 『유교담론의 지형학』
　　(서울: 푸른 숲)

임혁백, 2014. 『비동시성의 동시성: 한국 근대정치의 다중적 시간』 (서울:
　　고려대 출판부)

임혁백, 2014. "공공성의 정치: 왜 동서양을 막론하고 공공성이 핵심 가치
　　가 되어왔는가?", 동아일보 주최 학술토론회 발표 논문

전세영, 1992. "공자의 정치적 이상향에 관한 연구: 대동·소강을 중심으
　　로", 『한국정치학회보』, Vol. 25

韓非子, 『韓非子』, 忠孝.

후쿠야마, 프란시스, 2011. 『정치질서의 기원』 (서울: 웅진 지식하우스)

Bendix, Reinhard. 1968. "Reflection on Charismatic Leadership," in Bendix (ed.), *State and Society* (Berkeley: University of California Press)

Bendix, Reinhard. 1977. *Nation-Building and Citizenship* (Berkeley: University of California Press)

Bendix, 1977, *Max Weber: An Intellectual Portrait* (Berkeley: University of California Press)

Duara, Prasenjit. 1995. *Rescuing History from the Nation: Questioning the Narrative of Modern China* (Chicago: University of Chicago Press).

Eisenstadt, S. N., 1968. *Max Weber: On Charisma and Institution Building* (Chicago: University of Chicago Press)

Hamilton, Gary, G., 1984. "Patrimonialism in Imperial China and Western Europe: A Revision of Weber's Sociology of Domination," *Theory and Society*, Vol.13 (3)

Hamilton, Gary G., 1990. "Patriarchy, Patrimonialism, and Filial Piety: A Comparision of China and Wester Europe," *British Journal of Sociology*, Vol. 41(1)

Hegel, Georg W. F., 1900. The *Philosophy of History* (New York: Colonial Press)

Holtzman, Donald, 1980. "Fileal Piety in Ancient and Early Medieval China: Its Perennity and Its Importance in the Cult of the Emperor," unpublished manuscript

Hsu Dau-lin, 1970-1971. "The Myth of the 'Five Human Relations' of Confucius," *Monumenta Senica*, Vol. 29.

Huang, Philip C. C., 1996. *Civil Justice in China: Representation and Practice in the Qing* (Stanford: Stanford University Press)

Lai, Junnan, 2015. "Patrimonial Bureaucracy and Chinese Law: Max Weber's Legacy and Ist Limits," *Modern China,* Vol. 41(1)

Jacobs, Norman, 1985. *The Korean Road to Modernization and Development* (Urbana, IL: University of Illinois Press)

Mommsen, Wolfgang J., 1977. *The Age of Bureaucracy: Perspectives on the Political Sociology of Max Weber* (New York: Harper and Row)

Przeworski, Adam. 1990. *The State and the Economy under Capitalism* (New York: Harwood Academic Publishers)

Rawls, John (ed. by Erin Kelly), 2001. *Justice as Fairness: A Restatement* (Cambridge, MA: Harvard University Press)

Rudolph, Lloyd I. and Susanne Hoeber Rudolph, 1979. "Authority and Power in Bureaucratic and Patrimonial Administration: A Revisionist Interpretation of Weber on Bureaucracy," *World Politics,* Vol. 31 (2)

Rudolph Lloyd I. and Susanne Hoeber Rudolph, 1984. *The Modernity of Tradition: Political Development in India* (Chicago: University of Chicago Press)

Shils, Eduard, 1973. "Charisma, Order, and Status," *American Journal of Sociology,* Vol. 78

Weber, Max, 1946. "Bureaucracy" in H. H. Gerth and C. Wright Mills, *From Max Weber: Essays in Sociology* (New York: Oxford University Press)

Weber, Max (ed. by Talcott Parsons), 1947. *The Theory of Social and Economic Organization* (New York: Oxford University Press).

Weber, Max, 1964. *Wirtschaft und Gesellschaft* (Berlin: Kiepenheuer and Witsch)

Weber, Max, 1964. *The Religion of China* (New York: Free Press)

Weber, Max, 1978. *Economy and Society* (Berkeley: University of California Press)

Weber, Max, 1991. *Konfuzianismus und Taoismus* (Tubingen: C. B. Mohr)

Weber, Max (ed. by Richard Swedberg), 1999. *Essays in Economic Sociology* (Princeton: Princeton University Press)

Weber, Max, "The Sociology of Max Weber", webcache.googleusercontent. com.

기미혁명과 대한민국

– 민주공화주의적 개명과 그 정치적 실천 –

정윤재(한중연 명예교수)

1. 아직도 방치되어 있는 '3·1운동'

'3·1운동' 100주년이 지난 지도 벌써 두 해가 되었다. 현 문재인 정부는 대한민국의 역사적 뿌리인 독립운동사에 비교적 많은 관심을 보였다. 대한민국 임시정부 기념관이 준비되고 있고, 최근 홍범도 장군의 유해를 카자흐스탄에서 우리나라로 봉환하여 대전 현충원에 안장했다. 그러나 현 정부는 삼일절 남북한 공동행사 추진에는 열정을 보였지만, 실망스럽게도 대한민국 임시정부의 역사적 계기였던 '3·1운동' 자체의 성격과 위상에 대한 성숙한 합의를 도출해내기 위한 일에는 별 관심이 없어

보인다. '3·1운동'에 관한 한, 우리는 아직도 해방정국에서 벗어나지 못하고 있는 것은 아닌가 하는 생각이 가시지 않는다. 우리는 매년 삼일절 기념식장에서 '터지자 밀물 같은 대한독립만세', '태극기 곳곳마다 삼천만이 하나로' 하는 삼일절 노래를 제창하고 있다. 하지만, '3·1운동'이 과연 그랬는지, 아니면 그저 여러 사회적 계몽운동들 중 하나였는지, 또 혁명이었다면 어떠한 혁명이었는지에 대한 우리의 이해와 평가는 여전히 분산되어 있다.[1] 또 대한민국이 '3·1운동'의 정신과 역사를 계승한다고는 하지만 이를 제대로 현창(顯彰)하는 기념관 하나 없다. 전국 각지에 '3·1운동' 기념공원이 조성되어 있지만 독립선언서의 메시지가 제대로 전달될 수 있게 디자인된 곳은 찾아보기 힘들다. 서울 종로의 탑골공원에 겨우 더부살이로 설치되었던 '3·1운동' 기념 조형물들은 오랫동안 방치되어 지금은 낡고 때가 끼어 외면, 홀시당하기 일쑤다.

---

1) 예컨대, 전 서울교대 총장 이택휘는 '3·1운동'이 혁명이었음을 인정하면서도 "3·1 독립혁명운동"이라는 과도기적 표기로 대신했다(이택휘, 2019: 1–3). 다른 한편 전 민주당 국회의원 김재홍은 '3·1운동'을 전 계층이 참여했던 "근대 민족주의에 바탕한 시민혁명"이었다고 평가하면서도, 그것은 "황실과 양반 지배계층"에 대한 "반봉건 민중운동"의 성격이 강했고 철종조 이래 내재적으로 축적되어왔던 "조선 농민들의 폭력적 민중항쟁 방식"이 '3·1운동'에 참여한 민중들에게까지 "전수"되었다고 주장했다. 또 그는 농민들의 폭력적 방식은 '3·1운동'의 "초기단계 지식인 운동과 분명하게 구분된다"고 강조했다(김재홍, 2021: 125–126, 129–130).

일찍이 사학자 천관우는 "3·1운동은 우리 근대 민족운동사의 큰 호수이다. 이전의 모든 근대 민족운동의 물줄기가 이리로 흘러들고, 이후의 모든 근대 민족운동이 여기서 흘러나가는 것을 쉽사리 실감할 수 있다"(천관우, 1979: 327)고 함으로써 3·1운동의 민족사적 의의를 명료하게 표현한 바 있다. 다시 말해서 그는 적어도 동학농민혁명 이후 개혁과 개방을 위한 여러 형태의 자주적 계몽운동과 국권회복 투쟁들은 모두 '3·1운동'으로 모아져 그 절정을 이루었고, 여기로부터 이후의 반제국주의적 항일 투쟁들이 발원하고 전개되었던 사실을 적실하게 인식하였으며, 이를 바탕으로 우리의 근대사를 분절적이 아닌 연속적 맥락에서 바라보게 하는 단초를 제공했던 것이다.

돌이켜보면 대한제국 말기와 일제 치하에서 계몽과 구국 활동에 자유의지로 나섰던 개인들이 무수히 많았다. 이들은 이미 홍익(弘益)이나 민본(民本)과 같은 보편 가치들에 입각하여 만연했던 부정부패를 통렬하게 비판하고 있었고, 동학농민혁명과 독립협회 운동을 통해서 평등사상과 국민주권사상을 체득하고 있었다. 이들은 이제 세계가 군주국 시대를 지나 천부인권을 지닌 개인들의 자발적 참여로 형성되는 민주공화국 시대로 나아가고 있으며, 만국공법에 의해 "약소국이 비록 독립을 보존하고 지키기가 어렵기는 하지만 실제로, 또는 습관적으로 강대국에 부속되는 일은 없다"는 근대적 지식을 이미 접했었고, 우리도 독립국가로 존재할 수 있고 또 그래야 마땅하다고 생각했다.[2] 동시에 그들은 약육강식과 우승열패를 유독 강조하는 사회진화론을 문제시했으며 폭압적인 군국주의는 인류 공멸을 초래할 뿐 결코 정상적인 "평화와 인도"의 방책이 될 수 없음을 분명하게 인식하고 있었다. 당시 제1차 세계대전에서 독일이 패배한 후 민주공화국으로 변화한 것과 미국 윌슨 대통령이 선포한 민족자결 원칙은 진정한 세계 개조와 문명발전의 대세였던 것이다. 그럼에도 불구하고 이 같은 세계 개조의 대세를 거스르며 대한제국을 강점했던 일본은 명백한 "침략자로서 우리 민족의 원수이자 세계 인도의 적"이었다(박은식, 2008: 157). 당시 우리 민족 구성원들은 내부 개혁과 외세 극복이라는 어려운 과제에 직면해 있었다. 이 같은 이중 과제의 해결을 추구하는 과정에서 이들은 근대 서구에서 도입된 민주공화주의와 주권국가들 사

---

2) 유길준(2004: 110). 1895년에 출간된 『서유견문』은 이러한 의식의 계몽에 기여했다고 할 수 있다. 그러나 침략적인 일제에 대해 '순진한' 호의와 기대를 가지고 후쿠자와 유키치에게서 배웠던 그는 이후의 민족 쇠망기와 일제 치하에서 민족공동체의 자유 독립이라는 근대적 가치의 실천을 위해 자유의지로 나서 저항하고 투쟁했던 수많은 개인들과는 크게 다른 언행을 보였다. 그는 국제정치에 대한 치열한 현실 인식이 크게 부족했고 민중을 불신했다(김영작, 2006: 286, 298, 303-304; 김학준, 2012: 235-296 참조).

이의 새로운 국제질서를 추구하는 민족주의(nationalism)를 시대적 대세로 인식하고, 이를 정치적 독립과 향상(向上)의 새로운 원동력으로 채용했다. 그러나 일찍부터 탈아입구(脫亞入歐)를 자부했던 일본은 오히려 이 같은 근대 서구의 새로운 합리주의적 흐름을 외면하고, 정치적으로 반민주공화주의적인 천황군주제를 강화하고 부국강병책만을 채용하면서 군국주의적 폭정과 대외침략의 길로 내닫고 있었던 것이다.[3] 따라서 '3·1운동'은 한민족의 독립을 위한 투쟁일 뿐 아니라 민주공화주의와 민족자결이라는 역사의 대세를 외면하고 있던 일제의 반성을 촉구하는 준열한 꾸짖음이기도 했다.

1919년 3월 1일 우리 민족대표들은 의연한 자세로 독립선언을 결행했고 이에 찬동했던 전국 각계각층의 남녀노소 각 개인

---

3) 러일전쟁 이후 일본은 극심한 불황과 외채로 난관에 봉착했었으나 1차 대전으로 경제적, 정치적 위기를 넘겼다. 그리고 다이쇼 천황 재위(1912-1926) 동안 민주화와 개방화를 기치로 이른바 다이쇼 데모크라시 운동이 전개되면서 전반적인 개혁이 시도되었다. 그러나 이것은 구미에서와 같은 시민혁명과 제도적 변혁을 성취하지 못했다. 당시 일본은 1917년의 흉작과 시베리아 출병을 위한 미쓰비시, 미쓰이 등 독점자본들의 매점매석으로 촉발된 쌀 폭동, 다이쇼 데모크라시 운동의 대두, 그리고 러시아 공산혁명의 성공 등으로 국내 정치는 일대 혼란을 겪고 있었다. 이 상황에서 입헌주의가 덧씌워진 천황 중심 군주제 강화를 내세운 군벌과 독점자본이 연합하는 군국주의적 국가개조세력이 집권함으로써 자유주의적 민중혁명은 실패했다(한상일, 2018: 13-53; 김운태, 2002: 23-25 참조).

들은 일제히 자발적으로 봉기하여 독립만세시위를 전개했다.[4] 그리고 그들은 곧 이어 대한민국 통합 임시정부를 출범시킴으로써 한민족사상 최초의 그리고 아시아에서는 두 번째의 민주공화주의적 시민혁명을 성사시켰던 것이다. 또한 3·1운동은 폭력적 일제에 정면으로 맞서 비폭력적으로 저항했던 대규모 민중봉기였다. 이는 전국의 212개 시·군에서 약 200만 명이 참여하여 최소 7500여 명이 희생당하고, 4만 7000여 명이 구금당하면서 전개된 정치적 독립투쟁이었다. 전국 각지에서 낭독된 〈독립선언서〉는 "독립을 확실케 함"으로써 "자자손손의 영구 완전한 경복(慶福)"을 보장하기 위한 마땅한 대가를 치르는 과정임을 내외에 공표했다(이현희, 1979: 198-199). 이렇게 볼 때, '3·1운동'은 사실상 그렇게 잔잔한 "호수"였다기보다 촬촬촬 소리 내어 휘돌아 흐르면서 대하의 물줄기를 바꾸는 커다란 "여울(灘)"과 같은 것이었다. 왜냐하면 '3·1운동'의 앞뒤에는 민주공화주의적으로 개명(開明)되어 정치적 독립을 위한 계몽과 투쟁에 자발적으로 참여했던 애국적이고 활동적인 "개인들"이 수없

---

4) 그래서 독립만세시위를 초기에 목격했던 조선총독부 내 조선인 순사 40여 명이 사직하고 만세시위에 가담했고 겁먹은 일본 관헌들은 잡고 있던 칼을 떨어뜨리곤 했다. 일본군 사령관 우쓰노미야 다로는 "한민족은 반만 년 역사의 정신이 있어 결코 위압으로 굴복시킬 수 없으니, 나는 출병할 수 없다"며 살육을 거부하여 교체되는 일도 있었다(박은식, 2008: 176).

이 많이 존재하고 있었고, '3·1운동'은 바로 그러한 개인들의 저항과 투쟁의 정점으로서 그 이후 한민족 구성원들의 지속적인 항일운동을 고무하고 촉진시키는 역사적 계기였기 때문이다.

2. '3·1운동'에서 기미혁명으로

이상과 같은 '3·1운동'의 전말을 잘 알고 있던 박은식(1859-1925)은 1919년 3월 1일이 우리 2천만 민족이 정의와 인도의 기치를 높이 들고 충과 신의 갑옷을 입고 붉은 피를 포화로 대신하여 세상이 열린 이래 미증유의 "맨손혁명"을 성취한 날이라고 기술한 다음, 그것은 "세계 혁명사의 신기원"(박은식, 2008: 171, 535)이었다고 평가했다. 또한 안재홍(1891-1965)은 "기미운동"은 일제에 의한 "노예적 피압박"을 단호히 거부하여 봉기했던 전 민족적인 "피의 감투"였으며, 전 민중 각자가 "자발적이고 자주적"으로 민족 생존의 대의에 따라 행동하는 "민주 역량"을 내외에 드러냈던 "독립자활운동"이었다고 평가했다(안재홍, 1983: 411-414). 그리고 사학자 이현희는 그것은 "평화 지향적이면서 민주공화제라는 자주국가 건설의 이념"을 추구했던 "민족주의 민중구국운동"이었다고 평가했다. 그는 또 천도교의 보성사 간부였던 장효근이 쓴 『동암일기』의 내용을 소개하면서 '3·1운동'은 그에 앞서 시도되었던 반외세 민중혁명으로서의 "동학혁명"이 "재현"된 것이라고 주장했다(이현희, 1979: 174-175, 178-179).[5] 정치학자 최창규는 "3·1 대운동은 한민족의 근대사에 다양했던 제(諸) 추진력을 동일한 목표로 합일시키는 통합이었고, 자기문맥에서 전통을 근대로 촉진시켰던 역사의 위대한 지양(止揚)"으로 평가했다. 그는 우리 근대사가 불행하게도 1876년의 불평등조약 이후 1905년의 일제 침략으로 귀결되었었기 때문에 정상적인 개화보다는 척사(斥邪)라는 자주로 나아갈 수밖에 없었지만[6] 1919년 3·1 대운동은 "자주"가 "개화"의 소임까지 감당하는 "임무 확산"의 시도였고, 소극적인 "반항"을 넘어 민족국가를 탄생시키기 위한 "헌법 제정 권력의 전국민적 행사"였으며, "이미 형상화된 민중의식"을 배경으로 했던 한국사 최초의 근대적 "대중동원"이었다고 평가했다(최창규,

---

5) 장효근은 『동암일기』에 1916년부터 1945년까지 천도교 내의 활동 상황을 꼼꼼히 기록했는데 특히 '3·1운동'이 천도교 측의 사전 준비와 동원을 통해 성사되었던 민중봉기였음을 전하고 있다(홍선표, 2010 참조).

6) 이러한 위정척사의 배타적 자주노선은 단순한 증오심이 아니라 왜(倭)와 같은 침략적이고 폭력적인 외세들에 대한 적정한 비판과 함께 500여 년간 발전시켜왔던 유교 정치이념에 대한 자긍심과 책임감에서 비롯된 것이었다. 이런 점에서 위정척사의 사상과 반외세투쟁은 "하나의 진정한 민족자존의 사상과 운동"으로 제국주의적 침략에 맞섰던 "한국 근대민족주의의 원류"를 이루는 것이었다(이택휘, 1999: 196-197 참조).

1979: 221-229).

　최근 3·1운동 100주년 기념 국제학술포럼에서 사회학자 신용하는 특별 강연을 통해 '3·1운동'을 "비폭력 민족민주혁명"으로 규정하고 국내는 물론 세계사적 차원에서도 획기적인 사건이었다고 주장했다. 그에 따르면 1차 세계대전 이후 세계 인구의 4분의 3이 잔인무도한 제국주의 국가들에 의해 시달리고 있었고, 특히 일제는 한민족을 말살시키고 문화적으로 동화시키기 위해 극악한 무단통치로 지배하고 있던 상황에서 한민족이 최초로 반제국주의 항일 독립선언과 민중시위를 감행했다고 지적했다. 그는 먼저 '3·1운동'은 한민족이 "강도" 일본에 의해 완벽하게 무장해제당한 상태에서 과감하게 시도했던 비폭력적 독립투쟁이었다고 주장했다. 또 그것은 국내 전 지역과 세계 각 지역의 한민족 구성원들이 성별, 노소, 신분, 직업을 넘어 전 민중적으로 참여했던 민족혁명이었고 동시에 군주국가로의 회귀를 거부하고 근대 구미지역에서 시발되었던 민주공화국을 선택했던 민주혁명이었다고 지적했다(신용하, 2019: 48-69). 그리고 헌법학자 강경선은 대한민국 헌법 전문에 대한민국이 "3·1운동의 독립정신"(1948)과 "3·1운동과 임시정부의 법통"(1987)을 계승한다고 명기되었다는 사실에 주목하고, 그 역사적 배경을 다시 검토했다. 그는 "3·1운동은 조선왕조에 종언을 고하면서 공화국 시대의 문을 열었던 역사의 분수령"이자 전국의 각 계층이 참여했던 근대적 "시민혁명"이었다고 주장했다. 또 그는 "1919년의 3·1운동과 대한민국 임시헌장 제정, 임시정부 수립은 우리 헌정사에서 건국의 원천"이라고 주장하면서 제헌과정에서 헌법 초안을 작성했던 유진오 박사는 물론 대부분의 제헌의원들도 "3·1혁명"이란 용어를 자연스럽게 쓰면서 "건국헌법"을 토론했다고 밝혔다(강경선, 2017: 6, 11, 16).[7]

이상에서 보듯, 기존의 주요 연구자들은 모두 3·1운동이 민주공화주의적으로 개명된 개인들이 각자 일제의 강점에 항거하여 한민족의 자유와 독립을 쟁취하기 위해 자발적으로 나서 감행한 혁명 혹은 혁명적 성격의 대중봉기였음을 인식하고, 그 역사적 의의를 진지하게 평가했다. '3·1운동'에 대한 이러한 인식

---

7) 『헌법제정회의록』(국회도서관, 1967)을 보면, 헌법 기초 전문위원 유진오 박사는 "프랑스 혁명이나 미국 독립시대로부터 민주주의의 근원이 되어온 모든 사람의 자유와 평등과 권리를 위하고 존중하는 동시에 경제균등을 실현해 보려고 하는 것"(102쪽)이 제헌헌법의 기본정신이라고 밝혔다. 그의 헌법 초안에서는 "3·1혁명"이라는 용어가 사용되고 있었으며, 서상일, 서용길 등 의원들 역시 토론과정에서 자연스럽게 이 용어를 사용했다. 의장 이승만도 헌법안 제2독회 1차 회의(1948.7.1)에서 헌법 전문에 꼭 포함되어야 할 내용에 "기미 3·1혁명"(341쪽)을 언급하였다. 그런데 6차 회의(1948.7.7)에서 이승만은 혁명이라는 용어가 적합지 않다는 조국현 의원의 의견에 "절대적 찬성"(650쪽) 의사를 밝히며 대신 "독립운동"(651쪽)이라는 용어를 제안했다. 일주일이라는 짧은 기간에 "혁명"이 "운동"으로 서둘러 바뀐 사실에 대한 여러 차원에서의 재검토가 필요하다고 본다.

과 평가는 우리로 하여금 자연스럽게 기미독립선언과 전국적인 만세시위, 그리고 1919년 9월의 대한민국 통합 임시정부 구성까지를 "기미혁명"으로 규정하고 이를 바탕으로 우리의 근대사를 기미혁명 전후사로 바라볼 수 있게 하는 것이다. 즉, '3·1운동'은 순간적 충동에 의한 일과성 운동이 아니라 민족 해방과 독립을 향해 암중에서라도 모색하고 준비했던 전 민족적 봉기로, 마침내 민주공화국을 수립하고 선포하는 데까지 나아갔던 근대적 시민혁명이었던 것이다.[8] 그리고 이 기미혁명을 정점으로 하는 한국 근대사에는 국가 쇠망의 위기를 당하자 이를 극복하고 정치적 독립을 얻기 위해 계몽과 투쟁에 자발적으로 나섰던 개인들이 수없이 많았는데 이들이야말로 근대적인 "시민리더십"[9]을 발휘하며 대한민국의 앞길을 내는 데 기여했던 정치적 선구자들이었던 것이다. 따라서 이들과 이들의 행적에 대해 관심을

---

8) 영국의 식민지로 제국주의적 지배를 받던 미국 시민들이 보스턴 티파티 사건(1773) 이후 지속적인 독립전쟁을 벌여 마침내 정치적 독립을 얻어 새로운 민주공화국을 탄생시킨 사실은 이미 오래전부터 "미국혁명"으로 명명되어 왔다(F. M. 왓킨스. 1997: 47–62).

9) '시민리더십(citizen leadership)'은 근대 서양에서 민주공화주의적으로 개명된 개인들이 자신의 목적과 이익을 추구하면서도 공동체적 필요에 부응하여 행동하는 합리적인 존재로서 취하는 제반 행동들을 지칭한다. 물론 이러한 행동의 정도는 개인의 선택에 따라 달리 나타나는 것이지만 이러한 시민리더십은 자유주의적 민주공화국이 성공적으로 형성되고 운영되기 위한 기본 조건이다.

가지고 살피는 것은 언제나 필요한 일이다. 그리고 이러한 작업은 기미혁명의 정치적, 사상적 성격을 보다 분명하게 드러내는 데 기여할 것으로 생각된다. 그렇다면 우선 기미혁명 이전 약 20여 년의 민족 쇠망기 동안 계몽구국 활동에 적극 가담했던 개인들은 어떠한 사람들이었을까? 다시 말해서 첫째, 그들은 자신의 "말과 일"(정윤재, 2018: 658-662)을 통해 어떠한 가치나 관념을 표출했는가? 둘째, 그들 각자는 주변 동료나 동지들과 어떠한 관계를 유지하며 활동했는가? 마지막으로, 그들에 대한 일반 민중들의 태도와 평가는 어떠했는가? 이러한 검토의 대상인물은 매우 많다. 그러나 본고에서는 지면관계상 1907년 신민회 결성 이후부터 기미혁명까지 각지에서 적극 활동했던 안창호, 신규식, 박은식, 안중근, 여운형, 김규식, 조소앙, 신채호, 이상룡, 이승훈, 이동휘, 이상재, 손병희, 김구, 이승만의 경우만 살피기로 한다.

3. 신민회 이후에 활동한 애국적 개인들

동학농민혁명이 일본군에 의해 잔혹하게 진압된 후에도 명성황후 시해 사건과 단발령으로 인해 일제에 저항하는 척사유림과 백성들의 항일투쟁은 계속되고 있었다. 독립협회와 만민

공동회를 주도하던 서재필, 윤치호, 이상재 등[10]은 독립신문과 배재학당에서의 특강 혹은 대중연설을 통해 독립과 천부인권, 자유 그리고 주권재민과 같은 근대적 가치들을 가르쳤고 회의하는 방법과 개인들이 자발적으로 모여 활동하는 협회(association)의 중요성을 일깨웠다.[11] 그러나 19세기 말 대한제국을 둘러싼 국제정세는 매우 긴박했다. 고종황제는 "구본신참(舊本新參)"의 원칙에 따라 내정개혁을 추구했지만 힘이 부쳤다. 그는 국제사회에 대한제국의 중립화를 요청했지만 적극적인 호응을 받지 못했다(강종일, 2014: 65-67). 일제는 청일전쟁에서 승리한 후 대한제국에 군국기무처를 설치하여 국정을 속속들이 통제했고 러일전쟁에서도 승리하여 한반도 강점에 유리한 상황을 막고 있었다.

　이렇게 나라가 흔들리고 앞이 보이지 않는 상황에서 근대적 민주공화국의 건설을 한민족의 정치적 비전으로 내세우고 새로운 독립투쟁의 길을 제시했던 것이 바로 신민회였다.[12] 안창호

---

10) 문일평은 이들 3인을 "독립협회의 3거두"라고 칭하면서 서재필을 협회의 창시자로, 윤치호를 계승자로, 이상재를 확충자로 평가했다(문일평, 1975:243).

11) 당시 배재학당 학생이던 신흥우에 의하면, 서재필이 학교에 일주일에 한 번씩 와서 민주주의와 토론하는 방법을 강의했고 또 협성회를 통해 회장에게 언권을 얻은 후 발언을 하고, 동의, 재청과 거수가결하는 법도 가르쳤다고 한다(전택부, 2021: 44-45).

(1878-1938)는 미국 캘리포니아 리버사이드 지역에서 한인 동포들과 '도산공화국(Dosan Republic)'으로 불리던 한인공동체를 직접 만들고 성공적으로 운영해오고 있었는데, 신민회 역시 안창호의 주도로 조직되었다. 1907년 2월 귀국한 안창호는 대한매일신보의 총무 양기탁과 긴밀하게 협의하여 신민회를 조직했는데(신용하, 2021: 85-87), 이 신민회는 양기탁·신채호·장도빈 등 대한매일신보계, 전덕기·이준·이동녕·조성환·김구 등 상동교회 및 청년학교계, 이동휘·이갑·유동열·노백린·김희선 등 대한제국 장교 출신들, 이승훈·안태국·최응두 등의 평안도계, 그리고 안창호·이강·정재관·임준기·김상무·송석준 등 공립협회계 인사들이 협동하여 4월에 창립한 전국적 항일운동 단체였다(신용하, 2004: 151-153, 367-377). 신민회는 안창호가 기초하고 동지들이 함께 검토하여 확정했던 〈대한신민회 통용장정〉을 통해 그 목적과 활동방향을 다음과 같이 선언했다.

첫째, 신민회는 국권을 회복하여 "자유독립국"을 세우는 것을 궁극적인 목적으로 하며 그 정체(政體)는 "공화정체(共和政體)"로 한다. 둘째, 이 목적을 달성하기 위하여, 힘이 없어 국권

---

12) 윤치호 등 서구 시민사상의 영향을 크게 받은 독립협회 회원들은 공화정을 선망했으나, 당시의 사회적 조건에서는 시기상조라고 보고 영국과 같은 입헌군주제·대의군주제를 현실적 방안이라고 생각했다(신용하, 2006: 188).

을 박탈당하였으므로, 국권을 회복할 수 있는 "실력의 양성"에 매진한다. 셋째, 국가는 "국민의 것"이며, 국가의 부강은 "국민의 부강"에서 나온다는 민주주의 사상에 기초하여 실력 양성은 무엇보다 국민들의 실력, 즉, "민력 양성"에 집중한다. 넷째, 이렇게 새로운 국민 즉, "신민(新民)"을 양성하는 일은 결코 남에게 의존하지 않고 반드시 스스로의 힘과 노력으로만 성취하고자 하는 "자신(自新)"[13]이어야 한다. 다섯째, 이 같은 "자신"은 사회, 국가, 국민의 모든 분야에서 수행되어야 한다. 여섯째, 이 "자신"은 전 민족 차원에서 신문, 잡지, 서적의 간행을 통한 국민 지식의 증진, 계몽운동가의 파견에 의한 국민 각성의 확대, 우수한 학교의 설립을 통한 인재 양성, 실업가들에 대한 근대적 영업방침 지도, 합자회사 설립 등 회원들의 솔선수범, 독립전쟁을 대비한 무관학교 설립운영, 독립운동기지의 건설에 의한 독립군 창설 등과 같은 방략들과 동시에 추진한다. 일곱째, "국권회복운동의 주체"로서 신민회를 육성, 강화하고, 국내외의 "애국심이 있는 동포를 일체 단합"시키며, 각지에 산재한 회원들 간의 "연락과 소통"을 긴밀히 한다. 여덟째, 이상과 같은 목적과 방법

---

13) 『대한신민회 취지서』에서 안창호는 과거 우리 민족은 외세에 의탁하여 자신(自新)하지 못했기 때문에 오늘날 "악수악과(惡樹惡果)"했지만, 이제는 자신(自新)으로 "선수선과(善樹善果)"해야 한다고 주장했다(신용하, 2004: 154).

으로 실력이 양성되면, 신민회가 앞장서고 신민이 "통일연합"하여 "비폭력 또는 무력의 각종 방법으로 일제히 궐기해서" 국권을 회복하고 "자유문명국"을 건설한다(신용하, 2004: 153-155).

신민회의 이 같은 노선은 을사늑약에 대한 조직적 저항이자 장기적이고 구체적인 독립운동의 방략이었다. 그리고 정치사상적으로는 한민족이 마침내 왕조 중심의 군주정치시대를 마감하고 근대적인 입헌민주공화국의 건설로 나아가는 시발이었다. 신민회 창립회원들은 당수 격인 총감독에 양기탁을 추대했고, 안창호는 조직부장과 같은 역할의 집행원을 맡아 회원들의 입회자격을 심사하는 일을 하면서 미주지역을 담당하는 감독도 겸했다. 신민회 창립을 위한 각 지역들 사이의 협조도 원활했고 창립회원들은 적극적으로 신민회의 취지를 주변 동료들에게 전하였다. 그 결과 전국 각지에서 약 800명이 회원으로 가입했다. 이것은 사실상 당시 적극적으로 활동했던 각처 유지들을 망라한 것으로, 신민회는 전국적 규모의 영향력 있는 애국계몽단체가 되었다(신용하, 2004: 153, 371).

이러한 신민회는 을사늑약 이후 한국 내 지식인들의 국권회복운동을 주도했던 대표적인 조직이었다. 당시 구미의 시민혁명사와 제국주의적 세계정세를 제대로 이해하지 못한 채, 일제에 무비판적으로 의존하며 대세에 순응하기나 했던 부류들인

일진회와는 분명히 대조되는 결사체였다.[14]

신민회 간부들은 교육의 필요성을 절감하고 학교 설립을 추진했다. 이때 전국 각지의 유지들은 자발적으로 재산과 토지를 헌납하여 학교 설립을 도왔는데, 이는 신민회가 앞장서 주선하고 지원했던 결과이기도 하다. 신민회가 중학교 설립 운동을 추진한 목적은 청소년들에게 고등교육을 받게 하여 청년 교사와 민족 간부를 양성하는 것이었다. 신민회는 1908년에 그 모범사례로 평양에 대성학교를 세웠으며, 각 지역에는 오산학교(평북 정주), 보창학교(경기 강화), 양실학교(평북 의주), 신안학교(평북 정주), 가명학교(평북 납청정), 신흥학교(평북 선천), 명륜학교(함남 영흥), 경성학교(함북 경성), 양산학교(황해 안악), 서북협성학교(서울) 등을 설립했다(신용하, 2021: 99-101). 안창호는 교육사업에 집중하는 한편, 전국 각처를 다니며 강연하고 신민회의 전국적 조직화를 도모했다. 1909년에 그는 국내 최초

---

14) 을사늑약을 전후한 시기에 국내 엘리트 사이에는 크게 두 가지 흐름이 나타나고 있었다. 하나는 이 신민회를 통한 국권회복운동이요, 다른 하나는 친일파들이 결성했던 일진회의 대세 순응 경향이었다. 신민회 측은 위정척사나 동도서기론과 맥을 같이하면서 당시의 국가 위기를 극복할 수 있는 주체는 한민족 자신이며 그것을 이끌어 갈 수 있는 정신적 에너지도 한민족 안에서 나올 수 있다고 믿으며 부단한 자아혁신과 자강불식을 강조했다. 이에 반해, 일진회 측은 우리의 주체적 능력을 부인하고 힘 있는 일본에 의존하여 살길을 찾자는 대세순응론을 폈다(한영우, 2008: 509-510 참조).

의 청년단체인 청년학우회를 창립했는데, 신채호가 그 취지서를 작성했고, 최남선이 실무를 맡았다. 발기인에는 윤치호, 장응진, 최남선, 최광옥, 차리석, 안태국, 채필근, 이승훈, 이동녕, 김도희, 박중화, 전덕기 등이 추천되었다. 청년학우회는 중학교 졸업 학력 정도의 애국심이 있고 품행이 단정한 청년들을 엄격하게 선발하였으며, 안창호의 사상을 기본으로 하여 국권 회복을 위한 민족 간부 양성을 목표로 훈련을 실시하였다. 청년학우회는 서울에 본부를 두고 각 지방별로 50명 이상의 회원으로 이루어진 지방 연회(聯會)를 설립하였는데, 1910년 3월 한성연회가 조직된 이후 평양, 의주, 안주 등에 지방 연회가 설립되었다. 당시 한성연회에는 이동녕, 이회영, 윤기섭, 김좌진 등이 가담하고 있었고, 이들은 추후 서간도로 이주하여 신흥무관학교 설립에 기여했다(신용하, 2021: 127-129). 1909년 안창호는 강연을 통하여 청년들을 감동시켰고 장안에 그 명성이 자자했는데, 이즈음 일제 통감이었던 이토 히로부미는 두 차례 안창호에게 면담을 청하였다. 안창호는 처음에는 거절했으나 두 번째 요청을 받아들여 그를 만났다. 이때 "조선을 훌륭한 나라로 만들려고 한다"는 이토의 말에 안창호는 "조선 독립운동가를 가차 없이 잡아들이는 모순된 행동"을 정면으로 지적하면서 이토의 회유를 거절했다(신용하, 2021: 109-112). 그 후 청년학우회는 1910년

8월 일제에 의해 강제 폐쇄 당하였다(신용하, 2021:127-129). 안창호는 안중근의 이토 저격의 배후로 의심받아 이동휘, 이갑, 유동열 등과 함께 구속되었다가 1910년 2월 풀려났다. 이때부터 그는 일제의 감시를 피해 이갑 등과 북경, 상해 등지로 여행했고, 청도와 블라디보스토크에서는 동지들과 회동하여 독립기지 건설 문제를 논의했다(신용하, 2021: 142-147). 신민회는 1910년 3월 긴급 간부회의를 열어 "독립전쟁전략"을 채택하고, 무관학교 설립과 독립군기지 창건사업을 본격화하기로 결의했다. 그리고 일제의 팽창주의로 인해 필연적으로 도래할 중일전쟁과 미일전쟁의 기회가 오면 즉시 대일 독립전쟁을 개시하고 국내진공(進攻)을 시도한다는 구체적인 독립전쟁 전략도 준비했다(신용하, 2004: 162-164). 일제가 조선총독부를 설치하자, 이에 맞서 이동녕, 안태국, 이승훈, 김 구 등 신민회 간부들은 11월에 양기탁의 집에서 비밀회합을 갖고 서울에 도독부(都督府) 설치와 만주로의 이민, 그리고 광복전쟁을 위한 중장기대책을 논의하고 이에 필요한 자금과 인원동원에 대한 구체적인 행동요령도 결의했다(도진순, 2002: 216).

평북 정주의 이승훈(1864-1930)은 서당 공부를 마치고 유기공장, 운수회사, 무역회사 등을 전전하다가 1907년 2월 서우학회에 가입한 이후 안창호를 만나 깊은 감화를 받고 민족운동에 투신하기로 결심했다. 이승훈은 7월에 신민회에 입회하고 평북 지회의 책임을 맡았으며, 12월 21일 오산학교를 설립하여 교감으로 일했고 평양에 태극서관과 자기회사를 설립해 운영하기도 했다. 그는 오산교회도 설립해 장로가 되었으며, 1912년 '안악 사건'으로 체포되어 제주도로 유배당했다. 이후 다시 '105인 사건'으로 구속되어 재판을 받아 10년형을 언도받고 복역하다 1915년에 가출옥했다(한규무, 2008: 127-141).

평북 단천이 고향인 이동휘(1873-1935)는 대한제국 육군 참령을 지낸 이다. 그는 정미7조약으로 군대가 강제 해산되자 의병 봉기를 기도하다 발각되어 체포되었다. 그는 4개월 만에 풀려났다. 그는 이해에 신민회의 결성에 적극 관여했고 서북학회를 조직하여 강화도, 함경도, 평안도 등지를 순회하며 연설을 통해 교육과 자주독립의 필요성을 역설했다. 그는 보창학교와 합일학교 등 많은 학교의 설립을 지원했다(반병률, 1998: 65-70). 그는 1909년 6월 22일 평양 만수대 송림에서 열렸던 대강연회에 당대의 명연설가들인 안창호, 윤치호와 함께 참가했는데, 당당한 체구의 이동휘는 웅장한 음성의 연설로 6000~7000명의 청중들을 크게 감동시켰다. 그는 "지금의 세계는 민족 경쟁의 시대라 독립한 국가가 아니고는 민족이 서지 못하고 개인이 있지 못하다"며 "국민 각자가 각성하여 큰 힘을 발하지 아니하고는 조국이 독립을 유지할 수 없다"고 역설했다. 그리고 말미에서 "이천만 동포여 각자 발분수양(發奮修養)하여 도덕적으로 거짓 없고 참된 인격이 되고 국가 천년의 대계를 위하여 견고하게 단결"을 이루고 "지금에 깨달아 스스로 고치고 힘쓸 것"을 강조했다. 그리고 "우리가 하려고만 하면 반드시 우리나라를 태산반석 위에 세우고 문화와 부강 구비한 조국을 성취할 수 있다"고 격려하여 청중 모두가 힘차게 "대한독립만세"를 불렀다(윤경로, 1990: 238; 반병률, 1998: 71-72).

이 시기 대한매일신보 주필이던 신채호(1880-1936)는 이제는 국민이 나라의 주인이고 미래 대한의 정치체제는 "입헌공화국"이어야 함을 역설했다. 그는 "20세기 신국민"이란 논설을 써서 "입헌국"만이 "국민적 국가"요, 입헌국이 아닌 "1-2인이 전제하는 나라는 세계 대세를 거역하는 나라로서 반드시 망한다고 지적했다(신용하, 2004: 336-339). 이 시기에는 안정복의 『동사강목』을 시작으로 장지연, 김택영, 현채 등이 역사교과서를 내기 시작했는데, 이 교과서들이 일제의 임나일본부설을 그대로 답습하는 등 문제점을 노출하자 신채호는 이를 비판하고 새로운 근대사학을 시도했다. 그는 민족주의 시각에서 을지문덕, 최영, 이순신 등에 대한 전기를 저술하고 독사신론(1908)을 발표하여 만주 지역과 부여족(단군족) 중심의 민족사 정립을 추구했다. 또 대한매일신보에 국내외 위인들의 전기를 연재하였는데, 이것은 1910년대에 들어 꿈의 형식을 빌려 애국심을 고취하는 "사화(史話)"식 소설로 발전했다(한영우, 2008: 517-518). 조소앙(1887-1958)은 신채호 등과 함께 성균관에서 공부한 후 1904년 10월 왕실 유학생으로 동경 부립 제일중학에 입학했다. 그는 러일전쟁 후 날로 노골화되고 있던 일제의 대한제국 병탄 기도를 비판하고, 우에노 공원에서 다른 유학생들과 민영환 등 7충신 추모집회를 열고 민족 반역자들을 성토했다. 또 "조선인에게는 고등교육이 필요 없다"는 교장의 망언을 규탄하여 퇴학당하고 기숙사에서도 쫓겨났다. 조소앙은 계속해서 각종 스트라이크를 주동했고, 공수학회를 만들어 학보의 주필로 활약했다. 그는 대한매일신보에 일진회를 통박하는 기사를 실었고, 1906년 말 미국에서 귀국차 동경에 들렀던 안창호와 만나 시국담을 나누었다. 또 국채보상운동과 금연운동, 그리고 면암 최익현 추모회에 참여했다. 조소앙은 정미7조약에 분개하여 반일시위를 벌였고 대한매일신보에 시론을 발표했으며, 1908년 미국 샌프란시스코에서 있었던 전명운/장인환 의거 소식을 듣고 동경의 조선 유학생들과 시국집회를 열어 매국노들을 성토했다(김기승, 2015: 8-42). 그는 1908년 메이지대학 법학부에 입학한 이듬해 1월 대한흥학회를 창립하고 그 회보의 주필로 일했다. 1910년 2

월에 "갑신이후 열국대세의 변동"이란 글을 발표했고 일제의 강제 병탄 음모를 국내에 알리기 위해 일본 신문을 대량 국내에 발송하려다가 발각되고 말았다. 그는 또 한일합방 성토문을 작성해서 국내의 윤치호, 김규식 등에게 전달하기 위해 이창환을 국내로 밀파했다. 그는 1911년 조선유학생친목회 회장으로 피선되기도 했다. 그는 26세가 되던 1912년 대학을 졸업하고 귀국하여 경신학교, 양정의숙 등에서 잠시 교편을 잡았고, 상해의 신규식 등과 연락을 취하며 지냈다(삼균학회, 1989: 6-7).

한편, 박은식은 1904년 2월 러일전쟁이 터지자 황성신문의 주필로 일제의 침략 야욕과 조선의 취약성을 신랄하게 비판했다. 이해 7월부터 그는 대한매일신보의 주필로도 일하고 있었는데, 다음 해인 1905년 11월 을사늑약 이후 장지연이 황성신문에 "시일야방성대곡"을 쓰고 구속되면서 황성신문은 정간되었다. 그러다가 복간되자 박은식은 다시 황성신문으로 복귀하여 1910년 8월 폐간될 때까지 주필로 일했다. 그는 국권 상실 후 "우리가 일찍이 근대적 실력 양성을 못했던 회한에 떨었으나 절망할 것이 아니라 이제부터라도 전 민족이 분발해서 국권회복의 장기전에서 최후의 승리를 쟁취해야 한다"고 역설했다. 그는 정약용과 박지원 같은 실학자들을 높이 평가하고, 중국은 양계초의 변법자강론이 나라를 구할 것이라고 생각했다. 그는 1906년 3

월 장지연, 윤효정, 심의성, 임진수, 김상범, 윤치호 등과 대한자
강회를, 10월에는 자신이 앞장서 서우학회를 조직했다. 그는 서
우학회를 통해 사범속성과를 설치하고 야학을 열어 청장년 교
사를 긴급 양성하여 사립학교에 배치하기도 했다. 1907년 2월에
는 지석영, 주시경, 양기탁, 유일선, 이종일 등과 "국문연구회"를
조직하여 한글 사용을 통한 신학문 교육과 민력 양성에 힘썼다.
그는 신민회에 가입하여 주로 교육과 출판 분야의 일을 거들었
고, 신민회 회원들로부터 국로(國老)로 추대됐다. 신민회의 방
침에 따라 서우학회와 이준, 이동휘 등이 조직했던 서북흥학회
가 통합되어 "서북학회"가 창립되자, 박은식은 이에 평의원으로
참여하였지만, 이동휘, 안창호, 유동열, 노백린, 이갑, 이종일, 김
붕준 등은 그를 계속 원로로 모셨다. 서북학회는 황해도·평안
도·함경도 지역에서 큰 영향력을 발휘하는 조직으로 성장했다.
그는 서북학회 월보(月報)의 주필로 1910년 폐간 때까지 일했
고 서북학회가 신민회와 함께 설립했던 서북협성학교의 교장으
로 일했다(신용하, 1986: 13-19).

박은식은 일제가 신기선 등을 동원하여 대동학회를 만들고
유림의 친일화 공작을 벌이자 이에 맞서 이범규·장지연·원영
의·조완구 등과 대동교(大同敎)라는 단체를 조직했다. 그는 이
를 통해 유교적 대동사상과 양명학에 입각하여 유교를 개혁하

고 유림계와 유교문화를 국권회복운동에 동원하고자 했다. 박은식은 "유교구신론"을 발표하여 조선 유교에 대한 비판에 앞장서면서 성리학은 양명학적 비판과 성찰을 통해 개신해야 한다는 주장을 폈다. 특히 그는 기존의 조선 유교가 "제왕"에만 경도되어 "인민사회"에는 무관심했고, 공자가 "사역천하(思易天下)"했던 일을 잊고 완고와 몽매에 빠져 "인민사회"를 윤택하게 하는 데 매우 소홀했다고 비판했다(신용하, 1986: 180-185). 그는 공자의 대동사상과 맹자의 민위중(民爲重)설을 새롭게 해석하여 개인들의 자유와 평등, 그리고 책임과 사명을 고취하고자 했다(신용하, 1986: 181). 그는 또 1910년 유근, 최남선 등과 '조선광문회'를 조직하고, 고전의 간행과 보급을 꾀했다. 그러나 조선을 강점한 일제가 "국혼"이 들어 있는 국사서들을 압수 소각하자, 박은식은 우리 젊은이들이 민족의 역사와 국혼을 상실할 것을 우려했다. 그는 "국체는 수망(雖亡)이나 국혼(國魂)이 불멸하면 부활이 가능한데 지금 국혼인 역사마저 분멸(焚滅)되니 통탄불이(痛嘆不已)라"(신용하, 1986: 23)고 탄식했다. 그는 이때 한 사람의 문사로서 한국 민족의 국혼이 살아 있는 역사서를 집필하여 망국민이 된 자기 민족의 후손들에게 자기의 역사를 가르쳐주고 "국혼"을 유지케 함으로써 독립의 기초를 다지는 일을 자신의 사명이라고 생각했다(신용하, 1986: 23). 박은식은

1911년 3월 부인의 장례를 치르자마자 곧장 망명하여 압록강 건너 만주 환인현 홍도천에 있는 동지 윤세복의 집으로 갔고, 그곳에 기숙하며 대종교 신자로서 독립운동에 전력했다. 그는 만주 지역 고대사 유적지를 답사하고 모두 6편의 한국 고대사 관련 저술을 냈다(신용하, 1986: 23-24).

이즈음 국내에서는 이상재(1850-1927)가 조선 실학의 전통을 소중히 여기면서 독립협회 운동과 황성기독교청년회 활동에 적극 참여하고 있었다. 그는 일찍이 박정양과 함께 신사유람단의 일원으로 일본에 다녀왔고 1887년부터는 주미 한국공사관의 서기관으로 재직했는데, 미국을 보면서 조선 실학에 대해 자긍심을 느끼기도 했다.[15] 이상재는 고종의 신임을 받는 의정부 총서이면서 1897년부터 독립협회 운동에 끝까지 참여했다. 그는 만민공동회의 간부 17인이 황제 폐위를 기도하는 위험인물들이라고 고종에게 보고한 참정 조병식 등의 모략 때문에 투옥되었다가 석방되었다(전택부, 2002: 59-95). 이때 이상재는 다음과 같은 내용의 정부 규탄문을 제출했다. "(상략) 국가가 국가를 이루는 까닭은 한두 사람만으로 이루어지는 것이 아니고 수천만

---

15) 이상재는 아들에게 보낸 편지에서도 실용적으로 생각하여 농업이나 상업을 직업으로 택해도 좋겠다는 생각을 전했다(전택부, 2002: 146-147).

명이 모여서 삶으로 이루어지는 것이므로, 이 민중이 없이 어떻게 국가를 이룰 것이며, 또 민중이 모였다 할지라도 조금이라도 각각 그 천부의 권리와 의무를 향유하지 못하면 이것은 꿈지럭거리는 고깃덩어리와 움직이는 송장이니, 무엇이 초목금수와 달라서 넓고 비옥한 토지가 있다고 하더라도 이것을 어찌 지키고 보전할 수 있겠습니까? 그러므로 서양 공법학자(公法學者)들이 말하기를 '사람에게는 빼앗을 수 없는 권리와 회피할 수 없는 의무가 있다'고 하였으니 권리와 의무가 없는 사람은 단순한 물건이요 사람은 아닌 것입니다. 또 말하기를, '국가의 대권은 국민으로부터 나와서 국왕이 이것을 모아서 대표하는 것이다'라고 하였으니 이것으로 미루어보면 정부 여러분은 고대 성인(聖人)이 가르치신 바 민유방본(民惟邦本)이라고 하신 말씀은 한낱 문방도구(文房道具)처럼 여기고, 그 본지(本旨)는 실지로 탐구하지 않고 있는 것이니, 어찌 그럴 수가 있겠습니까? 국민이 국가의 기초가 된다는 것과 국가 경영의 향방이라는 것은, 알고 보면 천부의 권리를 보는 데서 각각 본연의 의무를 지키게 하는 것에 불과한 것입니다."(전택부, 2002: 90-91) 그는 근대 서구의 민주공화주의를 동양의 민본사상을 구현하는 방법으로 생각했던 것이다.

이상재는 6일 만에 석방되었으나 이후에도 계속 동지들과 회합했다. 그러나 당시 학부대신이던 이완용이 조작한 개혁당 사건에 휘말려 다시 구속되어 1902년 8월부터 3년간 징역을 살았다.[16] 이상재는 옥중에서 미국 선교사들이 넣어준 성경을 읽다가 회심하고 기독교 신자가 되었다. 그는 석방 후 황성기독교청년회(서울 YMCA)에 동지들과 함께 가입했고, 1906년부터 교육부 위원장을 맡아 활동했다.[17] 1905년 11월 9일 을사늑약이 체결되면서 친일파들이 이완용을 총리대신으로 한 새 내각을 꾸리자, 이를 규탄하고 거부하는 상소와 시위 그리고 지사들의 자결과 전국 각지에서의 의병투쟁이 이어졌다. 당시 의정부 참찬이던 이상재는 이준, 이상설, 그리고 러시아 공사관의 이위종과 함께 헤이그 밀사 파견을 비밀리에 논의했다. 그리고 고종 황제가 일본의 불법 침략 폭로를 위해 헐버트를 후원자로 하여

---

16) 당시 이완용은 심복 이근택과 함께 '경위원'이라는 특무기관을 설치하고, 조선협회라는 조직을 꾸며내서 박영효 등과 함께 정부 전복을 모의했다는 소위 개혁당 사건을 조작했다. 이상재와 그의 둘째 아들은 이 과정에서 국사범의 혐의를 뒤집어쓰고 1902년 6월 다시 체포되었으며, 계속되는 고문과 함께 조작된 자백서에 도장을 찍을 것을 강요당했다(전택부, 2002: 104-105).

17) 이상재는 이때 옥중에서 이승만, 신흥우, 박용만, 양의종, 성낙준 등을 만났다. 황성기독교청년회는 친러 내각이 들어서면서 정부의 재정고문직에서 쫓겨났던 영국인 브라운(J. M. Brown), 미국 선교사 어비슨(O. R. Avison), 언더우드(H. G. Underwood), 게일(J. S. Gale), 헐버트(H. B. Hulbert) 등 정동구락부 회원들이 1903년에 창립한 단체이다(전택부, 2002: 105-119 참조).

헤이그로 밀사를 파송한 것이 드러나자, 이를 빌미로 조선 통감 이토와 송병준 등 친일파 대신들은 고종 황제에게 자진해서 왕위에서 물러나라고 강요했다. 고종 황제가 이를 완강하게 거부하고, 다만 왕세자에게 국정을 위임했을 뿐인데 일제는 이를 양위한 것으로 억지로 꾸며 1907년 7월 20일 가짜 양위식을 강행했다. 이 사실이 알려지면서 '양위'를 결사반대하는 시위가 일어났고, 이상재는 YMCA 회원들과 시위를 앞장서 이끌었다. 시위가 격화되면서 시위대와 일본 헌병이 충돌하는 사태까지 발생하자, 그는 일제의 눈을 피해 몇 달 동안 언더우드와 어비슨의 집에 숨어 지내야만 했다. 이즈음 그는 개인적으로도 부인과 둘째 아들의 연이은 죽음으로 지치고 절망하여 자결을 심각하게 고민하기도 했다. 이를 눈치챈 선교사들은 그를 계속 만나 그의 신앙심과 용기를 북돋웠다(전택부, 2002: 120-125). 이상재는 59세이던 1908년부터는 종교부 간사로서 전도와 계몽활동을 주관했는데, 그는 "동포여, 각성하라!"는 전단을 제작해 뿌렸고 당시 사회상을 풍자한 연극 각본 및 연출을 맡는 등 활발한 활동을 전개했다.

　이때 서울에는 청년 김규식(1881-1950)도 있었다.[18] 미국 버지니아의 로녹대학에서 유학을 마치고 1904년 봄 귀국한 그는 주로 서울 YMCA와 대한자강회, 그리고 언더우드 목사가 시무하던 새문안교회를 중심으로 활동했다. 당시 외국 회사들이나 기독교의 친일화를 기도했던 일본은 서로 그를 포섭하려 했으나, 김규식은 모두 거절하고 독립계몽운동에 집중하기로 결심했다(이준식, 2014: 26). 그는 서울 YMCA 교육부 간사로, 중학부학관 교장으로 봉사하면서 경신학교와 배재학교 대학부에서 강의했다. 마침 1905년 5월에 러일전쟁이 끝나고 9월 미국 포츠머스에서 강화회담이 있을 것이라는 소식을 듣고 김규식은 도미하고자 했다. 그러나 총독부가 그의 도미를 방해하여 그는 할수 없이 상해를 경유하여 미국에 가기로 했다. 하지만 상해에 머무는 동안 이미 조약이 체결되어 그의 계획은 수포로 돌아갔다. 그러나 상해에 석 달간 머무는 동안 그는 나중에 신해혁명을 주도했던 반청(反淸) 혁명단체 광복회와 중국동맹회의 활동을 목격했다. 그것은 외세의 강압과 간섭에 대한 한(漢)민족의 정치적 저항이었고, 김규식에게는 민족혁명의 중요성을 일깨운 사건이었다. 그가 귀국하자 곧이어 을사늑약이 체결되었는데 이때 그는 다시 도미하여 박사학위 공부를 계속할 생각을 아주 단념했다. 그는 1906년에 윤효정, 장지연, 여병현, 윤치호 등이

---

18) 김규식은 언더우드의 고아학교에서 배우며 성장하여 기독교 신자가 되었고, 독립협회 초기부터 서재필과 주시경의 심부름을 하며 독립신문을 내는 일을 거들었다.

주도했던 대한자강회에 가담하여 교과서 만들기와 의무교육 실시를 건의하는 일과 사립학교 설립 운동에 적극 동참했다. 그는 민영환이 세웠던 흥화학교를 재건하는데도 힘을 쏟았고 교무주임 격인 총교사로서 열심히 가르치면서도 학생들에게 주권을 강탈한 일제를 경계하도록 주의를 환기시켰다. 1906년 11월 30일 민영환 순국 1주기 행사 때 김규식은 추도연설을 했고 "분발할사 학도들아 정녕 유서 잊을손가 충애 목적 본을 받아 독립정신 기릅시다 연년 이 날 이 노래를 기념삼아 하여보세"(이준식, 2014: 30-31)라는 추도가도 함께 불렀다. 또 평양의 대동학교를 재건했고 숭실학교, 경신학교 등에서 강의했다. 김규식은 1908년에 대한매일신보의 양기탁이 재판을 받을 때 영국인 변호사를 위해 통역으로 봉사했으며, 흥화학교 교장이던 임병학과 한미흥업회사를 만들어 운영하기도 했다(이준식, 2014: 31-32).

김규식은 당시 강연회 단골 연사였는데 백성들의 스승이란 뜻으로 "민사(民師)"라고 불렸다. 특히 1908년 3월과 4월에 연속으로 반복했던 "우리 한국의 앞길"이라는 제목의 강연은 인기가 있었다. 김규식은 1910년 여름 제1회 학생 하령회에서 '결단의 가치'란 주제의 강연을 했고 1911년에는 상해의 만국기독교청년회에 참석하고 곧이어 동경을 방문했다. 방문 후 국제정세를 관찰한 내용을 중심으로 여행기를 써서 대한자강회와

YMCA에서 발표했다(이준식, 2014: 36-37). 그는 교육계몽활동을 하는 동안 세브란스의전과 제중원에서 의사로 있던 김필순을 평생 동지로 알게 되었다. 김필순은 1907년 일제의 군대 해산에 항거하던 군인들이 부상당하자 앞장서 치료해 주었고 1909년에는 전염병이 유행하자 자발적으로 방역단을 조직하여 활동했다(이준식, 2014: 38). 또 일찍이 형인 김윤오와 함께 세브란스병원 앞에서 〈김형제상회〉를 운영하면서 위층을 안창호에게 제공하여 신민회 조직 활동을 도왔다. 김필순도 물론 신민회에 가입하여 활동했고(박용옥, 2003: 70-74), 김규식이 김필순의 세브란스의전 제자 이태준을 알게 되었던 것도 이즈음이었다. 이태준은 1910년 2월 출옥한 안창호가 세브란스병원에 입원했을 때 그를 처음 만났고, 그의 권유로 청년학우회에 가입했다(우사연구회, 2007: 166). 이런 인연으로 서로 알게 되었던 김필순, 김규식, 이태준은 후에 모두 독립투쟁을 위해 중국 남경과 몽골로 떠났고, 미국으로 갔던 안창호와 직간접적으로 계속 교류하며 활동했다(우사연구회, 2007: 166-170; 이준식, 2014: 45-52).

한편, 황해도 청계동의 안중근(1879-1910)은 동지 우덕순·유동하·조도선과 모의하여 1909년 10월 26일 하얼빈에서 이토 히로부미를 사살함으로써 중국 등 주변 국가들에게 큰 파문을 일으켰다. 안중근은 개화에 적극적이면서도 애국적인 풍모가 남달랐던 부친 안태훈의 영향을 많이 받고 성장했고 유학 고전과 서예를 익히면서도 사냥을 좋아했던 활달한 청년이었다. 그는 제국신문, 대한매일신보, 황성신문 등에서 사상적 영향을 받았으며, 특히 미국 캘리포니아에서 안창호가 발행하던 공립신문을 읽으면서 공화주의와 같은 근대적 시대 흐름을 파악할 수 있었다. 그의 동지 우덕순 역시 안창호가 이끌던 공립협회의 블라디보스토크 지회 회원이었다. 안중근은 또한 동포들을 찾아가 국권회복운동에 협조해줄 것을 청했다. 그는 상해에서 부유하게 지내고 있던 민영익에게 수차례 면담을 청했으나 끝내 만나주지 않자, 나라가 위급해진 것은 일신의 편안함만을 좇는 대관들 때문이라며 크게 꾸짖었다. 안중근은 상해로 망명와 있던 상인 서상근도 찾아가 설득했으나, 그가 정부 고관에게 큰돈을 빼앗기고 망명한 자신의 처지를 말하며 정치가 자신 같은 일개 백성에게 무슨 상관이 있냐고 말했다. 이에 안중근은 "백성이 없으면 나라가 어떻게 있을 수 있으며, 더구나 나라란 몇 명의 대관들의 나라가 아니라 당당한 2000만 민족의 나라입니다. 국민이 국민 된 의무를 다하지 않으면서 어떻게 민권과 자유를 얻을 수 있겠습니까?"라고 설득했다(김삼웅, 2014: 125-127). 안중근은 1909년 10월 26일 하얼빈 역에서 이토 히로부미를 사살하고 사형을 선고받았다. 그는 1910년 3월 26일 사형 집행 바로 전, 여순 감옥의 간수였던 일본 헌병 상등병 지바 도시치의 부탁을 받고 "국가를 위해 몸을 바치는 것은 군인의 본분이다(爲國獻身 軍人本分)"라는 휘호를 써주었다(김삼웅, 2014: 484-488).

그리고 "아기 접주"로 불리며 동학농민군으로 투쟁했던 김구(1876-1948)는 이 시기에 훈장으로서 교육계몽에 가담하고 있었다. 그는 28세였던 1903년에 기독교에 입교했고, 장연으로 이사하여 장연고등보통학교 교원이 되었다. 또 사립 광진학교에서 백남운 등과 근대적 교육계몽운동을 시작했는데, 이때 조혼에 반대하고 자유결혼을 원했던 최준례를 만나 혼인했다. 그리고 성년이 되어서도 부모에게 여전히 반말을 하는 손두환에게 "잘못을 알았을 때 고치는 것이 좋다"고 설득하여 마침내 존댓말을 하게 하여 그 부모가 찾아와 감사의 인사를 했다. 또 손두환이 상투를 싫어한다는 자유의사를 확인하고 상투를 직접 잘라주고 그가 부모에게 혼날 것을 염려하여 집까지 바래다주었다(도진순, 2002: 232-234). 1905년 11월에는 서울 상동교회에서 열린 을사늑약 반대 집회에 참가했고, 전덕기, 이준, 이동녕, 최재학 등과 함께 구국상소를 올리고 가두연설회에도 참여했다. 김구는 1907년 안악으로 이사하여 양산학교(陽山學校)

에서 교사와 교장으로 일하며 신교육과 구국계몽운동에 집중했다. 김구는 젊은 사람들에게 교육을 권면하면서, 근대인이 된다는 것은 단순히 천주학을 하거나 단발을 하는 행위만이 아니고 새로운 교육을 통해 "완전한 국가의 일원이 되어, 약한 나라를 부강하게 하고 어둠에서 광명을 되찾는 것"이라고 역설했다. 이어 그는 "구식 양반은 군주 일개인에 대한 충성으로도 자자손손이 혜택을 입었거니와, 신식 양반은 삼천리강토의 이천만 민중에게 충성을 다하여 자기 자손과 이천만 민중의 자손에게 만세토록 복음을 남길지라. 그 얼마나 훌륭한 양반이냐"라고 역설했다. 김구는 양반도 교육을 잘 받아 새로운 정치·사회적 역할을 하지 못하면 상놈일 뿐이라고 일갈했다(도진순, 2002: 203-204). 김구는 1909년 10월 말 안중근 의사 의거로 잠시 체포되었으나 불기소로 풀려나왔고, 12월부터는 재령보강학교 교장을 겸하면서 평양의 최광옥과 협력하여 황해도에 교육총회를 조직하고 학무총감으로 일했다. 김구는 경술국치가 있던 해 11월 서울 양기탁의 집에서 있었던 신민회 비밀회의에도 참여했다. 그는 1911년 1월 '안악 사건'으로 일본 헌병에게 다시 체포되어 경무총감부에서 모진 고문을 받았고, 경성 지방재판소에서 징역 15년을 선고받았다. 그는 종로 구치감을 거쳐 경성 감옥에 수감되었다가 인천 감옥으로 이감되어 인천부두 공사에 동원되었다. 이 같은 고난과 역경을 거치는 동안 김구는 극악무도한 만행을 일삼는 일제를 작은 겨자씨같이 왜소하고 하찮은 존재로 보게 되었고 백정과 범부를 포함한 모든 사람들이 자기와 같은 정도의 애국심만 있으면 독립할 수 있을 것이란 생각에서 호를 백범(白凡)이라고 했다(도진순, 2002: 215-271).

4. 신해혁명 이후의 희망과 모색

근대 제국주의 국가들의 식민통치는 사회·경제적인 수탈을 공통의 목적으로 하되 지배 방식이나 문화정책에 있어서는 국가별로 차이가 있었다. 영국이나 네덜란드는 간접지배 원칙하에 식민지인을 행정관리로 활용했고, 문화에는 대체로 방관적이었다. 또 프랑스는 직접지배 방식을 취하면서 가톨릭과 자국 문화를 이식하고자 했으나 집요하지는 않았다. 그러나 이들과 달리 일본은 조선에 대한 사회·경제적 착취에 더하여 직접지배 방식을 취하면서 소위 '동화 정책'으로 한민족 말살을 기도했다. 이때의 '동화'란 한민족을 차등국민으로 전락시켜 천민 신분으로 일본에 예속시킬 것을 목적으로 한 것이었다. 이러한 일본은 강점 직후 군대를 직접 동원하는 무단통치를 행하면서 총검과 채찍으로 한국인들을 무자비하게 탄압했다(신용하, 2001: 1-3).

그럼에도 불구하고 우리 민족 구성원들의 자주적 주권의식에 따른 항일 계몽운동과 투쟁은 전국 각지에서 계속 일어나 번지고 있었다. 그리고 이러한 움직임에 큰 영향을 주었던 것은 1911년 5월 중국 무한에서 시작된 신해혁명이었다. 신해혁명으로 청나라가 멸망하고 중화민국이 아시아 최초의 서구적 민주공화국으로 세워졌는데 이 소식을 접했던 국내외의 한국 청년들은 우리도 이 같은 혁명을 통해 새로운 독립국가를 건설할 수 있다는 희망을 갖게 되었다. 그래서 그들은 중국 상해로 떠나거나 그곳의 인사들과 소통하기 시작했다. 이들은 신해혁명으로 조성된 동아시아의 새로운 흐름을 독립운동에 활용하고자 했다.

이때 신규식(1879-1922)은 상해에 모여든 여러 동지들을 규합하며 조직적인 독립운동을 벌여나갔다.[19] 그는 망국을 당하자 의형제를 맺은 조성환, 박찬익과 망명을 결의하고 가산을 모두 정리하여 약 2만여 원을 마련했다. 1911년 봄 서울을 떠나 만주,

---

[19] 그는 충청도 청주 동쪽의 고령 신씨 집성촌에서 자라 한학을 공부했고, 벼슬했던 부친과 형을 따라 서울로 가 1896년 관립한어학교에 들어갔다. 그는 이 시기 독립협회운동에 가담하여 이승훈·허위 등과 알게 되었고, 재정부장으로 활동했다. 1900년에는 다시 육군무관학교에서 수학하여 전술학·군제학·병기학·외국어 등을 배우며, 민대식·신창휴·조성환과 친교를 맺었다. 그는 참위로 임관된 후 진위대·시위대를 거쳐 육군유년학교 학도대 등에서 복무하며 품계가 종2품까지 올랐으나, 1907년 일본이 군사권마저 강탈하면서 그의 군 생활은 끝났다. 그는 잠시 낙향하여 문중 어른들을 설득하여 문동학원을 설립했다(강영심, 2010: 10-35).

산동, 북경, 항주를 거쳐 상해에 도착한 그는 신해혁명을 준비하던 혁명파의 잡지 「민립보」의 사원 쉬티엔푸(徐天復)와 친교를 맺으면서 중국동맹회의 왕싱(王興), 천치메이(陳其美) 등과 교류했다. 신규식은 신성(申星)이란 이름으로 동맹회에 가입해서 한국인으로서는 신해혁명에 투신한 "최초의 인물"이 되었다(강영심, 2010: 68). 그는 삼민주의를 내걸고 봉기하여 청조의 낡은 봉건 통치를 몰아낸 신해혁명을 "아시아의 밤을 밝혀주는 희망의 등대"로 표현했다. 또 그는 "축(祝) 손총통"이란 축시를 통해서 "공화국 새 세상 만들어 낡은 세상 돌려세우니 사해의 만백성 즐거워 손중산 우러러 모시네"라며 민주공화주의 시대의 도래를 기뻐했다(강영심, 2010: 70).

신해혁명으로 중국에 아시아 최초의 민주공화국인 중화민국의 수립 소식이 전해지자 조선의 청년들이 상해로 몰려들기 시작했는데 1912년 5월 20일 신규식이 이들과 함께 조직한 것이 바로 동제사였다. 그리고 이를 중추적으로 이끌었던 인물들은 신규식(이사장)과 박은식(총재)을 비롯하여 김규식, 신채호, 홍명희, 조소앙, 문일평, 신건식, 조성환 등이었다. 그리고 회원으로는 박찬익, 여운형, 김용호, 신철, 신무, 김갑, 정환범, 김용준, 민충식, 안재홍, 윤보선, 이찬영, 민필호, 신석우, 조동호, 장건상, 정원택 등 많은 청년들이 가담했다. 이들의 면면을 볼 때, 동제사는 정치사상적으로 "시민적 민족주의"와 유교적 "대동사상"을 지향하고, "국혼" 중시의 역사관과 "대종교" 신앙을 바탕으로 하는 독립노선을 취했다. 동제사는 북경·천진·만주 등 중국 내 주요 도시와 러시아·미국·일본 등에도 지사를 두었으며, 당시 각지 청년 학생들의 연락 조직체로 미주 지역과 하와이에서 보내온 「신한민보」나 「국민보」 같은 잡지를 받아 이를 다시 만주 지역과 국내로 비밀리에 배포했다(강영심, 2010: 78-81). 중국 국민당 인사들과 친교가 깊었던 신규식은 그들과 함께 신아동제사도 만들었다. 그는 「진단」이라는 잡지를 발행했고 1914년에 『한국혼』이란 소책자를 써서 동포들을 향하여 "다 함께 대한의 혼을 보배로 여겨 소멸되지 않도록 할 것이며, 먼저 각기 가지고 있는 마음을 구해내어 죽지 않도록 할 것이다"(신규식, 2009: 18)라고 역설했다. 그는 독립혁명에의 꿈을 이루기 위해 국제정세를 늘 주의 깊게 관찰하였고 박달학원을 만들어 청년들과 교민들을 보살폈다(강영심, 2010: 83-85).

신해혁명 소식을 듣자 박은식은 곧장 상해로 가 신규식과 함께 동제사를 조직했다. 그는 남경과 상해를 오가며 강유위, 양계초, 당소의, 경해구, 왕정위 등 중국혁명동맹회 인사들과 교류했다. 그는 잠시 홍콩의 잡지 「향강」의 주간으로 일했고, 나중에는 강유위의 위탁으로 중국신문 국시일보의 주간이 되기도 했다. 박은식은 또 『안중근전』, 『이준전』, 『이순신전』 등을 저술하고, 1915년에는 망명 이후 줄곧 써오던 『한국통사』를 완성해 상해의 출판사 대동편역국에서 출간했다. 이는 '처음으로 한국 근대사를 체계화'한 것으로, 고종 원년인 1864년부터 1911년까지의 한국 근대사를 '일제 침략사'로 규정하고 이에 대한 한민족의 끈질긴 저항과 투쟁을 상세하게 기술했다. 동시에 그는 한국의 지리, 고조선 이래의 역사에 대한 설명과 함께 한민족 정신사의 핵심인 "천하의 공덕"과 "천명의 정칙(定則)"(박은식, 2000: 440)이 단군, 공자의 가르침을 한국에 전한 기자(箕子), 원효, 최치원 등에서부터 삼국시대, 고려시대, 조선시대까지 어떻게 전개되어왔는지를 설명했다. 박은식은 세종대왕이 훈민정음을 창제하고 보급했던 것을 "우리나라 문명사에서 특기할 만한 사실"(박은식, 2000: 450)이라고 평가하고 "오늘날 우리가 망하지 않은 것이 하나 있다면 바로 이것 문자뿐이다"(박은식, 2000: 451)라고 지적했다. 그의 『한국통사』는 일제의 잔학성을 폭로하고 한국민들의 통분을 촉발하여 "독립운동의 정신적 원동력"을 확보하고, "국혼"을 일깨우기 위한 목적에서 저술되었다. 이 책은 중국 상해와 만주 지역은 물론 러시아 지역, 그리고 미주 지역에까지 널리 보급되어 읽혔고, 국내에도 밀반입되어 "민족문화 전통에 대한 애착과 자부심", 그리고 일제 침략에 대한 "분노"와 "독립투쟁에의 결의"를 촉발했다(신용하, 1986: 25-26). 박은식은 유랑생활하며 한때 청군 제독이었던 오장경의 딸 집에 기숙하기도 했다. 1918년 박은식은 러시아령 시베리아 지역 교민들의 요청으로 잠시 이 지역 잡지인 「한족공보」의 주간으로 일했으며, 시베리아 지역에 계속 머물면서 『발해사』와 『금사』를 한글로 역술하였다. 그는 또한 한인촌과 여러 학교들을 순회하며 『한국통사』를 강연하여 독립정신을 고취시켰는데, 그러던 중 블라디보스토크에서 기미독립선언 소식을 들었다(신용하, 1986: 27).

한편, 조선통감 이토의 회유를 거부하고 점점 강화되는 감시를 피해 안창호는 중국과 러시아 페테르부르크를 거쳐 베를린, 런던을 방문한 후 1911년 9월 뉴욕에 도착했다. 그는 북미대륙 횡단열차로 이동하며, 미주 각 도시의 한인 동포들과 서재필 등 독립운동 지사들을 만났다. 리버사이드 파차파 캠프에 돌아온 안창호는 1913년 LA로 이주하여 흥사단을 창단했다. 그는 독립투사들을 길러내기 위한 청년 수련단체의 필요성을 절감하고 약 2년간의 준비기간을 거쳐, 로스앤젤레스에서 송종익과 함께 흥사단의 약법(約法)을 상의하고, 정원도, 하상옥, 강영소 등과 흥사단 조직에 착수했다. 마침내 1913년 12월 청년학우회의 후신으로 흥사단을 창립했고, 이때 전국 8도를 대표하는 25인 동지들을 선임했다. 그리고 이듬해 4월에는 대한인국민회가 미 국무장관 브라이언으로부터 미주 한인 대표기관으로 공식 인가를 받아, 해외 정부 내지 영사관의 역할을 수행했다. 1915년 안창호는 대한인국민회 중앙총회 총회장에 선출되었고, 1917년 송종익, 임준기 등과 같이 북미실업주식회사를 설립했다. 같은 해에 하와이 한인들의 요청을 받고 박용만과 이승만의 갈등을 해결하기 위해 호놀룰루를 방문했으나, 만족스러운 결과를 얻지는 못했다. 또 그는 멕시코 한인들의 요청을 받고 1917년 12월부터 이듬해 5월까지 6개월간 멕시코와 쿠바를 방문하여, 한인들의 상황을 개선시키는 일을 했다. 멕시코에서는 현지 농장주들의 한인 노동자들의 대량 해고 사태를 해결하고 변소 설치 등 생활 개선과 인격 수련을 통하여 신용 있는 사람들로 변모하도록 한인들을 교육했다. 그는 총회장으로서 4년간 미국 본토, 하와이, 멕시코, 쿠바, 중국, 러시아 연해주 및 만주, 시베리아, 필리핀, 몽골 등지까지 무려 116여 개의 대한인국민회 지부를 설치하고 해외 한인들을 통합하고자 노력했다(주요한, 1999: 162).

1910년 이후 이동휘는 신민회의 안창호와 긴밀하게 연락하면서 북만주와 연해주 지역을 순회하며 계몽과 조직 활동을 계속했다. 그는 '안악 사건'에 연루되어 1911년 3월 다시 투옥 당했다가 1912년 6월 풀려난 후 성진으로 귀환하여 신민회 함경도 지역 책임자로 활동을 재개했다(반병률, 1998: 443). 1913년 10월 말 제2차 러일전쟁 발발을 예상한 그는 이를 활용한 독립전쟁을 대비하기 위한 목적에서 이상설, 이종호, 이동녕, 정재관 등과 함께 대한광복군정부라는 최초의 임시정부를 세웠다. 이동휘는 이상설에 이어 제2대 정도령(正都領)으로 대한광복군정부를 이끌었다. 그리고 1914년 4월에는 동지들과 북만주 왕청현 나자구 한인촌에 독립무관학교를 설립하여 기숙사에 생도들을 합숙시키고 독일 장교 2-3명을 교관으로 채용했다. 생도들은 주로 지역 내 대흥서숙 학생들이었고 약 100여 명에 달했다(반병률, 1998: 110-113; 한영우, 2016: 117). 또 이동휘와 신민회 회원들은 북만주 밀산현 봉밀산 자락에 밀산무관학교도 설립했는데, 이들은 후일 신흥무관학교와 함께 만주 독립군 창건의 모체가 되었다(신용하, 2004: 163-165).

대한제국이 패망할 때 여운형(1886-1947)은 20대의 청년으로 '백정교회'로 유명했던 종로의 승동교회에서 조사(助師)로 전도의 일을 하고 있었다. 신학교도 다니던 그는 1911년 25세의 나이로 서울 YMCA의 운동부장이자 한국 최초의 야구팀 주장이 되었다. 그는 이때부터 '몸짱'이자 '만능 스포츠맨'으로 불렸다. 그런데 중국의 신해혁명은 청년 여운형에게 큰 울림을 주었다. 그렇지 않아도 중국에 들어가 청을 멸망시키고 명의 은혜를 갚아야 한다는 소신을 펴다가 유배당한 후 처참한 몰골로 귀가했던 그의 조부 영향도 있어 그는 중국에 대해 친근감을 가지고 있었다. 그런 터에 신해혁명으로 청국이 망했다는 소식이 전해진 것이었다. 당시 서울의 중국 상점에는 손문의 사진이 걸리고 "혁명의 새로운 음파는 뜻있는 청년들의 귀를 난타했다."(이정식, 2008: 104)

다음 해인 1912년 11월 여운형은 와세다대학의 초청으로 서울 YMCA 야구단을 인솔하고 동경에 가서 원정 경기를 가졌다. 그는 재동경 유학생 환영 모임에서 "우리 어머니는 그렇게 돌아가셨지만, 우리네 여러 오뉘들은 다 같이 잘 자라나고 있습니다"라는 말만 되풀이하는 답사를 하여 모두를 숙연케 했다. 이후 그는 김규식이나 이승만처럼 해외에서 공부를 더 해야겠다는 생각도 했고 독립운동에의 열정도 느꼈다. 그는 1913년 당시 서간도에서 신민회 차원에서 설립, 운영하고 있던 신흥강습소를 탐방했지만, 그런 벽지보다는 문화적 수준이 있고 교통이 좋아 국제적 시야도 넓힐 수 있는 상해나 남경 같은 도시 지역이 전략적으로 유리할 것이라고 판단했다. 그래서 그는 1914년 중국 남경의 진링대학으로 유학을 떠났다. 그에게는 자신의 성장과 함께 조국 독립을 위해 자유롭게 활동할 공간이 필요했다(이정식, 2008: 99-100, 103).

한편, 일본 메이지대학을 마치고 국내에서 교사로 일하던 조소앙은 1913년에 북경을 거쳐 상해로 망명해 신규식, 박은식 등과 함께 동제사와 박달학원에서 교민들과 청년들을 교육했다. 그는 1916년 일시 귀국해서 몸에 났던 큰 종기를 완치하고 곧장 다시 상해로 나갔다. 그는 1917년 초 여준, 김좌진, 박찬익 등과 함께 만주 길림에서 무장투쟁단체 대한독립의군부를 조직했다. 또 그는 같은 해 8월에 상해 조선사회당 대표 명의로 스웨덴 스톡홀름에서 개최된 국제사회당 대회에 전문을 보내 한국 독립운동 지원을 요청했다(김기승, 2015: 52-53). 1차 대전 이후 군주국들이 쇠퇴하고 미국이 세계정세를 주도하자 조소앙, 신규식, 박은식, 김규식 등 14인은 1917년 7월 〈대동단결선언〉을 발표하여 공화제로의 전환을 촉구했다. 조소앙이 쓴 이 선언문에서 참가자들은 경술국치로 우리 민족이 일본 황제에게 주권을 양도한 것이 아니라, 대한제국 황제가 포기한 주권을 대한제국 국민들이 물려받은 것으로 해석했다. 선언문은 이어서 한민족 역사 이래 주권이 이민족에게 양도된 적이 없으므로 일본 황제에게 주권을 양도하는 합방 문서는 국헌에 위배되며, 따라서 (고종이) 국민 동지들에게 주권을 묵시적으로 이양한 것으로 보아야 한다고 주장했다(김기승, 2015: 53-54). 1919년 3월 말에는 〈대한독립선언서〉 발표에 동참했는데(김기승, 2015: 56-59),

간도 지역의 한인들과 그 지도자들이 주도하여 발표했던 〈대한독립선언서〉에 서명한 사람들은 서간도의 이상룡, 김좌진, 김동삼, 여준, 이동녕 등과 북간도와 노령의 김약연, 이범윤, 문창범, 유동열, 이동휘, 미주의 안창호, 박용만, 이승만 등 당대 한민족을 이끌어가던 39명의 민족 지도자들이었다(김기승, 2015: 57).[20] 조소앙이 기초한 이 선언서에서 민족 대표들은 "우리의 독립국가 건설의 목표는 사해인류의 정신 아래 모든 동포들이 같은 권리와 부귀를 영위하며, 배움의 기회와 장수의 제도를 세워 고루 잘 사는 나라, 고루 현명한 백성, 나아가 나라의 어려움을 극복하고, 불의를 몰아내어 우주의 덕인 '진선미'를 구현하는 것이라. 이것이 한민족이 시대에 부응하여 부활해야 할 뜻이니라"(채영국, 2007: 134-136)라고 선포했다.

김규식은 1913년 여름 중국 상해로 건너갔다. 그는 8월 12일 미국의 안창호에게 편지를 보내 자신이 주선해서 미국으로 보내는 한국 청년 8명의 미국 입국 처리를 부탁했다. 일찍이 일제와의 전면적 무장투쟁의 필요성을 절감했던 김규식은 이를 준비하기에 가장 적합한 곳이 몽골이라고 판단했다. 그가 보기에

---

20) 조소앙은 기미독립선언 다음 날인 3월 2일에 이 대한독립선언서를 동생 조용주와 같이 기초하기 시작했고 의혈투쟁을 강조했다. 하와이의 박용만은 이를 영어로 번역하여 미국 등 해외에 소개했다.

1911년에 이미 독립을 선언했던 몽골은 대륙 깊숙이 떨어져 있었기 때문에, 몽골은 한인들이 일제의 간섭을 받지 않고 광활한 초원에서 독립군 전사를 양성할 수 있는 최적의 장소였다. 이런 생각을 품고 상해로 온 김규식은 먼저 동제사에 가입한 후 박달학원의 교사로 봉사하며 지냈다. 또 미국의 안창호와 지속적으로 소통하면서 이 몽골 구상의 실행을 준비했다. 1914년 가을 김규식은 유동열, 이태준 등과 함께 군사학교 설립을 위해 몽골로 갔으나, 국내 조직의 자금 지원에 차질이 생겨 그의 몽골 구상은 성사되지 못했다. 이후 김규식은 몽골, 장가구, 북경, 천진, 상해 등지를 오가면서 교사, 무역회사의 회계와 비서, 미국계 회사의 수입판매 담당 등 다양한 일에 종사했다. 그러면서도 그는 독립운동 진영과 연락을 취하며 지냈다. 1917년 국제정세가 급변하면서 같은 해 7월 동제사를 중심으로 '대동단결선언'이 발표되었을 때, 김규식은 다른 13명의 지도자들과 함께 서명자로 참여했다(이준식, 2014: 47-56).

그런가 하면, 안동 지역에서 권세연 의병장과 함께 의병 봉기에 적극 가담했던 이상룡(1858-1932)은 경술국치를 당하자, 이에 굴하지 않고 보다 장기적이고 효과적인 항일 의병투쟁을 위해 안동의 전답을 팔고 가족들과 함께 서간도 유하현 삼원보 추가가로 이주했다. 그는 먼저 와 있던 이동녕, 이시영 등 신민회 인사들과 반갑게 만났다. 이상룡은 이미 안동에서 유림 중심의 의병투쟁의 한계를 인식하고 국민 차원의 계몽과 결사투쟁의 필요성을 절감했다. 당시 서울에 창립된 대한협회가 전국 각지에 지회 설립을 요청하자, 그는 안동 지회 설립에 응하겠다는 회신을 보내면서 "국가는 진정한 국민의 자격과 국민의 정신을 가진 백성에 의해 세워지는 것이다. 그런데 조선은 2천만의 백성이 각자 자신만 알고 나라를 알지 못해 한 국가의 권리가 모두 타인의 손아귀에 들어가고 말았다. (중략) 나라를 위하는 방법으로 단체를 만드는 것보다 나은 것이 없다. 단체를 만들어야 나라를 발달시키고 외국과 경쟁할 수 있다. 저 열국들을 문명이라고 칭하고 우방이 강대하다고 칭하는 것은 이 방법을 먼저 알았기 때문이다"라고 함으로써 독립투쟁 조직의 필요성을 강조했다(채영국, 2007: 68-70).

1907년 당시 안동에서는 애국계몽운동의 일환으로 협동학교가 설립되었다. 이관직, 김기수, 안상덕 등이 신민회의 추천으로 협동학교 교사로 파견되어 왔고, 이상룡 역시 협동학교가 운영되는 과정을 적극 지원했다(채영국, 2007: 66). 서간도로 떠나기 직전 그는 장지연과 권동진 등이 주동하여 추진했던 대한협회가 경술국치 이후 일진회와 같은 성향의 순응적 실력양성운동으로 변질되자 크게 절망하고 대한협회 안동 지회 설립을 즉

시 중단했다. 서간도로 오는 도중에 서울에서 양기탁을 만나 동숙하면서 신민회 차원의 비전과 독립전쟁 방략에 대해 상세한 설명을 들었다. 서간도 유하현 삼원보로 온 이상룡은 먼저 현지 정착과 중국인들과의 친화를 위해 노력했고 민족 자치단체의 조직을 제안했다. 그래서 1911년 봄 대고산 앞 벌판에 약 300여 명의 이주민들이 모여 이동녕의 사회로 노천집회를 열었다. 여기서 자치단체인 경학사를 발족시켰고 전통적 도의문화로 질서와 풍속을 유지하고 농업 진흥으로 생계를 확보하며 학교를 만들어 주경야독의 기풍을 조성하며 독립전쟁의 준비를 위해 군사교육을 실시한다는 결의문을 채택했다. 그는 이 경학사의 초대 사장으로 추대되었고, 이회영은 내무부장으로, 장유순은 농무부장으로, 이동녕은 재무부장으로, 유인식은 교무부장으로 각각 참여했다. 이상룡은 〈경학사취지서〉에서 "(상략) 비록 영웅이라 할지라도 팔짱끼고 가만히 있으면 상제의 노여움을 살 것이다. (중략) 앞길이 너무 멀다고 근심하지 말지어다. 한 걸음이 끝내는 만 리 길을 가게 하는 것이다(하략)"(채영국, 2007: 105-106)라고 발표함으로써 경학사가 독립운동에 매진할 것임을 명확히 했다.

경술국치를 당하자 서울의 이회영도 우리가 망한 것은 군사력이 없어 자주국방을 제대로 못했기 때문이라고 단정하고, 스스로 서울 명동 부근의 토지를 매각하고 온 가족들과 함께 이 지역에 합류해 있었다(이덕일, 2001: 41-42). 이상룡은 이회영 일가 및 이동녕, 박은식, 신채호 등과 함께 1911년 5월 14일에 신흥강습소를 개소하여 본격적인 군사훈련을 시작했다. 기존의 장교 출신들이 교관을 맡았고 미래의 동량인 청소년들이 교육 훈련에 참가했다. 이들은 역사, 언어, 지리, 수신, 도화, 체조 등 여러 과목을 배우고 역사교과서는 이상룡이 망명 전후에 수시로 모아두었던 자료들로 만든『대동약사』를 썼다. 이 책은 고조선, 부여, 고구려, 발해 중심의 민족사를 기술하여 만주에서 독립기지를 건설하여 미래를 도모하고자 했던 취지를 그대로 정당화하는 교과서였다. 신흥강습소에서는 공부뿐만 아니라 교사와 학생들이 농사도 지으며 함께 일했는데, 이때 학생들은 "칼 춤 추고 말을 달려 몸을 단련코 새론 지식 높은 인격 정신을 길러 새 나라 세울 이 뉘뇨 우리우리 배달나라 우리우리 청년들이라 두 팔 들고 고함쳐서 노래하여라 자유의 깃발이 떳다"(채영국, 2007: 110-111)라는 교가를 불렀다.

1913년 경학사에 이어 두 번째 교민단체인 부민단이 통화현에 결성되었는데 이는 합리하에 본부를 두고 각 지역을 통할했다. 이상룡은 허혁에 이어 2대 회장이 되었다. 그는 아들 준형을 안동으로 보내어 마련해온 돈으로 합리하 부근 습지를 임대하고 추위에 강한 일본의 홋카이도나 아오모리 볍씨까지 구해다 주며 논농사를 짓게 했다. 1912년 3월에는 통화현에 제2의 신흥강습소를 세웠고 1914년부터는 실전 훈련을 위해 백서농장과 같은 군사훈련장을 세워 1918년까지 운영했다. 이 조직의 총사령관 격인 농장주는 일송 김동삼(1878-1937)이었고 군대식 편제로 400명 정도의 청년들을 훈련시켰다. 그러나 이 같은 독립전쟁 준비과정은 영양실조와 각종 질병과 싸워야 하는 고난의 역정이었다. 이즈음 20대 후반의 대한광복회 부사령 김좌진(1889-1930)이 이상룡을 찾아와 이제 독립전쟁을 시작해야 할 때가 왔다면서 담력과 기백을 보였다.

1904년 11월 하와이를 거쳐 미국으로 갔던 이승만(1875-1965)은 이즈음 조지워싱턴대학을 마치고 하버드대학을 거쳐 프린스턴대학에서 박사과정을 이수 중이었다. 당시 캘리포니아 남부 리버사이드에서는 파차파 캠프라는 한인 공동체를 운영하고 있던 안창호가 캠프 한인들을 중심으로 공립협회(1905)를 조직했고, 교민 장인환과 전명운이 친일 미국인 스티븐스를 사살한 사건(1908)[21] 이후 조직적인 독립운동을 벌이고 있었

---

21) 이때 이승만은 기독교 신자로서 살인재판 통역을 할 수 없다며 이들에 대한 공판 통역 요청을 거절했다. 동아일보, 1960년 6월 11일자 3면 기사 "장인환 의사 일제의 앞잡이 「스티븐스」 살해" 참조.

다. 이승만은 1910년 6월 박사학위를 취득한 후 일시 귀국하여 YMCA의 주선으로 전국 순회 강연회를 마치고, 다시 일본을 경유하여 미국으로 갔다. 그는 1912년 3월 국제 감리교 대표회의에 참석한 뒤 1912년 6월에는 미국의 우드로 월슨 대통령을 만나 한국 독립운동 지원을 호소했다. 이후 그는 월슨 대통령의 추천서를 가지고 미국 내 여러 지역을 다니며 한국 독립을 역설했다(이한우, 2010: 89).

그러나 이승만은 독립운동가로서는 실망스러운 모습도 보였다. 그는 형제처럼 가까이 지냈던 박용만의 초청으로 1913년 하와이 호놀룰루로 와서 한인감리교회의 한인기숙학교 교장이 되었고 월간 「태평양잡지」를 발간했다(이한우, 2010: 90-99). 그런데 하와이로 오기 바로 전에 워싱턴 포스트(1912. 11. 18.)와 가진 인터뷰에서 "3년 만에 한국은 전통이 지배하는 느림보의 나라에서 생기 넘치고 북적대는 산업화의 중심으로 크게 변화했다(Within the space of three years Korea has been transformed from a slow-going country where tradition reigned, into a live, bustling center of industrialism)"라고 함으로써 한국을 강점하고 있던 일제에 대한 근본적인 문제제기 없이 경제적 측면만을 긍정적으로 평가했다. 또한 하와이의 지역 신문인 호놀룰루 스타 불레틴이 박용만과 이승만이 반일교육을 한다고 보도하자, 이승만은 즉시 해당 매체에 반론(1916. 10. 16.)을 게재하여 "자신의 의도가 제대로 전해지지 못했다면서 나는 한국인들이 반일 감정을 갖는 것을 원하지 않는다는 사실을 알기 바란다(If I am misrepresented to the local Japanese papers, I want them to know that I do not wish any anti-Japanese sentiment among our people)"고 했다. 이는 당시 일본이 미국과 협조관계에 있던 국제정세만을 의식한 발언이었다. 함께 분투하고 있던 동지들을 생각했다면 굳이 반론하지 않고 침묵했을 것이다. 외교는 내치의 연속임에도 불구하고 그는 '똑똑한' 자신만은 내치, 즉, 민족상황과는 별 관계없는 존재라고 여겼는지 나름대로는 영리한 이중 플레이를 하고 있었다. 이승만은 또 1913년 4월에 쓴 소책자 『한국교회핍박』에서 일제가 조작한 105인 사건에 대하여 외국의 신문들이 "이 일이 이 정도에서 처리된 것은 한국 교회의 능력을 드러낸 것이다"라고 평가했음을 언급하면서, 그는 "진실로 우리는 일본과 권세를 다투자고 하는 것이 아니고 일본인을 배척하자는 것도 전혀 아니다. 다만 바라기는, 일본이 우리의 종교 자유를 방해하지 않아 조선 인종이 장래에 생존을 유지하고 자유 복락을 누릴 수 있다는 희망이 있게 하면 우리는 일본의 정치 자유를 조금도 방해하지 않을 것이니, 어찌 피차에 다행한 일이 아니겠는가?"(이승만, 2019: 109)[22]라고 했다. 이상의 사실들로 보아, 이 시기 이승만은 일제가 대한제국을 강점하고 무단통치로 기독교 신자들을 탄압하고 있었음에도 불구하고 이러한 일제의 만행을 정치외교 차원에서 명료하게 비판할 이유를 찾지 못했거나 잘 알고 있었지만 의도적으로 공언을 피했던 것 같다.

이승만은 기숙학교를 운영하는 과정에서 토지 관리와 회계 문제 등으로 하와이 교민들과 몇 차례의 분쟁을 겪기도 했다. 그는 일부 교민들에게 고소당하고 이에 맞고소를 하기도 했는데, 이로 인해 하와이 교민사회는 심각한 내분에 휘말렸다. 그는 고소당하자 자신의 "패거리들(Gangsters)"[23]을 동원하여 협박과 협잡을 일삼았다. 또한 국민회 대의원들을 고발하여 증인으로 선 법정에서 대의원들을 박용만의 도당으로 몰고 미국 영토 안에서 불법으로 군대를 만들어 미국과 일본 사이에 중대 사건을 일으켜 평화를 방해하려 한다고 하면서, 심지어 이는 하와이로 입항할 일본 이즈모 군함을 공격하기 위한 것이라는 말도 서슴지 않았다(신한민보, 1918. 6. 27.). 당시 하와이는 물론 서간

---

22) 이 소책자는 1913년 4월에 하와이 한인학교가 신한국보사에서 발간한 것임.

23) 이승만 일파의 협박 혹은 협잡에 관한 세부 내용은 「하와이 교민단 관련 재판문서」(1931), Rhee's Gangsters at Work (n.d.), 소장처: UCLA 대학 동아시아 도서관 (East Asian Library), (출처: 국사편찬위원회 전자사료관 사료참조코드 AUS205_00_00C0001_012), 원문 50쪽 참조.

도 지역에서는 각지 한인들의 지원과 헌신으로 독립전쟁을 위한 군사훈련소가 활발하게 운영되고 있었던 사실로 볼 때, 이러한 발언은 아무리 재판 과정에서의 자기 방어라지만 민족 반역적 행동이 아닐 수 없었다.[24] 이승만은 또 수시로 손가락이 시리다면서 호호 불곤 했는데, 이유를 묻는 하와이 교민들에게 그는 일본 감옥에서 당했던 고문 후유증이라고 둘러댔다. 그러나 정작 그는 일본 감옥에 수감된 적이 없다. 순진한 교민들은 그의 말을 그대로 믿으면서 그 역시 고난을 무릅쓰고 헌신하고 있는 많은 독립운동가들과 다름없는 사람으로 보았던 것이다.[25] 이승만은 1917년 10월 29일 뉴욕에서 개최된 세계 25개 약소민족대표회의에 참석했다. 1918년에는 서재필, 안창호, 민찬호, 정한경 등과 워싱턴에서 "신한협회"를 조직했고, 이해 12월 정한경과 함께 파리강화회의 대표로 선임되었지만 미국 정부는 비자를 내주지 않았다(이한우, 1996: 285). 또 그는 1919년 2월 25

---

24) 이러한 이승만을 목격했던 박용만은 연합회 공고서에 발표한 '시국소감'(1918.3.19.)에서 "우리 단체는 유망한 인물(이승만)을 청하여 온 까닭에 망하게 되는 이것이 그 인물의 죄악인가, 그 인물을 맹종하는 동포들의 죄악인가"라고 개탄하며, "만일 조국이 광복된 후에 이와 같은 인도자와 이와 같은 민기(民氣)가 있으면 국가와 민족의 비운을 초래할 것이다"라고 우려했다(김원용, 2004: 122 참조).

25) 이승만은 1913년부터 약 25년간 하와이를 본거지로 활동하다 1939년 11월 워싱턴 D.C.로 완전히 이주했다(이선주·로버타 장, 2014: 94 참조).

일에 미국 윌슨대통령에게 한민족을 당분간 국제연맹의 관할하에 두기를 원한다는 내용이 포함된 독립청원서를 보냈다(이한우, 1996: 286).

요컨대, 이 시기의 이승만은 투옥 경력이 있는 '최고 수준의' 지식인으로서 누구보다도 자기가 옳다는 생각을 지닌 자존심 강한 인물이었다. 그래서 그는 독립운동에 가담하면서도 자신의 이익이나 위상을 앞세우는 행동을 서슴지 않았던 것이다. 그는 학위 취득 이후 미국 생활을 성공적으로 시작했던 엘리뜨(elite)였음에 틀림없으나 주변 사람들로부터 깊은 존경과 지지를 받을 만한 지도자(leader)는 아직 못 되었던 것이다.

일제의 무단통치로 심각한 통제가 가해지던 상황에서도 국내의 유지들은 비밀 회합을 통해 독립을 향한 모색을 이어가고 있었다. 1897년 천도교 3대 교주가 된 손병희(1861-1922)는 1901년부터 5년 동안 일본에 머물면서 교육의 중요성을 새삼 인식하고 여러 청년들의 유학을 주선했고, 귀국해서는 보성학교, 문창학교 등 경영난에 빠져 있던 20여 개 학교에 후원금을 지원했다. 그는 경술국치 이후 부실하게 운영되고 있던 이용익의 보성학교를 인수해서 직접 운영했다(성주현, 2012: 199-201). 손병희는 국권이 침탈된 상황에서 "우리는 다 같이 천부(天賦)의 고유한 성품을 받아 천권(天權)을 소유하였으니 천도교로 천부의 성품을 삼고 천도교로 천권행사의 목적을 삼아 만분지일이라도 천권행사에 해이한 마음을 두지 말아야 할 것이다"(성주현, 2012: 210-212)라고 훈시했다. 그는 교인 개개인이 나라를 위하는 마음을 잊지 않으면 반드시 나라를 되찾을 수 있다고 일깨우고 교육을 통한 실력 양성과 종교적 수련을 통한 정신 무장을 함께 실천하며 독립운동을 전개하자고 강조했다(성주현, 2012: 210-214쪽). 이런 취지에서 손병희는 1912년 우이동에 수련도장인 봉황각을 건립했고 1914년에는 지방 교구 72개를 설립하여 중앙총부를 중심으로 전국적인 조직을 형성하고 각 교구별로 교령(敎領)을 임명했다. 이때 황해도 교구의 교령들은 대부분 동학혁명 당시 황해도 지역에서 대접주로 혁명을 이끌었던 사람들이었다. 이후 교구는 전국의 각 군 단위로 설치되었으며, 이러한 전국적 조직은 '3·1운동' 당시 만세시위를 전국으로 확산시키는 데 기여했다(성주현, 2012: 205-208).

천도교 산하 인쇄소인 보성사의 사장 이종일은 1914년 8월 민족운동의 중추적 추진을 위해 비밀리에 민족문화수호운동본부와 천도구국단을 조직했고, 1차 세계대전 발발 이후의 국제정세의 추이를 파악하고자 내외의 여러 인사들과 교류했다. 이종일은 보성사의 총무 장효근과 협의하여 1916년 11월 손병희를 찾아가 강력한 민중운동의 추진을 건의했다. 장효근은 그의 일기에서 "동학에서의 내수(內修)와 실학에서의 자강(自强)"은 서로 다를 바 없으며 "무엇이 우리나라의 자주 독립을 가져올 수 있다는 말인가. 이때야말로 자강의 도리를 가지고 크게 분발해서 독립도 얻고 개화운동도 펴나가야 한다"고 주장했다(이현희, 1979: 55-56 ; 홍선표, 2010: 222-223). 이종일은 대중화·일원화·비폭력의 원칙에 따라 기독교와 불교 등 다른 종교단체들과 연합하는 대대적인 범민족적 항일운동의 필요성을 건의했다. 이때부터 천도교에서는 거족적인 독립선언을 내밀하게 준비했다(성주현, 2012: 218-219).

이즈음 이상재는 황성기독교청년회 종교부 간사로 계속 일하고 있었다. 그는 1910년 여름부터 학생 하령회(夏令會)를 개최하기 시작했고 여기에는 김규식이나 이승만도 초청되어 특강을 했다. 1911년 개성에서 열린 제2회 하령회에는 21개 학교 대표들이 참석하였고, 이상재는 이들과 청년기독인들의 전국적 조직화를 시작했다. 그는 당시 YMCA 총무이던 질레트에게 YMCA가 일제의 감시를 받고 있다는 사실을 지적하며 데라우찌 총독의 보조금은 더 이상 받지않는 게 좋겠다고 충고했다. 또 조선총독부는 하령회가 2회 만에 급속도로 규모가 커지자 파괴 공작을 꾸미기 시작했다. YMCA 내부 직원을 매수하고 깡패를 동원해 지도자들을 습격하였으며, 이 과정에서 일제의 만행을 폭로한 질레트 총무는 결국 1913년 봄 국외로 추방당했다. 그리고 이 해 4월에는 이상재, 남궁 억, 신흥우 등 5명이 일본에 가서 황성기독교청년회라는 명칭을 조선중앙기독교청년회로 변경하고 사실상 일본 YMCA 산하로 들어가는 것에 합의할 수밖에 없었다. 그러나 6월에 열린 정기 총회에서는 명칭 문제만 협의안대로 결의하고, 이사회 구성에 있어서는 일본인 및 친일분자들을 이사회에서 배제함으로써 실질적인 주도권을 확보했다(전택부, 2002: 118-144). 이 정기 총회 이후 이상재는 조선중앙기독교 청년회의 총무로 추대되었고, 조선총독부가 회유책으로 주선했던 일본시찰단 일원이 되어 거의 끌려다니다시피 하며 동경을 방문했다. 그때 일본의 발전상을 보고는 여기 와서 새어머니를 보니 되레 "죽은 어머니가 생각난다"고 불편한 심경을 솔직하게 드러냈다. 또 거대한 병기창과 군수공장을 보고 난 후 동경시장이 낸 저녁식사 자리에서 "일본이 아시아에서 강대국이라는 것을 알았지만, 성경에 '칼로 일어선 자는 칼로 망한다'라고 쓰여 있어 걱정"이라고 발언하여 일본인들을 몹시 당황케 했다. 이상재는 1914년 개성에서 열린 제5회 학생 하령회를 한국 기독교청년운동의 전국적 조직화의 계기로 만들었다. 그는 배재학당, 경신학교를 포함한 전국의 10개 청년회를 모아 조선기독교청년회전국연합회를 발족시켰던 것이다(전택부, 2002:

131, 137-139). 그는 1916년 윤치호에게 총무를 넘겼다. 당시 조선총독부는 무단통치로 한인들을 탄압하면서 한인들이 자발적으로 세웠던 많은 사립학교들을 폐쇄하고 역사와 철학 등 인문학 대신 각종 실업교육만 실시할 것을 강요했다. 1916년 8월 조선총독부 학무국장 세키야는 YMCA에 와서 했던 연설에서 선교사들은 일본의 정책에 순응하여 총독부의 교육령과 제 법령을 지켜야 하며, 기독교 신자들도 천황의 사진에 경례해야 한다고 경고했다. 이에 당시 총무였던 윤치호는 즉시 교육과목을 실업교육과 노동 야학 위주로 개편함으로써 YMCA의 존속을 꾀했다. 이상재는 주로 공개 강연을 주선하고 진행하면서 청년들에 대한 계몽활동을 계속했으며 기미독립선언서에 비폭력 무저항주의가 반영되도록 오세창, 이승훈, 박승봉 등과 긴밀하게 접촉했다(전택부, 2002: 133-135, 142, 149).

5. 민족자결원칙과 기미혁명

기미혁명 직전의 상해 한인 사회는 동제사를 중심으로 결집되어 있었다. 동제사를 이끌던 신규식은 국내외 단체 간 서로 호응하는 효과적 독립운동을 위한 정부가 필요하다고 생각했다. 그래서 그는 1915년 박은식 등 동지들과 신한혁명당을 조직하고 고종 황제를 옹립하여 망명정부 수립을 기도했으나 성사되지 못했다. 이후 신규식은 대동보국단을 조직하고 1917년 7월에 대동단결선언을 주도했다(강영심, 2010: 89-92, 99-101). 대학을 마친 여운형은 1917년 초부터 상해로 와서 미국 선교사 휫치(George Fitch)가 운영하던 협화서국(The Shanghai Mission Bookstore)에 취직했다. 또한 교포 자녀들의 교육을 위해 인성학교를 세워 김두봉 등과 봉사했고, 신석우와는 친목회를 만들었다(이정식, 2008: 133-141). 상해교민단장이던 여운형은 1917년 여름 잠시 귀국했는데, 이때 그의 숙소로 찾아왔던 윤보선을 만났다. 당시 20살의 윤보선은 1912년에 일본 경응의숙에 유학했다가 일제의 조선 강점을 군국주의적 '문명개화론'으로 합리화하는 지적 풍토에 동조하지 못하고 2년 만에 귀국했던 터였다. 그 역시 다른 청년들과 같이 신해혁명에 자극을 받고 조선도 그러한 혁명을 통해 독립해야 할 것으로 믿고 있었으며, 여운형이 그러한 자신의 꿈을 실현시킬 수 있는 '안내자'가 될 수 있다고 믿었다(김명구, 2012: 67). 서울에서 여운형을 만난 윤보선은 적잖이 고무되어 곧장 상해로 떠났으며, 동제사에 가입하고 신규식의 집 2층 다락방에 기거하면서 동제사 일을 거들었다. 이때 신규식은 윤보선을 미래의 정치 지도자로 키우기 위해 영국 유학을 권했고, 이범석은 독립군 지도자로 훈련시키기 위해 중국 정부가 운영하는 운남 강무당에 보냈다(김명구, 2012: 67-71).

여운형은 동제사 회원이던 조동호와 가까이 지내고 있었는데 일본 와세다대학 정경학부를 졸업하고 온 장덕수와, 정주의 오산학교에서 가르치다 항주군관학교에 입학한 김홍일과도 만났다. 특히 장덕수는 당시 정치에는 "문외한"이던 여운형에게 많은 지적 자극을 주었던 까닭에 둘은 의기투합할 수 있었다(이정식, 2008: 145-147). 마침 미국 윌슨 대통령은 1차 대전의 종식을 앞둔 1918년 1월, "모든 식민지" 문제를 해결하는 데 있어서 "연관된 민족의 주권과 요구가 완벽하게 보호되어야 한다"는 민족자결의 원칙을 선언했다. 그리고 미국은 주중 대사 크레인(Charles Crane)을 통해 중국도 파리강화회의에 대표를 파견할 것을 종용했다. 여운형은 크레인이 상해에 와서 행한 연설을 듣고 지금이야말로 조선과 같은 약소민족이 해방을 도모해야 할 절호의 기회라고 판단했다(이정식, 2008: 152-154). 그는 크레인 대사를 직접 만나 민족자결의 원칙을 재차 확인하고, 신규식 등과 함께 긴밀하게 상의한 후 신한청년당을 결성했다. 이들은 김규식을 파리강화회의에 대표로 파견하기로 결정했고, 이와 함께 여운형을 블라디보스토크로, 장덕수를 동경으로, 선우혁, 김철, 서병호 등을 국내로 밀파하여 독립선언을 준비하기로

했다(이정식, 2008: 153-161).

1918년 말 천진에 있던 김규식은 신한청년당이 자신을 파리 강화회의 한국 대표로 파견할 것이라는 연락을 받았다. 그는 곧 장 남경으로 가서 혼담이 오가고 있던 김필순의 동생 김순애를 만나 결혼식을 올렸다(이준식, 2014: 57-58). 김순애는 오빠 김 필순과 함께 1912년 중국 흑룡강성으로 망명했는데, 김필순이 1918년 사망하자 형부 서병호가 있는 남경으로 가 학교를 다니 고 있었다(우사연구회, 2007: 342). 김규식은 결혼식을 올린 후, 그날 바로 상해로 가 신한청년당에 정식으로 가입했다(이준식, 2014: 58). 그러나 김규식은 걱정이 앞섰다. 파리에 가봐야 조선 을 알아주는 나라가 없고 겨우 "방청인"으로 발언권도 없는 터 에 외로이 "혼자의 말만 가지고는 세계의 신용을 얻기 힘들다" 는 판단 때문이었다. 김규식은 "신한청년당에서 서울에 사람을 보내어 독립을 선언해야겠다.[...] 국내에서 무슨 움직임이 있어 야 내가 맡은 사명이 잘 수행될 것이고, 우리나라의 독립에 보 탬이 될 것이다"고 하며, 자신이 평화회의에서 일제의 학정을 폭로할 때 국내외에서는 독립선언 및 대중시위를 벌이는 양면 활동을 진행할 것을 신한청년당에 제안했다(이정식, 2008: 165-166; 이준식, 2014: 58). 김규식의 이러한 생각과 파리 파견 사실 은 장덕수에 의해 일본과 서울에 즉시 전달되었고, 천도교의 손병희와 최린, 중앙학교 교감 현상윤이 먼저 행동하기 시작했다. 1918년 김성수로부터 중앙학교 교장직을 넘겨받은 송진우는 현상윤과 함께 천도교 측과 이승훈·박희도 등의 기독교 측이 서로 긴밀하게 협조하도록 도모했다(김학준, 1990: 88, 113-119). 결국, 동경에서는 최팔용의 주동 하에 2·8독립선언을 성사시켰고 선언서는 이광수가 썼다. 여기에 김마리아와 황에스더 등 여학생들도 참여했다. 장덕수는 2·8독립선언서를 서울 YMCA의 이상재에게 전했고, 미국에서 오다 동경의 독립선언에 참여했던 여운홍은 장덕수와 연락을 취하면서, 국내에 들어와 이상재, 최남선, 함태영, 이갑성 등을 만나 논의한 후 상해로 떠났다. 당시 동경여자학원 본과에 재학 중이던 김마리아(1892-1944)는 평소 입지도 않던 기모노를 입고 허리띠 속에 2·8독립선언서를 숨겨 국내로 반입했다. 그는 부산에서 안희제, 대구에서 서병호와 김순애, 광주에서 김한나와 김필례, 서울에서 이종일 등을 만나 2·8독립선언서를 전달했다. 그는 이미 연동여학교(정신여학교)에 다닐 때 안창호 등 신민회 간부들이 작은삼촌 김필순의 〈김형제상회〉에 자주 모여 활동하는 것을 가까이서 보며 성장했다(박용옥, 2003: 69-81).

한편 북만주에서 군사교육에 집중하던 이동휘는 1917년 2월 혁명 이후 독일 간첩이라는 일제가 퍼뜨린 가짜 정보로 인해 약

6개월 동안 구금당했다가 한인 동포들의 적극적인 석방 청원으로 풀려났다. 그는 주로 은신하며 지내다가 당시 블라디보스토크 한인신보의 주필로 오게 된 양기탁만을 만난 후 다시 북만주로 잠적했다(반병률, 1998: 130-138). 1917년 러시아의 10월 혁명 이후 이동휘는 하바로프스크의 볼셰비키의 지원을 받아 1918년 4월 박애, 김립, 유동열, 김알렉산드라 등과 함께 한인사회당을 창당했고, 당 강령은 물론 계급혁명을 내세웠다. 이와 달리 최재형, 문창범 등의 주도로 1917년 니콜스크-우수리스크에서 소집된 전로한족대표자회는 레닌의 10월 혁명 이전의 러시아 정부의 지원을 기대하며 생존과 독립운동을 도모했고 1919년 3월 대한국민의회 임시정부를 선포하기도 했다. 따라서 한인사회당은 대한국민의회와는 노선을 달리하고 있었다(반병률, 1998: 138-155). 그렇지만 한인사회당의 당원들은 개인적으로 대한국민의회에도 참여하고 있었으며 이동휘 당 위원장은 국민의회 측이 제의한 선전부장직을 공식적으로는 거부하지 않고 지냈다. 그로서는 한인사회당의 조직을 확실하게 유지하면서 민족적 협력관계를 확보하기 위한 포석이었을 것이다. 국민의회 측의 최재형과 문창범은 1919년 초에 이동휘를 파리강화회의 대표로 파견하는 문제를 진지하게 고려하기도 했다(반병률, 1998: 159-174). 1919년 4월 한인사회당은 신민회 계열의 김규면이 조직한 신민단과 연합하여 재창당했다. 이로써 한 인사회당의 대중적, 재정적 안정을 확보할 수 있게 되었고, 최초 창당 시와 달리 러시아 볼셰비키 세력의 직접적인 후원 없이 당 조직을 확대했던 바, 이는 "우리 민족해방운동세력의 주체적 역 량의 성장"이었다고 볼 수 있다(반병률, 1998: 177-182). 이즈음 대한국민의회가 자금 유용과 군사작전 실패로 세가 약화되면서 이동휘는 자연스럽게 노령 내 독립운동의 영향력 있는 지도자 로 부각되고 있었다(반병률, 1998: 200-203). 그는 기본적으로 상해임정 참여에 적극적이지 않았으나, "민족기관에 들어가서 힘써야 제국주의와 싸울 수 있다"는 간부들의 의견을 존중하여 1919년 여름 당 차원에서 공식적으로 상해임정 참여를 결정했 다(반병률, 1998: 204). 그러자 국민의회도 상해임정과 적극 협 조하기로 하고 김규식의 파리 파견 지원을 위한 100만인 서명 운동도 벌였다. 이동휘와 가까운 유동열이 이끌던 길림군정사 역시 상해임정에 왕삼덕을 보내어 군정사의 활동상황 보고서를 제출했다(반병률, 1998: 203-205).

이렇게 내외의 지도자들이 긴밀하게 접촉하는 중에 국내에 서는 천도교 측이 중심이 되어 독립선언과 만세시위가 준비되 고 있었다. 손병희는 이종일 · 권동진 · 오세창 · 최린 등 참모들 과 동대문 밖 상춘원에서 자주 회합하며 대중의 조직적인 동원과 자금 조달 문제 및 다른 종교단체들과의 공조 문제 등을 숙의했다. 바로 이즈음 기독교 측에서는 이승훈이 천도교 측과의 공조에 적극적이었다. 그는 평양 장로회신학교에서 공부하던 중 1918년 9월 장로교 총회에서 여운형을 만나 국제정세를 논의했고 이듬해 2월에는 상해에서 온 선우혁과 독립선언 방법을 상의했다. 2월 10일에 상경하여 독립선언 준비를 주도하고 있던 천도교 측과 접촉했다. 이승훈은 이 과정에서 기독교 교리와 자존심을 내세우며 천도교 측과의 협력에 매우 소극적이었던 기독교 대표자들에게 "나라 없는 놈들이 어떻게 천당을 갈 수 있으며, 이 백성이 모두 지옥에 있는데 당신들만 천당에서 내려다보면서 거기 앉아 있을 수 있겠냐"(한규무, 2008: 126)고 질타했다. 그는 2월 24일에 기독교 측이 동참할 것임을 천도교 측에 전했고, 26일에는 기독교 측의 독립선언 참여를 결정하는 최종 회의를 주도했다. 그는 이 회의 바로 직전 박희도, 안세환, 오하영, 함태영 등이 독립선언서 서명 순서를 놓고 언쟁을 벌이자, 그 순서는 누가 먼저 죽을 것인가의 순서이니 순서 따위에 연연하지 말고 손병희를 먼저 쓸 것을 주장했다(한규무, 2008: 128-130).

천도교의 최린은 최남선이 작성한 독립선언서를 손병희에게 보고하고, 그와 상의하여 그 조판은 신문관이 하고 인쇄는 보성사가 맡도록 했다. 그래서 이종일 사장은 김홍규 등 사원 2명과 27일 저녁 6시경부터 비밀리에 선언서 인쇄를 시작했다. 그런 도중 종로경찰서 고등계 형사 신승희가 이 사실을 눈치채고 인쇄소로 찾아와 검속했다. 이종일은 즉시 나와 손병희 집으로 달려가 이 사실을 그에게 보고하고, 종이에 싼 5000원을 받아 인쇄소에 있던 신승희에게 전달하면서 비밀 유지를 부탁했다. 마침내 그날 밤 11시가 다 되어 독립선언서 2만 1000매의 인쇄가 완료되었다. 독립선언서는 일단 천도교 신축창고로 옮겨졌다가 전국에 배포되었다(성주현, 2012: 224-226). 그리고 2월 28일 저녁에는 가회동에 있는 손병희의 집에 33인의 민족대표 중 23명이 모여 결연한 의지를 상호 확인했다. 손병희는 "우리 거사는 조선의 신성한 유업을 계승하고 아래로 자손만대의 복락을 작흥하는 민족적 위업입니다. 이 성스러운 과업은 제현의 충의에 의지하여 반드시 성사될 줄 믿어 의심치 않는 바입니다"라고 인사했고, 참가자들은 대량 유혈사태를 미리 방지하기 위해 독립선언 장소를 탑골공원에서 태화관으로 변경하는 데 모두 찬동했다(성주현, 2012: 226-228).

마침내 다음 날인 3월 1일, 국내의 각계 지도자들은 단합하여 독립을 향한 반일시위 운동을 결행했다. 손병희·권동진·이종일·최린 등 천도교 측 15명, 백용성·한용운 등 불교 측 2명,

길선주·이승훈 등 기독교 측 16명 등 33명의 민족대표들은 태화관에 모여 독립선언서를 발표했다. 한용운이 일어서서 독립선언서를 낭독하고 인사말을 한 다음 대한독립만세를 선창했다(성주현, 2012: 226, 230-232). 민족대표들은 먼저 세계 만방에 "우리 조선이 독립한 나라"이며 "조선 사람이 자주적인 민족"임을 선언하고 이어서 다음의 내용들을 드러내어 밝혔다.

첫째, 우리의 독립선언은 "오천 년 우리 역사의 권위"에 의지하고 "이천만 민중의 충성을 합하여" 성사된 것이다. 그리고 이는 우리 후손들이 "인류 평등의 대도"에 따라 "독자적 생존의 정당한 권리"를 영원히 누리게 하여 우리 민족의 한결같은 자유와 발전을 도모하기 위함이다.

둘째, 이것은 우리도 인류 양심에 기초한 세계 개조의 시대 흐름에 따라 전진하기 위한 것이고, 이는 "하늘의 지시"이며 "시대의 대세"이며, "전 인류 생존권의 정당한 발동"이므로 "천하의 어떤 힘도 이를 막을 수 없다."

셋째, 우리는 지난 10년 동안 일제의 "침략주의와 강권주의"에 희생되어 "몇천 년 만에 처음으로" 타민족의 압제에 고난을 당하고 있다. 그로 인해 우리는 주권을 빼앗기고 정신적, 문화적 발전이 크게 방해받고 있으며, 한민족적 존엄과 영예가 크게 상처받았다. 그리고 새롭고 날카로운 독창력으로 "세계문화 창달에 기여하고 보탤 수 있는 기회"도 잃었다.

넷째, 우리가 이 불행과 오욕을 벗어나 우리의 장대한 뜻과 국가의 위상을 제대로 떨치려면, 그리하여 후손들에게 떳떳하려면 "이천만의 사람마다 마음의 칼날을 품어 굳게 결심하고" 민족의 정치적 독립을 확실하게 다져놓아야 한다. 우리가 이 과업에 단결하여 매진할 때, 인류 공통의 양심과 정의가 우리를 도울 것이다.

다섯째, 일제는 "문화민족"의 오랜 전통과 역사를 지닌 우리를 야만족같이 대하며 오로지 강제 정복과 무단 지배를 기도해왔다. 그러나 우리는 이러한 일제를 일시적 감정으로 꾸짖거나 탓하기보다 오직 우리 스스로 "자기 건설"의 길을 부지런히 가고자 한다. 우리는 일본 정치인들이 하루빨리 침략주의와 강권주의를 버리고 합리적이고 떳떳한 도리를 회복하기 바란다.

여섯째, 1876년의 강화도조약으로 조선과 일본은 외교관계를 맺었으나 일본은 조선 독립에 대한 약속을 지키지 않았고, 또 1910년 강제적인 한일합병 이후 일본은 우리 민족을 압제하고 차별하며 "거짓 통계 숫자"로 속여 양 민족 사이에 "화해할 수 없는 원한"을 초래했다. 그러나 이제는 일본이 "과감하게 오랜 잘못을 바로잡고 진정한 이해와 공감으로" 양국 사이의 선린 우호 관계를 회복하는 것이 더 큰 재앙을 피하는 길이다.

일곱째, 일제는 조선민족을 "힘으로 억누르는 것"은 결코 "동양의 평화를 보장하는 길이 아님"을 깨달아야 한다. 그리고 일제는 조선의 독립은 "조선인의 정당한 번영을 이루게 하는 민족자결의 대원칙을 실천"하는 것이고, 일본으로 하여금 "잘못된 길에서 빠져나와 동양에 대한 책임"을 올바르게 담당케 하는 길이다. 그리고 조선의 독립은 일본의 영토 야욕을 의심하며 "불안과 두려움"을 떨치지 못하고 있는 중국을 안심시켜 진정한 동양 평화를 이루는 길이다.

여덟째, 오늘날 세계는 평화와 새로운 문명시대를 향하여 나아가고 있는 바, 우리 민족도 일제 치하를 벗어나 원래부터 지닌 자유권을 누리고 풍부한 독창성을 발휘하여 "봄기운 가득한 세계에 민족의 유수한 문화의 꽃"을 피울 수 있어야 한다.[26)]

마지막으로 민족대표들은 "우리의 독립선언은 정의, 생존, 존영을 위한 민족의 요구"이기 때문에 "자율정신"으로 절제 있게 행동할 것과 "질서를 존중"할 것을 권고했다. 그러나 그들은 "마

---

26) 기미혁명을 목격했던 영국 기자 매킨지(Frederick A. Mckenzie)는 3·1 독립만세시위를 자유를 위해 투쟁하는 매우 끈질긴 과정으로 보았으며, 한국인들이 이미 "우리가 알고 있는 바와 같이 문명에 있어서는 빼놓을 수 없는 요소들, 이를테면 자유, 자유로운 신앙, 그들의 여성의 명예, 그리고 그들 자신의 영혼의 계발과 같은 것들을 누린 적이 있으며, 지금도 그것을 놓치지 않으려고 안간힘을 쓰고 있다"고 기록했다(F. A. 매킨지, 2018: 16).

지막 한 사람까지, 마지막 한순간까지 민족의 정당한 뜻을 마음껏 드러내라"고 요청했다.[27]

　독립선언을 마치고 난 후 민족대표들은 만세삼창으로 거사를 마무리한 뒤 종로경찰서에 연락했고, 곧바로 체포되었다. 민족대표 33인은 각자 종교계를 대표했기 때문에 도의적 입장에서 비폭력적으로 행동했으나 일제의 무단통치하에서 공개적으로 독립선언에 참여한다는 것은 실로 목숨을 거는 결단이 없으면 불가능한 일이었다. 독립선언 당일 탑골공원에서는 천교도인들을 포함한 서울의 학생들이 모여 독립선언서를 낭독하고 만세시위에 들어갔다.[28] 서울시위에 때를 맞춰 평양·진남포·안주·의주·선천·원산 등 북한 지역에서 만세운동이 일어났으며, 3월 10일을 전후해서는 남한 일대로 퍼져 중소 도시와 농촌에까지 확산되었다. 5월 말까지 계속된 이 만세시위에는 전국 218개 군에서 200여만 명의 주민이 1500여 회 참가했는데, 각계각층의 국민들이 참여했다. 그리고 이때 고집이 세기로 유명했던 시인

---

27) 대통령 직속 3·1운동 및 대한민국 임시정부 수립 100주년 기념사업추진위원회, "쉽고 바르게 읽는 3·1독립선언서"

28) 이때 경성보통고등학교 졸업반이던 박헌영(1900–1955)도 "당시 조선 청년들 속에 널리 보급된 민족적 의분의 영향에 휩쓸리어" 전단을 살포하는 등 하며 3·1 독립만세운동에 참여했다. 이러한 표현은 1955년 12월 15일 북한에서 있었던 박헌영 공판기록에 나온다(임경석. 2004: 60–61).

변영로(1898-1961)는 서울 YMCA 지하방에서 15일 동안 밤마다 독립선언서를 비밀리에 영어로 번역하고 타이핑하여 선교사들에게 전달함으로써(김영민, 1985: 11) 기미혁명을 국제사회에 알리는 일을 거들었다.

이러한 독립만세시위는 당초 비폭력과 무저항주의로 출발했으나, 시위가 계속 확산되자 일제는 경찰과 군대를 동원하여 무차별 사격과 체포로 대응했다. 그러자 한국인들은 평화시위, 동맹파업, 예금 인출 등으로 맞섰지만 무자비한 총칼 진압을 당하자 일부 사람들은 전차를 공격하고, 광구(鑛區)를 파괴하며, 면사무소나 헌병주재소를 습격하는 등 적극적 방어 성격의 폭력적 대응도 주저하지 않았다. 이에 일제는 시위자들을 '폭도'로 규정하고 대규모의 조직적 폭력으로 만세시위를 진압하려 했다. 경기도 화성군 송산면에서는 마을 전체를 불태우고 주민을 학살했으며, 화성군 향남면 제암리에서는 마을 주민을 교회에 가두고 불을 질러 타 죽게 했다. 충남 천안 아우내 장터에서는 18세의 이화학당 학생 유관순(1902-1920)이 앞장서 시위를 이끌었다. 그녀는 재판과정에서 "왜 제 나라의 독립을 위해 만세 부르는 것이 죄인가?", "왜 아무런 무기도 안 든 사람들에게 무차별 총질을 해대는가?", "자유는 하늘이 내려준 인간의 신성한 권리인데 일본은 왜 이것을 빼앗으려 하는가?"라고 항변했다

(이정은, 2010: 156-157, 178). 그리고 민족대표 33인 중 한 사람이었던 이승훈도 재판관이 독립운동을 하면 조선이 독립할 것으로 생각하느냐고 질문하자 "민족자결"의 원칙을 전제로 이제 세계는 "민족 평등"의 시대가 되어 미약한 조선도 반드시 독립될 것이며 일본도 이를 "방해하지 말고" 마땅히 "조력"하여 "동양 평화"를 이루도록 해야 한다고 대답했다. 또 차후에도 "될 수 있는 수단이 있다면 어디까지든지" 국권회복운동을 중단 없이 벌여나갈 것이라고 거침없이 대답했다(한규무, 2008: 133).

이렇게 독립선언과 만세시위가 지속되고 확산되는 동안 1919년 3월 13일 파리에 도착한 김규식은 파리강화회의 한국대표관을 설치하고 통신국도 개설하는 등 활발하게 움직였다. 그는 해외 각지의 동지들에게 연락해 도움을 요청했는데, 스위스의 이관용, 상해의 김 탕, 독일의 황기환이 파리에 합류했으며, 상해의 대한민국임시정부에서는 조소앙과 여운홍이 파견되어 김규식을 도왔다. 4월 13일 상해 임시정부가 내외에 공포됨과 동시에 외무총장 및 파리강화회의 대표로 공식 임명된 김규식은 『통신전』이라는 회보를 만들어 강화회의에 참석한 각국 대표, 프랑스 정부 각 부처, 파리의 각국 공관과 언론기관, 영향력 있는 정치인, 지식인 및 문인들에게 발송했다. 또한 「한국 민족의 주장」이라는 팸플릿과 「한국의 독립과 평화」라는 소책자를 배포하여 일제의 한국 침략과 잔혹한 지배 실상 그리고 한국민족의 강력한 독립의지를 논리적으로 설명했다. 그는 또 파리 강화회의 의장이나 미국 윌슨 대통령 등 유력 인사들과 언론기관들을 접촉하면서 회의의 발언권을 얻고자 노력했다. 그러나 본 회의 발언권은 물론 진정서를 낼 기회조차 주어지지 않았다. 오히려 일제의 방해에 더해 프랑스 정부까지 김규식을 사찰하고 그의 활동을 감시했다(이준식, 2014: 60-65). 1차 세계대전이 정치사상적으로 근대적인 민주공화주의와 민족주의를 고양시키는 계기였던 것은 분명했지만, 당시는 구미열강들이 식민지 확보를 겨냥해서 서로 각축하던 제국주의적 관행을 쉽사리 떨쳐버리지 못했기 때문에 일제의 식민지였던 한민족이 국제사회에서 주목받기란 사실상 불가능했다.

그러나 이 시기 한민족 구성원들은 "빈부귀천 남녀노소를 막론하고 모두 독립을 꿈꾸고 있었다"(강동진, 1980: 21; 전상숙, 2018: 169). 그리고 독립선언과 만세시위에 자발적으로 참여함으로써 이 사실을 스스로 확인함과 동시에 내외에 공포했다. 이같은 봉기가 완전한 독립의 즉각적 성취로 이어진 것은 아니었지만, 그것은 한민족 구성원들 사이에 "한민족"이 독립운동의 주체이며 그 민족 개념이 "대중 차원으로까지 확산되고 정착"되는 역사적 계기였다(박찬승, 2016: 9). 나아가 이 기미독립선언과 만세시위는 곧이어 3개 지역에서의 임시정부 수립으로 이어졌다. 먼저 3월 21일 블라디보스토크에서 대한국민의회 임시정부가 세워졌다. 4월 11일에는 상해 임시정부가 수립되었고, 13일에는 이를 내외에 선포했다. 그리고 4월 23일에는 국내 13개 지역 대표들이 종로 보신각 앞에 모여 국민대표대회를 열고 한성정부를 세웠다. 이들 세 임시정부 대표들은 서로 연락하며 협의했지만, 통합 정부를 성사시키지는 못하고 있었다. 이러한 상황은 1919년 5월 미국 대한인국민회 중앙총회 총회장이던 안창호가 상해로 오면서부터 그 해결의 조짐이 보였다. 안창호는 미주 동포들의 헌금 2만 5000달러로 우선 프랑스 조계 내 한 건물을 세내어 임시정부 청사를 마련했다. 이해 6월부터 그는 국무총리 대리 겸 내무총장으로서 매일 아침 여운형, 신익희, 윤현진, 김구 등 차장급 청년들과 애국가부터 힘차게 부른 다음 집무를 시작했다. 특히 그는 "이 기상과 이 맘으로 임군을 섬기며"로 되어 있던 4절 가사를 "이 기상과 이 맘으로 충성을 다하여"로 바꾸어 부르게 함으로써(주요한, 1999: 122)[29] 대한민국이

---

29) 오늘날 우리가 부르는 애국가는 안창호가 지은 것이며 그는 이외에도 많은 노래의 가사를 지었다. 그는 애국가가 처음부터 작사자가 드러나면 널리 보급되는 데 장애가 될 것으로 생각했는지 자신의 이름을 의식적으로 뺀 것으로 알려져 있다(신용하, 2021: 114-125).

민주공화국임을 분명히 인식하게 했다. 블라디보스토크에서는 원세훈이 상해로 파견되어 와서 논의했고, 서울로부터는 현순이 와서 조율했지만 임시정부의 통합문제는 쉽게 풀리지 않았다.

그러나 안창호가 비교적 대표성과 정통성이 높았던 한성정부의 조직구성안에서 집정관 총재를 대통령으로 바꾸기만 하여 정부 형태를 그대로 수용하고, 대한국민의회 임시정부의 의원 5분의 4를 통합의정원의 의원으로 인정하는 타협안을 제시하여 마침내 최종 합의를 이끌어냈다. 안창호는 내무차장 현순을 블라디보스토크로 특파하여 이 타협안을 이동휘와 협의하게 했다. 이동휘는 임시정부와 의회가 다 같이 상해에 있는 것이 합리적이라고 말하면서 안창호의 타협안에 동의했다. 그래서 대한국민의회 임시정부도 해산을 결의하고 상해임정을 승인했다 (신용하, 2021: 222-225; 반병률, 1998: 203-205). 그리고 안창호 자신은 내무총장에서 물러나 국장급인 노동총판으로 보임되는 것을 기꺼이 수용함으로써, 9월 11일 마침내 상해에서 대한민국 통합 임시정부가 출범했던 것이다. 미국에 있던 이승만이 초대 대통령으로, 일찍부터 신민회 활동에 참여해왔던 이동휘는 국무총리로 각각 보임되었다(신용하, 2021: 226-228). 의정원 회의에서 제안 설명을 맡았던 안창호는 이러한 통합조정안을 낸 것은 오로지 "우리들의 전도에 절대로 필요한 통일을 이루려 함"이었다고 강조했다. 당시 임시정부가 비록 "사실상 망명정부"이었지만 "잃어버린 나라를 되찾으려는 민족적 지존 지대한 과업을 걸머진 혁명적 최고 통수부"였기 때문에 반드시 통합되어야만 했다(이강훈, 1999: 33, 37).

이로써 한민족은 전통적인 혈연공동체를 넘어 각 개인들의 민주공화주의적 개명과 자발적 참여, 그리고 상호 소통과 협력을 통해 마침내 대한민국 통합 임시정부를 성공적으로 출범시켰다. 이러한 기미혁명은 다른 나라들의 독립운동에도 자극을 주었다. 중국에서는 이해 5월 4일 북경대학 학생들이 주도하여 제국주의와 무능한 정부에 항거하는 5·4 운동을 일으켰고, 영국의 식민지 인도에서 마하트마 간디가 이끌던 비폭력적 독립운동도 탄력을 받으면서 지속되었다.[30) 기미혁명의 정치적 파장은 필리핀, 베트남, 그리고 멀리 이집트까지 번졌다. 그리고 대한민국 임시정부는 1차 대전 이후에 수립되었던 당대의 망명정부들 중 가장 오래 존속되면서 기능했던 망명정부였다(신용하, 2021: 239).

---

30) 그래서 인도의 세계적 시인 라빈드라나드 타고르는 일찍이 '3·1 운동'의 감격과 영향을 인정했고, 10년 후인 1929년 3월 28일 요코하마에서 "The Lamp of the East(동방의 등불)"라는 시를 써 서울로 보내 동아일보에 게재했다(신용하, 2019: 68). 또 인도의 독립운동 지도자 네루는 1932년 감옥에서 그의 딸 인디라를 위해 쓴 『세계사 편력』에서 조선의 학생들, 특히 여학생들의 독립투쟁을 높이 평가하고 이를 배워야 할 것이라고 언급했다(저와허랄 네루, 1974: 272–273 참조).

6. 맺음말

이상에서 필자는 기미혁명이 모색되고 성취되었던 과정을 이에 참여했던 주요 개인들을 중심으로 검토했다. 하지만 이러한 맥락에서 더 살펴봐야 할 개인들은 아직 많다. 특히 농민을 포함한 지역 주민들과 학술, 문화, 예술분야도 살펴야 한다. 따라서 본 소고는 앞으로 계속 보완되어야 할 것이다. 다만 우선 본고를 통해 드러난 사실들을 요약하고 평가하면 다음과 같다.

첫째, 민본사상이나 인내천사상으로 왕조 개혁을 시도했던 동학농민혁명과 구미의 근대적 민주공화주의를 계몽하며 입헌군주제로의 개혁을 추진했던 독립협회 운동은 기미혁명의 "전조(sign)"[31]였다고 할 수 있다. 그리고 신민회 이후 계몽구국활동에 참여했던 개인들이 모두 처음부터 기미혁명을 의도했다고는 할 수 없지만 그들은 민주공화주의적 개명과 자주적 민족의식을 바탕으로 정치적 자유와 독립을 추구했기 때문에, 이들과 이들이 속했던 결사체들의 활동은 사실상 기미혁명을 가능케 했던 주요한 추발력이었다. 기미혁명을 모색하고 성취했던 과

---

31) 역사학자 브린튼에 의하면, 구체제(old regime)란 "1789년의 혁명에 앞서는 3세대 내지 4세대의, 그중에도 특히 그 마지막 세대의 생활양식을 지칭"하며, 혁명의 '전조'는 이 구체제 내의 무질서와 불만의 증거 혹은 그로 인한 새로운 변화의 조짐들이다(크레인 브린튼, 1983: 39).

정은 이 같은 개인들을 포함한 우리 민족 구성원들이 구미의 근대 시민혁명 이래 세계사적 차원에서 보급되고 있던 자유, 평등, 천부인권, 주권재민, 민족주의 등과 같은 새로운 보편가치들을 수용하고 이를 끈기 있게 견지하고 실천하면서 자주 독립을 추구했던 "국가 형성의 정치(the politics of nation-state building)" 과정이었다.

둘째, 기미혁명은 자유주의적 민주공화국을 출범시킨 한민족 역사상 최초의 시민혁명이었다. 즉, 중국 신해혁명과 미국 월슨 대통령의 민족자결원칙 선언으로 고무되었던 국내외의 지도자들이 상해, 간도, 하와이, 샌프란시스코, 로스앤젤레스, 동경, 블라디보스토크, 그리고 서울 등의 교민들과 연락하고 소통하며 활동했던 사실, 국내에서 천도교, 기독교, 불교 간의 연대로 전국적인 민중 동원과 각계각층 남녀노소의 대중적 참여를 성사시켰던 사실, 기미독립선언 이후 블라디보스토크, 상해, 서울 등 세 지역의 임시정부가 상호 협력하여 마침내 통합 임시정부를 성사시켰던 사실, 그리고 이러한 과정들이 모두 각계각층 개인들의 자유의지와 자발적인 참여로 추동되었다는 사실 등을 고려할 때, 기미혁명은 그 사상적 지향뿐 아니라 모색되고 추진되는 과정에서도 근대 구미의 자유주의적 규범과 가치들을 준거로 추진되었던 시민혁명이었다.[32]

셋째, 기미혁명이 러시아 혁명의 영향을 극복하고 공산계급 혁명으로 귀결되지 않은 것은 특기할 만하다. 1917년 러시아 혁명 성공 이후 레닌이 지원했던 식민지 해방운동에 기대를 걸었던 이동휘와 그의 한인사회당 당원들도 기미혁명에 참여했었지만, 구미에서 전해진 민주공화주의에 의해 개명되었던 절대 다수의 민족 지도자들이 기미혁명을 주도함으로써 러시아 공산혁명의 영향을 받지 않고 근대 구미의 자유주의적 시민혁명과 같은 정치적 기획으로 마무리되었던 것이다. 또한 기미혁명은 피압박 약소민족들 중 하나였던 한민족이 근대 구미의 보편가치들에 대한 확신을 바탕으로 이러한 시대적 사조에 크게 둔감한 채 오히려 구태의연한 천황 중심 군주제를 강화하고 군국주의 체제로 폭정과 침략을 일삼았던 일제에 정면으로 맞서 규탄하고 투쟁했던 대표적 사례였다.

넷째, 기미혁명을 이끌었던 지도자들은 고난과 역경 속에서도 희망을 잃지 않고 각종 행실에서 절제하고 성실하게 헌신하며 궂은일에 먼저 나서는 등 여러 "행동양식 가치들"(정윤재, 2018: 54)을 솔선하여 실천함으로써 사회주의자들을 포함한 주

---

32) 기미혁명에 참여했던 개인들은 계층별, 직업별 분포로 보아 구미의 시민혁명 때 보다 넓고 다양했던 것으로 생각된다. 그러나 이 점은 추후 더 상세한 비교검토가 필요하다.

변의 민족 구성원들로부터 존경과 지지를 받았다. 그리고 이들은 새로운 시대 흐름에 따라 정치적 독립과 주권자인 개인들의 자유와 행복이 보장되는 민주공화국의 건설이라는 근대적 "목적가치"(정윤재, 2018: 54)를 추구했고, 그것을 성취하기 위해 반제국주의 항일투쟁에 적극 가담했다. 또한 그들은 상호 적절하게 소통하며 인적, 조직적 연계도 일정한 수준에서 원활하게 유지했다.[33] 이들은 망국의 절망적인 상황에 처했었지만 "홍익인간"의 보편가치가 구현되는 "대조선"에의 꿈을 포기하지 않고 근대 서구의 자유주의적 가치들을 개방적으로 수용하고 국제환경에 줏대 있게 대응하면서 정치적 개혁과 독립을 추구했다. 이런 점에서, 이들은 암울한 상황 속에서도 인간 사회의 진보와 발전에 필요한 혁신으로 우리의 근대사를 이끌고자 했던 "진보적 개혁주의자들"(개혁 세력)이었다고 할 수 있다.[34]

---

33) 물론 사람마다 그 실천의 정도가 달랐으며 안창호와 이승만의 경우가 특히 대비된다.

34) 반면, 근대 구미의 자유주의적 개명과 시민혁명을 포함한 정치 사회적 개혁에 무관심하고, 군주제를 옹호하며, 우승열패와 사회진화론으로 일제의 한국 강점을 현실로 용인하면서 한민족의 역사, 문화, 능력을 비하하고 현실 적응과 출세에 집착했던 부류들은 "기회주의적 수구론자들(opportunistic reactionaries)" 혹은 "수구 세력"이라고 할 수 있다. 이들은 일제 치하에서 작위를 받거나 군, 검찰, 경찰, 법원, 총독부 등 관리로 혹은 친일지주로 지내면서 군국주의적 국가개조론, 낙인찍기, 고문 등과 같은 반자유주의적 인권유린 행태를 '근대적 정치기술'로 인정하는 경향이

다섯째, 3개의 임시정부가 통합되어 상해 통합 임시정부 형태로 존재하게 된 대한민국은, 신채호의 표현을 빌리면 당시의 한민족 구성원들의 뜻과 정성이 모아진 "정신상 국가"였지만, "형식상 국가"의 조건을 완비하지는 못했다.[35] 그래서 상해임정의 수립과 선포를 온전한 국가의 출범으로 인정하기 어렵다는 견해도 있다. 그러나 그것은 "정신상 국가"로서, 잘 보이지는 않지만 분명히 생생하게 존재하는 나무뿌리와 같은 국가였다. 즉, 상해임정은 비록 그 형식적 한계가 많았지만, 우리도 정치적으로 독립된 민족임을 의식적으로 확인하면서 어두운 일제 치하를 견디고 저항할 수 있게 했던 "정신적 대표기관"(신용하, 2021: 239)이었다. 또한 상해임정은 기미혁명의 정치적 귀결로 세워진 사실상의 망명정부로 존속하면서, 세계 각지의 동포들이 독립자금을 내거나 항일투쟁에 가담하는 등 여러 형태의 근대적 애국 행동에 나서게 하는 희망과 결속의 구심체 역할을 담당했다.

있는 바, 이는 후속 연구로 확인되어야 할 부분이다. 해방 이후 한국 정치사에서 제헌국회의 반민특위를 통해 "개혁세력"에 의해 합법적으로 추진되고 있던 악질적인 친일행위자들에 대한 처벌은 정부 내 "수구세력"과 이를 통제하지 못한 이승만 대통령에 의해 폭력적으로 좌절되었다. 그 결과, "개혁세력"과 "수구세력"은 지금도 정치전쟁을 계속하고 있다.

35) 정신상(精神上) 국가는 국가를 지켜내고 발전시킬 의지의 총합이며, 형식상(型式上) 국가는 국가 유지의 각종 수단의 총합을 말한다(신채호, 1998: 160–161 참조).

◇◇◇ 참고문헌 ◇◇◇

〈논저〉

강경선,『헌법전문주해』(에피스테메, 2017)

강영심,『시대를 앞서간 민족혁명의 선각자 신규식』(역사공간, 2010)

강종일,『한반도 생존전략: 중립화』(해맞이미디어, 2014)

김기승,『조소앙: 대한민국 임시정부의 이론가』(역사공간, 2015)

김명구,『해위 윤보선: 생애와 사상』(고려대학교출판부, 2012)

김삼웅,『안중근 평전』(시대의창, 2014)

김영민,『수주 변영로 평전: 강낭콩꽃보다도 더 푸른 그 물결위에』(정음
  사, 1985)

김영작,『한말 내셔널리즘: 사상과 현실』(백산서당, 2006)

김운태,『일본제국주의의 한국통치』(박영사, 2002)

김원용,『재미한인 50년사』(혜안, 2004)

김재홍, "3 · 1운동과 2016 촛불집회의 국민주권사상에 대한 비교 고찰",
  준봉 구범모 교수 미수기념회 논집 편집위원회편『한국정치학과 세
  계정치학의 새 비전』(인텔리겐찌야, 2021)

김학준,『고하 송진우 평전』(동아일보사, 1990)

김학준,『구한말의 서양정치학 수용 연구』(서울대학교출판문화원, 2012)

도진순 주해『백범일지』(돌베개, 2002)

문일평,『韓美五十年史』(探究新書, 1975)

박용옥,『김마리아: 나는 대한의 독립과 결혼하였다』(홍성사, 2003)

박은식 저, 김승일 역,『한국통사』(범우사, 2000)

박은식 저, 김도형 역,『한국독립운동지혈사』(소명출판, 2008)

박찬승,『민족·민족주의』(소화, 2016)

반병률,『성재 이동휘의 일대기』(범우사, 1998)

삼균학회,『조소앙선생 약전』(1989)

성주현,『천도교에서 민족 지도자의 길을 간 손병희』, (역사공간, 2012)

신규식 저, 김동환 역,『한국혼』(범우사, 2009)

신용하,『박은식의 사회사상연구』(서울대학교출판부, 1986)

신용하,『일제강점기 한국민족사』(상) (서울대학교 출판부, 2001)

신용하,『한말 애국계몽운동의 사회사』(나남출판, 2004)

신용하,『독립협회 연구 (상)』(일조각, 2006)

신용하,『민족독립혁명가 도산 안창호 평전』(지식산업사, 2021)

신채호,『개정판 단재 신채호 전집』, '별집' (형설출판사, 1998)

안재홍, "3·1정신과 국민정신-군인정신의 수립 문제", 안재홍선집간행위
    원회편,『민세안재홍선집 2』(지식산업사, 1983)

우사연구회,『우사 김규식, 통일·독립의 길 가다 2』(논형, 2007)

유길준 저, 허경진 역,『서유견문』(서해문집, 2004)

윤경로,『105인 사건과 신민회연구』(일지사, 1990)

이강훈,『대한민국 임시정부사』(서문당, 1999)

이덕일,『아나키스트 이회영과 젊은 그들』(웅진닷컴, 2001)

이선주·로버타 장,『하와이 한인사회의 성장사: 1903-1940』(이화여자대
　　학교출판부, 2014)

이승만,『한국교회핍박 외』(연세대학교 대학출판문화원, 2019)

이정식,『시대와 사상을 초월한 융화주의자 몽양(夢陽) 여운형』(서울대
　　학교출판부, 2008)

이정은,『3·1운동의 얼 유관순』(역사공간, 2010)

이준식,『민족의 독립과 통합에 바친 삶: 김규식』(역사공간, 2014)

이택휘,『한국정치사상사: 조선조 정치체제와 한국정치사상』(전통문화연
　　구회, 1999)

이한우,『거대한 생애 이승만 90년-下』(조선일보사, 1996)

이한우,『대한민국을 세운 독립운동가 이승만』(역사공간, 2010)

이현희,『3·1운동사론』(동방도서, 1979)

임경석,『이정 박헌영 일대기』(역사비평사, 2004)

저와허랄 네루, 노명식 역,『세계사 편력』(삼성문화재단 1974)

전상숙,『한국 근대 민족주의와 변혁이념, 민주공화주의』(신서원, 2018)

전택부,『이상재 평전』(범우사, 2002)

전택부,『인간 신흥우』(홍성사, 2021)

정윤재,『한국정치리더십론』(나남, 2018)

주요한,『안도산전서』(홍사단출판부, 1999)

천관우,『한국사의 재발견』(일조각, 1979)

채영국,『서간도 독립군의 개척자: 이상룡의 독립정신』(역사공간, 2007)

최창규,『근대한국정치사상사』(일조각, 1979)

크레인 브린튼 저, 차기벽 역,『革命의 解剖』(학민사, 1983)

한규무,『기독교 민족운동의 영원한 지도자 이승훈』(역사공간, 2008)

한상일,『쇼와유신: 성공한 쿠데타인가, 실패한 쿠데타인가』(까치, 2018)

한영우,『다시 찾는 우리역사』(경세원, 2008)

한영우,『미래를 여는 우리 근현대사』(경세원, 2016)

홍선표,『동암 장효근의 삶과 민족운동』(선인, 2010)

F. A. 매킨지 지음, 신복룡 역주,『한국의 독립운동』(집문당, 2018)

F. M. 왓킨스 저, 이홍구 역,『이데올로기의 時代』(을유문화사, 1997)

〈논문〉

신용하, "구한말 서구 사회학의 수용과 사회사상",『학술원논문집』제52집 1호(2013).

신용하,『3·1운동의 비폭력 민족·민주혁명의 특성과 세계사적 의의』, 3·1운동 및 임시정부 수립 100주년 기념 국제학술포럼 특별강연, 2019년 3월 28-29일, 48-69쪽.

이택휘, "3·1 獨立革命運動 100주년에 즈음하여",『傳統文化』, 2019년 가을호.

<언론 기사>

『하와이총회 대의원을 포박한 대사건』(1918. 6. 27.). 이 기사의 원문은
　　국사편찬위원회 한국사데이터베이스-시대별 일람-일제강점기-신한
　　민보 (http://db.history.go.kr/)

The Washington Post, Chats of visitors to the capital (1912. 11. 18.) 이 기사
　　와 관련된 세부 내용은 민족문제연구소가 배포한『이승만, 그는 진정
　　한 독립운동가였나』(2013), 72쪽, 126쪽.

(http://www.minjok.or.kr/images/2013/news/2013Rhee_press.pdf).

The Honolulu Star-Bulletin, Dr. Rhee denies that Korean school teaching ʻanti-
　　Japaneseʼ (1916. 10. 16.) 이 기사와 관련된 세부 내용은 민족문제연구소
　　가 배포한『이승만, 그는 진정한 독립운동가였나』(2013), 74쪽, 128쪽.

(http://www.minjok.or.kr/images/2013/news/2013Rhee_press.pdf).

<자료>

국회도서관, 헌법제정회의록: 제헌의회, 1967년 12월 30일.

대통령직속 3·1운동 및 대한민국임시정부 수립 100주년 기념사업추진위
　　원회, "쉽고 바르게 읽는 3·1독립선언서"

『하와이 교민단 관련 재판문서』(1931), Rhee's Gangsters at Work (n.d.), 소장
　　처: UCLA 대학 동아시아도서관 (East Asian Library), (출처: 국사편찬
　　위원회 전자사료관 사료. 코드 AUS205_00_00C0001_012), 원문 50쪽.

루소의 일반의지와 『정치경제론』

김용민(한국외대 교수)

I. 서론

　　루소는 흔히 정치사상가와 교육사상가로 알려져 있다. 그의 대표적 저작인 『사회계약론』과 『에밀』은 그의 이런 면모를 잘 보여준다. 루소의 관심은 정치와 교육에 그치지 않고, 문학, 음악, 식물학 등에도 깊은 조예를 가졌으며, 이 분야들에서도 괄목할 만한 업적을 남겼다. 그런데 루소를 경제사상가로 파악하는 관점은 독자들의 의아심을 불러일으킬 수 있다. 독자들은 "아니, 루소가 경제에도 관심을 가졌었나?"라고 생각할 수 있다. 루소가 경제사상가라는 확실한 증거는 그의 저작인 『정치경제론』

(*Political Economy*)에서 찾을 수 있다.[1] 제목이 잘 말해 주듯이, 그는 이 논문에서 정치경제에 관한 자신의 관점과 이론을 피력하고 있다.[2] 하지만 이 논문은 그의 저작 중에서 가장 덜 언급되고 덜 평가받는 업적으로 알려져 있다(Hanley 2012, 34-35).[3]

『정치경제론』은 디드로와 볼테르가 편집한 백과사전 5권에 실려 있다. 이 사전은 1755년 11월에 출판되었는데, 같은 해에 루소의 『인간불평등기원론』이 출판된 것을 고려한다면, 루소는『인간불평등기원론』을 다 쓴 후에 혹은 동시에 『정치경제론』을 저술했다고 볼 수 있다. 『정치경제론』 외에도 루소의 경제사

---

1) 이후 *Political Economy*의 인용 출처를 표시할 때는 PE로 생략하여 표기한다. 이 저작은 플레이아드 판 루소전집 3권(241–278)에 실려 있다. 본 글은 마스터스가 편집한 *Political Economy*(Masters 1978)를 기본 텍스트로 삼았으며, 김용구의 번역본(2001 & 2004)과 박호성의 번역본(2015)을 참고했다. 『사회계약론』의 인용 출처도 마스터스 편집본에 따르며 *Social Contract*로 표기한다.

2) 하지만 앨런 블룸(Allan Bloom)은 『정치경제론』을 근대 경제학적 관점에서 파악하려고 시도하지 않고 도덕경제학의 관점에서 파악하고 있다: "루소의 저서인 『정치경제론』은 도덕교육에 기여하는 논문이다. 『정치경제론』을 집어 든 근대인 독자는, 도대체 이 책이 경제학과 무슨 관계를 지니고 있는지를 의아해하면서, 자신이 망망대해에 있다는 것을 발견한다. 우리가 아는 학문으로서의 경제학은 욕망의 해방에 근거하고 있는데, 이러한 해방을 루소는 방지하려는 데 관심을 갖고 있다(Bloom 1997,152)."

3) 『정치경제론』에 관한 외국 학자의 연구에 대해서는 Hanley(2012, 34–36) 참조. 국내 학자의 대표적 연구로 김준수(2009)와 오수웅(2018, 7장)이 있다. 루소의 경제사상에 관한 주요 연구로 Peled(1980), Fridén(1998), Hanley(2013), Neuhouser(2013), Rousselière(2015) 참조.

상이 드러나고 있는 저술이 『폴란드정부론』과 『코르시카 헌법 초안』이다.[4] 이 세 작품 이외에도 루소의 경제사상은 『에밀』과 『쥘리』(또는 『신엘로이즈』)에 간간이 표출되고 있다. 앞의 세 작품이 주로 국가 경제에 관해 논하고 있다면, 『에밀』은 기초적인 경제 개념에 관해 언급하고 있고[5] 『쥘리』는 행복한 가정경제의 모습과 그 운영에 관해 언급하고 있다.[6]

루소는 정치경제(또는 일반경제)를 '가정경제'(domestic economy)나 '사경제'(private economy)와 대비되는 용어로 정의한다. 가정경제가 모든 가족의 공동선을 위한 현명하고 정당한 가정의 운영을 의미한다면, 정치경제는 모든 시민의 공동선을 위한 현명하고 정당한 국가의 운영을 의미한다. 루소는 국가를 대가족(a large family)이라고 표현하고 있지만 대가족의 운영

---

4) 『폴란드정부론』의 11장 "경제체제"에서 루소의 경제사상이 집중적으로 나타나 있고, 『코르시카 헌법초안』에는 전편에 걸쳐 코르시카의 경제계획에 관한 루소의 조언이 나타나 있다.

5) 『에밀』에서, 경제개념에 대한 교육은 주로 3권에서 다루어지고 있다. 3권은 소년기(12-13세부터 15세까지)의 교육에 관해 말하고 있는데 이 시기는 에밀이 미래의 직업을 준비하는 시기로서 에밀은 노동을 통해서만 재산을 획득할 수 있어야 함을 알아야 하고, 시장, 교환, 분업의 원리, 노동의 중요성 등을 이해해야 한다.

6) 쥘리가 가정경제를 운영하는 모습은 『쥘리』 5부 편지2에 잘 나타나 있다. 쥘리의 가정은 사치스러운 물건이 아니라 유용한 물건만을 생산하며, 이윤보다는 자족성을 추구하며, 절제의 원칙에 따라 운영되며, 필요한 물건은 될 수 있는 한 화폐의 매개 없이 지역공동체 내에서 물물교환의 원칙에 의해 획득한다.

은 일반 개인가족의 운영과는 다르다고 강조한다: "국가와 가정
은 그 책임자가 국가나 가정을 행복하게 만든다는 의무 이외에
는 아무런 공통점이 없기 때문에, 동일한 행동규칙이 양자에 적
합한 것이 아니다(PE, 211)." 루소는 이렇게 정의된 정치경제는
정부와 동일한 것이라고 말한다: "나는 독자들이 내가 지금부터
말하려고 하며, 또한 정부라고 부르는 공공경제와 내가 주권이
라고 부르는 최고의 권위를 조심스럽게 구별해 주기를 바란다.
이 구별에 따르면 주권은 입법권을 가지고 있으며 어떤 경우에
는 국민 전체를 구속하는 데 반하여, 정부는 집행권만을 가지고
있으며, 사적인 개인들만을 구속한다(PE, 211)."[7]

이와 같은 주권과 정부의 구별을 통해 루소가 『정치경제론』
에서 강조하는 바는 '일반의지'에 따라 정부의 일반행정과 재정
이 이루어져야 한다는 것이다. 다시 말해 정부와 동일시되는 정
치경제는 일반의지의 지도에 따라야 한다는 것이다. 루소는 일
반의지란 용어를 『정치경제론』에서 처음으로 사용하는데, 그
가 일반행정과 재정을 지도하는 원리로[8] 일반의지를 제시하고

---

7) 루소는 『사회계약론』 3권 1장에서 주권과 정부를 명확하게 구별하고 있다. 루소
에 따르면, 입법권은 인민 전체에게 속해 있으나, 집행권은 입법자나 주권자로서의
인민 전체에 속할 수 없다. 집행권은 개별적인 대상을 목표로 하는 개별행위들로 구
성되며, 이것은 그 행위가 법이 되는 주권자의 관할 밖에 위치한다. 루소는 이러한
구별을 통해 정부는 주권자의 심부름꾼으로의 역할을 수행하고 있다고 강조한다.

있는 점에 『정치경제론』이 지닌 중요성이 존재한다고 볼 수 있다.[9] 여기서 일반의지는 다음과 같이 정의된다: "일반의지는 전체와 각 부분의 보존과 행복을 항상 지향하며, 법의 원천인데, 이 일반의지는 국가의 모든 구성원들에게는, 그들 자신들의 관계에 있어서나 그들과 국가와의 관계에 있어서나, 정의와 부정의의 규칙이 된다(PE, 212)." 다시 요약해서 말한다면 일반의지는 시민 전체의 보존과 행복을 지향하며, 법의 원천이고, 정의의 규칙이다. 루소는 한 걸음 더 나아가 인민의 소리인 일반의지는 '신의 소리'(the voice of God)와 같다고 강조하고 있다(PE, 213). 이러한 일반의지에 대한 정의는 외양상으로 『사회계약론』에서 정의된 일반의지와 별로 다름이 없어 보이지만, 후술될 바와 같이 『정치경제론』의 일반의지는 '인류의 일반의지'로 규정되고 (이 의지는 보편의지라고 할 수 있다), 일반의지가 갖는 일반성은 단지 사람들이 속한 집단의 상대적 규모에 의해 규정된다는 점에서 『사회계약론』의 일반의지와 다른 점을 보여준다.[10]

---

8) 루소는 정치경제를 정부와 동일한 것으로 보고 있다. 정치경제는 일반행정과 재정으로 나뉘는데, 일반행정은 사람들에 대한 통치(the government of persons)에 관한 것이고, 재정은 재화의 관리(administration of goods)에 관한 것이다. 『정치경제론』의 1장과 2장은 일반행정을 다루고 있고, 3장은 재정을 다루고 있다.

9) 본(C.E. Vaughan)은 루소의 정치이론은 '추상적인 차원'에서 볼 때 『정치경제론』에서 이미 형성된 것으로 판단한다. Masters(1978, 236, 각주 1), 재인용.

본 논문은 일반의지(P)란 개념을 중심으로『정치경제론』의 주요 논지를 분석하고 해석하는 것을 목적으로 한다. 필자가 확인한 바로는『정치경제론』을 주요 연구 대상으로 삼아 수행한 외국의 연구물은 프리덴(1998), 오윈(2000), 핸리(2013)에 불과하다. 프리덴은 그의 저서 7장에서 일반의지에 따라 통치되는 민주적 정부에서 자유와 사유재산 간의 갈등이 해결될 수 있다는 관점에서『정치경제론』을 정리하고 있으며, 오윈은 좁은 의미의 경제적인 관점에서보다는 정치적인 관점에서, 또한 일반의지를 실천해야 하는 정치가의 중요성을 강조하는 관점에서『정치경제론』을 해석하고 있고, 핸리는 개인이 소유한 자유와 재산의 신성함과 불가침성을『정치경제론』의 핵심 주제로 부각시키면서, 사유재산에 대한 권리가 극빈자의 복지와 조화를 이뤄야 한다는 주장이 루소의 저술 의도라고 해석하고 있다.『정치경제론』은 난삽하고 체계적이지 않다는 비판을 받기 때문에 이 논문에 관심을 가진 독자나 연구자는 그 내용을 이해하고 해석하는 데 적지 않게 어려움을 겪게 된다. 본 논문은 이러한 어

---

10) 필자의 일반의지에 대한 분석으로 김용민(2004, 5장)과 김용민(2016) 참조. 앞으로 논의될 바와 같이 『정치경제론』의 일반의지와 『사회계약론』의 일반의지는 그 성격에 차이가 있다. 논의의 필요에 따라 전자를 '일반의지(P)', 후자를 '일반의지(S)'로 표기한다.

려움을 해소하기 위한 하나의 방편으로『정치경제론』이라는 텍스트를 중심으로 필자가 파악한 루소의 의도를 서술하려는 목적을 갖고 있다. 이러한 시도는 정리에 불과하다는 비판에 직면할지 모르나, 필자의 관점에 따라 루소의 텍스트를 선택적으로 사용하고 해석한다는 면에서 정리보다는 '재구성적 측면'이 강하다고 할 수 있다.

『정치경제론』은 제3논문이라고 불리는데, 이 글의 분량은 제1논문인『학문예술론』보다는 약간 많지만 제2논문인『인간불평등기원론』의 1/3 정도가 된다.[11] 하지만 제3논문의 전반적인 구성을 알면 이해의 어려움은 어느 정도 해소될 수 있다.『정치경제론』은 서론과 3개의 장으로 구성되어 있는데, 내용상으로 보면 일반의지(P)의 성격을 다루는 '서론', 사람들에 대한 통치를 다루는 제1-2장, 그리고 재화에 대한 관리를 다루는 제3장으로 크게 세 부분으로 나눌 수 있다. 서론 부분에서 정치경제는 가정경제와 구별되며, 정치경제 즉 정부는 일반의지(P)의 지도에 따라 운영해야 한다는 것이 제시된다. 인간에 대한 통치에 관계되는 두 번째 부분(일반행정)은 행정은 일반의지(P)를 따라서

---

11) 이 세 논문은 플레이아드 루소 전집 3권에 실려 있는데, 각 논문의 본문 내용이 실려 있는 페이지는, 제1논문 3–30, 제2논문 111–223, 제3논문 241–2780이다.

제정된 법률에 따라 집행되어야 함을 강조하는 1장과, 시민들로 하여금 자율적으로 법의 집행에 따르게 하기 위해서는 덕, 애국심, 시민교육이 필요하다고 강조하는 2장으로 구성된다. 3장에서는 정부의 경제적 역할이 부각되는데 정부는 시민들의 생존을 보장하기 위하여 공공 필요를 제공하는 역할을 수행해야 한다는 것이 강조되며, 특히 조세와 재정 정책을 시행하는 데 있어 통치자는 자신의 개별의지보다 일반의지(P)를 앞세울 것이 강조된다.[12]

II.『정치경제론』서론: 일반의지의 성격

루소의 정치철학은『사회계약론』(1762년 출판)에서 완성되는데, 이 저서의 가장 핵심 개념이 일반의지인 것을 고려하면 일반의지란 용어가 처음으로 언급되는『정치경제론』은『사회계약론』을 준비하는 '전문 혹은 서언'(prelude)이라고 할 수 있다. 그러나 두 저서가 일반의지란 용어를 쓰고 있지만, 각 저서에서

---

[12] 이 논문의 중심이 통상적 의미의 경제에 놓여 있다는 사실은 3장의 분량(플레이아드 판, 262–278)이 서론(241–247), 1장(247–252), 2장(252–262)의 분량보다 길다는 데서 잘 나타나 있다. 김준수(2009)는 1장을 '법론', 2장을 '덕론', 3장을 '경제론'이라고 명명하고 있는데, 나름대로 타당한 분류라고 생각한다.

의미하는 일반의지의 '정의'(definition)가 다르다는 점에 유의해야 한다.

　첫째, 『정치경제론』에서 루소가 말하는 일반의지(P)는 디드로가 말하는 일반의지 즉 '인류의 일반의지'(general will of human species)와 크게 다르지 않게 나타난다. 디드로는 백과사전 5권에 실린 '자연권'에 관한 논문에서 '인류의 일반의지'라는 표현을 쓰고 있는데, 그는 일반의지를 '감정의 침묵 속에서 사고하는 오성의 순수한 작용'으로 정의한다: "일반의지는 각 개인에 있어서 오성의 순수한 작용인데, 각 개인은 감정의 침묵 속에서 한 인간이 그의 동료에게 무엇을 요구할 수 있는지에 대해서, 또한 동료가 그에게 무엇을 요구할 수 있는지에 대해서 이성적으로 생각한다(Diderot 1962, 432)." 본 논문의 I장 서론 부분에서 제시된 『정치경제론』의 일반의지(P)는 이성을 가진 시민이 갖게 되는 합리적 의지인데, 이런 일반의지는 디드로가 말하는 오성의 순수한 작용과 별로 다름이 없다고 할 수 있으며, 이것은 다시 말해 이성을 가진 '인류 일반'이 합리적으로 추구하는 '보편적 의지'라고 할 수 있다.[13] 이런 맥락에서 볼 때 루

---

13) 디드로가 말하는 의지는 보편의지라고 할 수 있다. 보편의지와 일반의지의 구별에 대해서는 김용민(2016, 243-4) 참조.

소는 디드로가 말한 일반의지의 개념을『정치경제론』에서 자기 목적에 맞춰 변용하며 쓰고 있다고 할 수 있다.『정치경제론』에서의 정의와는 달리, 루소는『사회계약론』에서 일반의지(S)는 사회계약을 통해 생성되는, 정치사회를 지도하는 최고 원리로 천명한다(*Social Contract*, 53). 일반의지는 이성의 구성물이 아니라, 계약의 산물이라는 것이다. 사회계약을 통해 국가가 성립된 이후, 이제 일반의지는 개별의지들 간의 상호 조정을 통해서 생성된다: "사적 의지(개별의지)들은 넘치고 모자라기도 하는데, 넘치는 것과 모자라는 것을 서로 가감상쇄하면 차이들이 남게 되는데, 그렇게 '남아 있는 차이들의 총화'(remaining sum of the differences)가 일반의지이다(*Social Contract*, 61)."

둘째, 일반의지(P)가 지닌 일반성(generality)은 사람들이 속한 작은 결사체에서보다 큰 결사체에서 더 높이 나타나는 것으로 규정된다. 다시 말해 포괄적인 전체 집단이 거기에 속한 부분 집단에 대해 일반성을 확보한다는 것이다. 루소는 일반의지를 전체와 부분의 관계에 주목하면서 규정하는데, 만일 전체가 A이고, B는 A의 한 부분집합이라고 한다면, B의 이익을 추구하는 의지는 '개별의지'이고 B가 포함된 전체인 A의 이익을 추구하는 의지는 일반의지라고 정의한다. 그러나 A라는 전체를 고려하지 않고 B 자체만을 본다면 B는 하나의 독립된 단위로서 자체의 일반의지를 가지게 된다. 이 정의에 따르면 국가를 구성하는 개별적인 결사체들이 추구하는 의지는 개별의지이고, 국가가 추구하는 이익은 일반의지가 된다.

그러나 『사회계약론』에서 루소는 일반의지가 지닌 '일반성'은 보다 포괄적이고 보편적인 결사체에서 확보되는 것은 사실이지만, 그 일반성은 더욱 중요하게도 '본질과 대상의 일반성'에서 도출된다는 점을 강조하고 있다: "일반의지가 진정으로 일반의지가 되기 위해서는 그것의 대상이나 본질에 있어서도 일반적이어야 한다. 일반의지는 모든 사람으로부터 나와서 모든 사람에게 적용되어야 한다. 일반의지가 어떤 개별적이고 특정한 대상에 적용된다면, 그것이 지닌 자연적 올바름을 상실하게 된다(Social Contract, 62)." 여기서 본질이 지닌 일반성은 모든 사람으로부터 나온다는 것이며, 대상이 지닌 일반성은 모든 사람에게 적용된다는 것이다.

위에서 제시된 『정치경제론』의 일반의지(P)와 『사회계약론』의 일반의지(S)의 차이점을 고려할 때, 일반의지(P)의 의미는 상당히 한정적인 것이 된다. 그것은 바로 '공공 이성'(public reason)이라고 할 수 있는데, 특히 행정을 담당하는 현명한 통치자의 공공 이성이라고 할 수 있다. 루소는 가정경제와 정치경제를 구별하면서 정치경제를 담당하는 행정관은 공공 이성, 즉 법률을 따라야 한다고 말하고 있는데(PE, 211), 여기서 법률과 동일시되는 공공 이성은 바로 일반의지(P)라고 할 수 있다. 또한 루소는 신의 목소리는 모든 시민에게 공공 이성의 교훈을 지시한다고 말하고 있는데(PE, 214), 신의 목소리는 일반의지와 동일하므로, 공공 이성은 일반의지(P)와 동일한 것이 된다. 끝으로 "공공 의지는 그것을 지배하고 있는 이성으로부터 가장 큰 영향력을 도출한다(PE, 215)"는 루소의 언급은 일반의지(P)와 공공 이성이 일치함을 보여준다. 앞에서 인용된 일반의지(P)에 대한 정의를 공공 이성에 적용하면, 공공 이성은 시민의 행복을 추구하고, 법의 원천이 되고, 정의의 규칙이 된다. 이러한 공공 이성의 실현을 위해 가장 큰 역할을 담당하는 사람이 바로 행정관이다.[14]

루소는 서론을 마무리하면서 일반의지를 공공경제의 제일 원칙으로 또 정부의 기본원칙으로 선언하고 있다. 그는 공공경제를 '인민적 경제'(popular economy)와 '폭군적 경제'(tyrannical economy)의 두 가지로 구분하면서 전자는 인민과 지도자가 같은 이익과 같은 의지를 가지고 있는 경제로, 후자는 정부와 인

---

14) 행정관(또는 통치자, 지도자, 정치가)는 정부의 일반행정과 재정을 책임지고 있는데, 오윈(Clifford Orwin)은 루소가 『정치경제론』에서 가장 강조하고 있는 것은 지도자의 역할이라고 해석하고 있다. Orwin(2000) 참조.

민이 서로 다른 이익과 상반되는 의지를 갖고 있는 경제로 규정한다(PE, 213-4). 물론 루소의 관심은 인민적 경제에 놓여 있다.

III. 『정치경제론』 제1장, 공공경제의 제일 원칙: 법률을 따르는 행정

루소에 따르면 인민적 정부의 제일 원칙은 일반의지를 따르는 것이다: "정당한 정부 혹은 인민적 정부, 다시 말해서 인민의 복지를 목적으로 하는 정부의 제 일차적이고 가장 중요한 원칙은 모든 면에 있어서 일반의지를 따르는 것이다(PE, 214)."[15] 하지만 개인의 자유와 정부의 지배를 양립하는 것은 쉽지 않은 문제라고 루소는 지적하고 있다: "그런데 어떤 사람의 자유를 침해하지 않고 다른 사람의 자유를 보호하도록 강제할 수 있을까? 또 공공 필요에 기여하도록 강제되고 있는 사람들의 개인재산을 변경하지 않고 어떻게 공공 필요를 충족시킬 수 있을까? 이런 모든 것을 어떤 궤변으로 각색하든 간에 어느 누가 내 의지를 제약한다면 나는 이미 자유스러운 것이 아니며 그 어느 누

---

15) 루소는 본론이 시작되는 1장에서부터 주권과 일반의지에 관계된 입법에 관해서는 별로 언급을 하지 않고 있다. 왜냐하면 『정치경제론』의 주된 관심은 그 용어가 의미하는 바와 같이 법률의 집행을 맡은 정부에 놓여 있기 때문이다.

가 내 재산에 간여한다면 내가 그 주인이 아님은 명백한 일이다
(PE, 214)."

　루소는 이 문제에 대한 해결책으로 일반의사에 입각해서 제
정된 법률의 지배를 제시한다. 루소가 '생각지도 못한 기술'이라
고 감탄해 마지않는 법률은 기적을 일으켜 시민들에게 더 많은
자유와 정의, 그리고 평등을 보장한다.

　　　어떤 생각지도 못한 기술에 의해서 인간을 자유롭게 만들
　　　기 위해서 인간을 속박할 수 있는 방법을 발견할 수 있을까? 모
　　　든 구성원들의 재화, 노동, 그리고 생명조차도 그들을 강제하거
　　　나 그들과 상의함이 없이 국가를 위해 봉사할 수 있게 사용하게
　　　만드는 방법, 그들의 의지를 그들 자신의 동의와 결속하는 방법,
　　　거부보다도 그들 간의 일치를 지배적이게 만드는 방법, 그리고
　　　그들이 원하지 않았던 것을 행할 때 그들 자신을 처벌하게 만드
　　　는 방법 등을 어떤 생각지도 못한 기술에 의해서 발견할 수 있
　　　을까? … 이러한 기적은 법률의 작용이다. 인간은 오직 법률에
　　　의거해서 정의와 자유를 갖는다(PE, 214).

　법률을 효과적으로 집행하기 위해서는, 우선적으로 요구되는
것은 현명한 통치자의 존재이다. 루소는 통치자가 법률을 따라

야 할 이유로 그가 법률의 가장 큰 수혜자임을 지적한다. 통치자 권위는 법률에 근거하고 있고, 또한 그는 법률의 모든 혜택을 향유하고 있으므로 일반시민보다도 더욱더 모범적으로 법률을 따라야 한다는 것이다(PE, 215).

현명한 통치자가 담당하는 공공경제의 첫 번째 규칙은 행정이 법률에 합치해야 하는 것이다(PE, 216). 그러나 입법이 구체적으로 되지 않은 부분, 특히 정부의 지혜에 맡겨진 치안이나 경제 영역에서는 법률의 부재나 부족을 메워줄 수 있는 두 가지 규칙이 필요하다. "그 하나는 법률이 예견할 수 없었던 사태에 대한 결정에 보조해야 하는 법의 정신이고, 다른 하나는 모든 법률의 근원이자 보완이며 법률 부재의 경우 언제나 협의해야 할 일반의지이다(PE, 216)." 루소는 일반의지가 필요한 경우 반드시 집회를 통해서 일반의지를 확인할 필요가 없다고 말하고 있는데, 집회의 결정이 반드시 일반의지를 표출하는 것도 아니고, 대규모 집회가 현실적으로 가능한 것이 아니라고 보고 있기 때문이다. 루소는 사려 깊은 정부의 지도자는 "일반의지는 언제나 공공이익에 가장 합당한 편을, 다시 말하자면 가장 공평한 것을 위하고 있다는 것을 알고 있으므로, 일반의지를 따르는 것을 확신하기 위해서는 자신이 정당하기만 하면 된다(PE, 216)"고 말하고 있다.[16)]

일반행정은 개별적인 시민을 대상으로 집행되기 때문에, 효과적인 법률의 집행을 위해서는 복종의식이 내재화된 시민들을 만들어, 그들이 법률을 사랑하도록 만들어야 한다고 루소는 강조한다: "있는 그대로의 인간을 사용하는 법을 아는 것이 좋다면, 인간을 자신이 원하는 대로 형성하는 것은 더욱 좋다. 가장 절대적인 권위는 사람의 내면으로 침투해서 그의 행동에 못지 않게 그의 의지에 작용하는 것이다. 인민들은 장기적으로 정부가 형성하는 존재가 된다는 것은 분명하다. … 만일 당신이 인간에게 명령을 하고자 한다면 그런 인간을 만드시오. 또 만일 법률에 순종하는 것을 원한다면 그들이 법률을 사랑하도록 하시오(PE, 216)."

루소는 고대 정부의 철학자들은 인민들에게 법률을 주고, 그들의 권위를 사용해서 인민들을 현명하고 행복하게 만들었지만, 근대 정부는 돈만 모으면 모든 것을 다했다고 생각하기 때문에, 인민을 형성하는 데 기여하는 덕이나 교육에 관해 전혀 생각하지 못하고 있음을 지적하면서 1장을 마무리 짓고 있다(PE, 217).

---

16) 여기서 루소는 집회를 통한 개별의지들 간의 조정과정이 없이도, 사려 깊은 통치자가 공공 이성에 근거해서 파악한 공공이익이 일반의지가 될 수 있음을 보여주고 있다.

IV.『정치경제론』제2장, 공공경제의 두 번째 원칙: 덕의 지배

루소는『사회계약론』에서 시민종교의 신조를 이용하여 시민들로 하여금 법에 복종하고 법을 사랑하게 만들고 있다. 그러나『정치경제론』에서는 종교에 대한 언급은 전혀 없이, 법을 사랑하게 만들기 위해서는 시민들에게 덕을 가르칠 것을 강조하고 있다. 덕은 개별의지와 일반의지의 일치를 말한다: "공공경제의 두 번째 핵심적인 규칙은 첫 번째 규칙만큼 중요하다. 당신은 일반의지가 성취되기를 바라는가? 모든 개별의지가 일반의지와 관계되도록 하라. 덕은 다름 아닌 '개별의지가 일반의지와 일치하는 것'이므로, 이것을 간단히 다시 말하면, 덕이 지배하도록 하라는 것이다(PE, 217)."

여기서 덕은 다시 말해 '의무의 법'(the law of duty)이다. 루소는 의무의 법은 인간의 마음속에 놓여 있으며, 여기에 습속이 자리 잡고 있다고 강조한다: "공적 권위의 가장 큰 원천은 시민의 가슴속에 놓여 있으며, 정부를 유지하기 위해서는 어떤 것도 습속(mores)을 대신할 수 없다(PE, 217)."[17] 흔히 법만 사용할 줄 알고 의무의 법을 사용할 줄 모르는 통치자들은 처벌이나 외형상의 이득이란 미끼를 사용해서 시민들을 지배하려고 한다. 그러나 이러한 통치 방법은 양심의 가책은 법의 처벌보다도 더욱 엄하다는 사실을 알지 못하고 있는 것이다. 그래서 루소는 진정한 통치자는 애국심을 활용하여 시민들이 마음속으로부터 의무를 사랑하게끔 만들어야 한다고 역설한다: "덕성의 가장 위대한 기적은 애국심에 의해 생성되었다. '자기편애'(amour propre)의 힘과[18] 덕성의 아름다움을 결합함으로써 이 달콤하고 열렬한 감성은 에너지를 얻게 되는데, 이 에너지는 이 감성을 훼손하지 않고 이것을 모든 감정 가운데 가장 영웅적인 것으로 만든다. … 이 조국애는 연인에 대한 사랑보다도 백배나 열렬하고 감미로운데, 조국애는 직접 느끼지 않고서 상상될 수 없다(PE, 219)."

애국심을 함양하기 위해 정부는 시민의 자유를 최대로 보장해야 하며, '부의 극단적인 불평등'을 방지해야 하고 공공 교육

---

17) 루소는 사회계약론에서 국가에는 기본법, 민법, 형법, 마음의 법의 네 가지 법이 있으며, 이 중에서 마음의 법이 가장 중요하다고 강조하고 있다. "마음의 법은 국가의 진정한 구조를 만들고, 날마다 새로운 활력을 얻으며, 다른 법이 낡거나 사라질 때 그것을 재생하거나 대체하고, 인민들을 제도의 정신 속에서 보존하며, 권위의 힘을 습관의 힘으로 부지불식간에 대체한다. 나는 지금 습속(mores), 관습(customs), 그리고 특히 여론(opinion)에 관해 말하고 있다(『Social Contract』, 77)."

18) amour propre는 흔히 이기심, 허영심, 자만, 자부심, 자존심 등으로 번역된다. 인간에게 가장 자연스러운 감정은 자기애(amour de soi)인데, 인간이 타인과 관계를 맺으면서 자기애는 남보다 뛰어나려는 자기편애로 바뀐다. 자기편애는 루소의 철학에서 가장 중요한 개념의 하나이다.

을 실시해야 한다. 첫째, 일반의지에 따라서 만든 법률은 시민의 공동 자유를 최대한 보장하므로 정부는 정당한 법률의 집행에 힘써야 한다. 둘째, 불평등을 방지하기 위해서 정부는 부자의 폭정에 대항해서 빈자를 보호하는 정책을 수행해야 한다(PE, 221-2). 셋째, 자유를 보장하고 불평등을 방지하는 것보다 더욱 중요한 것은 덕성을 교육하는 것이다: "조국은 자유 없이 존속할 수 없고, 자유는 덕성 없이 존재할 수 없고, 덕성은 시민 없이 존재할 수 없다. 당신이 만약에 시민을 교육한다면 이 모든 것을 가질 수 있지만, 그렇지 않다면 국가의 지도자로부터 시작해서 단지 사악한 노예들을 갖게 될 것이다. 시민들을 형성하는 것은 하루아침에 되는 일이 아니며, 성인 시민을 가지려면 유년기부터 교육해야 한다(PE, 222)."

루소는 공공 교육은 인민적 정부 혹은 합법적 정부의 근본 원칙 가운데 하나라고 공언한다(PE, 223). 현명한 정부는 공공 교육을 통해 인민이 자기 나라를 사랑하고, 법률을 존중하고, 소박하게 살아가게 만든다. 정부의 목적은 인민을 행복하게 만드는 것인데, 공공 교육이 잘 시행되어 덕과 애국심을 갖춘 인민이 자발적으로 일반의지를 따르게 되면, 정부가 인민을 행복하게 만들기 위해 더 해야 할 일은 별로 없다고 주장하면서 루소는 제2장을 마무리한다(PE, 224).

V.『정치경제론』제3장, 공공경제의 세 번째 원칙: 공공 필요의 제공

루소는『정치경제론』3장에 와서 비로소 일반적 의미의 정치경제, 다시 말해서 경제적 의미의 정치경제에 대해 논한다. 이러한 의미의 경제는 시민들의 생존을 배려하며, 공공 필요를 제공하는 것을 목적으로 삼는데, 루소는 이 목적을 달성하는 것을 정부의 제3의 의무라고 규정한다. 위에서 논한 공공경제의 제1원칙과 제2원칙이 사람들에 대한 통치라고 한다면, 제3의 원칙은 재화의 경영에 관한 것이다. 재화의 경영은 공공재정의 유지와 행정비용에 관한 모든 작용을 포함한다: "시민을 만들고 시민을 보호하는 것으로는 충분하지 않으며, 그들의 생존을 배려하는 것이 필요하다. 공공 필요를 제공하는 것은 일반의지의 명백한 결과이며 이것이 정부의 기본적인 제3의 의무이다. 이 의무는 분명하게도 사적 개인들의 창고를 채우고 이들의 노동을 면제하는 것이 아니라 풍요를 그들의 능력 범위 안에 유지시켜서 그것을 획득하기 위해서 노동이 항상 필요하고 결코 무용하게 되지 않도록 하는 것이다. 이 의무는 공공재정의 유지와 행정비용에 관한 모든 작용으로 확대된다(PE, 224)."

정부 재정의 원천은 모든 시민의 재산이다. 시민으로부터 재산의 기여가 없다면, 정부는 공공 필요를 제공할 수 없게 된다.

개인의 자유가 정부의 권위와 대립하면 안 되듯이, 개인의 재산 역시 정부의 권위와 대립하면 안 된다. 재산은 사회계약의 토대이며, 사회계약의 첫째 조건은 "각자가 자기 것을 평화롭게 향유하는 것이다(PE, 230)." 소유권은 다음 세 가지 이유에서 자유보다는 더욱 중요한 신성한 권리로 보장되어야 한다.

> 소유권은 모든 시민의 권리 중에서 가장 신성한 권리이며, 어떤 점에서는 자유 그 자체보다도 더욱 중요하다.[19] 왜냐하면 소유권은 생명의 보존과 더욱 밀접하게 연관되기 때문이기도 하고, 재화는 인신보다도 탈취하기가 더욱 쉽고, 인신보다도 보호하기가 더욱 어려워서, 쉽게 빼앗길 수 있는 것을 더욱 존중해야 하기 때문이며, 마지막으로 재산은 시민사회의 진정한 토대이며 시민들 약속의 진정한 보장이기 때문이다(PE, 224-5).

공공 필요를 공급하기 위해서 정부는 공공재정을 담당해야 하는데, 루소는 공화국의 건국자가 법률을 제정한 이후 해야 될 첫 번째 일은 공공재정을 수행하기 위해 충분한 재원을

---

19) 루소는 『에밀』 2권에서 아동기의 중요한 교육의 하나로 재산권에 대한 개념을 형성하는 것을 손꼽고 있다. 그는 아동이 알아야 할 첫 번째 관념은 자유에 대한 관념이기보다는 재산에 대한 관념이라고 말하고 있다(*Emile*, 98)

발견하는 일이라고 말한다(PE, 226). 그 재원이 금전일 경우에는 '국고'(public treasury)라고 칭하고 토지인 경우에는 '공유지'(public domain)라고 칭하는데 루소는 보댕(Jean Bodin)의 주장과 로물루스의 경우를 예로 들면서 공유지를 국고보다 훨씬 나은 재원이라고 주장한다. 루소는 공유지가 사라지고 있는 유럽의 현실을 주목하면서, 국고를 중심으로 세금 제도를 논한다. 우선 루소는 세금이 지닌 이중적 성격을 지적한다. 세금은 시민의 재산에서 나오는 것이므로 세금은 중대한 재산권 침해가 될 수 있지만, 세금이 없다면 공공 필요를 공급할 수가 없어서 국가가 멸망하게 된다는 것이다. 그러므로 정부는 국가의 멸망과 신성한 재산권 침해라는 두 가지 '잔인한 대안' 중 하나를 선택해야 한다: "세금이 자발적이라면 아무런 문제가 없으나, 강제적인 것이라면 그것은 불법적인 것이다. 정당하고 현명한 경제가 겪는 어려움은 국가가 멸망하도록 방치하든지 아니면 그 국가를 지탱하고 있는 신성한 재산권을 침해하든지 하는 두 가지 잔인한 대안 중 하나를 선택하는 데 놓여 있다(PE, 226)." 루소는 물론 공공 필요를 제공하기 위하여 신성한 재산권을 침해하는 잔인한 대안을 선택한다. 그러나 그는 재산권을 되도록 적게 침해하기 위해서, 정부는 세수를 증가하지 말고 공공 필요를 예방하는 데 치중할 것을 요구한다: "재정관리의 가장 중요한 원칙은, 아주 조심스럽게, 세수를 증가시키는 것보다는 필요를 예방하는 것이다(PE, 227)." 루소는 이런 맥락에서 경제의 통상적 의미를 "소유하고 있지 않은 것을 획득하는 수단이라기보다는 소유하고 있는 것을 현명하게 관리하는 것(PE, 227)"이라고 해석하고 있다.

세금이 재산권을 침해하는 수단이 되지 않기 위해서는 그것은 다수결 투표를 통한 일반의지에 따라 결정되어야 한다. 다시 말해 조세는 인민의 동의나 그 대표자의 동의로서만 합법적으로 설정될 수 있다(PE, 230). 공공 기여에는 두 가지 종류가 있는데 그 하나는 사물에 부과되는 재산세이고 다른 하나는 사람의 머릿수에 따라 부과되는 인두세이다. 이 두 가지 세금을 '조세'(impôts) 혹은 '특별 납부세'(subsides)라고 하는데,[20] 인민이 전체 세액을 자발적으로 결정하여 납부하면 특별 납부세라고 칭하고, 인민이 자신에게 부과된 세액을 납부하면 조세라고 칭한다.

몽테스키외는 『법의 정신』에서 인두세는 노예상태에 더 잘 어울리고 물세는 자유에 더 적합하다고 말하고 있다(PE, 230).

---

20) 'subsides'(영어로 subsidies)는 흔히 정부가 시민들에게 주는 보조금으로 번역된다. 그러나 본문에 나오는 subsides라는 용어는 보조금으로 번역하면 세금의 의미가 사라지기 때문에, 세금의 의미를 살려서 '특별 납부세'라고 번역하기로 한다.

왜냐하면 물세는 개인의 인신에 덜 직접적인 방법으로 관련되어 있다고 보기 때문이다. 루소는 사람마다 분담액이 같은 경우에 인두세는 논쟁의 여지없이 노예상태에 어울리지만 이런 세금만큼 균형을 잃은 세금은 없다고 지적하면서, 균형을 찾기 위해 물세적 토대를 도입할 것을 주장한다. 그래서 루소는 인두세가, 프랑스의 카피타숑(capitation)이 그러했듯이, 개인이 소유한 재산에 정확히 비례하고, 그럼으로써 물세적 토대와 인세적 토대를 동시에 가지게 된다면, 이것은 가장 공평하고 결과적으로 자유민에 가장 적합한 것이 될 것이라고 강조했다.

이러한 조세를 보다 완전한 것으로 만들기 위해서는 루소는 다음 세 가지 점이 고려되어야 한다고 말한다(PE, 230-232). 첫째, 다른 조건이 같을 경우, 재화의 양에 비례해서 과세해야 한다. 둘째, 필수와 잉여를 구별하여, 단순한 필수품만을 소유한 자는 과세되지 말아야 하며 잉여를 가진 자에 대한 세금은 필요에 따라서는 그의 필수를 초과한 모든 부분까지 부과될 수 있어야 한다. 셋째, 사회의 모든 이익은 강자와 부자로 돌아가고, 모든 부담은 가난한 자가 지고 있다는 사실을 고려해야 한다. "가난한 사람이 지불하는 모든 것은 그에게서 영원히 상실되고, 부자의 수중에 남거나 부자의 수중으로 돌아가기" 때문에 조세제도를 만듦에 있어 가난한 자에 대한 배려가 우선적으로 필요하다고 루소는 힘주어 말한다. 결론적으로 이상적인 조세는 가난한 자에 대한 우선적인 배려를 기반으로 하여, 납세자의 재산에 비례해야 하고, 필요와 잉여를 구별하여 잉여에 비례하여 부과되어야 하는 것으로 제시된다.

루소는 이상적인 조세제도를 논한 후에 당시 유럽 국가에서 시행되고 있던 토지나 곡물에 대한 세금을 분석하고 있다. 루소에 따르면 토지나 곡물에 대한 세금은 특히 그것이 가혹할 경우에는 그로부터 가공할 만한 두 가지 악폐가 결과되는데, 그것은 궁극적으로 인구가 감소되거나 국가가 멸망하는 것이다(PE, 232-234).[21] 첫 번째 악폐는 화폐는 도시에 집중되고, 농촌으로 흘러가지 않고, 그 결과 도시가 부유해지면 부유해질수록 농촌은 피폐하게 되고 농민은 기아로 죽게 되는 현상이다. 두 번째 악폐는 곡물세로 인해서 곡물 가격이 하락하지만 공급 부족으로 인해서 많은 사람이 기아로 죽게 되는 현상과, 토지세로 인해서 곡물 가격의 하락이 야기되어 경작자가 농토를 버리는 현상이 발생하는 것을 말한다. 먼저 곡물세의 경우 곡물에 세금을 부과하면, 곡물은 생활필수품이기 때문에 가격은 오르지 못하

---

21) 이에 대한 근대 경제학적 분석에 관해서는 Fridén(1998, 85-90) 참조. 프리덴은 여기서 '농민 빈곤의 철칙'과 경작자가 협상력 부재로 인해서 저가로 곡물을 판매해야 하는 두 가지 경우에 관해 논의하고 있다.

고 생산량은 줄게 되며, 곡물 생산자는 판매 가격에 세금을 전가할 수 없기 때문에 전적으로 세금 납부의 짐을 떠맡게 된다. 그 결과 곡물이 싸게 판매됨에도 불구하고 곡물 양이 절대적으로 부족하게 돼서 많은 사람이 기아로 죽게 되는 현상이 발생한다. 다음으로 토지세의 경우, 경작자는 경작하는 토지에 부과된 일정한 세액을 지불해야 되기 때문에, 그의 상품에 대한 가격 등귀를 기다릴 여유 없이 자신의 생계를 유지하기 위하여 산물을 싼값으로 매각하여 토지세를 납부해야 된다. 과중한 조세로 곡물 가격이 염가로 유지되지만 결과적으로 경작자는 농토를 버려야 되는 현상이 발생하게 되는 것이다.

루소는 생산자가 아닌 구매자가 세금을 내야 하는 곡물세는 생활필수품에 과세하는 것이기 때문에 곡물 가격의 앙등을 초래하고, 이로 말미암아 시민의 생활 기반이 파괴될 수 있기 때문에, 이러한 곡물세는 누구나 수긍할 수 있는 '위험한' 세금이라고 경고한다. 토지세는 결국 토지 산물에 대한 진정한 과세이기 때문에, 그 조세를 경작자 자신이 부담하는 경우 그 악폐는 수백 배 더하다고 경고한다. 생산자에게 부과되는 곡물세나 토지세는 생산자의 감소를 가져올 뿐만 아니라 많은 소비자를 기아에 빠지게 함으로써 인구의 감소를 가져오고 궁극적으로 국가의 근원을 침해하는 결과를 초래하여 국가의 멸망을 야기하기 때문이다. 이러한 맥락에서 루소는 "국가에 있어서 인구의 궁핍보다 더 악한 궁핍은 없다(PE, 234)"고 경고한다.[22]

루소는 바람직한 조세로 비례 재산세를 제안하고, 곡물세와 토지세의 문제점을 지적한 뒤 국경을 넘나드는 상품의 수출입에 따르는 관세와 국내 상품 중 사치, 오락, 무위도식과 관련되는 것들에 대한 사치세에 관해 논한다. 루소는 '진정한 정치가'(the true statesman)만이 관세와 사치세에 관한 법률을 잘 만듦으로써 조세제도를 유용한 공공 정책으로 전환시킬 수 있으며, 또한 인민들로 하여금 정부가 세금의 징수보다는 국가복지를 목적으로 하고 있다는 판단을 갖게끔 할 수 있다고 주장한다(PE, 234). 특히 루소는 사치세는 다음 두 가지 이유에서 국가경제에 도움이 된다고 주장한다. 첫째, 세금으로 인해 부자가 사치를 줄이고 자신의 돈을 유용한 데 쓰면, 우선 국가에는 이익이 되며, 또한 세금 감소로 재정 수입은 줄어들지만 재정 지출의 감소나 국가 경비의 감소로 인해 재정이 풍부해진다는 논리를 제시한다. 둘째, 부자가 세금을 부과해도 사치를 줄이지 않을 경우, 정부는 사치세를 통해 충분한 재원을 확보할 수 있게 된

---

22) 루소는 『사회계약론』에 가장 나쁜 정부의 특징으로 인구 감소를 들고 있다: "인민의 수를 가장 잘 증가시킬 수 있는 정부야말로 분명히 가장 좋은 정부이다. 인민의 수가 줄어드는 정부야말로 가장 나쁜 정부이다(*Social Cotract*, 96)."

다는 논리를 제시한다(PE, 235).

조세를 통한 공적 수입은 필연적으로 통치자의 수중에 넘겨진다. 하지만 통치자들은 국가의 이익 외에도 자신들의 사적인 이익을 가지고 있으며, 이 이익은 최후에 고려되는 것은 아니다. 많은 통치자들은 자신들의 이익을 앞장세우며, 국가 이익을 무시하는 자연적 성향을 갖고 있다. 루소는 보댕이 협잡꾼이라고 부르는 타락된 지도자들이 "자신의 이익을 저해하면서 타인을 관대하게 하거나 가난한 자의 부담을 경감시킬 마음가짐이 없는 자들"이기 때문에 이들에 대한 논의는 의미가 없다는 주장에 '반대'한다. 그는 국가 이익을 개인의 이익에 앞세울 줄 아는 진정한 정치가(또는 통치자)의 등장에 희망을 걸고 있다. 그는 진정한 정치가가 등장할 가능성이 없다면 여태까지의 자신의 주장은 무용한 것이라고 단적으로 말하고 있다: "만약 모든 나라에서 주권자로부터 인민 통치를 위임받은 자가 본질상 인민의 적이라고 한다면, 그들이 인민을 위해 무엇을 해야 할지를 탐구할 필요는 없다(PE, 236)." 루소는 지도자의 탐욕을 막을 수 있는 방법으로 '지도자의 덕성과 공명정대함'을 강조하고 있는데, 이것은 일반의지의 지배 즉 법의 지배와 함께 '덕의 지배'를 강력하게 요구하고 있는 것이다.

VI. 결론을 대신하여

흔히 지루하고 난삽하다고 평가되는 『정치경제론』을 분석하고 해석하는 데는 여러 관점이 있을 수 있다. 그러므로 분석자의 관점에 따라 이 논문이 지니는 의미도 다양하게 해석될 수 있다. 이 논문을 분석하는 필자의 관점은 다음과 같이 정리된다. 첫째, 루소의 일반의지의 개념은 『정치경제론』에 처음으로 등장하는데, 필자는 여기에서의 일반의지(P)는 '공공 이성'의 성격을 띤 것으로 파악하면서, 이러한 일반의지는 개별의지들 간의 조정으로 생성되는 『사회계약론』의 일반의지와 다르다는 것을 밝혔다. 둘째, 루소는 주권과 정부를 구별하고 있는데, 필자는 『정치경제론』의 논점이 입법을 다루는 주권보다는, 법률의 집행을 다루는 정부에 놓여 있음을 강조했다. 루소에 있어서 정부는 정치경제와 동의어이다. 셋째, 정부 역할의 강조는 당연히 정부의 일반행정과 재정을 책임지고 있는 통치자(행정관)의 역할에 대한 강조로 자연스럽게 연결된다. 인민적 정부가 성립하기 위해서는 통치자가 자신의 개별의지가 아니라 일반의지에 따라 법률과 정책을 집행할 것이 요구된다. 통치자가 자신의 개별의지보다 일반의지를 앞세우는 것은 합당한 정부 성립의 핵심적 전제 조건이다. 넷째, 정부는 시민들로 하여금 일반의지에 복종하게 하기 위해서는 우선적으로 개인의 자유를 보장하고 극단적인 경제적 불평등을 예방해야 한다. 하지만 이것만으로는 충분하지 않기에 시민을 교육시켜 법률을 마음속으로부터 사랑하게 만들어 덕의 지배를 이루어야 한다. 덕과 애국심의 함양은 가장 중요한 공공 교육의 목표이다. 다섯째, 정부는 소유권을 신성한 권리로 인정하고 재산을 시민사회의 진정한 토대로 인정하여, 개인의 사유재산을 최대한도로 적게 침해해야 한다. 또한 공공 필요를 제공하기 위한 필요한 조세는 반드시 인민의 동의나 대표자의 동의를 획득해야 한다. 여섯째, 세금은 가난한 사람에게 부과해서는 안 되고, 소득에 비례해야 하며, 부자의 잉여나 사치에 부과해야 한다. 또한 곡물 생산자가 부담하는 곡물세나 토지 소유자가 부담하는 토지세는 인구의 부족과 국가의 멸망을 초래할 위험이 있으므로 채택해서는 안 된다. 끝으로 루소는 국가 경제적 측면에서 올바르고 현명하게 조세 수입을 관장하고 재정을 관리하는 '진정한 정치가'의 등장 가능성에 희망을 가지고 있다. 그러나 이 희망은 법의 지배와 덕의 지배를 동시에 요구한다는 면에서 그 실현 가능성은 의문시된다고 할 수 있다.

위의 일곱 관점을 가지고 필자는 『정치경제론』을 분석했지만, 이 중에서 가장 중요한 관점은 넷째와 다섯째 관점이라고 생각한다. 그 관점은 이 글 3장에서 논의한 바 있지만 "어떻게 '개인의 자유와 사유재산'을 정부의 침해로부터 보호할 수 있는

가"라는 핵심적인 문제와 연관된다. 이 문제에 대한 루소의 답은 루소가 여기서 『사회계약론』에서보다 더욱 강력하게 '개인의 자유와 사유재산'을 옹호하고 있는 데서 잘 나타난다. 루소가 가난한 자에 대한 배려를 강조하면서 사유재산을 옹호하는 것은 언뜻 서로 충돌하는 것같이 보이지만, 그는 "국고가 개인들로 하여금 평화와 풍요 속에서 지내도록 하는 수단(PE, 210)"이기 때문에, 국고를 통해 둘이 조화될 가능성이 존재한다고 보고 있다. 바로 이 조화를 찾고 실천하는 것이 진정한 정치가의 역할이다.

필자는 앞에서 『정치경제론』은 『사회계약론』의 '전문' 역할을 한다고 보았다. 이 전문에서 중요하게 다루어졌지만, 『사회계약론』에서 별로 다루어지지 않은 부분이 공공 필요, 조세, 재정을 다루는 『정치경제론』 3장이다. 『사회계약론』에서 다루어지지 않은 주제가 이 논문에 포함되어 있다는 것이 이 논문이 지닌 가장 중요한 가치라고 할 수 있다. 이 논문에서 드러난 루소의 경제사상은 이후에 저술된 『폴란드정부론』과 『코르시카 헌법 초안』에 나타난 경제사상의 토대를 이루게 된다.

◇◇◇ 참고문헌 ◇◇◇

김용구 역. 2004.『영구평화를 위한 외로운 산책자의 꿈: 장자크 루소와 국
　　제정치』. 서울: 도서출판 원.

김용민. 2004.『루소의 정치철학』. 경기도: 인간사랑.

김용민. 2016. "루소의 일반의지의 일반성과 보편성". 양승태 외 지음.『보
　　편주의: 새로운 세계를 위한 정치사상사적 성찰』. 서울: 책세상.

김준수. 2009. "루소의 정치경제학-그의『정치경제론』을 중심으로".『대동
　　철학』 47집, 163-194.

루소 지음. 서익원 역. 2008.『신엘로이즈』 1-2권. 경기도: 한길사.

박호성 역. 2015.『사회계약론, 코르시카 헌법 구상, 정치경제론, 생피에르
　　연구평화안 발췌, 생피에르 영구평화안 비판』. 서울: 책세상.

오수웅. 2018. "도덕과 경제".『루소의 도덕철학』. 서울: 박영스토리.

Bloom, Allan. 1997. "Rousseau's Critique of Liberal Constitution." *The
　　Legacy of Rousseau*. Ed. Clifford Orwin & Nathan Tarcov. Chicago: The
　　University of Chicago Press.

Diderot, Denis. 1962. "Natural Right." *The Political Writings of Jean-Jacques
　　Rousseau*, 2 vols. Ed. C. E. Vaughan. Oxford: Basil Blackwell.

Fridén, Bertil. 1998. *Rousseau's Economic Philosophy: Beyond the Market of
　　Innocents*. Dordrecht/Boston/London: Kluwer Academic Publishers.

Gourevitch, Victor. 1990. *Jean-Jacques Rousseau: The First and Second Discourses And Essay on the Origin of Languages*. New York: Harper & Row, Publishers.

Hanley, Ryan Patrick. 2013. "Political Economy and Individual Liberty." Eve Grace & Christopher Kelly, eds. *The Challenge of Rousseau*. Cambridge: Cambridge University Press.

Masters, Roger D. ed. 1978. *Jean-Jacques Rousseau: On The Social Contract with Geneva Manuscript and Political Economy*. New York: St. Martin's Press.

Neuhouser, Frederick. 2013. "Rousseau's Critique of Economic Inequality." *Philosophy & Public Affairs*, Vol. 41, No. 3: 193–225.

Orwin, Clifford. 2000. "Rousseau on the Problem of Invisible Government: The *Discours sur l'économie politique*." Eds. Mark Blitz & Wielliam Kristol. *Educating the Prince*. Oxford: Rowman & Littlefield Publishers, Inc.

Peled, Yoav. 1980. "Rousseau's Inhibited Radicalism: An Analysis of His Political Thought in Light of His Economic Idea." *American Political Science Review*, Vol. 74, No. 4: 1034–1045.

Rousseau, J.-J. 1979. *Emile or On Education*. Trans. Allan Bloom. New York: Basic Books, Inc.

Roussilière, Geneviève. 2016. "Rousseau on Freedom in Commercial Society." *American Journal of Political Science*, Vol. 60, No. 2.: 352–363.

헤겔『법철학』과 자유의 변증법
- 개념적 접근 -

김동수(국립통일교육원 정년퇴임교수)

I. 서 언

오늘날 우리는 거대한 전환의 격랑 속에 살고 있다. 냉전 종식 이후 세계를 주도했던 글로벌리즘의 시대가 후퇴하고 그 반작용으로 세계화를 거부한 포퓰리즘의 흐름이 압도하며 정체성에 기반을 둔 민족주의, 보호주의가 다시 고개를 드는 형국으로 치닫고 있는 위기의 시간을 함께 하고 있다. 우리의 현명한 선택만이 불평등과 갈등을 뛰어넘는 희망의 시대를 열어줄 것이라는 점은 분명하다.

누구를 막론하고 행복하게 살고 싶은 것이 인지상정이지

만, 세상은 결코 이를 쉽게 허락해 주지 않는 듯하다. 인류는 자연을 정복했다고 생각했지만, 자연은 결코 포기하지 않았음을 보여주며 인간의 한계를 새삼스럽게 깨닫게 해주고 있다. COVID-19로 인한 새로운 팬데믹 시대를 맞아 전염병 확산을 막기 위한 국가의 감시체계 확대는 전 세계를 휩쓰는 포퓰리즘과 맞물려 새로운 시대적 조류를 형성함으로써 세계를 변화시킬 전망이다. 역사를 통해 포퓰리즘의 결과로서 탄생했던 나치즘과 파시즘에서 보았듯 그것은 자유의 소멸 과정, 사생활 축소, 국가주의 강화 등을 초래함으로써 민주주의와 자유의 위기로 귀결될 수 있다는 우려를 낳게 한다.[1]

이른바 '분노의 시대'라는 표현이 낯설지 않은 것처럼 분노의 원인이라고 할 '불평등', '불공정'은 우리네 삶을 관통하는 공통의 과제로 되어 왔다. 이러한 역사적 도전에 직면한 우리에게 필요한 것은 갈등 위에 존재하는 공동체의 위기관리와 공존 그리고 미래를 건설하는 일이다. 이를 위해 불평등의 원인을 규명

---

1) Shoshana Zuboff, *The Age of Surveillance Capitalism: The Fight for a Human Future at the New Frontier of Power* (New York: Public Affairs, 2019); Steven Levitsky and Daniel Ziblatt, *How Democracies Die* (New York: Crown, 2018); Pankaj Mishra, *The Age of Anger: A History of the Present* (New York: Farrar, Straus, and Giroux, 2017); Giorgio Agamben, *Where Are We Now? The Epidemic As Politics* Translated by Valeria Dani (London: Eris, 2021).

하는 한편 불평등 해소를 위해 해법을 모색하는 지적 노력은 역사 속에서 면면히 이어져 왔다고 볼 수 있다. 그것은 개인과 공동체 이익이 조화를 이루는 접점, 원심력과 구심력의 균형점을 찾는 작업을 의미한다. 변화를 추구하는 원심력과 공동체의 결집 및 안정에 중점을 두는 구심력의 불균형에 따른 국가위기에서 예외는 없다. 그 점에서, 인식의 차이가 뚜렷한 세대들이 공존하는 이른바 '비동시성의 동시성'[2] 시대의 모순을 극복해야 할 우리로서는 극단을 회피하고 통합의 지혜를 발휘하기 위한 시대정신(the spirit of the age)에 주목하게 된다. 무릇 시대정신이란 그 시대의 흐름에 대한 통찰에 기초해 재구성된 현실을 설명해 줄 수 있어야 한다. 그러나, 그보다 더 중요한 목적은 다가올 미래를 설명하는 데 있다고 할 것이다. 그 시대정신이 등장할 자리를 제공하는 과업이야말로 헤겔 철학의 운명이었는지도 모른다.[3] 이런 그를 두고 이상과 현실의 분열을 설명하기 위해 근대를 규정하고 설계한 사상가이자 '미네르바의 부엉이'라 해도 결코 무리는 아닐 것이다.[4]

---

2) 임혁백, 『비동시성의 동시성: 한국 근대정치의 다중적 시간』(고려대학교출판부, 2014).

3) Thomas Klikauer, *Hegel's Moral Corporation* (London: Palgrave Macmillan, 2016), p. 25.

시대정신의 표상이라고 할 헤겔이 『법철학』을 출간한 지 올해로 200년이 넘었다.[5] 그가 탄생한 지 250년이 넘는 해이기도 하다. 근대의 가장 중요하고 영향력 있는 철학자 중의 한 사람인 헤겔(G. W. F. Hegel, 1770 – 1831)의 『법철학』은 철학사에서 매우 중요한 정치철학 저술임에도 불구하고 그 철학적 깊이와 어려운 개념 때문에 마르크스와 같은 대중성이 없는 것은 물론 심지어 나치즘의 선구자로 잘못 해석된 것도 사실이다.[6] 그럼에도 불구하고 아직까지 그를 찾는 독자들이 있다는 것은 그만큼 국가와 시민사회의 관계, 근대의 본질, 자유 등에 대한 그의 탁월한 통찰력과 독특한 방식으로 세계를 들여다보는 정신적 관록 그리고 무엇보다도 많은 사람들이 인정하는 정신현상학, 법철학 등의 지대한 영향력을 반영해 주는 것이라 할 수 있다.[7]

---

4) Paul Ashton, Toula Nicolacopoulos & George Vassilacopoulos, "The Spirit of the Age and The Fate of Philosophical Thinking," *Cosmos and History: The Journal of Natural and Social Philosophy*, vol. 3, nos. 2–3, 2007, pp. 1–4.

5) 헤겔의 '법철학' 원본 표지에는 1821년 출간으로 적혀 있다. 그러나 'Philosophy of Right'이 완성된 것은 1820년 6월 25일이었고, 동년 10월에 인쇄 및 출간되었다. Adriaan Th. Peperzak, *Philosophy and Politics: A Commentary on The Preface to Hegel's Philosophy of Right* (Dordrecht: Martinus Nijhoff Publishers, 1987), p. 1.

6) 헤겔은 한때 a "closed society" statist, Prussian apologist, or even a proto totalitarian으로 간주되었다. 그러나 이후의 연구를 통해 지금까지 이런 견해들이 반박되어 왔다.

헤겔에 대한 해석은 제2차 세계대전 이후 동향만 보아도 주체적 자유의 원리를 주장한 근대국가의 옹호자로 보는 입장과 헤겔을 마르크스와 결부시켜 이해하는 입장으로 대별되거나 정신적, 윤리적 공동체로서의 국가를 설파한 국가철학자로서 또는 근대사회의 문제에 기인한 인륜의 상실태에 주목한 시민사회의 철학자로 평가되는 등 다양한 양상을 나타내고 있다. 그러나, 이러한 다양성은 다른 한편으로 제각기 일면적 해석으로 흐르기 쉽다는 문제점을 내포하게 된다는 점에서 보다 종합적인 접근의 필요성이 제기될 수 있다.

헤겔『법철학』에 대한 부정적 평가에 앞장선 당대의 철학자로는 단연 쇼펜하우어(Arthur Schopenhauer, 1788 – 1860)를 손꼽는다. 그는 헤겔을 가리켜 프러시아 정부의 어용학자라고 과격하게 비난한 바 있다. 한편, 칼 포퍼(Karl Popper, 1902 – 1994)는 헤겔이 '개인은 아무것도 아니며 국가가 전부'라고 주장했다는 비판과 함께 전체주의보다는 근대 파시즘의 역사주의적 요소에 초점을 맞추어 20세기 파시즘에 영향을 주었을 것이라는 편견에 기초해 부정적 평가를 했을 것으로 짐작된다.[8] 그러나,

---

7) 그의 정치사상은 마르크스와 19세기 사회주의에 결정적 영향을 끼쳤으며, 영국 관념론들과 복지국가 발전에 영감을 주었다. 그리고 프랑크푸르트학파 비판이론, 특히 마르쿠제, 하버마스, 악셀 호네트에게도 전해졌다.

이와는 달리 이후 헤겔의 『법철학』을 주의 깊게 검토함으로써 법철학이 사실상 '자유'(freedom)에 대한 정교한 설명이라는 긍정적 평가가 나오고 있음을 보게 된다.[9] 이 해석에 따르면, 칼 포퍼의 부정적 평가와 달리 『법철학』은 정치적 억압을 정당화하는 것과는 거리가 멀다는 결론에 이르게 된다.[10]

또한 헤겔의 『법철학』 출간 200주년을 우리가 주목하게 되는 중요한 까닭은 그가 제기했던 정치철학의 기본 문제 즉, 개인적 가치와 사회적 가치 사이의 긴장을 극복하고 '조화' (reconciliation)를 모색하는 과제가 아직도 미해결인 채로 남아 있을 뿐만 아니라 좀처럼 양극화 해소의 길을 찾지 못하고 있는

---

8) Karl Popper, *The Open Society and Its Enemies, Volume Two: Hegel and Marx* (Routledge, 1945), p. 65.

9) 헤겔의 텍스트를 검토함으로써 칼 포퍼의 비난처럼 헤겔을 히틀러식 파시즘의 선구자이기는커녕 존 롤스의 판단처럼 온건한 진보개혁가로 볼 수 있다. 이에 관해서는 G. W. F. Hegel, *Outlines of the Philosophy of Right*, trans. T. M. Knox. ed. and intro. Stephen Houlgate (Oxford: Oxford University Press, 2008), pp. vii–viii.

10) 정치사상적 기여와 관련해 헤겔의 정치사상은 근대 정치사상의 주요 전통을 종합한 것으로 인정받고 있다. 그것은 개인의 권리, 법의 지배, 상업사회에 대해 논했던 존 록크와 아담 스미스의 '자유주의', 일반의지, 정치적 자유, 시민적 의무를 강조했던 룻소의 '공화주의', 그리고 인간 본성의 역사적 성격을 인정한 몽테스큐와 버어크의 '역사적 맥락주의' 등 세 가지 전통의 종합을 의미한다. 더욱이 근래에 와서는 헤겔의 개인과 공동체 간 결합논리가 찰스 테일러와 존 롤스의 저작을 통해 현대 자유주의–공동체주의 논쟁에 영향을 주었다.

오늘날의 한국 현실에 많은 시사점을 제공할 것으로 기대하기 때문이다.[11)]

우리는 여기서 『법철학』이 자유가 무엇인가를 이해하기 위한 철학적 연구이며, 자유가 어떻게 현실화되는가를 역사와 국가의 관점에서 조망하고 설명함으로써 자유의 이름으로 '권리, 소유, 도덕적 양심, 가족생활, 시민사회, 국가의 선험적 정당화'를 제공해 주고 있음을 알 수 있다. 순수한 형태의 인간의 자유는 권리, 법, 제도(시민사회, 국가와 같은) 속에서 객관화되어야 함을 보여준다. 또한 권리의 기초인 정신이 의지의 자유로운 모습을 나타내면서 권리의 체계는 자유의 영역을 현실적인 것으로 만들게 된다(*Philosophy of Right*, par. 4).

그러나, 『법철학』은 근대국가에 대한 역사적 설명을 제공하지 않는다. 즉, 현존하는 근대사회에 발견되어야 할 구조와 제

---

11) 역사의 흐름을 관통해 온 개인적 가치와 사회적 가치 사이의 내재적 긴장을 해소하려는 지속적 노력은 정치철학의 핵심과제로 간주되고 있다. 헤겔에 있어서 '개인적–사회적 문제'의 해법은 록크의 일방적 특수주의로부터 헤르더의 낭만적 민족주의에 이르는 양극단을 화해, 조정하는 것 이상의 것이어야만 한다는 점에서, '개인적–사회적' 문제의 밑바탕에 깔린 실질적 동일성(identity)을 나타낼 보다 근본적인 접근을 필요로 한다. 헤겔은 이에 대한 설득력 있는 답변으로 헤겔 정치사상의 주춧돌이라고 할 '지양'(止揚, *Aufhebung*)의 논리를 제시한다. Peter J. Steinberger, "Hegel's Occasional Writings: State and Individual," *The Review of Politics*, Vol. 45, No. 2 (April 1983), pp. 188–189.

도들을 묘사하지 않고 오히려 자유에 대한 규범적 설명을 제공하고 있다. 즉, 어떻게 자유가 이해되어야만 하고, 어떻게 자유가 객관화되어야만 하는지를 우리에게 말해 주고 있다. 그렇다고 해서 헤겔이 생각하는 자유나 국가가 이상적 세계에 있어야 한다는 것을 말하는 것은 아니다.[12) 오히려 자유가 역사를 통해 실제로 어떻게 발전했는가를 보여 주려는 것이 아니라, '어떻게' 자유가 추상성에서 구체성으로 '논리적 발전'을 했는지 그 과정을 추적한 것이라 할 수 있다. 그렇게 보면, '국가'는 '자유'와 거리가 먼 것이 아니라, 오히려 자유의 가장 구체적이고 자기결정적인 표현이 되는 셈이다. 이와 관련해 헤겔은 『법철학』에서 다음과 같이 밝히고 있다. '법철학'의 성격은 본래 합리적인(rational) 것으로서의 국가를 이해하고 묘사하려는 노력의 결과로 규정짓고 있다. 그것은 결국 19세기 당대 사람들과 인류에 해당하는 당대 사회제도들(가족, 시민사회, 국가)을 조화시키려는 『법철학』의 목적으로 연결되고 있다.[13) 출간 당시의 정치적

---

12) 헤겔은 '법철학' 서문에서 "철학이 당대 세계를 초월할 수 있다는 공상은 마치 한 개인이 자신의 시대를 뛰어넘을 수 있다는 공상과 마찬가지로 어리석은 것"이라고 기술하고 있다.

13) G. W. F. Hegel, *Philosophy of Right*, trans. T. M. Knox (Oxford: Oxford University Press, 1942), Preface, pp. 10–12. [이하에서는 *PR*로 표기]

상황을 감안해 본다면, 헤겔이 세상의 본질을 드러내 줄 철학적 이론을 당시 독일인들에게 제공함으로써 그들이 소외를 극복할 수 있게 하려고 노력한 것으로 해석할 수 있다. 그리고 이것을 자유와의 연관 속에서 볼 때,『법철학』은 궁극적으로 당대의 독일인들과 근대 사회제도의 조화를 통해 소외로 인해 상실된 인류를 복원시킴으로써 합리적인(rational) 자유를 구현하려는 구상이라는 추론도 가능해진다. 여기서 우리는 헤겔이 이처럼 자유를 시대정신으로 강조하게 된 역사적 맥락(context)에 주목할 필요가 있다. 누구를 막론하고 자신의 시대를 뛰어넘을 수 없다는 자신의 말마따나 헤겔 역시 이에서 예외일 수는 없을 것이다. 헤겔의 삶을 통해 사상적 영향을 준 계기로는 크게 세 가지를 열거할 수 있을 것이다. 1789년의 프랑스 대혁명, 1806년 예나 전투와 나폴레옹의 충격, 1815년 이후의 유럽과 프러시아의 현실이 그것인데, 이 역사적 사건들에 대한 헤겔의 관점이 시대정신으로 나타났다고 보기 때문이다. 그 관점의 핵심은 바로 '자유'와 '개혁'이었다. 문제는 그 시대정신을 어떻게 프러시아의 현실을 수용하면서 실현할 것인가에 있었던 것이다. 철학자로서 헤겔은 역사의 그물망에 얽힌 이성적 핵심을 풀어내야만 하는 과제를 떠안은 셈이었다.

이 글은 헤겔의『법철학』출간 200주년이 넘은 오늘날 19세기 독일에 있어서 자유의 실현과 근대화의 과제를 어떻게 풀어 나갈 것인지 고민한 결과로서의 헤겔의 『법철학』에 관한 소고 (小考)다. 따라서 외람되이 새로운 해석을 제시하거나 기존 해석에 대한 평가를 시도하려는 데 목적을 두지 않는다. 단지 그의 정치사상의 가장 중요한 견지가 왜곡되지 않고 이해되도록 『법철학』을 중심으로 헤겔이 제기한 근대 시민사회의 해법으로서의 국가와 그 목표로서의 자유에 초점을 맞추어 개념적 구조를 살펴보는 데 목적을 둔다. 이를 위해 이하에서는 헤겔의 철학체계 형성과 『법철학』 저술에 영향을 준 시대적 배경을 살펴보고, 『법철학』을 통해 도출된 추상성으로부터 구체성으로의 자유의 논리적 발전과정에 대해서 재조명하고자 한다.

II. 헤겔 『법철학』의 역사적 배경

지금도 그렇지만 헤겔은 우리에게 어렵기도 하고 수수께끼 같은 존재라고 할 수 있다. 우리에겐 헤겔이 역사상 모든 사건들은 자유라는 목표로 귀결된다고 믿는 것으로 보였다. 실제로 헤겔은 『법철학』 결론부(제3부. 인륜, (iii) 국가, (c) 세계역사)에서 "역사란 사건들의 형태로 외피를 둘러싼 정신"이라고 규정하면서 정신과 이성을 결부시킴으로써 세계 역사는 정신의 자유로부터 나온 필연적 발전으로서 보편적 정신의 해석이며 현실화라고 설명한다. 그 맥락에서 세계정신을 민족정신과 결부시켜 4단계로 구분하고, 그 최종 단계를 모든 모순이 해결되는 자유의 종착지로서의 '게르만 세계'로 파악하고 있다(*PR*, par. 342, 352, 358-360).

그러나, 그의 생각에 좀 더 가까이 다가가기 위해서는 그가 살고 일하고 보았던 세상을 이해할 필요가 있을 것이다. 헤겔이 몸담았던 세계는 18-19세기 프러시아와 그 밖의 독일 내 국가들, 예나, 베를린 등의 도시들 그리고 프랑스 대혁명의 공기로 가득 찬 격변의 공간이었다. 그렇듯 헤겔은 격동의 시대를 살다 간 철학자였다. 대체로 혁명과 전쟁을 겪은 사람들의 공통된 희망은 스페인 무적함대와의 전쟁과 함께 태어나 청교도 혁명이라는 내전을 겪은 홉즈(Thomas Hobbes, 1588-1679)의 경우처럼 자기 보존과 안정된 삶이 아닐까 짐작하게 된다. 당시로서는 세계사적 대사건인 프랑스 혁명에 매료될 만큼 그의 상상력에 불이 붙었을 것은 분명하다.[14] 또한 전쟁 통에 예나에서 만난 나폴레옹을 세계정신의 화신으로 영웅시한 것도 사실이다. 그러나, 다른 한편으로 헤겔은 1806년 10월 예나전투에서 프러시아 군대가 나폴레옹 군대에 패배함으로써 프러시아 국가에 대한 신뢰에 의문을 품게 된다. 이제 프러시아는 전장에서도 실패하고, 근대국가가 되는데도 실패한 신세가 되었기 때문이다. 프러시아에 필요한 것이라곤 개혁에 박차를 가하는 조치-성문헌법 제정, 관료집단 개방, 능력 임용 등을 골자로 한 개혁안-밖에 없었고, 그 결과 프러시아 왕 빌헬름 3세(Friedrich Wilhelm III.; 1770 – 1840, 재위 1797-1840)도 마지못해 이에 동의하기에 이른다.

그러나, 1815년 나폴레옹의 워털루 패배와 비인 회의는 개혁적 정치 분위기를 다시 바꿔 놓았다. 프러시아는 오스트리아, 러시아의 보수주의적 지배자들의 압박을 받게 되었고, 프러시아 보수주의자들이 다시 득세하는 변화가 발생했다. 기존 질서의 변화보다는 보존에 더 관심이 있었던 프러시아 귀족들이 1819

---

14) 프랑스 혁명을 열렬히 환영하고 독일 땅의 철저한 근대화를 원했던 청년 헤겔은 프랑스 혁명을 총체적인 급진적 자유의 표출로 바라보았다. 역사상 가장 엄청난 사건으로 보면서 '1789 정신'을 전적으로 지지했던 헤겔도 구질서와 권위를 폐기하고 프랑스를 자신들의 주관적 의지와 이성으로 재건설할 수 있다고 주장하는 혁명적 극단주의 앞에서 뒤로 물러나게 된다. 절대적 자유(absolute freedom)는 절대적 공포(absolute terror)로 귀결될 수밖에 없다고 본 헤겔은 이 의식상태를 '순수한 무규정성'(pure indeterminacy)이라 묘사하고 있다. 결국, 구체제를 뿌리째 뽑는 이런 형태의 부정적 자유(negative freedom)로는 사실상 아무것도 건설할 수 없고, (그 존재 이유가 '부정' 즉 현실 파괴이기에) 구질서를 직면한 '절대적 자유'가 추진한 것은 '제도 파괴'뿐이라는 것이 문제였다. 결코 제도 파괴만으로는 그 빈자리를 채울 수 없었기에 '절대적 자유'는 이 부정적 계기에 갇혀 버리고 만다고 보았던 것이다 (PR, par. 5).

년에 국가와 군의 요직 독점권 반환을 요구하고, 왕도 약속을 철회함으로써 개혁은 수포로 돌아갔다. 그런 정치적 소용돌이 속에서 헤겔은 개혁 마인드를 가진 장관의 초빙으로 베를린에 오게 되었고, 근대국가에 대한 강의를 맡게 되었던 것이다.[15]

이처럼 한 치 앞을 내다볼 수 없을 만큼 급변하는 국내외 정세 못지않게 심각한 문제는 독일의 낙후된 현실과 독일인의 삶이었다. 당시 독일은 중산계급의 세력이 취약했고 시민 혁명도 경험하지 못한 채 프랑스와 영국을 선망의 대상으로 바라보는 입장이었다. 여기서 헤겔은 왜 후진된 프러시아를 3000년 세계 역사가 힘써 일군 영광스러운 결과로 간주했어야만 했고, 어떻게 이런 사회를 인간의 자유(human freedom)의 정점으로 간주할 수 있었는가 라는 비판에 봉착한다.[16]

그러나, 이와 관련해서는 헤겔이 근대국가 논의에서 실제 존재하는 국가를 지지하려고 무리하게 프러시아와 자유의 등식화라는 억지논리를 과연 폈을까 라는 반론도 제기될 수 있을 것이다. 오히려 헤겔의 입장에서는 현실의 근대국가들 속에서 발견되는 자유의 본질적 요소가 미비한 독일 전통사회에서 최적 사회구조를 확립하기 위해서는 구체적인 역사적 사례로부터 자유

---

15) Alan Ryan, *On Politics* (London: Penguin Books, 2013), pp. 652–654.

의 논의를 시작하기보다는 논리적 차원에서 추상적 자유의 개념에 기초할 필요가 있었을지도 모른다. 역사 자체가 아닌 역사 속의 이성, 세계정신으로부터 자유의 실현을 도출하는 방법이 그에게는 필요했을 것이기 때문이다.

III. 역사 속의 이성과 자유의 실현

역사를 철학적으로 설명하기 위해서 헤겔은 역사과정을 실제

---

16) Peter Singer, *Hegel* (Oxford: Oxford University Press, 1983), pp. 24. 그에 대한 여러 비판에도 불구하고 1820년을 전후한 독일의 사회적 현실을 고려한 헤겔의 현실적인 안목과 통찰력은 단연 돋보인다. 예컨대, 빈곤문제에 대한 해법으로 제시한 직업단체(corporation)인데, 그것은 적어도 정치 참여의 기회를 가질 '부분적 해결책'을 제공하는 '매개체계'이다. 직업단체는 프랑스에서는 폐지되었으나, 헤겔은 그것이 자유사회의 본질적 요소라고 생각한다. 과잉생산을 막고 복지를 증진하는 직업단체의 역할을 통해 시민사회의 빈곤과 양극화가 자유로운 경제활동의 불가피한 결과가 아님을 강조한다(*PR*, par. 252). 헤겔 『법철학』에 따르면, 국가 출현 이전에 인륜적 근거는 '가족', '직업단체' 두 경우뿐이다. 시민사회는 보편성은 있지만 보편적 이기주의로 인해 인륜의 상실 ―소외, 자유의 상실―을 초래하게 된다. 따라서 '시민사회'는 인륜적 근거가 아니면서 인륜에 포함된 불완전성, 객관적 정신의 불완전성이라고 할 수 있다. 그런데도 시민사회가 인륜에 포함된 것은 제도적 매개체계를 필요로 하는 '인정' 개념에 기초한 직업단체(corporation) 때문이다. 프랑스 혁명으로 도입되고 나폴레옹이 정교화한 중앙집권화 시스템을 비판한 헤겔은 프랑스엔 이런 직업단체와 지방정부 ―특수한 이익과 보편적 이익이 만나는 '결사체'― 가 없어서 사적 이익과 전체의 유지를 연계시키기 어렵다고 설명한다. 그만큼 '대중의 조직화'가 중요하기에 특정한 결사체들이 국가의 조직화된 구성원일 때에 비로소 그들은 정당한 권력(legitimate power)을 갖는다고 보았던 것이다(*PR*, par. 290A).

로 관통하여 작동하는 이성을 발견하는 것이 중요하다고 생각했고, 그 사상적 배경에는 프랑스 혁명의 거센 파도가 유럽 전역을 뒤덮고 있었다.[17] 프랑스 혁명 이후 역사적 연속성의 중요함을 강조한 헤겔에 있어서 국가는 더 역사적인 것으로 되었고, 정치적 이상을 단순히 역사 자체로 해석하기에 이른다. 역사의 현실을 오직 진보로 가는 징검다리, 이성의 보다 높은 목표가 실현되는 수단이라고 믿었기에 헤겔은 당시 독일의 현실을 받아들일 수 있었던 것이다. 혁명기를 거치면서 이성은 역사 위에 존재하는 영원한 규범이 아니라 역사 자체의 '내재적 목적'이며 '내적 필연성'이라는 커다란 교훈을 얻은 헤겔이 제시한 명제는 '이성의 간지'(the cunning of reason)였다. 여기서 헤겔의 메시지는 분명하다. 이성은 가장 교활한 정치책략가보다 더 교활하고 현실 정치의 음흉한 덫보다 더 빈틈없다고 설파함으로써 이성의 목적인 자유의 실현을 위해 현실 정치는 저도 모르게 도구 역할을 한다고 주장한다.

'역사 속의 이성'이라는 헤겔의 논지는 프랑스 혁명에서 역사를 희생시키면서 이성을 강조한 극단적 합리주의와 이성을 희

---

17) William H. Dray, *Philosophy of History* (Englewood Cliffs, N. J.: Prentice-Hall, Inc., 1964), pp. 68–69.

생시키면서 역사를 강조한 극단적 경험주의의 양 극단을 배제
한 중간 입장으로서 '이성은 역사 안에 있고, 이성의 궁극적 목
적은 자유의 실현, 자유의 자각'이라는 내용을 골자로 하고 있
다.[18] 이는 헤겔이 '법철학'에서 단언하는 이중명제(Doppelsatz)
-"이성적인 것은 현실적이며, 현실적인 것은 이성적"-를 역사적
맥락에서 이해할 때, 반동적이지도 급진적이지도 않은 중도적
인 개혁노선을 나타내는 것으로 볼 수 있다. 현실의 국가가 이
성적임을 드러내 보이려면 이성의 이상(ideal)을 실현하는 것이
필요하다고 본 것이다. 빈곤이나 폭정이 비록 존재할지는 모르
지만, 현실적(actual)이지 않다고 하는 까닭은 빈곤이나 폭정은
어떤 이성의 이상도 실현하지 않기 때문이다. 헤겔이 인류의 상
실을 초래한 빈곤문제에 주목한 이유도 여기에 있다고 하겠다.
이처럼 '이성적인 것'과 '현실적인 것'의 등식화에서는 현실성
(actuality)과 존재(existence)를 구별하는 것이 중요하다. 그 점

---

18) Frederick Beiser, *Hegel* (Routledge, 2006), pp. 220-221; 비이성적인 것에서
이성적인 것을 보여주고자 하는 헤겔은 결국 조화를 통해 보편적으로 정당하고 완
전히 발전된 정치질서의 도래로 귀결된다는 것을 보여주고자 한다. 따라서 악은 선
으로 유도되고 열정은 이성으로, 모순과 갈등은 종합과 평화에 이르게 된다고 설명
하고 있다. 이러한 종합을 가능하게 만들어 주는 것은 바로 조화롭고 세분화된 총체
성으로 이해된 국가라는 해석과 관련해서는 Pierre Hassner, "Georg W. F. Hegel,"
trans. Allan Bloom in Leo Strauss and Joseph Cropsey, ed., *History of Political
Philosophy* (Chicago: The University of Chicago Press, 1987), 733-734 참조.

은 비록 인간이 본질에 있어서 이성적이라 해도 어린아이는 잠재적으로만 그렇기에 현실에서는 이성적이지 않다고 본 것에서 알 수 있다(*PR*, par. 10A). 마찬가지로 국가의 현실성도 보편성과 특수성의 결합(unity)라는 점에서, 이 결합이 없으면, 비록 존재한다 하더라도 현실성은 없는 국가라고 파악한 것이다.[19] 여기서 헤겔은 진정한 현실성은 필연성(necessity)이라고 요약한다(*PR*, par. 270A).

혜겔에 있어서 철학적 역사는 '자유'의 실현과 소외를 이해하기 위한 이념체계라 할 수 있다. 따라서 역사의 외양보다는 변증법적 과정 속에 흐르는 정신과 이성의 차원에서 자유에 대한 규범적 설명을 제공하기 위해 혜겔이 '법철학'의 논의 전개에 사용한 어법은 '추상적'인 것이었다고 할 수 있다.(*PR*, par. 343) 『법철학』에서 자유를 이해하는 방법과 관련해 혜겔이 설명하는 자유의 본질적 요소는 현실의 근대국가에서 볼 수 있는 것들이었지만, 자유에 대한 설명은 역사적 사실에 기초하기보다는 '개념적 구조'에 기초해서 추상적인 형태로부터 구체적인 형태를

---

19) 특정 개념과 그 개념의 객관적 존재는 영혼과 육체처럼 동전의 양면과 같다. 육체 없는 영혼은 살아 있는 것이 아니고 영혼 없는 육체도 마찬가지다. 그 점에서, 육체와 영혼의 결합(unity)은 '이념'(the Idea)이며, 그 결합은 단순한 조화(harmony)가 아니라 오히려 완전한 상호 침투(a complete interpenetration)라고 설명한다 (*PR*, par. 1A).

도출한다는 점이 이를 말해 주고 있다.[20]

  그런 맥락에서, 추상성에서 구체성으로의 자유 이념(idea of freedom)의 논리적 발전과정은 주관적 정신에서 인류의 객관적 정신으로 이행하는 변증법적 운동이 된다. 어떻게 법과 제도의 객관적 세계가 인간 의식의 주관적 세계에 뿌리를 내리는지 보여주려는 헤겔의 입장에서 정신(Geist)은 인간의 의식과 역사를 결합하는 연결고리로서의 형이상학적 원리라 할 수 있다. 그 점에서, 정신은 객관적 정신으로서의 인류적 실체와 주체와의 통일이며, 이러한 주관적 정신과 객관적 정신의 통일은 변증법적 운동의 결과물이다.[21] 이렇게 보면, 정신은 변증법적 과정으로서의 역사에 의해 자체를 알게 되고, 정신의 이념인 자유를 실현한다고 이해할 수 있다.

---

20) Alan Ryan, 앞의 책, pp. 673-674.

21) Scott Warren, *The Emergence of Dialectical Theory: Philosophy and Political Inquiry* (Chicago: The University of Chicago Press, 1984), pp. 42-44. 주체와 객체의 초월 속에 진짜 변증법적인 것처럼 보이는 것은 "구체적인 실재"이며, 변증법적인 것(What is dialectical)은 역사성으로서 현상적 수준에서 나타나는 정신의 총체성이다.

IV. 자유의 변증법과 인륜의 형성

철학적 차원에서 창조한 이념들을 현존하는 틀에 그대로 담을 수 없는 긴장을 이해하고 해결하는 것은 여간 어려운 문제가 아니다. 프랑스 혁명과 공포정치에서 천명한 총체적인 급진적 자유(radical freedom)가 기존 제도를 전면적으로 부정함으로써 초래된 파괴적 철학으로부터 정치적 운동에 동력이 제공되었을 때, 그것은 머지않아 자멸할 수밖에 없는 운명이었다(PR, par. 5 A). 급진적 자유의 추구는 공포정치를 불러왔고, 그것은 절대적 자유를 현실화하려는 노력의 불가피한 결과이기도 했다. 그러나, 보다 근본적으로는 고대 도시국가(polis)의 경험적 상황과 다른 근대적 세계의 사회 규모와 기능적 복잡성으로 인해 고대 도시국가(polis)의 인륜을 복원할 수 없었다는 점에서 프랑스 혁명의 실패가 불가피했다고 볼 수 있다.[22]

문제는 개념적 구조 속에서 혁명을 직접 경험하지 않은 채 혁명의 실패도 피할 수 있는 방법을 어떻게 찾느냐에 있었다. 이를 위해 헤겔이 도입한 출발점은 의지(the abstract notion of the

---

22) 이에 관해서는 R. J. Anderson, J. A. Hughes and W. W. Sharrock, *Philosophy and The Human Sciences* (London: Croom Helm, 1986), p. 33. 공동체 결정과정에 충분한 참여가 불가능했다는 점과 급진적 이데올로기로 인해 사회가 파괴, 원자화된 점 등을 실패 요인으로 보고 있다.

human 'will')의 추상적 개념으로서, 그 개념과의 관계 속에서 자유를 '의지의 근본'이라고 설명하고 있다.[23] 또한 의지를 권리의 출발점으로 보고, 그 권리체계는 자유영역을 현실적인 것으로 만든다는 관점에서 "권리란 자유의지를 구체화한 실체, 따라서 권리를 이념으로서의 자유"라고 정의한다(*PR*, par. 29).

이와 관련해 헤겔이 검토한 자유의 최초 형태는 외부의 힘을 부정함으로써 확인되는 추상적 이념으로서의 '부정적 자유'(negative freedom)이며, 역사에서 이런 형태의 자유는 프랑스 혁명에서 본 바와 같은 흔한 현상으로서 부정적 자유가 의도하는 추상적 이념(idea)을 실행한 결과는 파괴의 공포의 극대화로 귀결된다(*PR*, par. 5A, par. 258). 존재 이유가 '부정' 즉 현실 파괴였던 부정적 자유 개념이 가져다 줄 수 있는 것이라곤 공포와 혼란뿐이었다고 본 것이다. 이러한 부정적 자유는 고대 도시국가(polis)적 인류공동체에 대한 反命題(antithesis)이며, 이를 극복하기 위한 새로운 인류공동체로서의 근대국가 제도의 발전을 필요로 한다고 볼 수 있다.

헤겔은 당시 구체제(*Ancien Régime*)의 제도를 전면적으로 파

---

23) *PR*, par. 4; 권리의 기초는 정신의 영역 일반이고, 권리의 거점과 출발점은 의지이다. 우리 몸에서 체중이 근본적인 것처럼 자유는 의지에서 근본적인 것이다. 자유 없는 의지란 빈말이다(par. 4[A]).

괴한 프랑스 혁명론자들의 의식상태를 '순수한 무규정성'(pure indeterminacy)이라고 하면서 이 무규정성의 요소를 포함하는 의지인 부정적 의지(negative will)와 여전히 이론적 수준에 머문 채 파괴적 실천으로 전환하는 부정적 자유에 대해 비판적 입장을 취하게 된다(*PR*, par. 5). '나 자신'을 상실한 자유는 추상적인 것일 뿐 무규정적 상태에서는 자유가 존재할 수 없고, 그러한 부정적인 상황에서 개인은 진정 자유로울 수 없다고 본 것이다.

그에 따라 진정한 자유란 구체적 맥락, 객관적 세계 속에서 실현되는 것으로 이해한 헤겔은 '객관적 정신'(objective spirit)에 주목하고자 했다. 인간이 자유롭게 된다는 것은 무엇이고, 자유의 본질을 구현하는 데 필요한 객관적 구조와 제도는 무엇인지를 검토하기 위해서는 자유 속의 정신과 이성의 정점을 찾기 위한 방법으로서 이념(the Idea)의 발전과정 속의 개념의 운동 원리인 변증법이 사용되었고(*PR*, par. 5), 여기서 헤겔은 '규정적 부정'(determinate negation)의 형태라고 하는 '긍정적' 관점의 논리를 도입하게 된다. '규정적 부정'은 단순히 반대하거나 적대적인 것이 아니다. 헤겔에 있어서 '부정한다는 것'은 언제나 '규정적' 내용과 한계를 지닌 어떤 것을 부정한다는 것을 나타낸다. 그렇듯 부정이 규정적인 까닭은 그것이 부정하는 대상에 의해 규정되고 제한되기 때문이다.

　여기서 헤겔의 요점은 모든 부정이 사실상 규정 또는 긍정의 한 형태라는 것이다. 또한 모든 형태의 의식은 그 이전의 선행(先行)하는 의식형태에 대한 비판 또는 부정의 산물이라는 것이다. 그 점에서, 모든 역사적 변화는 선행하는 것에 대한 부정에서 비롯되는 것이 된다. 그 결과, 이런 규정적 부정의 과정은 시간이 흐를수록 삶과 사상을 점차 포괄적이고 일관성 있도록 만들어 줌으로써 지속적으로 깊고 풍부하게 만든다고 할 수 있다.[24] 이처럼 변증법적 과정은 각각의 종합(synthesis)이 더 깊은 반성을 통해 새롭고 보다 높은 단계의 정립(thesis)으로 고양되는 것으로서 반복된다. 그리고 그 과정에서 자유의 객관화, 구체화, 현실화를 모색하는 헤겔은 자유영역을 현실적인 것으로

---

24) Steven B. Smith, "Hegel's Idea of A Critical Theory," *Political Theory*, Vol. 15, No. 1 (February 1987), pp. 109–111. 규정적 부정의 논리에는 철학체계의 내적 긴장과 비일관성에 맞서는 비판적 측면과 그로 인해 우리가 한층 완전하고 포괄적이며 일관된 삶의 형태에 도달할 수 있는 구성적 측면이 포함된다고 설명한다. 여기서 헤겔은 규정적 부정의 과정을 필연성의 구체화라고 하면서, 그 축적과정 속에 존재하는 역동적 발전구조의 운동원리인 '지양'(*Aufhebung*) 속에서 부적절한 삶의 형태들을 보다 새롭고 포괄적인 전체 속에서 극복하고 보존함으로써 인륜적 삶을 완성하고자 한다. 요컨대, 지양은 보다 높은 차원에서의 창조를 위해 반대편의 독립성을 폐지하는 반면에 반대편의 진리는 보존하는 객관적 결정으로의 의지의 활동이라고 볼 수 있다.

만들어 주는 것이 권리체계라고 기술한다(*PR*, par. 29).

  의지가 "권리의 거점이자 원점"이라는 맥락에서 볼 때, 자유의 객관화를 위한 논리 전개과정에서 '권리' 개념의 도입은 중요하다. 더욱이 근대적인 개인의 권리를 중시한 헤겔의 입장에 서라면 자아의식적 자유의 구체화를 위한 필요조건이었을 것이라는 추론도 가능하다.[25] 인륜공동체의 '객관성' 영역에서 필연성으로서 자유가 존재한다는 관점에서 보면, 단순히 선택하는 자유의지는 필연성에 의해 제한되는 명백한 의미가 없기 때문에 '권리' 개념을 갖지 않는 것이 된다(*PR*, par. 29, 33). 그만큼 자유는 자유의지로부터의 인정(recognition)을 필요로 하는 것이다. 권리는 그런 자유 즉, 자유의지로부터의 인정을 필요로 하는 자유를 의미한다.[26] 이처럼 인정 개념이 헤겔의 자유 이념의 중심이라고 한다면, 우리는 여기서 구체적인(concrete) '인정'만

---

25) "자유 이념의 발전에서 모든 단계는 자체의 권리를 갖는다. 그에 따라 각 단계마다 적합한 형태로 자유는 구체화된다." (*PR*, par. 4)

26) '자유' 개념의 논리적 발전과정에서 구체화를 위한 '권리' 개념의 도입과 '인륜'을 이해하는 데 필요한 '인정' 개념을 연계하면, 권리=인정을 필요로 하는 자유(*PR*, par. 57)라고 해석할 수 있다.
자연에 대한 추상적 권리는 '자연의 재화에 대한 정당한 권리'라는 주장과 관련해 헤겔의 답변은 분명하다: 권리는 우리의 의지의 목표로서 이해된 우리의 자유(*PR*, par. 29)라는 것이다.

이 진정한 자유를 실현할 수 있다는 논점을 도출할 수 있다.[27] 자연에 대한 인간의 추상적 권리인 '인정'은 인격에 절대적으로 필요한 소유권(property)의 형태로 현실화됨으로써 자유는 최초로 구체화된다.

그러나, 다수의 인격이 바라는 상호 인정이 소유권 수준에서 처음 나타나게 되면서, 우리는 소유권에 관련된 사람들 간의 상호관계를 묘사한 '계약' 개념에 도달하게 된다.[28] 이 단계에서 필요한 것은 인간이 자신을 인정하고 동료들을 행동의 의식 '주체'-삶의 목적을 갖는 주체가 되어 선악의 관점에서 자신들의 행동을 판단할 수 있는-로서 인정하는 것이었다. 여기서 소유권은 의지의 실현으로서 실존하며, 이런 의지와 의지의 관계는 자유가 실존하는 진정한 기반이 된다. 따라서 '계약'을 매개로 소유권을 갖게 된다는 것은 나의 주관적 의지에 의한 것이 아니라, 다른 인격의 의지에 의해서 게다가, 내가 공동의지에 참여함

---

27) '인정' 개념은 타인에 대한 관용뿐만 아니라 권리의 철학적 기반인 자유로운 인격(personality)에 대한 보다 강한 존중을 필요로 한다는 것과 '인정'에 대한 권리는 '인륜'을 위한 새로운 형태의 기초를 제공하는 것으로서 근대국가의 내적 영혼과 목적이라는 해석에 관해서는 Steven B. Smith, "What is "Right" in Hegel's *Philosophy of Right*?," *American Political Science Review*, vol. 83, no. 1 march 1989, pp. 3–13 참조.

28) R. N. Berki, *The History of Political Thought: A Short Introduction* (London: J. M. Dent & Sons Ltd., 1977), pp. 174–175.

으로써 소유권을 갖는다는 것을 의미한다(*PR*, par. 71).

의지의 주관성에 기초한 도덕성의 관점에서, 주관적 내지 도덕적 의지는 비록 객관성의 형태를 획득했을지는 몰라도 내용상으로는 여전히 주관성을 계속 간직하고 있다(*PR*, par. 110A).

그렇다면, 이런 사적, 주관적 확신 속에서 무엇이 옳고 그른 것인지를 자신의 생각에만 의존해서 과연 확실하게 알게 될까? 분명한 것은 무엇이 옳고 그른 것인지에 대한 판단 기준은 개인의 양심만으로는 불충분하고, 객관적 인륜질서를 필요로 한다는 점이다.

우리가 진정 자유롭게 된다는 것은 무엇인가? 구체적 맥락 속에서 자유의지에 기초해 선택하는, 자유의지 자체 말고는 모든 관계로부터 자유로운 것을 의미한다(*PR*, par. 27). 자유로운 정신의 절대적 목표는 자유로운 정신의 자유를 목적으로 만들고자 하는 즉 자유를 합리적(rational) 정신체계라는 의미에서 객관적인 것으로 만드는 것이다. 자유의 본질을 구현하는 데 필요한 객관적 구조와 제도는 무엇인가?

이상의 질문과 관련해 개념적 구조의 차원에서 자유의 구체화를 위해 제공한 헤겔의 설명에 따르면, 주관적인 것과 객관적, 절대 선의 결합(unity)은 '인륜'이고, 그 인륜 속에서 우리는 그 개념과 일치하는 '조화'(reconciliation)를 발견한다. 도덕성은 주관적 의지의 형태인 데 비해, '인륜'은 주관적 형태 이상이고 의지의 자아 결정 '이상'이다. 가족, 시민사회, 국가의 변증법적 통일로 구성된 인륜은 형태에서 모두 주관적 의지 '이상'이며 또한 인륜은 그 내용으로서 '의지' 즉 '자유'의 개념을 가지고 있다. 권리는 주관성의 계기가 결여된 반면, 도덕성은 주관성의 계기만 가지고 있다는 점에서 결국, 자체적으로는 현실성이 없는 즉 현실적으로 존재할 수 없는 구체성을 결여한 수준에 머물게 된다. 따라서 도덕성으로부터 인륜으로 이행하는 제3단계를 거쳐 자유는 구체화된다는 것이다.[29)]

인륜의 관점으로부터, 우리는 시민사회와 국가의 '제도' 안에서 법을 준수하는 참여자(준법 시민)일 때만 비로소 자유로운 것으로 본다. 추상적인 도덕성의 관점에서 양심은 이러한 객관적 내용이 빠져 있기 때문에 객관적 체계는 인륜의 관점에 도달해서야 존재하게 된다(*PR*, par. 137).

이 수준에서의 판단 기준은 주관적 견해, 변덕을 넘어서는

---

29) 도덕성은 부분을 전체보다 중요하게 만드는 추상적, 보편적인 것으로서 여전히 추상적인데, 그와는 달리, '인륜'은 전체를 부분보다 중요하게 만드는 구체적, 보편적인 것으로 대비된다(*PR*, par. 141, 141A).

'객관적 인륜질서'이며, 지양을 통해 추상적 권리, 주관적 도덕성으로부터 개인은 객관적 필요에 따라 인륜(Sittlichkeit)의 영역으로 진입하게 된다(*PR*, par. 141). 선과 주관적 의지와의 구체적 동일성과 양자의 진리가 '인륜', 객관적 의지의 본질이 된다. 이는 진정한 양심이 각자에 있어서 -각자의 양심에 따라- 구체적으로 체현되는 경지로서 선(the good)과 주관적 의지(the subjective will)와의[양심과의] 구체적인 동일성(identity), 요컨대 양자의 진리가 인륜이라는 것을 말해 준다(*PR*, par. 141).

헤겔에 있어서 구체적인 법과 제도의 권위를 수용하는 인륜적 의지(the ethical will)는 선(the good)을 양심의 내적 목소리가 그렇게 하라는 바대로의 것으로 이해하지 않고, 자유와 선(the good)은 우리를 둘러싸고 있는 객관적 세계에서 실현된 것으로 이해하는 터라서 특히, 인륜을 구성하는 법과 제도 속에서 구체화된다고 본다(*PR*, par. 142, 144). 그렇듯 추상적 개념이 아니라 구체적 삶인 '인륜'(Ethical Life)은 주관적 의지(a subjective will)와 객관적 질서(the objective order)의 결합으로서 객관적 측면이 강조되고 있는 것으로서 '법철학'에서는 '인륜'을 자아의식의 본질과 현존 세계로 발전된 자유의 개념이라고 정의한다(*PR*, par. 142).

여기서 자유는 독단적 의지, 충동적 의지의 명령에 따를 때 다시 말해서 자유, 정신에 反하는 부정적인 것이 아니라, 우리의 '합리적 의지'에 따를 때에만 존재한다는 것이다(*PR*, par. 15, 24, 27)[30] 그것은 개인이 사회적으로 규정된 의무 속에서 자신의 해방을 발견하게 된다는 의미였다. 그 해방은 첫째로, 자연적 충동에의 종속으로부터 해방임과 동시에 특정 개인의 도덕적 양심에 따른 억압으로부터의 '해방'이며 둘째로, 비현실적 상태에 머무르고 있는 무규정적 주관성으로부터의 해방을 의미한다. 결국, 개인은 의무 속에서 자신의 실체적 자유(substantive freedom)를 획득한다고 보면서(*PR*, par. 149), 의무란 단지 추상적 자유에 대해서만 제한하는 '적극적 자유의 획득'이라고 설명한다(*PR*, par. 149A).[31]

---

30) 개인이 진정 자유로워지려면 사회의 객관적, 인륜적 법과 제도에 따라 행동할 때라야만 가능하며, 나아가 그 사회는 이처럼 진정 자유로운 개인들로 구성될 때에만 완전하다(Peter J. Steinberger, 앞의 글, 190–191 참조). 인륜 개념에 따라 행동하는 것을 보편적, 합리적이라고 부르고 있다.

31) 추상적 자유 내지 무규정적 주관성에 대한 제한으로서 나타날 수 있는 의무의 굴레는 변증법적 과정을 통해 시민사회가 궁극적 종합으로서의 국가에 포섭됨으로써 인륜을 회복하게 된다고 본다.

V. 결 어

이상에서 우리는 자유의 구체화를 위한 제3단계인 '도덕성으로부터 인륜으로의 이행'을 통해 객관적 정신과 의지 그리고 자유의 객관화가 실현되는 것을 확인하였다. 추상성으로부터 구체성으로 자유의 논리적 발전과정을 이끄는 변증법적 운동과 '지양'의 논리는 국가의 보편적 의지를 위한 개인적 의지의 극복에 있었으며(*PR*, par. 141), 이는 헤겔에 있어서 진정한 해방이었던 것이다. 그러나, 그에게 있어서 개별성(individuality)은 극복되더라도 반드시 보존되어야 할 것이었다. 개별성을 상실하지 않으면서 상호 간의 '조화'를 이루는 헤겔의 진정한 통일(unity)은 비록 특수성과 보편성 사이의 차이가 잔존하더라도 그 속에 결코 대립은 포함하지 않는 완전한 하나(a complete one)임을 강조했다. 헤겔이 피히테 정치이론에 대해 "오직 관계에만" 기초한 즉 견제와 균형에 기초한 이론이라서 대립을 극복하는 데 실패하고 급기야 스스로 말살된다고 비판한 것은 바로 이런 의미에서라고 볼 수 있다.[32]

헤겔은 『법철학』 전반을 통해서 '보편적, 객관적 자유로서의 국가'(*PR*, par. 33)나 '국가는 객관화된 정신'(*PR*, par. 258), '국가

---

32) Peter J. Steinberger, 앞의 글, pp. 192–194 참조.

는 구체적 자유의 현실성'(*PR*, par. 260)이라고 기술하는 것에서
보듯이, 역사적으로 주어진 사실을 정신의 객관화로 간주한 '객
관적 정신'을 강조하고 싶어 했던 것으로 보인다.[33] 그 점에서
볼 때, 인륜 개념은 공동체와 개인의 종합이라는 헤겔의 정치적
이상을 공식화한다는 점에서 법철학의 중추 역할을 한다고 볼
수 있다. 특히, 인륜에 관한 설명(*PR*, pars.142-157)에서 헤겔은
어떻게 전체와 부분, 공동체와 개인을 조화시키고 상호 의존시
킬 것인가를 강조한다.[34] 특수성과 보편성의 인륜적 조화는 매
개를 필요로 하는데, 매개는 주관적이기도 하고 객관적이기도
하다. '조화'에 필요한 개인과 주관적 자유의 객관적(제도적) 형
상인 국가 사이의 '매개'는 시민사회에 의해 보장되며, 그 점에
서 시민사회는 개인과 국가를 이어주는 교량 역할을 하는 셈이
다. 만약 상호의존체계인 시민사회가 분열의 기반이고 결과적
으로 인륜의 상실이라면, 그것은 또한 진정한 조화를 위한 조건
이 되는 셈이기도 하다. 인간은 스스로는 합리성을 완성할 수

---

33) 이와 관련해서는 *PR*, par. 27, 57, 141, 144, 258 참조. 예컨대, 도덕성 즉, 주관
성 영역으로 부터 인륜공동체의 객관성 영역으로 이행에서, 개인의 자아의지는 취
소되지만, 그러나 더 높은 "인륜적 질서" 즉, 객관적 질서에 보존된다고 기술한다
(*PR*, par. 141).

34) Frederick Beiser, 앞의 책, pp. 233-235.

없고, 공동체의 객관적 질서에 따를 때 합리성이 완성될 수 있으며, 결국 합리적인 국가 안에서만 비로소 자유를 실현한다고 본 것이다.

자유의 변증법을 중심으로 전개해 온 헤겔의 『법철학』이야기는 국가가 아니라 세계 역사로 대미를 장식한다(*PR*, pars. 341-360). 결론부에서 헤겔은 정신과 이성의 등식화에 기초해 세계 역사가 정신의 자유 개념, 이성의 계기, 자아의식과 정신의 자유로부터 나온 필연적 발전이고, 이 발전은 보편적 정신의 해석이며 현실화라고 정리한다(*PR*, pars. 342, 343). 『법철학』에서 이른바 "세계 역사"에 관한 명제는 "권리 이념"(idea of right)을 설명하는 '갓돌'(capstone)로서 표현되고 있다. 여기서 헤겔은 합리적 원칙에 입각해 통치되는 근대국가가 필연적으로 역사과정의 산물로 이해될 것임을 시사한다. 나아가 이 과정을 본질적으로 합리화된 정치로 귀결되는 이성의 진보로 간주하지 않으면 안 된다고 주장한다(Maletz, 210).

그렇게 헤겔은 역사 속에서의 정신의 실현을 통해 이성의 승리를 구현하고 자유를 실현하고자 했던 것으로 보인다. 그런 연유에서인지는 몰라도 『법철학』은 자유에서 시작하여 자유로 끝을 맺고 있다(*PR*, pars. 342, 344, 352). 바야흐로 『법철학』이 '자유의 철학'으로 해석될 수 있는 대목이다. 우리 삶의 방식을 바

꾼 숨겨진 힘이라고 할 임계점의 비밀인 중력이 물질의 본질인 것과 마찬가지로 헤겔에 있어서 정신의 본질은 자유라고 할 수 있다. 우리가 자유를 어떻게 알게 되는가의 문제는 이성의 목적이며, 자유란 사람들이 스스로 자신의 역사의 의식적 주체로 되도록 만들어 주는 것을 의미한다. 오늘날 우리가 시대를 초월해 헤겔에 대해 천착하는 이유도 '자유'라는 시대정신을 공유하기 때문일 것이다. 자유는 오늘의 시대정신이라고 할 수 있다.

◇◇◇ 참고문헌 ◇◇◇

Avineri, Shlomo. 1972. *Hegel's Theory of The Modern State*. Cambridge: Cambridge University Press.

Beiser, Frederick. 2006. *Hegel*. London: Routledge.

Forbes, Ducan. 1975. Introduction to G. W. F. Hegel, *Reason in History*. Cambridge: Cambridge University Press.

Hardimon, Michael O. 1992. "The Project of Reconciliation: Hegel's Social Philosophy," *Philosophy & Public Affairs*, Vol. 21, No. 2 (Spring), pp. 165–195.

Hegel, G. W. F. 1942. *Philosophy of Right*. trans. T. M. Knox. Oxford: Oxford University Press.

Hegel, G. W. F. 2008. *Outlines of the Philosophy of Right.* trans. T. M. Knox, ed. and intro. Stephen Houlgate. Oxford: Oxford University Press.

Klikauer, Thomas. 2016. *Hegel's Moral Corporation*. London: Palgrave Macmillan.

Maletz, Donald J. 1983. "History in Hegel's *Philosophy of Right*," *The Review of Politics*, Vol. 45, No. 2 (April), pp. 209-233.

Peperzak, Adriaan Th. 1987. *Philosophy and Politics: A Commentary on the Preface to Hegel's Philosophy of Right.* Dordrecht: Martinus Nijhoff Publishers.

Popper, Karl. 1945. *The Open Society and Its Enemies, Volume Two: Hegel and Marx.* London: Routledge.

Riedel, Manfred. 1984. *Between Tradition and Revolution: The Hegelian Transformation of Political Philosophy.* trans. Walter Wright. Cambridge: Cambridge University Press.

Rundell, John F. 1987. *Origins of Modernity: The Origins of Modern Social Theory From Kant to Hegel to Marx.* Cambridge: Polity Press.

Ryan, Alan. 2013. *On Politics.* London: Penguin Books.

Singer, Peter. 1983. *Hegel.* Oxford: Oxford University Press.

Smith, Steven B. 1987. "Hegel's Idea of A Critical Theory," *Political Theory*, Vol. 15, No. 1 (February), pp. 99-126.

Smith, Steven B. 1989. "Hegel and the French Revolution: An Epitaph for Republicanism," *Social Research*, Vol. 56, No. 1 (Spring), pp. 233–261.

Steinberger, Peter J. 1983 "Hegel's Occasional Writings: State and Individual," *The Review of Politics*, Vol. 45, No. 2 (April), pp. 188–208.

Taylor, Charles. 1979. *Hegel and Modern Society*. Cambridge: Cambridge University Press.

Warren, Scott. 1984. *The Emergence of Dialectical Theory: Philosophy and Political Inquiry*. Chicago: The University of Chicago Press.

한나 아렌트의 정치철학에서 국가와 그 너머[1]

이삼성(한림대 명예교수)

1. 한국 사회 탈국가 담론의 지성사적 맥락

한국 민주화 초기인 1990년대로부터 불과 몇 년 전까지 한국 지식인 사회에서 국가에 관한 담론은 한 가지 특징이 있었다. 특히 '진보'를 자임하는 지식인 사회 일각에서 '탈국가'는 상당히 광범한 지적 유행을 보였다. 이런 현상에 의미 있는 브레이크가 걸린 것은 내 판단으로는 2017년 이른바 '촛불혁명'에서

---

[1] 이 글은 2016년 4월 16일 『네이버 열린 연단: 문화의 안과 밖』에서 행한 필자의 강연 「제국, 국가, 민족: 위계적 세계화와 민주적 세계화 사이에서」의 주제 일부인 '국가' 부분을 보완해 새로 정리한 것임을 밝힙니다.

수많은 사람들이 거리에 나서서 "이게 나라냐"라는 질문을 던진 것이었다. 현재 우리의 실존적 존재 조건으로서 우리가 속한 이 나라의 가치와 중요성을 새삼 인식하고 그것을 '나라답게 만드는 것', 즉 더 민주적인 정치권력을 구성하는 것이야말로 모든 진보적 노력의 핵심 문제라는 어쩌면 상식적인 화두를 다분히 관념적인 탈국가론에 머물기 쉬운 한국의 일부 지식인 사회에도 일깨워준 사건이었다.

국가의 존재 의의에 관한 거의 무차별적인 부정의 담론이 한국의 일부 지식인 사회에서 '지적 권위'를 누리는 현상은 어느 정도는 나 자신 학술활동 과정에서 자주 맞닥뜨렸다. 일일이 구체적으로 언급하는 일은 삼가겠지만 많은 학자들이 유사한 경험을 했을 것이라 짐작한다.

국가에 대한 개념적 공격은 여러 가지 다양한 방향에서 제기될 수 있다. 그 하나는 국가라는 정치체의 단위를 근대의 산물로 간주하는 서양사 중심의 관념이다. 광범하게 퍼져 있는 이러한 국가 개념은 국가와 그 안에서의 정치의 문제를 역사적 한시성을 띤 것으로 본다. 그래서 불특정의 가까운 미래에 국가의 존재 자체가 해체될 수 있다는 희망을 제기하곤 한다. 유럽연합이 성립하는 시점에 이러한 시각은 특히 큰 힘을 발휘했다. 그러나 성급한 국가 소멸 관념은 현존하는 국가권력의 민주적 재편성과 그 심화를 위한 정치적 실천의 의의를 경시하게 만든다.

근대국가는 물론 근대의 산물이다. 이는 동어반복에 다름 아니다. 그런데 이 동어반복으로부터 '국가 자체가 근대의 산물'이라는 식의 비약이 발생한다. 근대국가가 근대의 산물인 것은 맞지만 국가가 근대의 산물은 아니다. 그리스 도시국가 시절부터 국가 혹은 '공화국'(republic)은 정치철학의 핵심 주제였다. 단지 세계질서의 중심국가(hegemon)의 권력과 다른 국가들이 어떤 위계적 관계를 맺고 있느냐에서 다양한 차이가 존재했을 뿐이다. 많은 사회 구성원들이 건강한 정치참여를 통해서 국가권력의 민주적 재편성을 통해 부단히 노력함으로써 권력과 개개인 간의 관계, 국가와 사회의 관계를 진화시켜간다는 관념을 부정할 때, 국가 자체의 초월을 추구하는 논리가 들어선다. 국가에 대한 존재론적 부정은 크게 보면 적어도 네 가지의 오래된 지적 전통과 닿아 있다.

첫째, 무정부주의적 관점이다. 다분히 국가 없는 인류 사회와 세계질서에 대한 유토피아적 비전이다. 이것은 상식적인 민주주의론적 국가 개념과 심원한 철학적 간극이 있다. 오늘날 보편화된 민주주의 이념은 인간 사회에 권력 현상과 정치의 편재(遍在)를 받아들인다. 국가의 존재 여부를 떠나 모든 사회와 인간관계에 정치권력의 편재는 미셸 푸코의 핵심 명제이기도 하다.[2] 푸코는 그러한 권력의 편재를 초월할 마법을 프롤레타리아 계급혁명에서 찾았다.[3] 그러나 푸코와 달리 그런 신기한 마법은 없다는 상식을 받아들이는 한, 사회 내 권력의 편재 현상을 모든 정치적 삶의 전제로 받아들이고 그 위에서 권력들 사이의 상호 견제와 균형, 그리고 그 견제와 균형을 위한 정치제도적 장치를 통해 국가권력의 민주적 구성을 추구할 수밖에는 없다. 이를 위한 모든 인간의 정치적 참여가 민주정치의 기본조건이 된다. 이러한 민주주의 이념은 인간의 본성을 비롯한 여러 차원에서 아나키즘과는 메꾸기 어려운 철학적 간극이 있다.

둘째, 마르크스주의적 관점이다. 마르크스 사상의 원래적 핵심은 자본주의라는 경제적 생산양식을 중심으로 한 사유체계라

---

2) Mark G.E. Kelly, *The Political Philosophy of Michel Foucault*, New York: Routledge, 2009, p.18. 푸코의 '권력 편재' 개념은 "모든 지식(knowledge, Savoir)의 배후에, 모든 지식 획득의 배후에 존재하는 것은 권력투쟁(a struggle for power)"이라는 그의 명제에도 투영되어 있다(Michell Foucault, *Power*, Edited by James D. Faubion, p.32: Kelly, 2009, p.53). 푸코는 부르주아 사회의 국가와 그것과 연관된 모든 권력과 제도를 비판하고 계급투쟁의 중요성을 극단적으로 주창했다. 하지만 그의 '권력 편재'라는 명제는 그가 주창하는 혁명을 통해 모든 부르주아적 권력이 폐기되는 궁극적 세계가 도래하기 전에 인간의 실존적 조건은 권력의 편재와 그것을 반영한 국가제도임을 부각시켰다. 그럼으로써 오히려 현존하는 세계에서의 민주적 권력 재편 노력의 현장은 국가와 그 제도들일 수밖에 없음을 확인해주었다.

3) Noam Chomsky and Michel Foucault, *The Chomsky-Foucault Debate on Human Nature*, New York: The New Press, 2006, pp.39–51.

는 데에 있다. 경제를 토대로 보고 국가와 정치, 법률과 사상, 그리고 종교는 그 위에 구축되는 파생적인 상부구조라고 본다. 이런 사유 구조에서는 국가와 정치는 독립적인 자율적 영역을 갖지 못한다. 공산주의 혁명과 함께 국가와 정치는 소멸하는 것으로 사유된다. 유토피아적 대동사회 건설 이후의 정치와 국가의 원리와 체계에 대한 논의는 배제된다. 공산주의의 경우, 사회주의 건설과 함께 사회주의적 브랜드의 신인류(new men of socialist brand)가 탄생할 것으로 가정된다. 그래서 또한 정치는 불필요해진다. 마르크스주의의 원래적인 유물론에서 정치와 사상의 자율적 공간은 협애했다. 그 핵심 문제는 국가와 정치에 대해 자본주의 등의 경제적 구조로부터 독립적인 영역, 자율적인 역사적 실천의 기능을 부여하지 않는다는 데 있다. 이런 논리는 유토피아적인 공산주의가 아닌 다른 사회양식들 안에서의 민주적 정치권력을 어떻게 구성하고 발전시킬 것인가에 대해서도 철학과 이론의 빈곤을 초래했다. 20세기 마르크스주의와 공산주의 운동의 치명적 결함이 아닐 수 없었다.

셋째는 신자유주의적 초국주의(neoliberal transnationalism)이다. 세계화된 세계의 상황에서 국가는 이제 고유한 영역을 상실했으며, 대기업과 초국적 자본, 그리고 초국적 소통 네트워크들과 같은 초국적 행위자들의 역할이 더 중요해졌다는 주장이다.

신자유주의는 시장과 기업을 우선하고 국가는 쓸모가 없어졌거나 시장과 기업의 긍정적 기능을 방해하고 왜곡한다고 주장한다. 이는 강한 국가들에 기반을 둔 초국적 자본들의 논리와 깊은 관계가 있다. 초국적 부르주아지야말로 자국의 국가권력과 긴밀한 관계를 가지면서 세계시장 속에서 자기 위치를 확보한다는 사실은 잊기 쉽다. 신자유주의가 추구하는 탈국가화는, 장하준이 주목했듯이, '경제의 탈정치화'를 뜻한다. 그것은 시장에서 사회적 소외 계층이 국가와 정치를 통해서 다국적 대기업을 포함한 시장 안의 강자들을 견제할 수 있는 힘까지도 박탈하려는 신자유주의적 어젠다와 관련이 있다.[4] 16세기부터 성행한 유럽 국가들 주도의 노예무역이라는 초국적 이윤추구 행위가 영국 혹은 프랑스라는 강한 군사국가들의 권력에 의존했다. 이들 초국적 자본가들이야말로 모기업이 속한 국가권력의 중요성을 인식한다. 그들의 이윤추구의 활동무대는 초국적이지만, 그들을 위한 안전망의 실체는 모국의 힘과 군사력이다. 앨런 우드가 네그리와 하트의 제국론의 공허함을 지적하면서 말했듯이, "자본주의는 자본 축적과 강제의 조건들을 창조하기 위해서는 국가에 의존할 수밖에 없다. 자본 스스로 그러한 조건들을 만들어낼

---

4) 장하준 지음. 이종태·황해선 옮김. 『국가의 역할』 부·키. 2006. p.138.

수 없기 때문이다."[5]

시장의 주역인 기업들의 일차적 작동 원리는 이윤추구이다. 그렇기에 시장과 사회에서의 약자의 편에 서고자 하는 진보세력의 정치적 어젠다는 많은 부분 국가의 역할로 직결된다. 복지, 의료, 젠더 평등, 환경문제 등이 그러하다. 그런 가운데 진보 담론이 다른 한편으로 빠져드는 초국주의적 논리들은 의도하지 않은 사이에 신자유주의라는 우파적 초국주의까지도 지원하는 이데올로기로 기능하게 된다. 진보적 정치 담론에서 국가의 역할에 대한 시각이 내적으로 깊은 모순에 싸여 있는 것이다. 이것은 한국의 진보 담론이 직시하고 해답을 찾아야 할 중요한 문제라고 나는 생각해 왔다.

넷째, 제국의 관점이다. 제국 중심의 관점에서 세계질서는 제국의 중심과 주변부의 문제로 된다. 그 안에서 제국을 떠받치는 중심부의 권력 이외에 다른 자율성을 갖는 정치적 단위는 그 어떤 의의도 인정되지 않는다. 다만 제국의 지방정부로서의 의의만을 갖는 것으로 치부된다. 동시에 제국의 실체는 '군사국가'를 내포한 강한 국가권력이지만, 제국 중심 역사관은 그것을 제국

---

5) Ellen Meiksins Wood, "A Manifesto for Global Capital?" in Gopal Balakrishnan (ed.), *Debating Empire*, London: Verso, 2003, p.80: 이삼성, 2014, p.427.

안의 국가로 부르지 않고, 그것을 제국 전체에 문명을 보편화하는 보편적 국가, 보편적 권력으로 제시한다.

제국의 관점이란 한마디로 요약하면 역사 전체를 제국의 흥망성쇠의 문제로 환원시키는 가운데, 제국을 문명과 질서의 표상으로 위치시키는 사유패턴이다. 20세기 전반기까지 세계의 대부분 사회들은 제국 아니면 식민지 혹은 반식민지로 구분된 가운데, 제국은 문명과 질서를 표상하고 식민지는 야만이나 미개를 의미했다. 그런 가운데 피식민 사회 인간들에 대한 집단적 비인간화를 담은 인종주의에 기반한 제국주의 국가들의 식민지 분할 경쟁은 거대한 제국주의 전쟁들, 그리고 사회 내 주변화된 민족집단들에 대한 제노사이드를 포함한 거대한 야만의 한 배경이었다. 그로 인해 전후 세계에서 '제국'이란 개념은 동서 양 진영이 서로 상대 진영 내부의 국제질서를 야만으로 규정하는 데 동원된 냉전의 도구였다. 제국이란 단어는 그래서 '더러운 말'이 되는 '도덕적 추락'을 경험한 것이다.

하지만 냉전이 말기에 접어들면서 미국 지식인 사회에서 신보수주의 지식인들이 주도한 가운데 '제국'은 다시 세계의 문명과 질서를 담지하는 개념으로서 도덕적 권위를 회복한다. 제국개념의 이 같은 도덕적 복권은 탈냉전의 세계에서 본격화된다. 미국이 유일 군사제국의 역할을 수행하는 가운데 '민주적 자본주의'의 세계화와 함께 더 유력해진 신자유주의적 초국주의의 도움을 받으며 '제국' 개념은 20세기 초에서와 마찬가지로 문명과 질서의 표상이 된다. 하트와 네그리의『제국』에서 보이듯, 제국 개념의 복권은 좌우파를 가리지 않았다. 탈냉전 초기 민주적 세계화의 첨병으로 인식되던 유엔이 강대국들 자신의 견제로 많은 사회들에서 '민족청소'(ethnic cleansing) 사태 앞에서 무력함을 확인한다. 그러한 현실에서 미국과 북대서양조약기구(NATO)로 수렴되는 제국의 권위는 미국이 주도한 서방의 대테러전쟁과 함께 더욱 고조된다.

이처럼 도덕적 복권을 이룬 제국 담론의 풍미는 '국가'의 의미와 역할에 대한 다분히 일방적인 논의로 연결되었다. 제국의 성립과 지속은 실제는 강대국의 군사화된 국가권력과 긴밀한 관계를 맺고 있기 때문에, 강대국 국가의 관점에서 주변부 사회들의 자율적인 정치체로서의 '국가'에 대한 개념적 공세를 수반한다. 그러한 개념적 공격은 작은 사회들의 민주적인 정치적 자율성을 구현한 것으로서의 국가에 대해서도 민족주의에 대한 공격과 같은 수준에서 무차별적으로 전개하는 지적 풍토를 형성한다. 국가에 대한 공격은 신자유주의와 같은 우파적 논리에서도 비롯되지만, 마르크스주의적 좌파와 다양한 형태의 진보적 초국주의 담론도 여기에서 중요한 역할을 담당한다.[6]

한국의 진보적 지식인 사회에서 국가 부정의 담론이 풍미하는 현상이 유독 심하다고 할 수 있다면, 그 이유의 하나는 일찍이 이홍구 교수가 지적한 바와 같이 한국 역사에 특히 현저한 '관료국가적 전통'이라는 측면에서도 이해할 수 있다. 이홍구 교수는 1978년 『한국정치학회보』에 발표한 「새 정치이론의 중심과제」라는 글에서 이렇게 지적했다. "한국의 경우 우리는 봉건시대로부터 관료국가적 전통을 물려받았으며, 일제하 식민통치, 그리고 해방 후 분단국가로서 겪어오는 안보상의 취약점은 그러한 관료국가적 전통을 오히려 강화시켰다고도 볼 수 있다. 아무튼 우리는 국민생활의 모든 영역에서 정부의 힘이 강력히 작용하는 체제를 갖고 있음이 틀림없고, 그런 의미에선 최소한의 정부를 원하였던 고전적 자유주의의 꿈과는 정반대의 현상에서 살고 있다."[7]

위의 이홍구 교수의 지적에 포함된 것과 같이, 해방 후 한국의 분단과 전쟁, 그리고 전후 굳어진 분단국가체제는 한국 지식

---

6) 제국의 개념사 맥락에서 이 개념의 도덕적 복권 문제는, 이삼성, 『제국』(소화, 2014), 제6장.

7) 이홍구, 「새 정치이론의 중심과제: 구조, 의식, 상황의 분석과 모색」(『한국정치학회보』, 1978), 『李洪九文集 II: 정치사상과 자유의 모색』(曉堂李洪九先生文集 刊行委員會 編, 나남출판, 1996), 269쪽.

인들 사이에 유독 현저한 국가 부정의 담론에 특히 직접 관계하고 있다. 한반도에 두 개의 국가들이 양립해 전쟁을 하고도 진정한 평화를 이루지 못한 채 오늘날까지 극심한 군비경쟁 속에서 긴장과 함께 두 사회 안에서 저마다의 방식으로 국가주의적 정치문화를 지탱하면서 사상의 자유를 억압해온 지난 수십 년간의 역사는 한국인의 사유에서 국가에 대한 고정관점을 강하게 굳혀놓았다. 남북이 서로 다른 삶의 양식을 가진 사회를 구성한 만큼 두 사회는 불가피하게 상이한 국가권력을 구성할 수밖에 없었지만, 많은 한국의 지식인들은 분단 한국에서의 국가의 존재방식에 대한 비판과 그 극복의 담론에 초점을 맞추기보다는 국가 자체의 부정의 논리로 비약하는 경향을 보인 것이다. 분단국가체제를 극복하더라도 역시 통일국가의 형태로 한국 사회는 새로운 국가를 구성하게 될 것이지만, 국가 자체의 부정의 논리는 자주 국가의 내면적 개혁이라는 더 치열한 문제의식을 안이하게 대신하고 외면하는 지적 명분으로 기능했다.

이러한 한국의 역사적 전통과 상황에서 비롯되는 한국의 지성사적 상황은 많은 지식인들로 하여금 국가 안에서의 적극적 정치참여를 통한 권력의 민주적 재편성을 의미 있고 가능한 목표로 삼기보다는 국가의 부정과 초월을 논하는 담론에 쉽게 동화하는 경향을 낳았다. 이홍구 교수는 다른 글에서 "어떠한 사회나 국가가 정의로운 인간관계를 가능케 하느냐는 문제는 추상적 이상국가론에 그치지 않고 구체적 정책, 선택, 절차, 방법 등의 차원에서 고려될 때만 현실적 의미를 갖게 된다"고 지적했는데,[8] 국가 부정과 초월의 담론은 그와 달리 현실에서 어떻게 민주적 권력관계를 구성할 것인가라는 문제를 많은 경우 사소한 개량주의 내지는 '점진주의'적 문제의식으로 치부하고 국가 자체의 폐기라는 주장에 경도되기 쉬워진다. 국가 부정과 초월에 집중하면, 국가 내면의 민주적 변혁을 위한 실질적인 문제들, 예컨대 실존할 수밖에 없는 국가 조직들에 민주적 책임을 부과하는 구체적인 제도적 장치들을 구현해내면서 군대 조직 안에서의 인권 유린 방지를 위한 더 치열한 연구와 실천의 노력은 오히려 도외시될 수밖에 없다.

그로 인해서 진보적 정치 담론은 국가에 관한 문제에서 내적 분열증을 겪게 된다. 한편으로는 시장사회에서의 약자의 복지와 인권을 포함한 많은 영역에서 국가라는 정치체의 책임과 역할을 강조한다. 보편적 복지를 슬로건으로 사회구성원들의 안녕과 복지에 대한 책임을 거의 전적으로 국가에 기댄다. 그러나

---

8) 이홍구, 「정치사상·철학·이데올로기」(『정치학개론』, 박영사, 1986), 『李洪九文集 II』, 442쪽.

다른 한편에서는 국가의 의의와 가치에 대한 인식은 지극히 양가적이다. 때로는 국가의 의미와 역할을 강조하는 거의 모든 인식에 대해 '국가주의'의 혐의를 씌움으로써 자기모순에 빠진다.

지식인들은 또한 종종 특정 정권의 정치권력 행위들을 '국가'의 행위로 규정해 동일시하는 담론에 가담하여 국가 자체에 대한 도덕적 타기(唾棄)로 비약한다. 그런가 하면 그 특정 정권들이 자신들의 권력행위를 '국가' 자체의 필요와 정당성으로 등치시켜 포장해내는 정치적 언술 또한 거의 일상화되어 있다. 이 두 주체들의 습관적이거나 의도적인 개념적 혼동은 상호 보완하고 상호 지탱하는 관계에 있다. 이 현상은 '국가'에 대한 진보적 담론 안에서의 자기모순과 자기분열을 지속시키는 데에 깊이 관여해 있다.

2. '국가 긍정은 곧 국가주의'라는 등식 넘어서기

국가란 일정한 정치공동체 또는 '정치체'(polity)의 다른 표현이다. 정치공동체는 일정한 지리적 공간을 공유하는 인간집단들 사이에 필연적으로 발생하는 이해관계 충돌과 갈등을 처리하는 규범의 구성과 집행을 관장하는 제도화된 권력체이다. 그것이 국가이다. 이 제도화된 권력체의 규범이 상이한 인간집단

사이에 신분과 계급을 나누어 차별하고 사회적 약자에게 가혹한 제도적 폭력을 규범화한 것인가, 아니면 신분과 계급적 차별과 불평등을 시정하여 민주적인 규범을 제도화한 권력체인가는 가장 결정적인 구분점이 된다. 그것이 근대적 정치혁명 이전의 국가의 존재 형태와 정치혁명 이후 민주주의를 향해 걸어온 국가와의 차이다.

인간 사회는 그 원시적인 형태로부터 현대 사회에 이르기까지 그 어떤 시대에도 정치권력의 제도화된 형태로서의 정치체, 또는 국가의 문제로부터 자유로운 적은 없었다. 인간과 인간, 집단과 집단이 이해관계와 가치관의 충돌을 해결하기 위해 다양한 차원의 힘으로 길항하고 해소하는 과정이 곧 정치이다. 그정치는 힘의 관계, 즉 권력관계로 직결된다. 그 권력관계가 일정한 규범과 법의 형태로 제도화된 틀을 갖출 때 그것은 곧 국가의 성격을 띠게 된다. 그것이 원시적이고 단순한 형태인지, 복잡하고 세련된 형태인지의 차이가 있을 뿐, 역사 속의 어떤 인간 사회도 그러한 권력관계로부터 자유로울 수 없었고 이 사실은 인간 사회가 존재하는 한 변함이 없을 것이다.

그러므로 문제는 그러한 권력관계가 존재하느냐 아니냐가 아니라, 어떤 권력관계, 즉 어떤 국가 형태를 구성하느냐이다. 마치 인간이, 사회가, 그러한 권력관계로부터 자유롭게 존재할 수 있는 것처럼, 그것이 우리 인간에게 주어진 하나의 선택일 수 있는 것처럼 가정하는 사람들은 국가의 그러한 존재론적 위상을 인정하는 사유는 무조건 '국가주의'라고 말해도 되는 것처럼 논하는 경향을 종종 볼 수 있다.

그래서 우리가 국가에 대해 생각할 하나의 좋은 출발점은 '국가주의'(statism)라는 개념의 다층적인 맥락을 주목하는 일이다. 국가주의는 세 가지 차원에서 정의될 수 있다. 하나는 국가라는 정치체 안에서 헌법적 폭력을 독점한 국가의 권력과 사회 구성원 개인들의 인권의 관계에 대한 것이다. 국가 권력의 존재 의의를 개인들의 권리를 보장하고 보호하기 위한 존재로 보는 관점이 있는가 하면, 국가를 개인들의 권리보다 앞세우는 논리가 있을 수 있다. 이 둘 가운데 후자가 국가주의에 해당한다고 할 수 있고, 전자는 자유주의(liberalism)라고 말할 수 있다. 두 극단적 관점 사이에는 많은 복잡한 혼합 혹은 절충들이 있을 수 있겠는데, 우리는 그것들을 상대적인 관점에서 개인의 자유를 강조하는 자유주의적 경향과 국가를 앞세우는 국가주의적 경향으로 분류할 수 있을 것이다. 이런 의미의 국가주의의 극단적 형태가 파시즘과 전체주의에 해당한다.

두 번째 차원은 국가 안에서 국가와 시장의 관계에서 국가주의 개념을 정의할 수 있겠다. 이 맥락에서의 국가주의는 시장의 역할을 강조하고, 국가 역할의 배제 또는 최소화를 주창하는 시장주의에 대한 상대적 개념이라 할 수 있다. 이때 국가주의는 시장에 대한 국가의 개입 권리와 국가 역할의 확장을 지지하는 태도를 의미한다. 복지 확대를 위하여 시장에서 약자를 보호하고 부유한 계층으로부터 더 많은 세금을 징수하고자 하는 경향은 국가주의로 통할 수 있다. 그렇지만 경제사회적 약자를 보호하기 위해 시장에 적극 개입하는 국가 역할의 경우는 파시즘이나 전체주의와는 매우 다른 차원의 것이다. 이러한 의미의 국가주의는 시장의 자율성을 강조하는 고전적인 자유방임주의와 그 전통의 연장에 있는 것으로 볼 수 있는 20세기 말 이후 유력해진 신자유주의에 대한 반대 개념으로 볼 수 있다. 1930년대 케인즈주의와 관련 있는 수정자본주의 시각에서의 국가 역할론과 통한다.

　세 번째 차원은 국제사회 안에서 국가의 독립성과 자율성의 문제에 관한 것이다. 오늘날 국제사회에서 세계성은 유엔을 비롯한 국제기구들과 국제NGO들이 대변한다고 볼 수 있겠다. 이 경우 국가주의는 개별 국가들의 주권을 중시하는 관점이 되겠고, 그것은 곧 인권과 같은 인류 보편의 가치들을 위하여 개별 국가들의 행위를 평가하고 비판하며 제약하고자 하는 초국주의(transnationalism)의 관점에 대한 상대적인 개념이 될 수 있다.

인권과 평화의 관점에서 인류사회 전체가 공감하는 보편적 규범에 근거한 국제사회의 간섭을 거부하면서 국가 주권의 절대성을 주장한다면 그것은 또 다른 차원의 극단적인 국가주의가 될 수 있다. 이 지점에서 국가 긍정과 국가 주권 관념 사이에 개념적이고 현실적인 긴장이 존재하게 된다. 여기서 중요한 것은 국가 긍정을 곧 국가 주권 절대주의와 혼동해서는 안된다는 것이다. 달리 말하면 이 맥락에서 초국주의적 태도를 취하는 것이 곧 국가의 존재의미를 부정하는 것은 아니라는 점이다. 국가의 존재와 그 역할을 인정하되, 그 상위의 개념으로서 국가들의 공동체에 보편적인 가치와 규범의 필요성을 긍정하고 때로 그것이 국가 주권에 우선할 수 있다는 관점을 가질 수 있기 때문이다. 국가의 존재 긍정과 초국주의가 결합하는 것이다.

또한 개인들의 기본적 인권을 보장하는 실체적 도구로서 국가의 역할과 그 의의를 인정하는 자유주의적 국가 긍정은 국제사회와 국가의 관계에 대한 인식에서는 초국주의적 태도와 상통하는 경향을 띠게 된다. 더욱이 시장주의의 문제를 지적하면서 시장 안에서의 약육강식을 제한하고 약자를 뒷받침하기 위한 국가의 역할을 인정한다는 점에서 다분히 반시장주의 내지 '시장 통제주의'로서의 국가주의는 개인들의 권리의 현실적 보장 장치로서의 국가의 역할을 긍정하는 자유주의적 국가관과 더 친화적이고 상통하는 관계에 있을 수 있다.

국가 긍정을 국가주의로 등치하면서 국가의 존재론적 위상을 부정하는 사람들의 논지는 흔히 인류 전체가 복수의 국가들을 넘어서 하나의 지구촌으로 통합해야 한다는 주장으로 수렴된다. 이 경우 그들의 '국가' 비판은 국가주의를 '세계주의' 또는 세계시민주의의 관점에서 극복하고자 하는 주장이 된다. 그런데 여기에서 이들이 놓치는 치명적인 논리적 문제가 있다. 인류 전체가 하나의 지구촌으로 통합하고 인류 내부에 존재하는 수많은 차원의 이해관계 충돌이 평화적이고 민주적으로 해소되는 제도적 장치를 갖춘 그러한 지구촌을 우리가 구성할 수 있다면, 그것은 모두의 공통된 이상이 아닐 수 없다. 그러한 이상적 지구촌을 건설하기 위해서 어떤 강력한 한 사회 혹은 복수의 사회들이 주도적으로 이 세계 전체를 민주적인 비전과 능력을 갖고 통합하여 자신들과 세계의 자원을 공평하게 나누고 민주적으로 관리할 비전과 능력을 갖추고 있다면 그러한 이상적 지구촌의 건설은 단순한 잠꼬대가 아닐 수 있다.

그런데 그러한 사회들이 현실적으로 기대하기 어렵다면, 그리고 강한 사회들이 강력한 국가를 통해서 자신들의 자원뿐만 아니라, 나머지 세계의 자원에 대해서도 불균형한 방식으로 자기중심적 혹은 폭력적인 방식으로 자원을 배분하고 관리하는,

말하자면 '제국'의 형태로 하나의 지구촌을 건설하려는 것이라면, 그래서 그러한 제국의 운영을 위한 자신들의 국가는 강력하게 유지하되, 다른 사회들의 정치공동체, 즉 다른 사회들의 국가의 독립성은 형해화할 수 있는 비전을 담고 있다면, 그러한 하나의 지구촌의 이상은 민주적으로 실현될 수 없다.

그런 상황에서 우리가 기대할 수 있는 것은 지구촌의 다양한 사회들이 자신들 사회의 권력관계의 총체로서의 국가를 민주적으로 재편성하여, 그들이 경제적·군사적·문화적으로 힘의 강약을 떠나 다원적으로 평화공존하면서 하나의 지구촌을 형성하는 세계를 지향하는 것이 오히려 더 합리적이고 "현실적인 이상적 비전"이라고 해야 할 것이다. 국가 단위 권력관계 내부의 민주적 재편성을 향한 끊임없는 추구와 하나의 지구촌 건설이라는 이상의 결합이다. 그러므로 세계시민주의를 외치면서, 다원적 국가의 존재론적 의미를 부정하고 모든 국가 인정의 논리는 '국가주의'라고 배격하는 태도는 지극히 단순한 사고라고 해야 할 것이다.

1990년대 이후 한국의 민주화 이후, 아이러니하게도 '진보적' 담론에서 마치 국가는 "초월되어야 하고 극복되어야 하는 무엇"으로 규정하고, '국가'를 언급하는 것조차 타기시하는 관념이 풍미했다. 이러한 국가 담론의 상황에서 균형을 취하는 한 가지 방법은 구조화된 국가폭력의 극단적 형태라고 할 전체주의에 관해 가장 주목받는 철학적 관점을 구성한 한나 아렌트가 국가에 대해 어떤 인식을 가졌는가를 돌아보는 일이라고 나는 생각해왔다. 국가폭력의 극치로서의 전체주의 현상에 대한 한나 아렌트의 사유에서 문제의 소재는 국가권력 그 자체에 있는 것이 아니다. 그녀에게 전체주의 세력의 기원은 제국주의, 인종주의, 그리고 근대문명의 부정적인 문명적 요소들에 의해서 부양된 것이었고, 그 세력이 특히 독일과 같은 사회에서 민주적 국가 정치과정 바깥에서 정치권력, 국가를 장악하게 되는 것이었다. 그렇다면 중요한 것은 국가권력 자체의 폐기가 아니라, 국가권력을 민주적으로 견지해낼 수 있는, 민주적 공화국으로 유지할 수 있는 모든 인간의 공적인 정치적 행위였다.

아렌트가 『인간의 조건』에서 말한 "인간다움"의 기본 조건은 각 사회에 구성되는 폴리스(즉 국가)에서 공공선에 대한 자유로운 토론과 시민들의 적극적인 정치적 참여 행위를 의미하는 것이었다. 그만큼 아렌트에게서 인간다움, 인간성의 발휘는 폴리스라는 공화국의 존재, 자유로운 정치적 공간, 자신이 시민으로서 참여하는 정치공동체의 존재가 필수적이다. 정치적 자유, 시민적 권리는 인간들이 시민으로서 정치에 참여하는 정치공동체에서의 행위를 통해서 구성되고 실현되는 것이라는 사유가 그 핵심이다. 아렌트는 국가가 해체된 '제국'이라는 형태의 정치적 단위 안에서 인간이 해방되고 자유로워진다는 환상을 갖지 않았다. 그녀에게 제국은 결코 인간의 해방과 자유의 공간이 아니었다. 아렌트가 전체주의의 역사적 뿌리의 하나를 대영제국을 포함한 제국과 제국주의 정책의 역사에서 찾은 것은 그녀의 전체주의론을 이해하려면 결코 놓쳐서는 안 될 점이다.

아렌트는 앞서 지적한 바와 같이 1958년 출간된『인간의 조건』에서 폴리스와 인간다움의 필연적 관계에 대해서 밝혔는데, 이는 나중에『혁명론』에서 아렌트가 18세기 미국혁명을 통해서 구성된 현실의 민주공화국을 중시한 것과 상통한다. 한편 그 두 작품들의 앞에 저작된『전체주의의 기원』에서는 "나라없음"(無國性: statelessness)의 문제를 주목했다는 점 역시 놓칠 수 없는 점이다. 그 얘기로부터 시작해본다.

3. 아렌트에게 '나라없음'의 문제의식

한나 아렌트는 그녀의 주저『전체주의의 기원』에서부터 인간의 권리를 구현하는 것이 근대국가와 맺고 있는 긴밀한 역사적 의존관계를 간파했다. 예를 들어 조르조 아감벤은 국가 형태를 넘어선 정치의 지평에 관한 새 논의를 열어가려 했지만, 아렌트는 전체주의를 포함한 억압적 권력에 대한 저항과 예방의 문제를 국가 자체의 초월을 목표하는 담론에서가 아니라 인간의 자발성과 사유 능력, 그리고 무엇보다 공화국이라는 정치적 공간, 즉 폴리스(polis) 안에서의 정치적 실천의 문제로 파악했다.

아감벤은 난민이라는 문제를 통해서 국가 형태가 인류가 부딪친 문제의 해결에 무능하고 부적합한 것을 강조하는 것처럼 보인다.[9] 반면에 아렌트의 철학적 고뇌는 '나라없음'의 처지에 놓인 인간집단에게 '인권'이라는 것을 구현할 장치는 없다는 사실에 대한 직시로부터 시작했다. 아렌트에게 국가는 아감벤이

---

9) 인권과 근대 국민국가 사이의 관계에 대한 아렌트의 인식은 Hannah Arendt, *The Origins of Totalitarianism,* New York: Harcourt, Brace and Co., 1973(Originally 1951), pp.269–302; 이삼성, 『제국』, 소화, 2014, pp.499–500. 아렌트의 인식에 대한 아감벤의 비평은 조르조 아감벤(Giorgio Agamben) 지음, 박진우 옮김, 『호모 사케르: 주권 권력과 벌거벗은 생명』(*Homo sacer: Il potere sovrano e la nuda vita*), 새물결, 2008, pp.255–260. 아감벤은 기존의 인권 개념이 국가 주권에 대한 제한이 아니라 국가 주권을 강화하는 역할을 하고 있다는 비판을 제기했다. 그러한 비판은 인간의 권리를 국가의 경계를 넘어 확장하기 위한 철학적 사유로서는 일리가 있지만, 인권 개념의 발전과 그 권리의 현실적 구현이 근대 국가와 그 정치권력의 재구성을 통해서 비로소 구현되어왔던 역사 현실을 부인한다면 설득력이 떨어진다. 한나 아렌트의 '인권과 국가'의 관계에 대한 논의에서 출발해 아감벤의 인권 개념의 특징과 그 한계를 논한 것은 Ayten Gündogdu, "Potentialities of human rights: Agamben and the narrative of fated necessity," *Contemporary Political Theory* (2012) 11, 2–22; Ayten Gundogdu, *Rightlessness in an Age of Rights: Hannah Arendt and the Contemporary Struggles of Migrants,* Oxford: Oxford University Press, 2015.

생각하는 것보다 더 폭넓은 정치적, 존재론적 의의를 갖는 것이었다. '공화주의자'로서의 아렌트에게 더 시급하고 실존적인 문제는 국가를 뛰어넘을 것인가 여부가 아니었고, 공화국을 전제한 정치적 실천, 결국 국가와 인간의 관계, 그리고 그 국가와 세계의 관계에 대한 고민이었던 것이라고 생각한다.

아렌트는 인권의 근본적 박탈은 무엇보다도 먼저 이 세계에서 인간이 존재할 '장소'(a place)를 박탈하는 데에서 구현된다고 보았다. 그 장소는 자신의 의견을 경청하고 자신의 행동이 일정한 효과를 지닌 공간이다. 이 장소를 박탈당한 인간은 시민적 권리인 자유와 정의보다도 더 근본적인 권리를 이미 박탈당한 것을 뜻했다.[10] 아렌트가 말하는 '장소의 박탈'이나 '나라없음'의 조건은 "권리라는 것을 구성원에게 부여할 의사가 있고 또한 그것을 보장할 수 있는 공동체의 상실"을 가리키는 것이었다. 아렌트는 구체적인 권리의 상실 이전에 그러한 공동체의 상실이 점점 더 많은 수의 인간들이 직면해야 했던 재앙이라는 사실을 20세기에 인권 문제가 직면한 근본적인 위기였다고 이해했다.[11]

인간은 사회적 존재이며 정치적 존재이다. 인간에게 천부적

---

10) Arendt, *The Origins of Totalitarianism*, p.296.

11) Arendt, *The Origins of Totalitarianism*, p.297.

인권이라는 자연법적 권리는 처음부터 실존하는 권리가 아니라 정치사상일 뿐이다. 이 사상을 구현하는 공간은 도시국가든 광역적 영토를 가진 크고 강한 사회든 폴리스라는 정치공동체 안에서의 정치적 실천에 의해서 가능해진다. 이것은 한나 아렌트가 국가와 인권의 문제를 바라본 시각의 기본 전제였다고 생각된다.

4. 젊은 시절 아렌트와 시온주의 참여 문제

아렌트의 주저라고 할 『전체주의의 기원』에 담긴 '나라'와 '나라없음'의 문제에 대한 그녀의 의식은 젊은 시절이었던 1930년대에 나치에 쫓기는 유대인 난민들을 도와 팔레스타인에 유대인공동체를 건설하려는 노력이었던 시온주의 활동에 그녀가 일정하게 참여했던 것과 일정한 체험적·사상적 연관이 있다고 나는 생각한다. 이렇게 말하면 아렌트가 국가를 부정하는 사상가였다고 단순하게 생각하는 사람들은 금방 이의를 제기하곤 한다. 아렌트가 시온주의와 관련이 있었다니 말이 되느냐는 반응이다. 그러나 이런 반응은 영국 등 서방 제국들의 정책과 맞물리면서 이스라엘 국가가 팔레스타인 민족의 추방과 얽히며 건국된 이후 이스라엘이 저지른 엄중한 폭력들로 인해 시온주의 운동 전체가 '국가주의'로 비판받게 된 훗날의 관점에서 비롯된 편협한 해석일 수 있다. 1930년대라는 역사적 맥락 속에서 아렌트의 생애와 사상의 궤적을 이해하지 않으면 안 된다.

아렌트는 1933년 어머니(Martha Arendt)와 함께 비자도 갖추지 않은 채 엘쩌게비르게 산맥의 깊은 숲을 통해서 나치 독일을 떠나 프라하로 향했다. 프라하에 잠깐 머문 뒤 제네바에서 어머니의 오랜 친구의 도움으로 국제연맹의 국제노동사무소에서 기록비서로 일했다. 「유대기구」(Jewish Agency)에서도 잠시 기록비서의 일을 했다. 그러나 아렌트는 곧 제네바를 떠나 파리로 갔다. 그곳에서 집결하고 있던 많은 망명 시온주의자들(Zionists)과 결합하기 위해서였다.[12) 그녀가 파리의 시온주의 그룹에 가담할 결심을 하게 된 것은 독일을 떠나기 전 몇 달 동안에 그녀가 겪은 정치적이며 정신적인 상황과 깊은 관련이 있었다고 엘리자베스 영-브뢸은 지적한다.

이 시기 자신의 선택에 대해 1964년 가진 인터뷰에서 아렌트가 밝힌 바에 따르면, 1933년 독일 의회가 나치스에 의해서 불에 타고 뒤이어 전개된 유대인들에 대한 불법적인 체포가 자행

---

12) Elisabeth Young-Bruehl, *Hannah Arendt: For Love of the World,* New Haven: Yale University Press, 2004(1982), Second Edition, p.107.

된 사태가 아렌트의 사유에 결정적인 전환점이었다. 그녀는 이 인터뷰에서 말했다: "이때 체포된 유대인들은 게쉬타포의 감옥에 갇히거나 집단수용소로 보내졌다. 그것은 나에게 엄청난 충격이었고, 이후 나 자신도 이 사태에 책임이 있다고 느꼈다. 나는 더 이상 방관자여서는 안 된다고 느꼈다." 아렌트는 시온주의자들을 위해 일한 것을 결코 변명하거나 수치스럽게 생각하지 않았고 오히려 그 일은 그녀에게 커다란 만족감을 주었다고 밝혔다. 그녀는 이렇게 말했다: "나는 적어도 뭔가를 이루었다고 생각했다. 적어도 나는 순진하지 않다. 아무도 그 일에 대해 나를 비난할 수 없다." 영-브륄은 아렌트가 "시온주의를 위한 자신의 행동에 대해 느낀 이러한 만족감"은 그녀가 이 시기에 발견한 새로운 책임감과 관련이 있었다고 말한다.[13] 이러한 행동과 새로운 책임감은 그때까지 그녀가 몸담고 있었던 지식인 사회에 대한 비판의식과 연결된 것이었다.

당시 독일 지식인 사회는 나치스와 긴밀히 협력하고 있었고, 이러한 풍토에 대해 아렌트는 절망하고 있었다. 그녀는 정치적 행동의 영역에 나서기로 했던 것이다. 그녀는 당시 "나는 다시

---

13) Young–Bruehl, *Hannah Arendt: For Love of the World*, pp.107–108.

는 결코 '사상의 역사'와는 관련을 맺지 않겠다"고 결심했다.[14) 아렌트가 파리에서 시온주의 그룹과 함께 한 일은 유태인 난민의 팔레스타인 이주를 돕고 반(反)파시스트들을 위한 법적 조력을 제공하는 것이었다. 나는 당시 시온주의자들의 행동을 오늘의 관점에서 '국가주의'로 매도하는 것은 맥락을 떠난 것으로 적절하지 않다고 생각한다. 그 무렵 아렌트와 함께 시온주의 그룹에서 일한 사람들은 단지 유태인뿐만 아니라 다른 민족 사람들도 있었으며, 이들의 비전은 모두 '코스모폴리탄'한 것이었다고 영-브륄은 평했다.[15)

아렌트는 1948년 이스라엘 국가가 들어선 이후 주다 마그네스(Judah Magnes)가 주도한 유태인 그룹과 함께 활동했다. 새로이 들어선 이스라엘 국가에서 유태인과 아랍인들 사이의 화해를 모색하는 일이었다. 화해는 어려운 일이었고, 아렌트는 여기에서 깊은 좌절감을 느꼈으며 이후 정치에서 손을 떼었다. 영-브륄은 아렌트가 자신의 기질과 재능이 정치적 활동에는 적합하지 않다고 느꼈기 때문이라고 해석한다.[16) 그러나 영-브륄이 잘 지적했듯이, 1933년에서 이 시기에 걸친 그녀의 실천적인 활

---

14) Young-Bruehl, *Hannah Arendt: For Love of the World*, p.108.

15) Young-Bruehl, *Hannah Arendt: For Love of the World*, p.108.

16) Young-Bruehl, *Hannah Arendt: For Love of the World*, p.113.

동은 『전체주의의 기원』을 포함한 그녀의 정치사상적 작업 전체를 관통하는 문제의식의 한 원천이었다고 나는 생각한다. 아렌트는 또한 폐쇄적인 지식인 사회의 제도화된 형태로서의 대학에 평생 몸담지 않았다. 1933년 독일을 떠나 정치적 행동으로 나섰을 때의 초심을 간직한 탓도 없지 않을 것이다.

아렌트는 그처럼 유태인 민족의 국가로서의 이스라엘이 성립하는 데 기여한 시온주의 운동에 일정 기간 참여한 건 사실이었다. 그러나 아렌트와 이스라엘 국가와의 관계는 당시 시온주의 지도자들이 구상하는, 영국을 포함한 제국적 국가들과 연결된 이스라엘 국가의 형태가 모습을 드러내는 시기부터 긴장된 것이었음도 잊어서는 안 된다. 아렌트와 시온주의 운동과의 긴장은 1942년 빌트모어 회의(Biltmore Conference)에서부터 분명해졌다. 미국의 시온주의자들이 주도한 가운데 세계 시온주의 운동은 벤-구리온(Ben-Gurion)이 제시한 국가 설립이라는 정치적 프로그램을 채택한다. 아렌트는 이에 반대했다.[17] 제국주의 국가들의 힘을 빌려 팔레스타인에 이미 살고 있는 다른 민족들과 충돌하면서 유대인 민족국가를 수립한다는 벤 구리온의 비

---

17) Elhanan Yakira, *Post-Zionism, Post-Holocaust: Three Essays on Denial, Forgetting, and the Delegitimation of Israel,* Translated by Michael Swirsky, Cambridge, UK: Cambridge University Press, 2010, p.244.

전은 아렌트가 참여했던 시기의 반나치 시온주의 활동의 코스모폴리탄적 비전과도 명백히 모순되는 것이었기 때문이다.

5. 아렌트의 사상에서 국가와 '정치'의 존재론적·인간학적 의미

필자의 생각으로는 아렌트의 정치사상을 대부분의 사회과학적 사상들과 구분 짓는 것은 인간학적 사유이다. 필자는 아렌트 사상의 핵심으로 꼽히는 전체주의에 관한 사유 역시 인간학적 성격을 강하게 띠고 있으며, 그것이 그녀의 전체주의론을 냉전기 미국의 사회과학을 풍미한 전체주의 이론들과 구분 짓는 결정적 요소임을 논의한 바 있다.[18] 이러한 아렌트 사상의 인간학적 성격은 '인간다움'의 결정적인 요소로서 정치적 행위의 중요성에 관한 그녀의 사유에서도 발견된다. 이렇게 정의된 정치의 중요성은 곧 국가 즉 폴리스라는 정치공동체와 그 안에서의 인간의 정치적 참여가 아렌트 사상에서 갖는 위상으로 직결된다.

아렌트가 1958년에 출간한 『인간의 조건』의 제1장은 "세 가

---

18) 아렌트의 전체주의 사유에 관한 필자의 인간학적 해석은, 이삼성, 「한나 아렌트의 인간학적 전체주의 개념과 냉전: 친화성과 긴장의 근거」, 『한국정치학회보』 49집 5호(2015년 겨울), pp.113-145.

지 근본적인 인간적 활동"을 구분할 것을 제안하며 시작했다. 노동(labor), 작업(work), 그리고 행동(action)이다. 노동은 인간의 생물학적 생존과 직결된 '자연적인' 활동들을 가리킨다. 작업은 인간적 존재의 비자연성(unnaturalness)과 관계된 것으로, 자연적 환경과 분리되는 인위적(작위적: artificial) 세계를 구성해내는 활동들을 말한다. 끝으로 '행동'은 인간들이 다양성(혹은 복수성: plurality)을 구성함으로써 모든 정치적 삶의 기본 조건을 만들어내는 활동들을 가리킨다. 이 행동은 정치체들(political bodies)을 구성하고 유지하는 활동이며 그래서 역사 구성의 조건을 "창조하는" 활동이다.[19] 다니엘 알렌은 아렌트에게 있어 그 셋은 반드시 어떤 존재론적 우열의 관계에 있는 것은 아니라고 말한다.[20] 그러나 역시 아렌트에게 가장 중요한 인간다움의 조건은 정치적 행위로서의 '행동'이라고 할 수 있고, 그래서 아렌트는 셋 가운데 '행동'을 가장 창조적인 활동으로 보았다.[21] 그래서 알렌도 아렌트에게 있어 '정치의 부활'은 모든 민주적

---

19) Hannah Arendt, *The Human Condition*, Second Edition (Chicago: The University of Chicago Press, 2018; Originally 1958), pp.8–9. 아렌트에게 '플루럴리티'(plurality)는 "인간은 누구도 과거에 살았거나 현재 살고 있거나 미래에 살아갈 그 누구와도 똑같지 않다는 것"을 의미한다(Arendt, 2018, p.8). 그래서 다양성으로 번역하는 것이 가장 적절해 보인다.

20) Danielle Allen, "Foreword," in Arendt, *The Human Condition*, p.xvi.

시민이 인간 경험의 상황을 분석하고 그 상황에 대응하는 정치적 작업을 추구하는 것을 의미했다고 지적했다.[22]

마가렛 캐노번의 지적처럼 『인간의 조건』에서 아렌트의 논지는 분명하거나 단순하지 않다. 그럼에도 분명한 한 가지는 이책에서 아렌트가 인간적 조건의 정점으로서 정치적 행동의 중요성, 즉 인간 행동의 창조성과 그것이 역사 전개에 미치는 효과를 강조한 것은 사실이며, 그래서 1960년대 미국에서 이 책이민권운동가들을 포함한 많은 사람들로부터 참여민주주의의 교과서로 통할 수 있었다는 점이다.[23]

아렌트에서 인간의 정치적 행동의 창조성과 효과성은 곧 정치 영역의 자율성에 대한 신념으로 연결된다. 정통 마르크스주의에서 노동은 모든 인간적 가치의 핵심을 이룬다. 아렌트적인 정치와 정치적 행위는 지극히 부차적이고 역사적 한시성을 갖는 것이며, 혁명을 비롯한 역사의 전개는 유물론적 역사 법칙에 따른다. 반면에 아렌트에게 정치적 행위, 폴리스에서의 정치적

---

21) 아렌트에게 인간의 '행동,' 즉 '행동한다는 것'(acting)은 '무언가 새로운 것을 시작하는 것'(beginning something new)으로서 창조적인 활동을 의미한다(Arendt, *The Human Condition*, p.9).

22) Danielle Allen, "Foreword," 2018, p.xvi.

23) Margaret Canovan, "Introduction," in Arendt, *The Human Condition*, pp.xxvii-xxviii.

참여는 인간다움의 핵심이 된다. 마르크스가 경제라는 하부 토대의 반영에 불과한 상부구조로 치부했던 정치가 아렌트에게는 지극히 중요한 자율성의 영역이다. 여기서 아렌트가 강조하는 정치적 행위는 맹목적이거나 몰가치적인 것이 아니다. 결국 자유와 정의라는 보편적인 규범적 가치와 깊이 연관된다. 아렌트는 1953년 칼 야스퍼스에게 보낸 편지에서 마르크스의 정치철학에 대한 불만의 이유로 "자유와 정의"의 문제에 대한 마르크스의 무관심을 지적했다.[24]

아렌트에게 자유와 정의와 관련된 인간의 권리, 그리고 그것을 확보하는 '행동'은 정치적 행위가 가능한 정치체의 성립과 불가분한 관계에 있다. 그래서는 아렌트는 1963년 출간한 『혁명론』에서 인간의 권리가 정치체(body politic)의 성립과 불가분하다는 점을 보다 명백하게 밝힌다. 아렌트는 그 점을 프랑스 혁명에 대한 비판을 통해서 설명한다. 아렌트는 인간 자체(자연적 인간: persona)와 정치체가 그에게 부여하고 보장하는 법적 인격(legal personality)을 구분한다. 그러한 구분 개념을 프랑스 혁

---

24) "Hannah Arendt to Karl Jaspers" (New York, May 13, 1953), in *Hannah Arendt-Karl Jaspers Correspondence 1926-1969*, Edited by Lotte Kohler and Hans Saner (Translated from the German by Robert and Rita Kimber), New York: Harcourt Brace Jovanovich, 1992, p.216.

명의 지도자들은 갖고 있지 않았다고 아렌트는 비판했다. 아렌트에게 있어 혁명이란 새로운 정치체를 구성함으로써 시민들에게 법적 인격을 부여하고, 그럼으로써 모든 시민이 그 법적 인격을 통해서 평등을 보장받으며 (자유로운) 정치적 '행동'을 할 수 있게 되는 것이었다. 해방이란 곧 그러한 법적 인격을 모든 시민에게 부여하고 보장할 수 있는 새로운 정치체를 구성하는 것을 의미했다. 프랑스 혁명 지도자들은 그런 개념을 갖지 못한 채 모든 인간에게 내재하는 자연적 인간(the natural man in all man)을 해방시켰다고 믿었다. 프랑스 혁명 직후 선언된 '인간의 권리'(Rights of Man)는 그 인간이 소속된 정치체(의 재구성)을 통해서 성립하는 것이 아니라, 단지 (어떤 곳에서든 인간으로) 태어났다는 이유만으로 얻게 되는 권리로 착각했다는 것이다. 그 결과 프랑스 혁명은 시민에게 권리를 부여하는 법적 인격이라는 보호막을 수립하지 않았으며, 그 때문에 모든 시민을 그런 보호막이 없다는 점에서만 평등하게 만들었다. 그래서 진정한 해방과 진정한 평등의 정반대 상황을 만들어냈다는 것이다.[25] 프랑스 혁명의 '인간의 권리선언'은 그래서 인간의 정치적 지위

---

25) Hannah Arendt, *On Revolution*, New York: Penguin books, 2006(Originally by the Viking Press, 1963), p.98.

를 정의하고 부여하는 역할을 하지 못했다. 인간의 본성 자체에 내재하는 권리를 선언하는 데 그쳤다는 것이다.

아렌트는 이 지점에서 미국 혁명이 생산한 '권리장전'(American Bill of Rights)의 새로움을 지적했다. 미국의 '권리장전'은 프랑스 혁명의 '인간의 권리선언'과 달리 모든 정치권력에 대한 제한과 통제를 영구히 제도화했다. 그것은 (새로운) 정치체, 즉 새로운 폴리스 내지 국가의 존재와 그 안에서의 정치권력의 작동을 전제한 것이었다.[26]

아렌트에 따르면, 프랑스 혁명의 '인간의 권리선언'이 시민에게 법적 인격을 부여하는 데 필요한 정치체 안에서의 법적·제도적 재편성 작업에 진력하지 않은 것은 정치권력에 대한 통제를 추구하기보다 프랑스 혁명 지도자들이 그 선언을 통해서 정치권력의 원천이 되기를 추구하고, 새로운 정치체의 (이념적) 기초를 마련하는 데 그쳤다는 것을 의미했다. 그래서 프랑스 혁명이 낳은 정치체는 인간의 자연권, 즉 자연적 존재로서 인간이 당연히 갖는 것들인 "음식과 의복과 종(種)의 재생산"에 대한 인간의 권리라는 관념에 머무르는 것이었다. 아렌트의 관점에서 그러한 권리들은 "정치 이전의 권리들"(prepolitical rights)

---

26) Arendt, *On Revolution*, p.99.

에 불과한 것으로서 정부나 정치권력이 간섭하거나 파괴할 수 있는 게 아니었다. 혁명의 진정한 목표와 의의는 그러한 자연적 수준의 권리들을 넘어서 자유권과 시민권(rights of freedom and citizenship)이어야 한다는 것이 아렌트의 관점이었다.[27]

프랑스 혁명의 한계에 대한 아렌트의 이 같은 비판은 레닌주의와 러시아 혁명에 대한 비판과 상통한다. 그녀는 레닌이 빠진 사상적 함정의 본질을 러시아 같은 후진 사회에서는 빈곤에서의 해방과 정치적 자유는 양립할 수 없다는 그의 관념에서 찾았다. 그런 관념은 빈곤 문제 해결을 위해 정치적 자유는 희생시킬 수밖에 없다는 논리로 나아간다. 그래서 '소비에트'의 형태로 성장하고 있던 새로운 정치적 자유의 제도를 억압하고, 빈자들의 해방을 위한 효과적인 제도적 장치로 당(Party)에 올인했다. 이로써 레닌은 프랑스 혁명과 로베스삐에르의 전철을 밟았다는 것이다.[28]

여기에서 아렌트는 자유를 중심으로 한 시민적 권리가 정치체, 즉 국가의 문제와 불가분함을 재확인한다. 그녀가 판단하기에 자유를 확립하는 데 성공한 미국의 권리장전은 국가의 건

---

27) Arendt, *On Revolution*, p.99.
28) Arendt, *On Revolution*, p.56.

설 혹은 재구성을 통해서 시민의 자유를 구현한다는 개념에 기초했다. 그것은 모든 인류에게 문명화된 정부가 필수적임을 의미했다. 반면에 프랑스의 '인간의 권리선언'은 정치체와 무관하게 그 밖에 존재하는 인간의 권리가 있음을 선언하는 것이었다. 그럼으로써 인간의 권리(rights of man qua man)를 '시민의 권리'(rights of citizens)와 동일시했다.[29] 그런데 아렌트에 따르면, 인권(human rights)이란 실제는 해당 정치체에 속한 국민들의 권리(rights of nationals)일 수밖에 없다. 그러므로 혁명의 목표나 내용은 인권을 '선언'하는 데 있는 것이 아니라, 시민들에게 실제 그 권리를 구현할 새로운 권력 중심을 창조하여 새로운 국가 헌법(state constitutions)을 제정해 내는 데 두어져야 한다는 것이었다.[30]

요컨대 인간의 권리와 그 구현과 보장은 사회들이 정치체(공화국 내지는 국가)의 구성을 통해서 시민들에게 그들의 법적 지위를 명확하게 제시하는 헌법적 장치를 제도화함으로써 가능하다는 것이 아렌트의 관점이다. 그녀의 이 같은 생각은 사회와 국가 성립 이전의 자연 상태에서 인간이 더 행복과 평화를 누렸다

---

29) Arendt, *On Revolution*, p.140.

30) Arendt, *On Revolution*, p.140.

는 장 자크 루소의 주장을 비판하는 데서도 확인된다.³¹⁾ 아렌트는 서구인들이 한편으로 인간을 기독교적 관점에서 원죄를 진 존재라고 보면서도, 다른 한편으로 인간들이 "천사"일 수 있다는 모순된 개념을 가졌다고 비판했다. 인간의 본성을 어떻게 인식할 것인가의 문제가 깊이 관계되지만, 이에 대한 아렌트의 관점은 '건강한 현실주의'(sound realism)를 견지해야 한다는 것이다.³²⁾

6. 국가의 시민권 밖에 있는 인간의 권리에 관한 아렌트의 사유

한 인간의 인권은 초역사적으로 존재하는 것이 아니라 세계 질서 안에서 그가 속한 국가의 위치, 그 국가와 다른 국가들 사이의 관계, 그리고 그가 속한 인구집단 범주로서의 민족이나 사회가 정치적 자율성을 가진 국가조직을 구성하고 있었는가 아니면 '나라없음'(statelessness)의 상태에 놓여 있었느냐에 따라서 그 실존적 조건이 다르다는 것은 앞서 지적한 바와 같다.

---

31) Arendt, *On Revolution*, p.70.

32) Arendt, *On Revolution*, p.85.

이러한 인식은 인권은 그런 조건에서 벗어날 수 없으며 또 원래 그런 것이라는 논리로 귀결되는 것은 아니다. 그러한 인간과 인권의 역사적 현실에 대한 직시와 함께, 아렌트는 국가의 존재로부터 독립된 인간으로서, 그가 출생(natality)하는 순간, 그가 이 세상에서 생을 시작(initium)했다는 사실만으로 "(인간으로서의) 권리를 가질 권리"를 갖는다는 개념을 발전시키고자 했고, 그것을 위한 철학적, 이론적 정초를 마련하려는 여망을 갖고 있었다.[33] 그러나 탈형이상학(post-metaphysics)의 시대인 20세기의 철학적 조건에서 그 여망은 많은 학자들의 관점에서는 구현되지 못했고 숙제로 남겨졌다. 그것은 아마 어느 누구도 만족스러운 정답을 찾을 수 없는, 인류가 부단히 씨름해야 할 영원한 미완의 숙제일 수 있다.

아렌트는 한편으로 인권과 관련한 인간의 실존적 존재조건의 곤경을 직시하는 동시에, 근대국가의 존재와 불가분한 현실 속에서 시민권 밖에 놓여 있는 인간들의 보편적 인권에 대한 나름의 철학적·이론적 기초를 탐구하고자 했다. 많은 학자들의 지적처럼 미완성으로 남겨졌지만, 아렌트는 인권이 근대 국민국

---

33) Peg Birmingham, *Hannah Arendt & Human Rights: The Predicament of Common Responsibility*, Bloomington: Indiana University Press, 2006, pp.2-3.

가의 존재와 불가분하다는 역사적 현실을 인정하고 인간의 존재조건에 대한 다분히 비관적 인식을 가졌던 한편으로 국가의 한계를 넘어서 인간 보편의 권리(즉 the right to have rights)의 이론적 정초의 필요성을 제기했다. 그녀는 탈형이상학 시대의 철학자로서, 탈형이상학 시대 철학의 한계 안에서 그에 대한 논리적 추구를 했다고 말할 수 있다.

펙 버밍햄이 말하듯이, 탈형이상학적 정치철학의 한계 안에서 인권과 근대 민주국가의 관계를 전제하는 정치철학자들에게 있어서 인권의 궁극적 기초를 사유하는 방식은 크게 둘로 나누어진다. 하나는 존 롤스 식의 생각이다. 롤스에게 인권은 정치적 권리(political rights)라는 것이었다. 인권은 어디까지나 정치에 의해서 구성되고 재구성되는 권리란 뜻이다. 이 정치적 권리는 "자유주의 입헌 민주 정체(a liberal constitutional democratic regime)의 시민들이 보유한 권리"이다. 즉 인권은 자유주의 국가의 기본 원리로서, 또는 그 국가 성립의 결과로서 존재하는 정치적 권리의 일부라는 것이다. 그런가 하면 롤스는 모든 인간이 노예제(slavery)와 예종(serfdom)으로부터 자유로울 권리, 양심의 자유, 민족집단들이 대량학살과 제노사이드로부터 보호받을 권리 등은 그러한 정치적 권리와는 구분되는 "긴급한 권리"(urgent rights)라고 인정했다. 하지만 그는 "포괄적인 철학적 원리"를 거부하는 탈형이상학 철학을 자임하는 학자답게 그러한 긴급한 권리에 대한 이론적 정당화를 제시하지는 않았다. 그래서 기본적으로 그에게 인권이란 자유주의 국가의 정치에 의해 구성된 정치적 권리라는 입장에 머물렀다고 이해된다.[34]

아렌트의 사유는 다른 관점을 대표한다. 앞서 살펴본 바와 같이 아렌트 역시 인권이 근대국가의 원리이자 산물임을 전제하고, 인권이 국가의 시민권과 불가분하게 연계되어 있음을 직시했다. 그러나 아렌트는 '인류'(humanity)라는 공동의 범주를 매개로 인권의 보편성을 개념화하려는 노력을 포기하지는 않았다. 아렌트는 그것을 인간성의 보편적 특수성, 즉 인간이면 보편적으로 타고나는 고유한 잠재성에서 찾으려 했다. 그녀가 파악한 인간의 특별한 보편적 성격은 사유 능력(ability to think),[35] 주체성(subjectivity)과 자발성(spontaneity), 그리고 이러한 성격들로 인해서 인간이 갖게 되는 개성(individuality)을 의미한다.[36] 또한 그녀가 주목한 인간의 보편적 특성은 공

---

34) Birmingham, *Hannah Arendt & Human Rights*, p.10.

35) Hannah Arendt, *Responsibility and Judgment*, Edited and with an Introduction by Jerome Kohn, New York: Schocken Books, 2003, pp.96–97; Hannah Arendt, *The Human Condition*, Chicago: The University of Chicago, Press, 1958, p.27.

36) Hannah Arendt, *The Origins of Totalitarianism*, pp.457–466.

감(compassion)의 능력(다른 인간이 고통을 느낄 때 함께 고통을 느끼는 성격)이었다.[37] 개개 인간의 개성은 곧 인간 존재의 다양성(plurality)의 전제가 된다. 아렌트는 또한 인간성 발현의 핵심을 그러한 자발성 등에 바탕을 둔 다른 인간들과의 연대(solidarity)의 능력에서 찾았다. 아렌트에게 전체주의는 수용소 안팎에서 사회 구성원들이 총체적 테러의 결과로 위와 같은 의미의 인간성을 상실함으로써 최종적으로 구현된다. 아렌트의 전체주의론을 전후에 제기된 다양한 사회과학적 전체주의 개념들로부터 구분 짓는 것은 그러한 인간학적 차원이었다.[38]

펙 버밍햄은 인간성의 특질에 관한 아렌트적 사유는 국가에 구애되지 않는 인권의 보편성의 근거로 작용하고 있다고 파악한다. 버밍햄은 아렌트가 파악한 인간성의 핵심은 "각 개인의 독자성과 고유성"(distinctness and uniqueness of each individual), 그러한 각자의 고유성으로 말미암아 가능해지는 인간의 다양성(plurality), 그리고 철저한 고립의 상태에서 인간이 느끼는 고독과 같은 것이었다고 이해한다. 아렌트는 전체주의라는 전대미

---

37) Hannah Arendt, *Men in Dark Times*, New York: Harcourt Brace & Company, 1968(originally 1955), p.12; 이삼성, 「한나 아렌트의 인간학적 전체주의 개념과 냉전: 친화성과 긴장의 근거」(2015), p.124.

38) 이삼성, 「한나 아렌트의 인간학적 전체주의 개념과 냉전: 친화성과 긴장의 근거」, pp.123–124.

문의 역사적 상황을 계기로 그러한 인간성이 초유의 위기에 직면했다는 인식을 세계 인류 전체가 공유하게 되었고, 이로써 인류가 하나로 연결된 존재라는 원리(the principle of humanity)가 성립한 것으로 아렌트는 인식했다.[39]

이것은 존 롤스가 인권을 기본적으로 국가의 개념과 분리 불가능한 것으로 설정하고 있는 것과는 달리, 인권과 국가 사이의 역사적 관계를 전제하면서도 궁극적으로 인류가 추구해야 할 인권 개념을 인류 혹은 인간성이라는 보편적 원리 위에 정초시키고자 아렌트가 더 치열하게 고민했음을 말해준다. 이 점은 예컨대 전체주의와 죽음의 수용소가 제기한 도전의 성격을 아렌트가 이해하는 방식에서도 확인할 수 있다. 독일인들이 "내가 독일인이란 사실이 수치스럽다"고 했을 때, 아렌트는 "그때마다 나는 내가 인간이라는 사실이 수치스럽다고 말하고 싶은 유혹을 느꼈다"고 했다.[40]

앞서 나는 아렌트가 젊은 시절 시온주의 운동에 참여한 적이 있음을 지적했는데, 그와 함께 팔레스타인에 실제 이스라엘 국

---

39) Birmingham, *Hannah Arendt & Human Rights*, p.16.

40) Hannah Arendt, *Essays in Understanding,* Edited by Jerome Kohn, New York: Harcourt Brace & Co., 1994, p.131; Birmingham, *Hannah Arendt & Human Rights*, p.7.

가가 서방 제국들의 도움을 받으며 건립될 무렵부터 그녀가 국가로서의 이스라엘과 긴장관계를 가졌음을 지적했다. 그 후 미국을 비롯한 세계의 유태인 사회와 아렌트 사이의 골은 더욱 깊어져갔다. 특히 중요한 계기는 1963년 『예루살렘의 아이히만: 악의 평범성에 관한 보고』의 출간이었다.[41] 이로 인한 긴장의 원인은 적어도 다음 두 가지였다.

첫째, 이 책에서 아렌트가 강조한 것은 아이히만은 지극히 평범한 인간이었다는 사실이다. 그 얘기는 누구라도 그 자리에서 아이히만과 같은 '반인류적 범죄'를 범할 수 있었음을 인식한다는 뜻이다. 그가 특별히 악독한 독일인이어서가 아니라는 얘기이다. 그래서 '악의 평범성'(the banality of evil)이라는 개념이 이 책의 부제로 달린 것이었다.[42]

둘째, 아렌트는 "차별과 추방"이라는 범죄와 "제노사이드"라는 범죄는 구별되어야 한다고 주장했다. 둘 다 국제범죄이지만, 추방은 "다른 민족들"(fellow-nations)에 대한 공격인 데 비해서

---

41) Hannah Arendt, *Eichmann in Jerusalem: A Report on the Banality of Evil*, New York: Penguin Books, 1994[1963].

42) 필자는 다음 책에서 아렌트의 '악의 평범성' 개념을 우리 학계에 처음 소개했다. 이삼성, 『20세기의 문명과 야만: 전쟁과 평화, 인간의 비극에 관한 정치적 성찰』, 한길사, 1998, p.45.

제노사이드는 "인간의 다양성 자체(human diversity), 말하자면 그것 없이는 '인류'(mankind)나 '인간성'(humanity)이라는 개념들은 공허해질 수밖에 없는 '인간의 지위'(human status)의 본질에 대한 공격"이라는 것이었다.[43] 독일인들이 유태인들을 독일에서 추방하기를 원했을 뿐 아니라 그들이 지구상에서 사라지기를 바랐다는 점에서 그것은 새로운 종류의 범죄, 즉 "인간성에 대한 범죄"(반인류적 범죄)를 구성하는 것이었다. 그런 생각에 기초해서 아렌트는 이스라엘 법정이 아돌프 아이히만을 재판한 것에 대해 근본적인 비판을 제기했다. 다른 민족에 대한 범죄인 경우 이스라엘 법정이 재판하는 것은 옳고 적절하겠지만, 그것이 제노사이드라는 인류 전체에 대한 범죄인 경우 국제재판정에 세우는 것이 옳다는 것이었다.

1950년 이스라엘 법무장관 피나스 로젠(Pinhas Rosen)이 '유태 민족에 대한 범죄'를 처벌하기 위한 법안과 '제노사이드의 예방과 처벌에 관한 법'을 구별한 사실이 이미 있었음에도 이스라엘 법정이 그 둘을 구별하는 문제를 숙고하지 않은 것은 놀라운 일이라고 아렌트는 비판했다.[44] 이 저작에서 아렌트가 밝힌

---

43) Arendt, *Eichmann in Jerusalem*, pp.268–269.

44) Arendt, *Eichmann in Jerusalem*, p.269.

그러한 관점은 장차 1990년대에 빛을 보게 되는 국제형사재판소(International Criminal Court: ICC)의 탄생에 기여한 모태의 하나였다고 할 수 있을 것이다.

이처럼 아렌트는 특정한 집단으로서의 독일인이 아니라 인간 모두가 그러한 악과 범죄를 저지를 수 있음을 주목했고, 그 가공할 악과 범죄에 대해 모든 인간은 인간이기 때문에 공동의 정치적 책임이 있다는 인식을 가졌다. 아렌트가 보기에 그 책임은 인간으로 태어남(natality)으로 인해서 모든 인간이 숙명적으로 떠안는 것이었다. 이것이야말로 아렌트가 모색한 '인권의 보편성'의 근거였고, 인권(의 보편성)에 대한 존재론적 기초로 제시한 논리였다고 버밍햄은 파악했다.[45] 나치스의 죽음의 수용소는 인권의 보편적 근거로서 자연의 합리성도, 이성의 자명성(self-evidence of reason)도, 역사의 진보도 더 이상 내세울 수 없도록 만들었으며, 인간들에게 남은 것은 오직 "우리 인간들"뿐이었다. 그러기에 인류(혹은 인간성: humanity) 그 자체가 모든 인간에게 "권리를 가질 권리"를, 그리고 "인류에게 속할 권리"를 보장해야 한다는 것이었다.[46] 그래서 아렌트는 이렇게 말한다: "인류

---

45) Birmingham, *Hannah Arendt & Human Rights*, p.12, p.16.

46) Birmingham, *Hannah Arendt & Human Rights*, p.6.

(humanity)가 사실상 과거에는 자연 혹은 역사에 귀속시켰던 역할을 떠맡은 새로운 상황에서는 모든 개인이 권리를 가질 권리를, 혹은 인류에 속할 권리를 인류 자신이 보장해야만 한다."[47]

근대 민주국가와 인권의 역사적 연관을 전제하면서도, 그리고 형이상학적인 자연법적 가정에 의존하지 않으면서도, 국가와 시민권의 경계를 넘어서는 보편적 인권의 철학적 기초를 탐색하는 것은 인류에게 남겨진 영원한 숙제일 것이다. 문제는 당장 국가가 폐기될 수 있다는 공허한 추상에 탐닉하지 않으면서 그러한 보편적 인권의 가치를 세계질서의 공간에서 추구하는 노력은 무엇인가를 찾는 구체적 노력일 것이다.

7. 국가와 그 너머에 대한 사유의 균형 찾기

전후 탈식민 국가들이 권위주의, 내전과 민족갈등, 그리고 각종의 정치 불안정에 시달려온 사실로부터 우리는 '국가'를 문제의 초점으로 보아야 하는가. 그래서 '제국'의 필요성을 처방하거나 암시하는 담론이 유의미한 것인가. 나는 그것들과 관련해 국가 자체 또는 국가라는 정치공동체의 단위가 아니라 '국가실

---

47) Arendt, *The Origins of Totalitarianism*, p.298.

패'(state failure)가 문제라고 생각한다. 많은 사회들이 경험하는
국가실패의 책임에는 해당 사회 내적인 문제와 함께 제국적 질
서와 같은 해당 사회 외적인 문제들도 관련된다.[48)]

앞서 언급한 앨런 우드는 세계화로 인해서 국민국가들이 사
라지는 것이 아님을 상기시킨다. 오히려 바로 그 세계화 때문에
국민국가들이 지속될 것이라고 앨런 우드는 주장한다. 글로벌
자본은 모든 곳에 편재하면서 그러나 아무 곳에도 없는 그런 신
비스러운 권력에 의존하는 것이 아니라는 것이다. 구체적인 권
력이 집중된 곳, 즉 국가권력에 의존하는 것이다. 동시에 바로
그렇기 때문에, 뭔가 무정형적인 국경 없는 다중(multitude)의
전 지구적 투쟁이 아니라 국민국가들을 상대로 그 안팎에서 전
개하는 투쟁이야말로 자본주의 세계질서를 넘어서는 혁명의 기
본조건이라고 우드는 주장했다. 각 지역의 국가권력들에 의존
하는 글로벌 자본의 최대 취약점도 바로 그 국가권력들의 불안
정성이라고 지적했다.[49)]

---

48) 전후에 많은 탈식민 사회들이 겪은 '국가실패'가 '제국의 유산'과도 무관하지
않다는 논의는 오늘날도 끊이지 않고 있다(Margaret Kohn and Keally McBride,
*Political Theories of Decolonization: Postcolonialism and the Problem of
Foundations*, Oxford: Oxford University Press, 2011).

49) Wood, "A Manifesto for Global Capital?" p.81.

우드는 그런 맥락에서 네그리와 하트가 말하는 '형체 없는 저항'(formless opposition)의 담론은 공허한 추상에 불과하다고 보았다. 글로벌 자본주의의 현실 세계에서 국가의 정치권력이라고 하는 구체적인 투쟁의 목표물과 구체적인 투쟁의 수단에 대한 논의야말로 진정으로 현실을 넘어설 수 있는 희망과 비전을 제시할 수 있을 것이기 때문이다.[50]

그래서 국가의 실존적 의의에 대한 긍정을 국가 주권을 절대화하는 국가주의와 동일시하거나 혼동하면서 국가에 대한 거의 존재론적 부정을 제기하는 담론들은 국경을 넘어선 광역적인 정치적 단위에 대한 소망 또는 소박한 유토피안주의의 문제에 머물지 않는다. 현재 우리 삶의 실존적 조건이며 예측가능한 미래에 사라지지 않을 국가라는 정치공동체들 안에서 정치의 자율성과 그 가치를 경멸하고 그럼으로써 현실의 정치적 단위 안에서의 '민주적이며 효율적인 정치권력을 구축하고 심화하기 위한 정치적 실천'의 중요성을 폄하하는 논리와 상통하기 쉽다. 국가 정책의 큰 방향을 바꾸기는 어렵다. 그러나 국가 자체를 폐기하고 초월하는 것은 불가능에 가깝다. 우드의 주장을 빌리지 않더라도, 국가 안에서 권력과 정책의 방향을 자유, 평등, 초

---

50) Wood, A Manifesto for Global Capital?" p.82: 이삼성, 『제국』, p.428.

국적 박애와 연대를 실천하는 방향으로 바꾸어나가기 위한 정치적 실천의 핵심적인 장 역시 국가일 수밖에 없다. 국가가 그러한 실천의 유일한 장은 아니지만 가장 중요한 장이라는 사실은 변하기 어렵다.

　정치가 존재하는 한, 정치권력이 사라지지 않는 한 일정한 규모의 정치적 공간 단위로서의 국가 혹은 정치공동체는 인류 사회의 존속과 함께 지속될 것이다. 관건은 그것을 더 민주화하고 그들 사이에 초국적인 동시에 다원적이며 민주적인, 그래서 가능한 수평적이며 평화적인 소통과 협력의 구조를 촉진하고 발전시킬 수 있는 지혜를 모으고 실천하는 일이다. 인간의 권리 구현에서 국가가 가진 실존적 의미, 그리고 그러한 이해를 바탕에 둔 인류 공동의 책임의식을 모두 주목한 아렌트의 사유는 민주주의의 심화와 주변 사회들과의 평화공존이라는 숙제들이 여전한 우리 사회에서 그 모든 노력의 중심에 설 수밖에 없는 국가에 관한 담론의 균형을 잡기 위해 우리가 항상 반추할 여전한 사상적 자원이라고 생각한다.

신념과 회의의 사이에서:
M. Oakeshott 정치철학의 현재적 의의

유홍림(서울대 정치외교학부 교수)

I. 머리말

오크숏(Michael Oakeshott, 1901-1990)은 정치철학이 정치적 성공을 위한 능력을 키우거나 정치기획의 옳고 그름을 판명하는 데 도움을 줄 수는 없지만, 정치활동과 연관된 일반적 관념들을 끈기 있게 분석하고 설명함으로써 모호한 진술이나 적실성 없는 주장에 덜 기만당할 수 있게 해준다고 말한다(RP 65-6). 정치철학의 역할에 대한 '겸손한' 입장에도 불구하고, 근대 정치의 실천과 역사를 철학적으로 조망하는 그의 저술들은 정치의 '스타일'과 정치에 대한 '이해방식'에 대한 근본적인 자성을 촉구함으로써 정치적 실천의 방향을 가늠하는 데 도움을 준다.

근대의 합리주의와 이데올로기 정치를 비판하는 오크숏은 '절제와 중용'의 관점에서 정치에 대한 현실적 이해를 추구한다 (Craiutu 2017, 148–185). 1950년대 이후 그의 저술에 등장하는 다양한 이분법적 구분들, 즉 '회의'와 '열정' 또는 '보수적 성향'과 '진보적 열정'(RP 407–37), '개인주의'와 '집단주의'(MPME), '진정한' 개인과 '불완전한' 개인(RP 363–83), '기업결사'와 '시민결사' 또는 *universitas*와 *societas*(OHC) 등은 정치 현실의 심층을 파악하기 위한 개념적 틀이다. 오크숏은 소크라테스적 질문 '정치란 무엇인가'에 관심을 가지고, 정치를 "누가 무엇을, 언제, 어떻게 획득하는가?"의 문제로 이해하는 현실주의적 경향과 정치에 과도한 의미를 부여하는 낭만주의적 경향 모두를 비판한다. 사후 출간된 『신념의 정치와 회의의 정치(*The Politics of Faith and the Politics of Scepticism*)』는 정치에 대한 냉철한 사유방식을 제시한다. 근대 이후 유럽, 나아가 전 세계적으로 확산된 정치의 양상은 '신념의 정치'와 '회의의 정치'라는 두 극단의 정치 스타일 사이의 긴장과 불협화음 속에서 파악될 수 있다는 것이 오크숏의 주장이다.

이 글은 정치적 실천과 제도의 가치와 내재적 한계에 대한 오크숏의 '설명'을 반추하는 작업이다. 신념의 정치가 발휘하는 '매력'과 회의의 정치에 담긴 '적실성'을 재음미하면서, 현대 민주정치의 위기와 앞으로의 방향을 점검하는 데 필요한 '암시(intimation)'를 찾으려는 노력이다.

II. 근대 정치를 어떻게 이해할 것인가

『신념의 정치와 회의의 정치』에서 오크숏의 관심은 근대 서유럽, 특히 영국의 정치, 그중에서도 정부와 통치행위의 스타일, 그리고 그에 대한 이해방식에서 출발한다. 그가 다루고자 하는 질문은 '누가 어떠한 권위를 가지고 지배하는가'의 문제가 아니고, 어떤 방식으로 구성되고 권위를 부여받았든지 '정부가 무엇을 해야 하는가'의 문제다. 근대 유럽 정치사는 정부의 구성 원리와 권위의 원천에 관심을 두어왔지만, 더 핵심적인 측면은 정부의 권력 행사와 관련된 근대적 특성이다. 오크숏이 탐구하는 질문은 다음과 같다(PFPS 3-4): 근대 세계에서 통치라는 관행이 어떻게 생성되었고, 그 특징은 무엇인가? 통치활동은 어떻게 이해되어왔으며, 정부의 적절한 직무에 대한 여러 생각들이 어떻게 나타났고, 그 특징은 무엇인가? 오크숏은 통치활동의 역사적 실제와 통치활동 및 정부의 역할에 대한 사유방식의 상관성을 보여주고자 '행위와 사유방식의 맥락과 패턴에 대한 해석'을 통해 이 질문들을 탐구한다.

실제적 행위와 경험을 중요시하는 오크숏은 근대 유럽에서의 정부 활동이 단순하거나 획일적이지 않고, 통치의 관행과 제도는 역사적 복합물이라고 본다(PFPS 8). 정치제도는 특정한 목적을 위해 고안된 수단으로만 볼 수 없으며, 그 기원과 특성도 이질적이고 복합적이다. 아울러 다양한 요소들로 구성된 근대 유럽 정치의 관습과 제도를 뒷받침하는 정치언어도 여러 단어와 표현들의 복합물로서 다양한 의미를 내포한다. 우리의 정치언어는 보편적으로 인정된 단일한 의미를 갖는 '과학적' 정치언어가 아니고, 상황에 따라 여러 의미로 해석되는 살아 있는 대중적 언어다(PFPS 9).

여러 갈래의 유산을 물려받아 형성된 복합적인 통치활동은 각 부분들 간의 긴장을 내포하는 내부 운동을 통해 통일성을 확립하기는 어렵지만, 정상적인 상태에서는 어느 정도 조화를 이루며 유지된다. 그러나 조화가 언제나 보장되는 것은 아니며, 내부의 진자운동이 극단으로 치우치기도 한다. 오크숏은 통치활동의 정체성과 범위를 설정하는 데 양극단의 축이 중요한 역할을 한다고 본다(PFPS 11). 대부분의 경우 통치활동은 양극단의 요소들이 매개를 통해 혼합되어 이루어지지만, 때로는 극단의 형태가 가지는 매력에 이끌려 그 상황에 익숙해지고 동화되기도 한다. "정치에서 극단을 열렬히 수용한 사람은 오직 극단의 정치만을 이해하게 된다. 나아가 정치활동의 한 극단에 자리 잡아 중간지대와 단절되면, 극단이 아닌 것을 인지하지 못할 뿐만 아니라 서로 다른 극단들을 혼동하게 된다. 그동안 떨어져 있던 기둥들이 서로 합쳐지고, 햇볕을 찾아다니는 한 영국인이 버뮤다에서 '겨울을 난다'고 말하는 경우와 같이 우리의 정치언어는 부지불식간 애매모호하게 변해간다(PFPS 12)." 이질적이고 복잡한 구성과 방식을 내포하는 근대 정치는 모호성(ambiguity)으로부터 벗어날 수 없다.

의미들 간의 혼동이라는 언어의 모호성은 상반된 방향 사이에서 망설이는 행동의 양면성(ambivalence)과 인과적이지는 않지만 서로 연관된다. 현재 통용되는 정치어휘 중 둘 이상의 의미를 갖지 않는 단어나 양면적이지 않은 개념을 찾기는 어렵다. 이러한 모호성을 줄이기 위해 '자유'와 '정의', '민주주의' 등의 명사에 다양한 형용사를 붙여보지만, 복잡한 역사적 유산에서 비롯된 정치언어의 태생적 모호성을 극복할 수는 없다(PFPS 13-4). 모호성은 16세기부터 자라났으며, 근대 역사 전체의 맥락에서 이해되어야 한다. 프랑스 혁명, 자유주의, 자본주의, 사회주의, 낭만주의, 고전주의 등의 모든 사건과 과정, 운동들은 그 자체가 양면적이고 복잡하며 자기분열적임을 간과하면, 모호성의 '뉘앙스'를 놓치게 된다. 정치어휘가 '단순'했던 적이 있었고, '원래의 의미'가 시간이 흐르며 훼손되었기 때문에 불순한 부분을 제거하면 모호성이 해소될 것이라는 생각은 착각이다. 태생적 모호성을 이용해 혼동을 부추기고 위선을 숨길 수도 있다. 그러나 '이중적 언설'은 뿌리 깊은 정치언어의 모호성에 근거해서만 효과를 발휘할 수 있으며, 유행하는 '이중적 사고'는 정치활동의 양면성을 반영한다는 사실을 이해해야 한다(PFPS 15-6).

모호성은 통치방식과 정부 활동을 이해하는 방식에 내재하는 깊은 분열에서 비롯된다. 근대 정치의 뿌리를 이해하려면 진폭의 양극단을 파악해야 한다. 극단의 형태는 무정부와 집단주의, 또는 통치 권위의 원천을 둘러싼 대립적 견해 등으로 제시될 수도 있지만, 오크숏은 '신념의 정치'와 '회의의 정치'라는 두 개의 대립하는 정치 스타일이 통치활동의 양극단이자 통치활동에 대한 이해방식의 양극단이라고 주장한다. 신념의 정치와 회의의 정치는 단순한 교의나 정치노선, 또는 고정된 상황이 아니며, 역사 속에서 변화하는 과정이자 조건으로서 통치활동의 양면성과 정치언어의 모호성은 두 극단들 간의 관계를 통해서 설명될 수 있다. 양극단의 정치는 같은 언어를 사용하기 때문에 모호성을 낳고, 서로 얽혀 통치에 관여하기 때문에 양면성을 부추긴다. 그리고 각각의 정치 스타일은 역사적 맥락과 상황에 대응하여 여러 '판본'으로 나타나고 부침을 거듭해왔다(PFPS 18). 오크숏은 근대 정치의 가장 근본적인 대립을 드러내고, 그 불가피성을 이해하고 인정함으로써 정치에 대한 우리의 인식을 한 단계 높이려 한다. 그는 근대 이후 정치세계의 특성과 곤경을 탐구하면서 당파성을 넘어선 공감의 확산을 통해 현대 정치의 가능성과 방향을 신중하게 모색한다.

Ⅲ. 추상적 원리로서의 신념의 정치와 회의의 정치

오크숏은 우선 추상화의 과정을 통해 상이한 두 정치 스타일의 원리들을 밝힌다. 신념의 정치에서 통치는 인류의 '완성(perfection)'에 봉사하는 활동으로 이해된다. 여기에서 인간의 완성 가능성이라는 관념은 우주론이나 종교적 교의에 의거하지 않는다. 신념의 정치에서 인간의 완성은 현재 이루어지지 않았기 때문에 추구되며, 신적인 섭리에 의존하지 않고 인간의 능력에 대한 신념과 스스로의 노력을 통해 달성되어야 한다. 그리고 이 첫 번째 원리는 다른 세 가지 원리들과 짝을 이룬다. 즉, 완성 또는 구원은 현세에서 달성될 수 있다; 인간은 환경의 산물이기 때문에 환경의 개선은 인간의 완성을 위한 조건이다; 그리고 완성으로 귀결되는 모든 개선 노력의 주도자는 정부이며, 따라서 정부의 통치활동은 인간의 완성이라는 목적을 실현하기 위해 인간의 활동을 통제하고 조직하는 일이다(PFPS 23-4).

여기에서 '완성'이라는 키워드는 정신적 차원에서 물질적 차원에 이르기까지 다양하게 해석될 수 있으나, 궁극적으로는 인간이 처한 환경의 개선을 통해 달성되어야 하는 포괄적이고 유일한 상태이다. 신념의 정치가 출현하게 된 중요한 조건은 인간의 능력과 정부의 권력이 근대의 개막과 함께 경이롭게 증대된 상황이다. 모든 정치활동의 목적은 인간의 완성이라는 하나의 공동선을 성취하는 것이다. 목적 달성에 필요한 힘은 점점 더 확보될 것이며, 완성에 이르는 올바른 길을 알고 있다는 확신은 신념의 정치를 뒷받침하는 전제다. "신념의 정치에서 정치적 결정과 기획은 유일한 공동선에 대한 영감에서 비롯되거나 합리적 논증의 결과로 이해될 수 있지만, 결코 임시적인 방편이나 현상유지를 위한 활동으로 이해될 수는 없다. 따라서 정부제도는 일상적 업무를 수행하거나 모종의 결정이 이루어지도록 도와주는 수단이 아니라, '진리'에 다다르고 '오류'를 배제하며 '진리'가 세상을 지배하도록 만드는 수단으로 해석된다(PFPS 27)."

신념의 정치에서 통치는 '무제한의' 활동이다. 그리고 정부는 '절대주의적' 권위를 갖지는 않지만 '전권을 가진(omnicompetent)'

'주권적이며(sovereign)' '세심한(minute)' 정부다. '세심하고' '전권을 가지고 있다'는 특성은 권위의 원천과는 무관하게 정부 활동의 방식과 대상 범위와 연관된다. 일부 '집단주의'는 신념의 정치에 속하지만 로마 황제의 전제정치는 아니다. 신념의 정치 신봉자들은 피치자의 모든 활동을 세심하게 통합하면서 한계에 이를 때까지 끊임없이 완성을 위한 활동을 확대해가는 것이 통치라고 이해한다. 따라서 "인간의 완성을 추구하는 신념의 정치에서는 정치어휘와 표현의 의미는 무의미해지기 직전까지 항상 최대한 확대될 것이고, 때로는 (형용사를 활용해) 한계를 넘기도 할 것이다(PFPS 28)."

완성의 프로젝트를 조직하고 실행하는 통치활동은 무한대의 권력을 환영하고, 모든 자원과 노력을 목적 달성에 치밀하게 집중할 것이다. 세계를 정신적으로 정복하고자 하는 공동체적 열망을 대변하는 정부에 의해 "사회는 하나의 파놉티콘이 되고, 통치자는 모든 것을 들여다보는 감시자가 될 것이다(PFPS 29)." 법과 규칙을 준수한다는 형식성은 완성을 추진하는 데 장애물로 인식되고, '국가이성'은 완성의 기획과 결합되어 설득력 있는 도덕주의적 주장으로 여겨질 것이다. 완성의 기획에서는 현재와 미래가 중요하기 때문에 과거의 선례가 고려되지 않는다. 반대와 불복종은 '진리'를 가로막는 '오류'와 '죄악'으로 치부되어 처벌되며, 피치자들은 순종을 넘어 정부에 대한 찬양과 열정을 강요받을 것이다. 정부의 직무는 다른 어떤 직무보다 도덕적으로 상위에 놓이며, 정치인들은 사회의 종복이면서 동시에 지도자이자 구원자로 인식될 것이다.

추상적 원리의 차원에서 회의의 정치는 신념의 정치와 정반대의 정치 스타일로 규정된다. 그러나 오크숏은 논리적 대립을 역사에 그대로 대입하는 오류를 경계한다. 근대의 출현과 함께 나타난 양극단의 정치 스타일은 복잡하고 양면적인 통치활동의 방식을 함께 구성했고, 정부의 적절한 직무에 대한 상이한 견해들의 형성에 관여했다. "근대 정치의 역사는 (통치활동과 관련해서) 이 두 정치 스타일의 불협화음(*concordia discors*)의 역사이다(PFPS 30)." 어느 하나가 선행하고 다른 하나가 그에 대한 반작용으로 뒤따르며, 이후 이 과정이 교차적으로 반복된다는 식으로 이해하는 것은 타당하지 않다.

정치에서 절대적 회의주의는 자기모순이다. 통치활동에 대한 이해방식으로서의 회의주의는 철저한 개인주의나 무정부주의와는 다르다. "반대로 회의의 정치에서 통치는 특정한 활동의 하나로서 인간의 완성을 추구하는 활동과는 분리된 것으로 이해된다(PFPS 31)." 중세 유럽의 유산이라고 할 수 있는 회의주의적 정치 스타일은 인간의 완성이라는 기획 자체에 대해 회의적이며, 그것이 정치권력에 의해 달성되어야 한다는 믿음을 멀리한다. 인간의 완성 가능성과 정부의 역할에 대한 근본적 회의는 아닐지라도 '신중한 망설임'이 회의주의적 정치의 뿌리라고 할 수 있다.

회의의 정치에서 통치활동은 완성의 추구와 분리되고, 공동선의 추구라는 포괄적인 목적은 정부의 활동범위에서 배제된다. 정부의 직무는 인간의 본성에 대한 신념을 바탕으로 완벽한 삶의 방식을 설계하고 시행하는 것이 아니라, 다양한 개인들이 모인 집단적 삶에서 불가피하게 발생하는 갈등의 빈도와 강도를 줄이는 것이다. 정부 활동은 그 자체가 '선'이기 때문이 아니라 필요하기 때문에 유지된다. 신념의 정치에서는 외면적 질서가 중요하지 않겠지만, 회의주의자는 질서가 쉽게 훼손되고 와해될 수 있기 때문에 그것을 유지하는 일이 그만큼 위대하고 어려운 과제라고 생각한다. 인간의 삶을 '외롭고, 가난하고, 형편없고, 잔혹하며, 단명한' 상태로부터 어느 정도 벗어나게 하는 질서를 유지하기 위해 필요한 만큼의 자원과 비용은 감수해야 한다. 질서를 유지하기 위해서는 '강한' 정부가 필요하다. 그러나 '강한' 정부가 모든 일에 간섭하는 '세심한' 정부는 아니다. 정부의 권력 행사에서 효율성이 중요하기 때문에 강한 정부가 필요하지만, 그 활동범위는 좁게 설정된다. 공적으로 확립된 법률과 권리의 체계를 통해 질서를 유지하는 정부 활동은 기본적으로 '사법적' 활동이라는 것이 회의주의자의 입장이다. 또한 회의주의자는 통치자들이 그들의 특수이익을 공동체에 강요할 수 있다고 의심하기 때문에 정부에 주어지는 권력을 최소한으로 제한한다.

회의의 정치에서 질서 유지는 정부의 첫 번째 목적이다. 이에 뒤따르는 두 번째 목적은 외면적 질서를 구성하는 권리와 의무의 체계, 그리고 구제와 교정수단의 체계를 '개선'하는 것으로 보인다. 물론 이때의 개선활동은 신념의 정치에서 말하는 완성을 지향하는 개선과는 다르다. 기존의 권리와 의무, 구제수단의 체계를 개선하는 일은 적절한 질서를 유지하는 활동의 한 부분에 해당한다. 결국 정부 활동의 유일한 목적은 질서를 유지하는 것이며, 상황의 변화에 맞춰 신중하게 법적 체계를 개선하는 것은 추가적인 별개의 활동이 아니라 질서 유지활동 자체에 속한다(PFPS 34). 회의주의자에게 의무 부담이 지나친 질서는 또 다른 야만으로 인식된다. "회의주의자에게 질서의 야만은 무질서의 야만과 마찬가지로 회피 대상이다. 질서의 야만은 질서를 위한 질서가 추구될 때, 그리고 질서 유지를 위해 다른 것을 파괴하여 개밋둑이나 묘지의 질서정연함만이 남을 때 나타난다(PFPS 35)."

회의의 정치에서 통치활동은 복합적인 수많은 활동들 중의 하나이며, 공공질서의 관점에서 다른 전체 활동들을 감독한다는 점에서만 우위에 있다고 볼 수 있다. 통치활동은 도덕적 승인이나 강요와는 상관이 없으며, 정부는 인간의 영혼이나 진리의 문제에 개입해서는 안 된다. 그러나 좁게 설정된 직무범위 내에서는 필요한 정도의 권력을 가지고 구체적인 맥락 안에서 경험적인 방식으로 질서 수호자의 역할을 단호하게 수행해야 한다. 여기에서 고도의 형식성과 선례에 대한 주의 깊은 관심이 중요하다. 회의주의자가 법적 형식성의 가치를 중요시하는 이유는 신념의 정치에서 등장하는 예방과 개선의 조치들이 정부 권력의 비대화를 초래하기 때문이다. 명확한 법조문에 의거한 처벌이 예방을 앞세운 지나친 통제나 간섭보다 바람직하다. 그리고 선례는 그것이 '진리'를 대변하기 때문이 아니라 질서의 유지와 개선이 편파적이거나 자의적으로 흐르는 것을 막아주기 때문에 중요하다(PFPS 36-7). 토론과 '반대'는 회의의 정치에서 유사시 필요한 수단이 아니라 지속적으로 수행되어야 할 활동이다. 토론과 반대는 '진리의 발견'을 위한 수단이 아니라 정부 활동을 고유한 범위 내에 국한시키기 위한 수단이다. 그리고 회의주의자는 필요의 충족이라는 적극적 의미에서 제도의 가치를 인정하기보다는 야심가에 의해 초래되는 피해를 줄인다는 측면에서 제도의 가치를 이해한다. 회의의 정치에서 통치활동은 열정의 대상도 아니고, 그 과정에 열정을 동원해서도 안 된다. 통치자는 명예롭고 존경받는 지위를 차지하지만, 신과 같은 능력을 인정받아 남들보다 높은 위상을 향유하는 것은 아니다(PFPS 38).

추상적 원리 차원에서 살펴본 두 정치양식은 상호 대립적이기 때문에 소통이 불가능해 보인다. 그러나 실제 역사에서 통치활동과 그에 대한 이해는 간혹 극단으로 치우치기는 했지만 대체로 중간지대에서 이루어졌으며, 양극단을 매개하는 소통의 창구는 공통의 어휘와 제도들이었다. 정치언어의 '모호성'은 같은 단어와 문구를 상반되는 의미로 사용하기 때문에 고착된 근대 정치의 특성이다. 오크숏이 모호성의 한 사례로 자세히 설명하는 키케로의 유명한 문구('*salus populi suprema lex esto*')에서 *salus*라는 단어는 시대적 맥락에 따라 안보, 건강, 번영, 풍요, 복지, 공공선, 민족의 번영, 의로움의 통치, 구원 등의 의미로 점차 확장되어 해석되었다(PFPS 39-41). 이 외에도 정치언어를 구성하는 거의 대부분의 단어들은 다양한 사고방식을 표현하기 위해 사용됨으로써 다양한 의미로 해석되었다. 그리고 근대에 이르러 더욱 확장된 의미의 진폭 양극단에는 신념의 정치와 회의의 정치라는 대립된 정치 스타일이 존재한다는 것이 오크숏의 주장이다.

IV. 역사적 전개

신념의 정치가 근대 역사에서 등장하게 된 배경은 완성의 기획을 추구하는 데 필요한 정부의 권력이 급증한 현상이다. 신념의 정치에서 정부는 공동선의 실현을 위해 피치자들의 여러 활동을 치밀하게 지시하고 통제해야 하며, 이러한 직무를 수행하기 위해서는 막대한 권력이 정부에 집중되어야 한다. 그러나 오크숏에 따르면, 신념의 정치에 의해 정부의 권력이 급증하게 된 것은 아니며, 근대에 접어들면서 단기간에 정부의 직무 내에 권력과 자원이 급증하는 현상이 나타났고, 이러한 역사적 변천과정 속에서 신념의 정치에 속하는 관념과 믿음이 생성되었다. 정부 권력이 증대됨에 따라 피치자의 일상을 통제하는 관행이 나타나기 시작했지만, 이러한 권력의 축적이 신념의 정치가 출현하기 위한 필요충분조건은 아니다. 오크숏은 역사에 필요충분조건과 같은 것은 없으며, 신념의 정치와 회의의 정치는 근대 초기 권력의 양이 급격하게 증대된 상황 속에서 배태된 이복형제라고 주장한다(PFPS 46).

15세기 말에서 16세기에 이르는 기간 동안 정도의 차이는 있지만 전 유럽에 걸쳐 정부가 피치자의 활동과 운명을 통제할 수 있는 권력을 획득해갔다. 특히 영국의 경우 권력 집중의 장애물이 적었기 때문에 군주를 중심으로 한 중앙권력의 총량이 급격하게 증대했다. 이제 정부는 유일한 독점적 권력으로서 사회의 모든 활동에 직접 개입하고 통제력을 발휘할 수 있게 되었다. 그리고 상업과 산업 등의 활동영역에서 발전되어온 다양한 기술과 통제수단은 정부 권력을 확대하고 효율성을 높이는 데 활용되었다. 정부가 이렇듯 막대한 권력을 장악하고 기술 발전을 주도하는 상황이 펼쳐졌을 때, 새로운 시대의 개막을 열광적으로 예찬하는 사람들도 있었고, 두려움의 시선을 던지는 사람들도 있었다. 이러한 상반된 반응 속에서 근대적 형태의 신념의 정치와 회의의 정치가 서서히 모습을 드러냈다.

그 당시 정부 권력의 잠재력을 파악하고, 신념의 정치를 설계한 대표적 인물은 베이컨(Francis Bacon)이다(PFPS 52-7). 그는 인간과 사물을 파악하고 통제할 수 있는 지식이 힘을 제공한다는 믿음을 가지고 있었다. 인간의 모든 노력이 질서정연하게 조직될 수 있다면, 인간의 불완전성은 극복될 수 있다. 인간은 세계의 자원을 활용해서 최대한의 '복지(well-being)'를 확보하기 위해 노력해야 하고, 이러한 세속적 구원과 완성의 주도자 역할은 정부가 담당해야 한다. 정부가 가지는 권위의 원천은 신성한 권리나 인민의 동의와 같은 형식성이 아니고, '복지'를 제공하려는 의지와 역량이다. 이러한 맥락에서 통치는 신민의 모든 활동을 '복지'의 추구로 전환시키기 위해 고안된 통제로 이해되었다.

그리고 당시 엘리자베스 1세 치하의 정부는 신념의 정치를 실행하는 데 필요한 권력을 장악했으며, 베이컨은 치밀하게 통제력을 발휘하는 정부에 의해 '완성'의 기획이 실현 가능하다는 낙관주의를 표방했다. 아울러 그는 "신념의 정치에 포함되는 여러 부수적 특징들, 즉 도덕적 망설임이 없고, 법적 형식성에 매이지 않으며, 아무나 통치에 간섭하는 것을 싫어하고, 처벌보다 예방을 선호하고, 소급입법을 마다하지 않고, 미래에 최대의 관심을 기울이는 성향 등을 자세하게 밝힌다(PFPS 56-7)."

오크숏에 따르면, 신념의 정치는 역사적으로 종교적 형태와 경제적 형태의 큰 두 줄기를 형성하며 전개되었다. 종교적 형태는 17세기 유럽에서 나타난 장로파와 천년왕국을 믿는 여러 종파의 정치가 대표적이다. 장로교도들은 그들의 교회가 중심이 되는 질서를 추구했을 뿐만 아니라, 그들이 올바르다고 생각하는 단일한 행동유형을 정부가 모든 신민에게 예외 없이 강제할 것을 원했다. 그들은 여타의 종교적 신념들을 '오류'로 생각했으며, 권위의 정당성과 같은 헌법적 문제는 부차적인 것으로서 올바름을 추구하는 전권을 갖는 정부를 확립하기 위한 수단으로 치부했다(PFPS 60). 극단적인 종교적 신념의 정치를 대변하는 천년왕국 신봉자들은 베이컨의 기획과 같은 펠라기우스주의의 특징을 공유한다. 그들은 통치활동을 '구원'을 가져다주는 은총

의 연장으로 이해하고, 정부를 통해 '신성한 공동체'를 수립하고
자 했다.

　종교적 신념의 정치 속에는 경제적 신념의 정치의 속성이 섞
여 있었다. 이후 경제적 형태가 근대 세계의 주도권을 빠르게
장악하면서, '완성'의 의미가 '복지' 또는 '번영'으로 이해되었다.
16세기부터 출현하기 시작한 '생산주의적(productivist)' 신념의
정치는 근면을 통해 세계의 자원을 최대한 활용하는 기획에 모
든 인간 활동이 통합되어야 하고, 정부가 그 기획의 집행에 필
요한 권력을 가지고 '생산주의적' 공동체를 수립해야 한다는 믿
음을 토대로 한다. 18세기 계몽주의 지식인들은 베이컨과 로크
의 저술뿐만 아니라 17세기를 거치며 다듬어진 정부 활동의 자
료를 기초로 신념의 정치를 이론적으로 명료하고 정교하게 체
계화했다. 그들은 베이컨과 마찬가지로 "낡은 미신을 파괴하면
서 새로운 미신을 만들어냈다. 그리고 그들이 후계자들에게 남
긴 중요한 유산은 세계의 자원을 활용하는 것이 인류가 마땅히
해야 할 활동이며, 그 활동은 정부에 의해 지도되고 통합되어야
한다는 인식이다. 즉, '생산주의적' 삶의 방식만이 유일하게 타
당하다는 숭고한 자신감을 물려주었다(PFPS 64)."

　19세기와 20세기에 신념의 정치는 급속도의 기술 발전에 힘
입어 권력의 자원을 더욱 확대하고, 그 활용도를 획기적으로 높

였다. 이를 통해 생산주의적 기획에 대한 남은 불확실성을 일소하면서 도덕적 위상까지 획득했다. 그리고 대규모의 전쟁들은 신념의 정치가 더욱 공고해질 수 있는 값비싼 실험의 기회를 제공했다. 그러나 전술의 커다란 발전에도 불구하고 대전략의 차원에서 새로운 원칙이 추가되지는 않았다. '사회공학'이나 '풍요를 위한 계획' 등의 문구들이 첨가되기는 했지만, 기본적인 신조와 언어는 베이컨과 다름이 없었다. 오크숏은 16세기부터 근대 정치의 역사 속에서 전개되어온 신념의 정치가 제시하는 결론을 세 가지로 정리한다(PFPS 65-7). 첫째, 신념의 정치는 정부의 무관심과 태만의 시대에 대한 반작용으로 고안된 것이 아니다. 그것은 하나의 정치 스타일로서 근대 역사 속에서 몇 가지 형태로 표현되어왔고, 현재까지도 통치에 대한 이해에 영향을 주고 있다. 신념의 정치를 일부 사람들의 어리석음이나 지혜, 또는 프랑스 혁명이나 산업혁명의 산물로 여기는 것은 착각이다. 둘째, 신념의 정치는 구체적인 정치운동이나 정당 또는 정강과 동일시되어서는 안 된다. 신념의 정치는 특정한 국가 또는 정당의 배타적 소유물이 아니며, 지난 500년 동안 근대의 모든 정치기획과 그에 대한 이해방식이 시계추처럼 오갔던 두 축 가운데 하나일 뿐이다. 셋째, 신념의 정치를 근대의 유일한 정치 스타일이나 정치에 대한 이해방식으로 과장해서는 안 된다. 근대 정치의 역사에서 신념의 정치가 행사했던 지배력이 컸다고 하더라도, 그 이외의 것들을 묵살하고 단선적인 역사 해석을 꾸며내는 것은 분명한 잘못이다.

회의의 정치도 신념의 정치가 출현하게 된 근대 세계의 조건과 맥락에서 형성되었다. 회의의 정치가 신념의 정치에 대한 '반동'으로 이해될 수 있는 역사적 사례와 생산주의 사회를 지향하는 신념의 정치가 확산되는 경향을 비판한 정치적 회의주의자들(흄, 버크, 벤담, 매콜리, 스미스 등)도 있었지만, 회의의 정치를 단지 신념의 정치에 대항해서 나타난 정치 스타일로 이해하는 것은 불완전한 이해다(PFPS 73-4). 근대의 여명기가 신념의 야망과 기획으로 충만했던 것은 아니다. 정치적 회의주의는 상황에 대응해서 나타난 경우도 있지만, 오랜 과거로부터 이어지는 고유한 전통이기도 하다. 인간의 권한과 능력에 대한 근본적인 회의의 전통은 베이컨식 낙관주의의 강한 영향력에도 불구하고 인간에 대한 다른 관점에서의 이해방식으로 면면히 이어져왔다. "인간의 나약함과 사악함, 인간적 성취의 무상함에 대한 고뇌에 찬 이해는 던(John Donne)과 허버트(George Herbert) 등의 시인들에 의해 표출되었고, 홉스와 스피노자, 파스칼 등에 의해 철학적으로 정교하게 다듬어졌으며, 몽테뉴(Michel de Montaigne)와 버튼(Robert Burton) 등에 의해 아이러니로 수용되었는데, 그러한 관점이 통치활동에 적용되면서 신념의 기획에 대한 의심과는 상관없는 정치적 회의주의의 원천이 되었다(PFPS 75)."

근대 초기의 회의주의자들은 추상적이고 관념적인 신조보다는 "신념의 비전이 제시하는 휘황찬란한 미래의 유혹에 빠지지 않는 인간의 필멸성에 대한 인식(*amicitia rerum mortalium*), 지구를 착취되어야 할 세계가 아니라 하나의 '연극무대'로 이해하는 태도, 인위적인 기획이 낳을 결과에 대한 회의와 일방적인 사회운동에 몰입하기 전에 성찰의 시간을 가져야 한다는 신중함에 의해 구별되었다(PFPS 76)." 대표적으로 베이컨과 동시대인인 몽테뉴는 인간의 능력에 대한 환상을 가지지 않았고, 인간의 삶에서 '제2의 자연'인 관습이 차지하는 강력한 영향력을 인정했다. 인간은 상충하는 요소들로 구성된 복잡한 존재로서 행동의 일관성과 상호 간의 평화를 유지하기 위해서는 모두가 준수해야 할 규칙의 도움을 받아야 한다. 관습과 법은 그것이 정의롭기 때문에 따라야 하는 것이 아니고, 많은 경우 상황 가변적이고 국지적인 한계가 있지만 일단 질서 유지를 위해 만들어져서 시행되고 있기 때문에 준수되어야 한다. 인간의 근본적 한계와 낙관적 광신주의자들의 과오를 절실하게 깨달은 몽테뉴는 인간의 완성을 위해 사회 전체를 기획하고 모든 행동을 통제한다는 발상은 인간의 조건에 어긋난다고 생각했다.

중세의 다양한 종류의 법정 제도는 통치활동을 '사법적인' 활동으로 이해하는 정치의식과 함께 근대로 전수되었다. 법정은 인간의 완성을 기획하는 제도라기보다는 부당한 고통을 재판을 통해 구제하는 제도이다. 13세기와 14세기 영국 의회는 기존의 다양한 법정들 위에 구성된 상위의 법정으로 이해되었으며, 웨스트민스터에 소집된 대표들도 법정에 소환된 소송 관계자들로 인식되었다. 이후의 '입법'활동은 사법적 구제활동이 점차 확대되는 과정에서 나타났으며, 17세기에 이르기까지 의회는 여전히 하나의 법정으로 이해되었다. 통치활동이 사법적 활동으로 이해되는 상황에서 정부의 직무는 사법과정을 통해 형성된 '권리'를 유지하고 '부당행위'를 구제하는 활동에 국한된다.

정치적 회의주의자들은 신념의 정치를 뒷받침하는 '정치적 펠라기우스주의', 즉 통치는 전체 공동체에 하나의 포괄적인 행위 패턴을 부과하는 것이라는 믿음을 거부한다. 그들은 정부가 압도적 권력을 부여받아야 한다고 생각하지 않으며, 모든 정치 제도가 상황 가변적이고 임의적이라는 사실을 인정한다. 오크숏에 따르면, 회의의 정치가 최초로 승리한 시기는 정치와 종교의 구분이 인정되기 시작한 때이다(PFPS 81). 근대 초기 정치적 회의주의가 당면한 과제는 정치에서 종교적 '광신'을 제거하는 것이었다. 정부가 종교적 '진리'를 대변하고 강제하는 것은 신념의 정치의 한 양상이다. 물론 정치와 종교가 분리되어야 한다는 원칙이 수립되기까지는 오랜 시간과 노력이 필요했으며, 이 과정에서 정치적 회의주의는 정부에 대한 나름대로의 이해방식을 근대적 어법으로 정형화해서 표현했다.

회의의 정치가 역사적으로 발현되는 과정은 신념의 정치에 비해 추적하기 어렵다(PFPS 84-5). 회의의 정치는 자연권의 정치, 그리고 공화주의와 어색하게 결합하는 오류를 범하기도 했지만, 정부에 대한 적실한 이해방식을 지속적으로 재정립하면서 정부 권력을 제한하기 위한 실천적 원리로서의 '권력 분립'을 고수해왔다. 정치적 회의주의는 정부를 제한하는 기계적 장치로서의 권력 분립을 모든 형태의 권력 집중에 대한 회의를 포괄하는 원칙으로 승화시켰다. 회의의 정치는 현실 상황에 적합한 질서와 균형을 유지하는 일을 정부가 가장 경제적으로 수행할 수 있는 길을 모색한다. 회의주의자는 가장 경제적인 통치방식을 '법의 지배'라고 판단한다. 법의 지배가 이루어지면 정부의 과도한 야심이 제어될 수 있고, 정부에 대한 지나친 기대도 억제될 수 있다. 아울러 "현대 정치에서 복구되어야 할 것은 관심의 균형과 권력의 균형이다… 현대 정치의 불균형은 신념의 정치가 밀어붙이는 미래에 대한 과도한 관심에서 비롯된다… 그리고 균형을 되찾기 위해서는 정치를 과거와 현재, 그리고 미래의 발언권이 모두 인정되는 대화의 장으로 이해하는 태도가 장려되어야 한다(PFPS 86-7)."

V. 신념과 회의의 네메시스

오크숏은 두 스타일의 정치가 각각 극단의 형태로 고정되었을 때 나타나는 자기 파괴적 성격을 '네메시스(nemesis)'로 파악한다. 즉, 두 정치 스타일이 각각 독립성과 완결성을 주장하면, 이내 자기 파괴적인 속성이 드러난다는 것이다. "각각은 서로의 적수이자 동반자이다. 각자가 자기 파괴로부터 구원되기 위해서는 상대편이 필요하다(PFPS 92)." 각각의 정치 스타일이 하나의 체계라고 보면, 네메시스는 그 체계의 모순성이다.

오크숏은 근대 유럽 사회의 특징을 다양성과 다원성에서 찾는다. 사회는 다양한 활동영역들의 복합체이며, 어느 하나의 활동영역과 방향이 다른 활동들을 퇴출시킬 만큼 지배적일 수 없다. 반면에 정부는 공직을 차지하고 피치자들의 활동을 통제할 수 있는 권한을 부여받은 소수의 집단이다. 여기에서 통제의 방식에 따라 두 정치 스타일이 구분된다. 신념의 정치에서 통치는 사회의 모든 활동을 치밀하고 포괄적으로 통제하는 것이다.

정부는 '완성'이라는 목적을 달성하기 위해 모든 활동의 방향을 하나로 설정하고, 그에 부합하는 행동유형을 강제한다. 즉, 신념의 정치에서 통치는 '총체적' 활동이다. 그런데 모든 사회활동이 정부에 의해 통제되는 상황에서는 각 활동의 독립성이 유지될 수 없다. "이러한 공동체에서는 오직 하나의 일만이 존재하고, 그 일을 수행하는 다양한 방식들(잠자기, 농사짓기, 그림 그리기, 양육 등)은 독립적인 활동이 아니고 단일한 패턴의 특색 없는 구성요소들이다. 예컨대 '축구'가 아니라 '완성을-증진하는-한도-내의-축구'가 존재하는 것이다(PFPS 93)."

세계의 자원을 최대한 활용하려는 생산주의적 신념의 정치에서 공동체는 '공장'으로, 피치자는 '피고용인'으로, 모든 합법적 활동은 '공장 업무'로 인식된다. 이러한 종류의 공동체에는 단일하고 포괄적인 행동방식만이 존재한다. 여기에서 신념의 정치는 자기 파괴적 네메시스의 속성을 드러낸다. "요컨대 '완성'의 추구에 복무하는 통치는 하나의 정치 스타일이 아니라 정치를 철폐하는 하나의 방식으로 스스로를 드러낸다(PFPS 94)." 신념의 정치에서 정치어휘의 각 단어는 '완성'의 목적에 부합하는 최대한의 의미를 확보하지만, 각 단어는 의미의 확장에 따라 특정한 활동이 아닌 모든 형태의 합법적 활동을 지칭하게 된다. 모든 활동은 정치적 활동으로, 그리고 모든 피치자는 정부의 대리인으로 전환되고, '통치'와 '산업관리'의 구분이 사라지면서 정치가 파괴되는 상황이 초래된다. 통치가 무제한의 통제활동이 되면, 정부는 통제할 대상이 없는 자멸적 상황에 처하게 된다.

'완성'을 추구하며 다원적인 공동체에 단일한 활동유형을 강요하는 통치는 결국 자기 파멸적인 정치 스타일이다. 이 점은 신념의 정치에서 '완성'을 '안전(security)'으로 이해하는 경우에서도 확인된다(PFPS 99-102). 안전은 한편으로 불행과 고통으로부터의 '보호(protection)'를 의미한다. 정부의 보호는 구제활동의 일정 부분을 정부가 담당하는 제한적 활동이며, 개인의 자기 보호를 위한 권리영역을 침해하지 않는다. 그러나 다른 한편 '안전'은 일정 수준의 '복지(well-being)' 보장을 의미하고, 통치는 복지를 보장하기 위한 제반 활동으로 이해되기도 한다. 신념의 정치는 안전의 의미가 최소한의 '보호'를 넘어 최대한의 '복지' 보장으로 전환되는 지점에서 시작된다. 신념의 정치는 불운에 대비하는 '보호' 차원이 아니라 불운 자체를 제거하기 위한 총체적 기획을 추진한다. 정부는 복지 증진과 그에 수반되는 통제를 위해 최대한의 권력 자원을 확보하려 하고, 보장의 정도는 정부 권력의 양에 비례한다고 선전한다. 그러나 이러한 '안전'의 대가는 굴종이다. 적당한 권력을 가진 정부에 적정 수준에서 복종함으로써 어느 정도의 '보호'를 향유할 수 있다. 반면에 포괄적인 '안전'을 보장받기 위해서는 막대한 권력에 총체적으로 복종해야 하는데, 정부의 권력이 비대해질 때 '안전'이 축소되는 것도 사실이다. 신념의 정치에는 자기 제한의 원칙이 작동하지 않기 때문에 절대적 '안전'에는 절대적 불확실성이 따른다.

자기 파멸의 속성이 회의의 정치에도 없지 않지만, 신념의 정치에 비해 그리 확연하게 드러나지는 않는다. 회의의 정치가 무정부 상태를 의미하는 것은 아니다. 신념의 정치가 최대한의 정부를 통해 현시된다면, 정치적 회의주의는 활동의 방향에 최소한의 통일성을 부과하는 최소 정부를 대변한다. 회의의 정치에서 정부는 공공질서를 유지하는 적극적인 직무를 담당하며, 질서 유지라는 본연의 업무영역 내에서는 최고의 권력을 행사한다. 따라서 회의의 정치에서 "네메시스는 정부의 부재나 약한 정부로의 경향성이 아니다. 정부의 고유한 활동영역이 좁게 설정되어 있기 때문에, 신념의 정부가 약해질 수 있는 부분에서 회의적 스타일에서의 정부는 강해질 수 있다(PFPS 106)." 신념의 정치는 무제한적인 '완성'에 대한 집착 속에서 자기 파괴적인 속성을 드러내는 데 비해, 회의의 정치는 엄격한 자기 제한의 굴레 속에서 네메시스를 보여준다.

회의의 정치에서 정부 활동은 다양한 활동들 가운데 하나이며, 적실한 공공질서를 유지하기 위해 각 영역의 제한에 관여한다는 점에서만 특출한 위상을 인정받는다. 그러나 회의의 정부는 업무 수행에서 지나치게 정확성과 절제에 치중하면서 한계를 드러낸다. 다양하고 복잡하게 구성된 근대 국가에서는 다양성을 인정하면서 동시에 변화에 적극적으로 대응하는 정부가 필요하다. 복합적이고 정태적인 사회에 적합한 회의의 정치는 변화를 감지하고 그에 대응하는 역량이 부족하다. 정부 활동이 기존의 권리와 의무체계를 유지하는 형식성에 국한되면, 급격한 변화의 상황에서 회의적 정부는 새로운 사건들의 의미를 과소평가하고, 그 결과 질서 유지의 업무조차 감당하지 못하는 무능력을 드러낸다. 용기와 행동이 필요한 상황에서 절제와 사법적 절차만을 고집하는 회의주의적 정부는 정당성을 확보할 수 없다.

"신념은 과잉의 네메시스를 겪어야 하는 반면, 회의주의는 자기 절제로 인해 권위를 상실하게 된다(PFPS 109)." 신념의 정치에서 정도의 차이는 중요하지 않으며, 자기비판의 능력이 발휘될 여지도 없다. 불멸의 영원성을 추구하는 신념의 정치에서 자기 파멸은 필연적 속성이다. 그에 비해 회의의 정치는 가변적인 외부 상황에 의해 한계를 드러낸다. 두 정치 스타일은 자기 파멸의 네메시스를 극복하기 위해 서로를 필요로 한다. 이러한 의미에서 신념의 정치와 회의의 정치는 적대자이면서 동반자이기도 하다.

VI. 맺음말

현실의 정치는 이념형이라 할 수 있는 양극단의 정치 형태 사이에서 이루어진다. 그 결과 정치에서 언어의 모호성과 행동의 양면성을 제거하는 것은 불가능할 뿐만 아니라 바람직하지도 않다. 모호성과 양면성이 초래하는 혼돈을 제거하기 위해 모든 것을 단순화하려는 기획은 실패할 수밖에 없다. 신념과 회의의 네메시스에서 볼 수 있듯이, 어느 하나의 정치 스타일에 의해서는 지속 가능한 통치활동이 불가능하다. "결론적으로 우리는 정치를 단순화해서 곤경에서 벗어날 수는 없다. 현실 상황에서 얻을 수 있는 암시는 정치활동은 복잡한 방식으로 이루어진다는 점이다. 우리의 과제는 단순성에 대한 미련을 버리고 복잡성에 적응할 수 있는 방법을 모색하는 것이다(PFPS 120)."

복잡한 스타일의 정치는 자기 파멸적인 극단에서 벗어난 중간지대를 제공한다. 복잡한 정치방식에 내재하는 중용의 원리는 정치의 역동성을 약화시키거나 정치를 단순화하지 않는다. "복잡한 스타일의 정치가 활동성을 상실하는 경우는 지평선의 한쪽에 정지해서 복잡해지기를 중단할 때이다. 중용은 운동의 중간지대이지 휴식의 중앙지점이 아니다(PFPS 121)." 오크숏은 17세기 영국의 정치적 회의주의자인 핼리팩스(Halifax)가 언급한 '균형자(trimmer)'의 의미에 주목한다. "'균형자'는 배를 평형으로 유지하기 위해 자신의 몸무게를 적절하게 위치시키는 사람이다(PFPS 123)." 중용의 원리를 실천하는 균형자는 중간지대를 찾아내고, 정치활동의 복잡성을 이해하기 때문에 정치언어의 의미를 단순화해서 극단적으로 해석하지 않는다. 그는 신념보다는 회의주의의 장점을 보유하며, 정치 공간의 양극단에 대한 지식을 가지고 적실한 상황판단을 위해 노력한다.

오크숏은 근대 정치의 특성과 역사에 대한 자신의 저술이 정치적 사유의 안내서로서 정치를 이해하는 적실한 방식을 제공하리라 기대한다. 그는 근대 이후 현대에 이르기까지 신념의 정치가 발휘해온 영향력에 우려를 표명한다(PFPS 125-9). 적어도 150년 전부터 모든 정당의 강령과 정부의 사업이 신념의 언어로 표현되어왔고, 정치의 방식도 단순화되어 하나의 목표와 방향으로 항해의 진로가 기울어지고 있다는 것이다. 이러한 상황에서 '균형자'의 역할은 분명하다. "첫째, 근대 정치의 복잡성에 대한 이해를 복원하는 것이다. 단순성을 강요하는 신념의 득세에 의해 이러한 이해방식의 흔적조차 지워져버렸기 때문에 가장 어려운 과제이기는 하다. 둘째, 정치적 회의주의의 활력을 되살려서 정치 현실에서 그 축의 인력이 다시 작동하게 만드는 것이다. 셋째, 양극단의 인력이 균형을 이루는 중간지대에서 정치활동이 이루어지도록, 정치에 참여하여 지배적인 조류의 반대편에 무게를 실어주어야 한다(PFPS 128)."

정치를 단순화해서 정치언어의 모호성을 제거한다는 환상에 사로잡히면 안 된다. 모호성에는 실용적인 이득이 있다. "모호성은 정치 현실에서 양극단이 행사하는 폭력을 조정하고, 양극단을 매개할 수 있는 잠재력을 가지고 있다… 신념의 정치만이 모호성을 가치 없는 것으로 치부한다(PFPS 130)." 정부 권위의 정당성과 정부 구성의 원리를 포함하는 다면적 개념인 '민주주의'를 통치방식으로 이해할 때, 양극단의 정치 스타일은 상이한 이해방식을 제시한다(PFPS 131-2). 신념의 정치에서 다양한 민주적 제도의 가치는 정부에 부여되는 권력의 관점에서 평가된다. '민주주의'가 '왕정'보다 우월한 이유는 더 많은 권력을 정부가 획득할 수 있기 때문이다. 반면에 회의의 정치에서는 정부를 통제할 수 있는 역량의 관점에서 민주적 제도의 가치를 평가한다. '민주주의'는 '왕정'보다 효과적으로 정부 권력으로부터 공동체를 보호할 수 있기 때문에 우월하다. 그러나 "근대 세계에서 정부 활동이 이루어지는 방식이 '양자택일'의 문제인 경우는 드물다… 따라서 '민주주의'를 단지 옹호하거나 공격하는 것은 무의미한 일이다."

최근 제기되는 '자유민주주의에 대한 포퓰리즘의 도전'(Galston 2018) 현상도 오크숏의 관점에서 설명 가능하다. 신념의 정치와 포퓰리즘의 친화력, 자유민주주의의 기반으로서의 정치적 회의주의에 대한 논의가 '민주주의의 위기'를 이해하고 극복의 가능성을 여는 인식의 지평을 제공할 수 있다. 포퓰리즘은 대표제 민주주의에 항상 내재하는 가능성이며, 반엘리트주의적이면서 동시에 반다원주의적이다(Müller 2017). '진정한 인민'의 공동선을 대변한다고 주장하는 포퓰리즘은 자유민주주의의 실패를 교정하는 방책이 아니다. 자유민주주의를 구성하고 지탱하는 네 원칙들, 즉 공화주의(인민주권), 민주주의(평등과 다수결주의), 헌정주의, 자유주의 원칙들은 긴장관계 속에서 조화와 균형을 추구한다. 포퓰리즘은 인민주권과 다수결주의를 앞세우며, 헌정주의와 자유주의 원칙을 무시하는 신념 정치의 한 양상이다. 포퓰리즘의 도전에 대응해서 자유민주주의라는 '배가 평형을 유지하며 항해하도록' 도와주는 '균형자'는 회의의 정치가 담고 있는 '적실성'에 무게를 실어주어야 한다.

◇◇◇ **참고문헌** ◇◇◇

김비환. 2014. 『오크숏의 철학과 정치사상』. 파주: 한길사.

Abel, Corey, ed. 2010. *The Meanings of Michael Oakeshott's Conservatism*.

    Exeter: Imprint Academic.

Abel, Corey & Timothy Fuller, eds. 2005. *The Intellectual Legacy of Michael Oakeshott*. Exeter: Imprint Academic.

Botwinick, Aryeh. 2011. *Michael Oakeshott's Skepticism*. Princeton: Princeton University Press.

Craiutu, Aurelian. 2017. *Faces of Moderation: The Art of Balance in an Age of Extremes*. Philadelphia: University of Pennsylvania Press.

Franco, Paul. 2004. *Michael Oakeshott*. New Haven: Yale University Press.

Galston, William A. 2018. "The Populist Challenge to Liberal Democracy," *Journal of Democracy* vol.29 no.2, 5-19.

Müller, Jan-Werner. 2017. *What is Populism?*, Penguin Books.

Oakeshott, Michael. 1933. *Experience and Its Modes*. Cambridge: Cambridge University Press.

_____. 1975. *On Human Conduct* (OHC). Oxford: Oxford University Press.

_____. 1983. *On History and Other Essays*. Oxford: Blackwell.

_____. 1991. *Rationalism in Politics and Other Essays* (RP), new and expanded edition. Indianapolis: Liberty Press.

_____. 1993. *Morality and Politics in Modern Europe: The Harvard Lectures* (MPME). New Haven: Yale University Press.

_____. 1993. *Religion, Politics and the Moral Life*. New Haven: Yale University Press.

_____. 1996. *The Politics of Faith and the Politics of Scepticism* (PFPS). New Haven: Yale University Press. 박동천 옮김. 『신념과 의심의 정치학』, 모티브북, 2015.

Tseng, Roy. 2003. *The Sceptical Idealist: Michael Oakeshott as a Critic of the Enlightenment*. Exeter: Imprint Academic.

존 롤스와 공동선

이종은(국민대 명예교수)

I. 서언

　윤리에서 두 가지 주요한 개념은 올바름이라는 개념과 선이라는 개념이다. 이것은 인간 생활에 있어서 기본적인 현상을 개념화한 것이다. 선은 인간이 욕구와 지망을 가진 의도적 내지는 목표 추구적인 존재라는 것을 개념화한 것이며 올바름은 사람들이 집단에 있어서 그들의 삶을 영위하는 것, 어떠한 형태의 기구 및 습관이나 규칙 제도를 수반하는 규정을 필요로 하는 것이라는 것을 개념화한다. 윤리이론은 올바름이라는 개념과 선이라는 개념을 정의하고 양자를 관련시키는 바에 따라 그 구조가 결정된다. 그런데 선을 달성하는 행위의 제 규칙은 어떠한 올바름을 결정한다. 그리고 그러한 도덕규범을 지지하는 인격적 특성이 덕성으로 간주된다. 롤스는 공리주의를 극복하기 위하여 올바름이 선에 우선한다는 원칙을 제시하였다.(*TJ*, 31) 칸트적인 해석을 할 수 있는 사회계약론에 롤스가 의존하는 이유가 여기에 있다.(*TJ*, 32)

롤스의 정치적 자유주의에서는 공동선이 자리를 잡지 못한다는 비판을 받고 있는데 롤스가 공동선에 대한 언급을 별로 하지 않는 것은 사실이다. 롤스는 적절한 의미에서 평등하게 모든 사람에게 유리하게 되는 어떠한 일반적 조건을 공동선이라고 생각할 뿐이다.(*TJ*, 246) 이렇게 된 근본적인 이유는 롤스가 공리주의라는 정의 원칙의 대안으로 공정으로서의 정의 원칙과 선에 대하여 올바름이 우선하여야 한다는 원칙을 제시하였기 때문이라고 생각된다.

본 고에서는 롤스의 이론이 공동체주의와 아주 먼 것이 아니라고 볼 수도 있다(Bell 1993, 11)는 것과 공동선에 대하여 롤스가 이상과 같은 입장을 취할 수밖에 없는 이유를 제시하고자 한다. 이렇게 하기 위하여 (1) 공동선에 대한 롤스의 입장이 무엇인지를, (2) 원초적 입장에서 칸트에 의존하였던 롤스가 질서가 잘 잡힌 사회를 논할 때에서는 헤겔적인 요소를 많이 수용하

고 있다는 점, 그리고 (3) 롤스가 덕성을 무시하지 않고 있다는
점을 밝힘으로써 롤스가 정치적 자유주의 한계 내에서 공동선
을 증진시킬 수 있는 바탕을 제시하고 있다는 것을 보여주고자
한다. 그렇게 함으로써 공동선에 대한 롤스의 입장을 이해할 수
있을 것이다.

II. 공동선에 대한 롤스의 입장

　롤스에게 공동선은 무엇을 의미하는가? 롤스는『정의론』에서
공동선(common good)과 연관되는 용어로 'public good', 'private
good', 'common interest', 'universal interest', 'the good of all',
'social interest', 'interests of the rest', 'the good the of whole', 'the
good of its members', 'social interest', 'universal good', 그리고
'individual good' 등을 쓰고 있다.

　이러한 용어들은 서로 어떻게 연관되어 있는가? 우선 주요
한 용어만이라도 어떻게 연관되어 있는지 살펴보자. 롤스에 의
하면, 차등 원칙은 유리한 자의 이익만이 아니라 나머지 사람
들의 이익(the interests of the rest), 즉 불리한 자의 이익을 보장
하기 때문에 모든 이들의 선(the good of all)을 증진시킨다.(*TJ*,
105, 103) 그래서 보다 유리한 자와 보다 불리한 자가 서로 혜

택을 보게 되는 한에는 이익의 조화(harmony of social interests)가 이루어진다.(TJ, 105) 이 경우에 유리한 자는 불리한 자와 더불어 서로 혜택을 보게 되는 한에서는 적어도 전체의 보다 큰 선(greater good of the whole)을 위하여 자신에게 돌아올 수 있는 더 많은 유리한 것(advantage)을 포기하여야 한다.(TJ, 177) 이것은 다음을 의미한다. 유리한 자와 불리한 자가 서로 혜택을 보는 선까지 나타나는 불평등은 서로 감내할 수 있으며 이 선까지는 효율과 정의가 병행한다. 그러나 그 선을 넘어서면 사회 전체의 효율은 높아지지만 불리한 자가 혜택은 줄어들고 유리한 자는 더 많은 혜택을 보게 되는 경우가 있다. 이렇게 불평등이 심화되는 것은 정의의 두 원칙이 수용하지 않는다. 사회질서는 상호 유리함(reciprocal advantage)이라는 원칙에서 고안되어야 하며(TJ, 178) 차등 원칙은 자연적·사회적 우연에 의하여 이익을 보거나 손해를 보는 방식을 완화하여서 사회적·경제적 유리함(advantage)이 공동선(common good)을 위하여 작동하도록 하여야 한다.(TJ, 123) 다른 말로 하면, 차등 원칙에 의하여 보다 평등하여지는 것 자체가 공동선(common good)으로 작동한다는 의미이다. 이렇게 보면, 정의의 두 원칙에서 말하는 정의는 정의 혹은 평등을 효율보다 우선시하는 것이다. 이것이 바로 올바름이 선에 우선한다는 원칙이 의미하는 바이기도 하다. 그렇게 하여 정의의 두 원칙이 작동하는 질서가 잘 잡힌 사회에서는 "각자의 탁월성과 즐거움이 상대적으로 모든 이들의 선(good of all)을 가져오게" 하는 것이다.(*TJ*, 526)

우선적으로 문제가 되는 것은 공공선(public good)과 공동선 (common good)이 어떻게 다른가라는 점이다. 일반적으로 보아 '公共善'(public good; 公的 善)은 '사적 선'(私的 善; private good) 혹은 '사적 이익'(私的 利益; private interest)과 대비되는 용어이다. 공공선이라는 용어는 경제 시스템에 대한 항(§42)에서 경제학에서 말하는 공공 부문(public sector)과 사적 부문 (private sector)을 구별하면서 논하는 데 주로 쓰고 있다. 그런데 롤스에 의하면, 공공선은 사적 선(private goods)에서처럼 나누어질 수 없으며, 개인의 선호에 따라 많게 혹은 적게 구매될 수 없다.(*TJ*, 266) 말하자면, "공공선은 불가분성(individuality) 과 공공성(publicness)이라는 두 가지 특징적 양상이 있다."(*TJ*, 266) 그러므로 배분의 문제가 없다.(*TJ*, 267) 군사시설, 국방, 보건 서비스를 공공선의 중요한 예로 들고 있다.(*TJ*, 266, 270) 그렇다면 공공선이 공동선과는 어떠한 차이가 있는가?

한편 '공동선'(common good)은 '개인적 선'(individual good) 과 대비되는 용어라고 볼 수 있다. 개인의 희생을 수반하여 공동선이 추구되는 경우가 많기 때문이다. 특히 근대 국가에서 국가와 사회를 분리하였으며 개인과 국가 사이의 관계를 길항의 관계로 파악하였을 때 공동선은 국가와 사회 혹은 개인과 국가 사이에 있는 선, 혹은 양자의 이 선을 모두 고려한 선이라는 의미가 있다. 그래서 공동선을 논할 때, 개인적 선과의 조화가 항상 문제가 되는 것이다. 그런데 공동선의 의미 중에서는 개인적 선들을 위한 조건을 '모은ensemble' 것이라는 의미도 있다.(Honohan, 151) 공동선을 개인의 충족을 위한 조건의 '모음ensemble'으로 보는 것이다. 로크에서부터 롤스에 이르는 자유주의자들이 공동선을 이러한 의미로 인정하였다. 예를 들면, 롤스는 적절한 의미에서 평등하게 모든 사람에게 유리하게 되는 어떠한 일반적인 조건이 공동선이라고 보았다. 이러한 의미에서는 공동선은 모든 사람이 혜택을 보는 선이다.(Honohan, 152). 그렇다면, 롤스는 개인들로 하여금 사회적인 일의적 선을 활용하여 자신이 추구하는 인생의 목적을 달성할 수 있게 한다. 이러한 조건을 갖추어 주는 것 자체가 공동선이라고 롤스는 보는 것이다.

여기서 공공선(public good)을 배분하는 데 문제가 없다는 것은 무엇을 의미하는가? 공공선, 경제학 용어로 보면 공공재를 중앙에서 공급하는 과정에는 무임승차라는 문제가 생기지만 일단 공급된 후에는 혜택을 받는 이를 배제시킬 수 없다. 누구나 이용할 수 있기 때문에 공공선을 배분하는 데 어려움은 없다는 것을 말하는 것이다. 위에서 공공선은 불가분성과 비배제성이 있다고 롤스가 밝힌 것처럼 공공선이라는 용어는 보통 경제적인 맥락에서 쓰이며, 경쟁적이 아니고 배제하지 않는다는 것이 특징이다. 그러나 공동선(common good)이라는 용어는 비경제적인 맥락에서 가끔 쓰이며 어떠한 규범적인 고려에 따른 공동체에 관련되는 선이다. 그 선을 어떻게 배분하느냐가 문제가 된다. 공동선은 경쟁적이며, 배제적이 아니라는 특징을 가질 수 없기 때문이다. 그렇기 때문에 이를 배분하는 데 논의가 필요하다.(Bialobrzeski et al, 285, 291) 일의적 선 그 자체를 공동선의 내용에 포함시킨다고 여겨지는 롤스의 입장에서 보면, 정의의 두 원칙과 우선성의 원칙을 제시하는 것이 바로 배분의 문제를 해결하려는 노력이라고 볼 수 있겠다. 이렇게 구별될 수 있다고 볼 수 있다. 그렇다면 롤스는 공공선을 공동선에 포함시키지 않는가? 아래에서 논의를 지속하면서 알 수 있겠지만, 공공선이 개인들로 하여금 자신의 인생의 목표를 달성하게 하는 조건을 평등하게 제공한다는 점에서 공공선이 공동선에 포함될 수도 있다고 롤스는 보는 것 같다.[1] 다만 공공선이 일단 공급되면, 배분의 문제가 제기되지 않기 때문에 일의적 선이 공동선과 밀접한 연관이 있으며 정의는 그 배분에 관한 것이라고 보는 한에는 공동선은 배분의 문제를 배제할 수 없는 것이다.

여기서 공동선이라는 용어에 대하여 롤스가 언급한 것 중에서 주요한 것을 보다 자세히 살펴봄으로써 공동선에 대한 그의 견해가 무엇인지 파악하여 보자. 첫째, 롤스는 "정부는 공동선을 지향하는 것, 말하자면, 모든 사람에게 유사하게 유리한 조건을 유지하고, 그리고 그러한 목표를 달성하는 것을 지향한다고 가정된다"[2]고 말한다.(*TJ*, 233) 여기서 롤스는 공동선을 지향하는 것은 모든 사람에게 유사하게 유리한 조건을 유지하고 그 조건을 유지하고자 하는 목표를 달성하는 것을 지향하는 것이라고 보는 셈이다. 그렇다면 공동선은 정의의 두 원칙을 유지하고 실현하는 데에서 나타나며 정의의 두 원칙이 완벽하게 현실 사회에서 실현된다면, 개인은 자신의 인생 목표를 달성할 수 있

---

1) 일반적으로 공공선과 공동선은 다른 것으로 본다. 그런데 롤스가 공동선을 이상과 같이 정의하고 개인의 선과 공동선이 대립하는 것으로 보지 않는 이상, 공공선은 공동선에 비하여 규범적 고려를 하지 않았다는 점에서는 차이가 있지만 적절한 의미에서 평등하게 모든 사람에게 유리하게 되는 어떠한 일반적 조건을 부여한다는 점에서는 일의적 선과 쓰임새가 같을 수가 있다. 그래서 공동선에 포함되는 것으로 볼 수도 있는 것이다.

2) "Government is assumed to aim at the common good, that is, at maintaining conditions and achieving objectives that are similarly to everyone's advantage." 여기서 similarly는 제1원칙에서 나타나는 "Each person is to have an equal right to the most extensive total system of equal basic liberties compatible with a similar system of liberty for all."(*TJ*, 250, 302)과 같은 의미로 보아야 할 것이다.

는 조건을 부여하였다는 의미에서 공동선은 저절로 달성된 셈이다. 이 경우에 모든 사람에게 유리한 조건으로 일의적인 선이 보장되었기 때문에 개인의 선도 물론 달성된 것이다. 그렇다면 개인의 선을 추구할 수 있도록 하는 조건을 제공한 것 그 자체가 공동선이라고 볼 수 있다고 밝히는 셈이다.

둘째, 롤스는 "정의의 원칙들을 적용하는 데 있어서 이 대표적인 인간의 이익에 호소하는 것은 공동 이익(common interest)이라는 원칙을 깨닫게 하는 것이다(나는 공동선common good을 적절한 의미로 모든 사람에게 평등하게 유리한 일정한 일반적인 조건이라고 생각한다)"라고 언급한다.[3](TJ, 246) 다른 한편, 롤스는 공동 이익에 대하여 다음과 같이 언급하고 있다. 어느 특정한 이들에게 불리하게 할 수도 없으며 그렇다고 특별히 유리하게 할 수도 없다. 공동 이익에 호소하여야 한다. 그런데 공동 이익은 효율이라는 원칙 이상의 것이다. 그래서 최소 수혜자의 관점을 취하여 그들의 전망이 평등한 자유와 균등과 부합하도록 하여야 한다.(TJ, 319) 공동 이익도 어느 누구에게도 특

---

3) "To appeal to the interests of this representative man in applying the principles of justice is to invoke the principle of common interest. (The common good I think of as certain general conditions that are in an appropriate sense equally to everyone's advantage)."

별히 유리하게 하거나 불리하게 할 수 없으며 효율만을 고수하지 않는다는 것을 밝히고 있다. 그렇다면, 공동 이익은 공동선과 별반 다를 것이 없다는 것을 여기서 알 수 있다. 롤스가 자신의 목적을 평등하게 추구하는 데 모두에게 유사하게 유리한 조건을 공동선으로 규정하며 공동 이익(common interest)과 공동선(common good)을 동일시한다는 것이다. 요컨대 이 경우에 그는 공동 이익과 공동선을 구별하지 않는 것 같다.

그런데 '모든 사람에게 유사하게 유리한 조건'과 '적절한 의미에서 평등하게'(in an appropriate sense equally)라는 것은 무슨 의미인가? 무지의 장막이 드리워진 상황에서 정의의 두 원칙을 선택하게 되면, 나중에 자신이 어떠한 사람으로 드러나게 되더라도 정의의 두 원칙이 제시하는 사회적 일의적 선을 모든 사람이 적절한 의미에서 평등하며, 모든 사람에게 유리한 조건으로 활용할 수 있게 된다는 의미이다. 그리고 이 원칙에 따라 질서가 잘 잡힌 사회가 되면, 각자의 타고난 재능의 차이가 드러나게 되더라도 그로 인한 불평등도 차등 원칙에 의하여 최소 수혜자조차도 일의적 선을 활용하는 데 다른 원칙보다는 유리하게 되며 평등하게 활용할 수 있게 되어 적절하게 평등하게 된다는 의미이다.

셋째, 보다 긴 문장을 음미하여 보자. "이들 경우에는 공동 이익(common interest)의 원칙이 적용될 수 있다. 이 원칙에 따르면, 제도가 모든 사람이 얼마나 평등하게 그들의 목표를 증진시키기 위하여 필요한 조건을 얼마나 유효하게 보장하고 있느냐에 의해, 그리고 제도가 모든 사람에게 유사하게 혜택을 주는 공유된 목적을 얼마나 효율적으로 증진시키고 있느냐에 의해 제도는 순위가 정하여진다. 공중위생과 공공의 안전을 유지하거나 정의로운 전쟁에서 승리를 하는 것이 배분적인 효과가 있다고 말하여질 수 있다. 즉 부자는 잃을 것이 더 많기 때문에 부자가 빈자보다 더 혜택(benefit)을 본다. 그러나 사회적 그리고 경제적 불평등이 정의롭다면, 이러한 효과는 도외시될 수 있으며, 공동 이익이라는 원칙이 적용될 수 있다. 평등한 시민권이라는 관점이 적절한 것이다."[4](*TJ*, 97)

여기서 다음과 같은 것을 알 수 있다. (1) 공중위생, 공공의

---

4) "In these cases the principle of the common interest can be applied. According to this principle institutions are ranked by how effectively they guarantee the conditions necessary for all equally to further their aims, or by how efficiently they advance shared ends that will similarly benefit everyone. Thus reasonable regulations to maintain public order and security, or efficient measures for public health and safety, promote the common interest in this sense. So do collective efforts for national defense in a just war. It may be suggested that maintaining public health and safety or achieving victory in a just war have distributive effects: the rich benefit more than the poor since they have more to lose. But if social and economic inequalities are just, these effects may be left aside and the principle of the common interest applied. The standpoint of equal citizenship is appropriate one."

안전 그리고 정의로운 전쟁에서의 승리는 공동 이익에 속한다는 것이다. 전술한 바에 의하면, 국방, 군사시설 그리고 보건 서비스는 공공선(public good)으로 보았다. 여기서는 이것들을 포함한 것을 롤스는 공동 이익이라고 보는 것이다. 그렇다면 롤스는 이익과 선을 일치시키는 셈이다. 게다가 공공선은 공동 이익에 포함될 수 있다고 보는 것 같다. 활용하여 자신의 목적을 달성하는 데 도움이 되기는 마찬가지이기 때문이다. 그리고 이 맥락에서는 (2) 롤스는 전술한 것처럼 공동 이익(common interest)을 공동선과 비슷한 것으로 보는 셈이다. 물론 자존감이나 사회적 연합과 같은 선은 롤스는 공동 이익에 해당한다고 표현하지는 않는 것 같으며 그것들이 일의적인 선인 한에는 공동선에 포함시키는 것 같다. 그렇기는 하지만, 이상에서 보면 어떠한 공동 이익을 공동선에 포함되는 것으로 롤스는 간주하는 셈이다. 그리고 부자가 잃을 것이 더 많다는 것은 사회적 협업이 이루어지지 않을 경우에 빈자보다 부자가 잃을 것이 더 많게 된다는 의미이며, 이러한 맥락에서 차등 원칙이 (즉, 이전의 자유주의 국가에서) 적용되지 않았을 경우에 부자가 더 가졌을 수도 있는 이익을 차등 원칙이 적용되는 경우에는 부자가 이전보다 더 많이 양보하여야 한다는 주장을 할 수 있는 것이다. 그래서 차등 원칙에 의한 불평등은 정의로운 것이며 공동 이익이라는 원칙에 부합한다고 보는 것이다. 그리고 정의의 두 원칙이 보장하는 평등한 시민권을 보장하는 것이 공동 이익이 증진되는 조건이라고 밝힌 것이다.

이상에서 살펴본 것을 요약하면, 다음과 같이 말할 수 있을 것이다. 모든 사람에게 유사하게 유리한 조건을 유지하고, 그리고 그러한 목표를 달성하는 것이 공동선이다. 그러한 조건을 충족시켜주는 것이 바로 정의의 두 원칙이다. 이렇게 되면, "각자의 탁월성과 즐거움이 상대적으로 모든 이들의 선(good of all)을 가져오게 된다."(*TJ*, 526) 즉 개인의 선은 공동선과 일치되는 것이다.

다음 고찰하여야 하는 것은 롤스가 일의적 선을 공동선의 내용을 구성하는 것 같다는 점이다. 어떻게 해서 그렇게 볼 수 있는가? 일의적 선이 무엇을 의미하는지 우선 살펴보자. 'primary'(一義的)라는 말은 'most important', 'main', 'essential', 혹은 'supreme'이라는 의미가 있다.(Sessions, 315) 『정의론』에 나타나는 일의적인 선을 다음과 같이 요약할 수 있겠다.

일의적 선은 적어도 정의의 여건에 놓여 있는 질서가 잘 잡힌 사회에서 그리고 무지의 장막이 쳐진 원초적 입장에서 최종적 목적을 가진 사람이라면 원하거나 합리적으로 원하게 되는 어떠한 것이다. 원하게 되는 것은 일의적인 선이 어떠한 최종적인 목적이라도 (혹은 적어도 모든 사람의 중심적인 어떠한 최종적 목적이라도) 이를 수립하고, 추구하고, 실행하는 데 정상적으로 필요한 수단이라는 의미에서 모든 합리적인 삶의 계획에 '쓰임새'(use; 소용)가 있기 때문이다. 그러하므로 어떠한 사람의 선과 그 선에 대한 어떠한 합리적 관념은 일의적인 선을 포함할 것인데 일의적 선이 모두에게 같거나 비슷할 것이다. 더군다나 정상적으로 그리고 어떠한 수준에 이르기까지는 보다 적은 것보다는 보다 많은 일의적 선이 무지의 장막에서는 주어진 삶의 계획에 유용할 것이기 때문에 보다 적은 일의적 선보다는 보다 많은 일의적 선을 –적어도 일의적인 사회적 선을- 원하는 것이 합리적이지만 사람들이 선에 대한 자신의 특별한 관념에 대하여 완전한 정보를 가진 (대부분의) 실제의 질서가 잘 잡힌 사회에서는 (어떠한) 질서가 잘 잡힌 사회에서는 반드시 그렇지 않을 것이다.(Sessions, 312)

일의적 선은 매우 일반적이며, '보다 높은 서열의 선'(higher order good)이기 때문에 목적을 추구하는 데에서 조건이 되며, 최대한으로 융통성 있는 자산이며 인생계획을 합리적으로 수립하고 비판하고 개선하는 데 필요한 것이기 때문에 일의적인 선은 일반적인 목적을 가진 자원(resources)인데 이것으로 개인이 가진 각자의 선을 추구할 수 있다.(Buchanan, 186-187) 그런데 모든 사람에게 유사하게 유리한 조건을 유지하고, 그리고 그러한 목표를 달성하는 것이 공동선이라고 보면, 공동선이나 일의적 선이 하는 역할은 별반 차이가 없다. 그리고 일의적 선은 공동선의 내용이 될 수 있을 것이다. 게다가 위에서 살펴본 것처럼 롤스는 공공질서를 유지하는 것은 모든 사람이 자신의 목적을 달성하려는 모든 사람에게 필요한 조건이라고 생각한다. 이것은 공공질서의 유지와 다른 공동선이 일의적 선이라는 것을 암시한다. 그렇다면 공공선과 일의적 선은 공동선에 포함된다고 볼 수 있겠다.

III. 칸트에게서 헤겔로

공동선이라는 관념이 롤스에게 결여되어 있다는 비난은 테일러, 샌델, 맥킨타이어 그리고 왈쩌와 같은 공동체주의자들이 주로 제기하는 것이다. 게다가 공동체와 공동선은 밀접하게 연관되어 있는 것으로 여겨지며, 공동체는 공동선에 상대적인 하나의 사회로 정의되는 것이 일반적이다.(Cochran, 231) 그런데 만약 롤스의 이론에서 어떠한 적절한 공동체 관념을 찾을 수 있다면, 이 비난에서 벗어날 수 있을 것이다. 롤스의 이론에서 공동체 관념이 나타나는지를 원자론적 개인주의자로 여겨지는 롤스와 공동체주의자인 헤겔 사이의 유사성을 쉬바르젠바흐(Sybil A. Schwarzenbach)의 논지를 통하여 간략하게 살펴보자.

첫째, 정치철학에서의 방법론과 정당화와 연관하여 보면, 롤스의 구체적인 숙고된 도덕적 판단과 일반적인 도덕적 원칙 사이의 반성적 평형은 헤겔이 사이에 취한 변증법과 유사하다. 헤겔이나 롤스가 '객관적 정신'이나 '우리의 공적인 정치문화'라는 현실을 바탕으로 하여 이성에 의존하여 이론을 정립하고자 한 것은 같다. 현실을 바탕에 두었기 때문에 질서가 잘 잡힌 사회에서 네 부문(部門)이 균형을 잡아 정의의 두 원칙을 실현하게 되는 것이다. 정의의 두 원칙을 여러 대안 중에서 하나로 제시한 것 자체도 정치적으로나 도덕적으로 숙고된 신념으로부터 구성된 것이라고 볼 수 있다. 요약하건대, 롤스가 정의의 두 원칙을 선택하도록 하기 위하여 칸트를 빌렸지만 롤스의 이론을 두고 무역사적(ahistorical)이라고 할 수 없는 것이다.

둘째, 인간에 대한 관념에서 보면, 롤스는 공리주의는 '개인 사이의 차이'(distinctions between persons)를 인정하지 않는다고 비난하였는데(TJ, §5, §39) 샌델은 롤스의 이론이 형이상학적 원자론이라는 점을 비난하였다.(Sandel 1982) 그런데 롤스가 말하는 인간은 사회의 기본구조에 대한 정의의 원칙을 결정한다는 한정된 목적에서 인간이라는 관념을 쓴 것이다. 말하자면, 정치적 관념이다. 각자가 인간이라는 하나의 규범에 따라 서로 존중하고 대우하는 인간들 사이에 맺게 되는 관계의 내용과 한계는 무엇인가? 이 문제를 헤겔은 『법철학』의 1부에서 '추상적 권리'(abstract right)라는 개념으로 다루고 있다. 이 개념은 롤스의 '인간에 대한 정치적 관념'(the conception of political person)에 근접한다. 그리고 추상적 권리를 논하게 되는 헤겔이나 롤스가 원초적 입장을 설정하는 이유는 비슷하다. 롤스는 원초적 입장에서 정의의 원칙을 도출하기 위하여 『정의론』의 1부에서 선에 대한 얇은 이론에 의존하지만 3부에 가서는 인간의 사회적 본성을 이끌어낸다.(TJ, §79) 요컨대, 헤겔이나 롤스는 개인이 존재론적으로 집단에 우선한다고 주장하지 않는다는 것이다. 예를 들면, 헤겔이 말하는 '자의식의 보편성'(self-conscious universality)은 롤스가 말하는 '첫 번째 개성의 도덕적 힘'(first moral power of personality) 혹은 '유효한 정의감'(effective sense of justice)에 근접한다.(Hegel, para.35; TJ, 505; DL, 525) 롤스가 말하는 특정한 선 관념을 형성하고, 수정하고 합리적으로 추구할 두 번째 도덕적 힘은 헤겔이 말하는 자아의 두 번째 자기 결정할 근본적인 능력에 상응한다.(Hegel, para. 6) 헤겔의 '상호 인정'(reciprocal recognitions)은 롤스가 말하는 '자기 존중의 사회적 기초'(social basis of self-respect)에 비근하며 이를 바탕으로 개인은 '사회적 연합'(social union)에 참여하게 된다. 사회적 연합이라는 롤스의 개념이야말로 헤겔의 정신(Geist)이라는 개념이 다시 대두한 것이라고 볼 수 있겠다. 이렇게 보면, 원초적 입장에서는 롤스는 현대의 정치적 인간상, 즉 시민을 위한 최소한의 조건을 자아에 부여하였을 뿐인데 질서가 잘 잡힌 사회에서 롤스는 사회 정치적 제도를 배경으로 사회적 자아를 구성하는 것이다.

셋째, 롤스는 3부에서 공동체의 선과 인간의 사회적 본성을 설명하면서 질서가 잘 잡힌 사회는 '사회적 연합들의 사회적 연합'(social union of social unions)이라고 일컫는다.(TJ, 395, 527) 다른 인간과 더불어 적극적으로 협동하고 주요한 최종적 목적을 공유함으로써 인간은 인간의 특징적인 힘을 발휘할 수 있을 뿐만 아니라 그렇게 함으로써만 개인은 타인이 실현한 능력에 참가할 수 있는 것이다.(TJ, 525) 개인이 최종적 목적(final end)을 공유하고, 그 자체로서 가치가 있는 공동의 활동에 종사하고, 행위의 틀(scheme of conduct)에 합의하여 모든 이들에게 선이 보완되는 형태의 협동적인 활동을 사회적 연합이라고 롤스는 정의한다.(TJ, 525) 이에 반하여 헤겔의 '시민사회'(civil society)

에 비견할 만한 롤스의 '사적 사회'(private society)에서는 개인은 선에 대하여 상충되는 관념을 가지고 사회 제도를 도구적으로만 본다. 사회적 연합을 모형으로 하는 국가에서 구성원들은 국가를 잠정적 협정의 결과로 보는 것이 아니라 도덕적 이익을 공유하는 것으로 본다. 롤스는 중요한 공동체의 선을 인정하며, 선한 생활에 대한 포괄적인 종교적 혹은 도덕적 관념은 공유하지 않더라도 정의를 서로 정의를 추구하고 정치 제도와 그들이 하는 활동이 그 자체로서의 선으로 보는 것이다.(TJ, 522) 그래서 사회적 연합에서 구성원은 성쇠(盛衰)를 같이 하며, 그래서 "각자의 탁월성과 즐거움이 상대적으로 모든 이들의 선(good of all)을 가져오게" 된다는 것이다.(TJ, 526)

요약하면, 『정의론』은 이론, 제도 그리고 목적으로 나누어진 3부로 구성되어 있는데, 롤스는 이론을 구성하는 1부에서 칸트에 의존하지만, 3부에서는 헤겔에 의존한다. 물론 양자의 이론을 그대로 받아들이는 것이 아니라 취사선택한다. 그런데 사회적 연합이라는 개념에서 롤스가 현실에서 나타나기를 바라는 인간의 정치적인 삶의 모습을 찾을 수 있으며 거기에는 공동체주의적인 요소가 많다는 것이다. 공동체주의자들의 롤스의 비판은 그 목표를 잘못 두고 있으며, 오히려 롤스가 현실에서 적절한 공동체를 제시한 것으로 여겨진다는 것이다.

그런데 여기서 유념할 것이 있다. 설사 롤스가 공동체를 제시하였다고 하더라도 예를 들어 샌델이 상정하는 공동체와는 다르다. 롤스가 사회 내의 부분적인 공동체를 상정하였다면, 샌델은 사회의 모든 구성원을 포함하는 공동체를 이상으로 삼는다. 롤스가 보기에는 모든 구성원을 포함하는, 즉 사회와 일치하는 공동체를 만들겠다는 이상은 불가능하다.

이렇게 보기 때문에 자유주의자는 근대의 다원적인 사회의 구성원들 사이에서 공유하는 어떠한 실질적인 공동선이 있을 수 있다는 견해는 거부한다.(Honohan 2002, 9-10) 롤스도 같은 견해를 취한다. 자유주의는 시민으로 하여금 자신의 선을 추구하게 하는 데 주안점을 둔다.(Selznick, 8) 도덕적 다원주의를 옹호하는 한에서는 가치의 갈등을 전제로 하기 때문에 정치적인 권위는 문제가 되지 않는 영역에서 국한될 수밖에 없으며 개인이 자신의 선을 추구할 수 있는 영역을 제공하려고 하는 것뿐이다. 이러한 상황에서 공동체주의자의 공동선이라는 것은 자유주의자가 보기에는 어떠한 사람의 의지를 타인에게 부과하는 것을 정당화할 뿐이다.(Selznick, 11) 그렇게 되면, 정부의 억압이 필요하며, 억압하면 자유주의 체제라고 부를 수가 없기 때문이다. 이처럼 정치적인 것에 초점을 두는 롤스의 합당성과 공동체주의적 관점은 다르다. 그러므로 다원주의를 수용하는 롤스로서는 공동체주의를 수용하지 않는다.(Pogge, 187) 그렇기 때문에 그는 공동체주의자의 비판 때문에 자신의 이론을『정치적 자유주의』에서 수정하게 되었다고 주장하지는 않는다. 롤스는 안정과 정당성에 대한 논지를 명확하게 하기 위하여 수정한 것이다.(*PL*, xvii, xix)

정치적 자유가 공정한 값어치를 가지게 됨으로써 시민들로 하여금 정치에 참여하고 정의에 대하여 공적으로 심의하도록 하기 때문에 기존의 자유주의 체제보다 질서가 잘 잡힌 사회에서는 공동체주의적 가치가 신장될 것이라고 롤스는 본 것이다. 그렇기 때문에 롤스는 샌델처럼 사회의 모든 구성원을 포함하는 공동체를 상정할 필요도 없고 상정할 수도 없다. 그 이유는 질서가 잘 잡힌 사회에서는 개인의 선과 공동선이 갈등을 일으키지 않을 것이라고 롤스가 보기 때문이다.

IV. 정의와 덕성

롤스가 공동체주의자로부터 비난을 받는 것 중의 다른 하나는 롤스가 덕성을 무시한다는 점이다. 그렇게 비난을 받지 않을 여지가 있다는 것을 고찰해볼 만하다. 정치적 자유주의 내에서도 덕성이 번성할 여지가 있다면, 구성원들 사이에 유대가 강화되며 공동의 목표를 달성하기 쉬울 것이며 정치가 안정이 될 수 있기 때문이다.

롤스는 아래와 같은 비판을 받는 것을 알고 있다. 정의에 대한 자유주의적인 정치적 관념은 순전히 도구적인 개념 외에는 선에 대한 개념을 쓸 수 없으며, 비도구적인 개념으로 쓰게 되면, 이는 개인의 선택이라는 문제로 보아야만 하며, 이 경우에 전체로서의 정치적 관념은 개인주의로 편향되어 있다는 비판이다. 롤스는 이것이 오해라는 것을 밝히고 있다.(*PRID*, 251) 롤스는 왜 그렇게 생각하는가? 롤스가 올바름의 우선성이라는 원칙을 제시하고 덕성을 개발하거나 공동선을 증진시키지 않으려고 한다고 여겨지기 때문에 이와 같은 오해를 받게 된 것이다. 올바름이 선에 우선한다는 것은 다른 말로 하면 정의는 덕성과 같은 선에 우선한다고 해석될 수 있다. 그렇게 되면 그의 이론에 덕성이 들어설 자리가 없게 된다고 볼 수 있기 때문이다.

그러나 롤스는 정의가 선과 일치하게 된다고 주장한다. 어떻게 해서 이러한 주장이 가능한가? 롤스에 의하면, 선이 개인에 대한 것은 정의로운 것이 사회에 대한 것과 같다. 각자가 합리적으로 숙고하여서 자신의 선을 이루는 것, 즉 자신이 추구하는 것이 합리적인 목적의 체제를 결정하여야 하는 것처럼 사람들의 집단은 그들 사이에 정의롭고 정의롭지 않은 것으로 여겨지는 것을 한 번으로 결정하여야 한다. 그런데 롤스의 이러한 입장은 정의로운 법이 요구하는 바를 하는 것은 각자의 선에 도구적이라는 홉스의 견해와는 다르다. 오히려 정의에 따라 행동하는 것은 본질적이며 최고로 통제적인 선이다. 도덕적이며 합리적으로 자율적인 존재로서의 인간의 본성을 각자가 실현하게 하기 때문이다.(Freeman, 27)

그렇게 하자면, 정치적 자유주의에서는 정치적인 것을 넘어서서 비정치적인 가치와 덕성도 포함하게 된다.(*PRID*, 253) 정치적 관념은 다양한 선 개념에 의존하여야 한다. 물론 그 선은 합당한 정치적 정의 관념에 속하여야 하며, 자유롭고 평등한 모든 시민에게 공유되어야 하며, 전적으로나 부분적으로 포괄적인 교의를 전제로 하지 않아야 한다. 올바름의 우선성이 바로 이러한 제한을 가하는 것이다. 말하자면, 받아들여질 수 있는 선은 정치적 정의관의 한계를 고려하고 그 한계 내에서 역할을 한다.(*PRID*, 253) 말하자면, 정의에 대한 정치적 개념은 시민들이 인정하는 삶의 방식에 적절한 여지를 남겨 두어야 하지만, 정치적 관념이 의존하는 선이라는 개념은 정치적 개념 그 자체에 의하여 정하여진 한계 내에서 적합하여야 하는 것이다.(*PRID*, 252)

공정으로서의 정의에서는 선에 대한 올바름의 우선성이라

는 원칙은 삶의 방식에 대하여 (정치적) 정의의 원칙이 허용할 수 있는 한계를 설정한다. 그러므로 정의로운 제도와 시민들로부터 기대되는 정치적 덕성은 그 제도와 덕성이 시민들이 전적으로 충성을 바칠 값어치가 있다고 인정할 수 있는 삶의 방식을 허용하고 유지하여야 한다. 그렇지 않으면, 소용이 없다.(*PRID*, 251) 따라서 정치적 정의에 대한 관념은 헌신적인 지지를 받을 수 있는 공간을 그 자체 내에 포함하고 있어야 한다. 즉 자유롭고 평등한 시민들이 필요로 하는 선들이 있으며 이들 선을 적절하게 요구할 수 있는 것이다.(*PRID*, 257) 이렇게 하여 올바름과 선은 보완적이며, 올바름의 우선성이 이것을 부정하지 않는다.(*PRID*, 252)

롤스가 이상과 같이 주장할 수 있는 근거는 어디에서 찾을 수 있는가? 첫째, 차등 원칙을 들 수 있겠다. 정의는 대체로 자유와 평등의 관계의 설정이라는 문제를 해결하는 것이 핵심이라고 하겠다. 롤스도 바로 이 문제에서 출발하였다고 해도 과언이 아닐 것이다. 프랑스 혁명의 구호였던 '자유, 평등, 우의' 중에서 우의라는 가치 혹은 덕성은 자유주의에서 게을리하였다. 혁명 당시 실제로 우의(友誼)라는 것은 자코뱅파 내에서의 우의에 지나지 않았다. 그런데 어느 누가 최소 수혜자가 되든지 그들에게 최대의 혜택이 되도록 하여야 한다는 차등 원칙은 가족 간에 특히 나타나는 우의를 롤스는 특정인을 겨냥하지 않고 보편적인 덕성으로 제시한 것이다. 이로써 유대감이 증진될 수 있는 것이다. 그리고 차등 원칙은 유리한 것(advantage)의 합을 최대화하는 것을 거부하는 좋은 예가 된다. 다른 말로 하면, 효용의 최대화만을 추구하지 않고 정의 혹은 평등을 견지하는 범위 내에서 우의를 도모하고자 한 것이다. 재능을 가진 사람의 입장에서 보면, 그들이 최소 수혜자의 지위를 향상시킨다는 공동선을 –롤스는 공동선이라는 말을 즐겨 쓰지는 않았지만– 증진시키는 방식으로 보상을 받도록 한 것이다.(Pogge, 183-4)

둘째, 아리스토텔레스 원칙을 롤스가 거론하는 것은 공정으로서의 정의이론이 개인으로 하여금 공유된 목적과 '공동체의 가치'(communal vlaue)를 찾을 수 있는 사회를 만들게 한다는 것을 보여주기 위한 것이다. 즉, 롤스가 아리스토텔레스 원칙에 의존하는 것은 도덕적 힘을 발전시키고 행사하는 것은 모든 사람에게 좋은 것이라는 것을 주장하기 위한 것이다.

셋째, 롤스가 덕성을 무시하지 않는다는 점이다. 롤스는 시민적 우애, 관용, 상호 신뢰, 공정한 사회적 협동과 같은 덕성을 질서가 잘 잡힌 사회의 전제조건으로 강조하였다.(TJ, 570) 포괄적 교의의 일부분이 될 수 있는 덕성은 롤스가 수용하지 않았지만, 정의에 대한 정치적 관념과 양립할 수 있는 덕성은 받아들인 것이다. 그러므로 롤스는 자유주의적 전통인 정치의 중립성을 유지하면서도 정치적 덕성의 중요성을 인정하여 자유주의적 민주주의가 유지되도록 한 것이다.(Tütüncü) 말하자면, 롤스는 인간이 자신의 이익을 가지며 경쟁한다는 것을 인정하면서 다른 한편으로 개인이 공적인 특성이 있으며 정의감을 가진다는 것도 인정한다. 롤스는 공동체주의자도 아니며 덕성에 의한 정치를 지지하는 것도 아니다. 그렇기는 하지만 덕성이 선한 생활에서의 개인적인 관념으로서의 윤리적이 아니라 정치적인 덕성을 인정하는 것이다. 공정으로서의 정의는 시민성(civility), 관용, 합당성과 공정에 대한 감각과 같은 정치적 덕성을 포함한다. 이것은 정치적 자유주의가 절차와 그 목표에서 중립적이라고 보여질 수 있다고 하더라도 어떠한 형태의 도덕적 특질이 탁월하다는 것을 인정하고 어떠한 도덕적 덕성을 고무할 수 있다는 것을 의미한다.(*PRID*, 263)

   이상과 같이 보면, 롤스는 정치적 자유주의라는 한계 내에서 정치적 자유주의를 유지할 수 있는 덕성을 강조하였다고 볼 수 있다. 롤스는 다원주의를 수용하지 않을 수 없기 때문에 포괄적인 교의에 의한 사회적 연합을 배제하는 것은 분명하다. 그러나 질서 정연한 사회는 자신의 이익만을 위하는 사적인 사회가 아니며 가장 기본적인 정치적 목적을 공유하는데 이는 정의로운 제도를 지지하고 서로에게 정의롭게 한다는 목적을 가지고 있다.(PRID, 269) 이에 필요한 덕성을 정치적 자유주의의 한계 내에서 강조한 것이다. 그렇다면 공동체주의자들이 주장하는 덕성과 범위와 내용은 다를 수 있겠지만 덕성의 역할을 도외시하였다고는 볼 수 없는 것이다. 이상과 같이 보면, 올바름이 우선하여야 한다고 하더라도 우선성이 선에 대하여 보완적이라는 것을 부정하지는 않는다.(PRID, 273) 게다가 적어도 질서가 잘 잡힌 사회라는 상황에서는 정의와 선성은 합치한다.(TJ, 395) 질서가 잘 잡힌 사회에서 선에 대한 시민의 관념은 공적으로 인정된 올바름이라는 원칙에 따르며 다양한 일의적 선에 대한 적절한 위치를 포함하고 있기 때문이다.(TJ, 395-6)

V. 결어

이상에서 우리는 롤스가 원초적 입장을 설정하는 데에는 칸트에 의존하였지만, 질서가 잘 잡힌 사회에서는 헤겔의 공동체적인 요소를 많이 받아들였으며, 게다가 정치적 자유주의라는 한계 내이지만 덕성의 역할을 무시한 것이 아니라는 것을 알 수가 있다. 덕성을 무시하지 않은 것은 공정으로서의 정의로 질서가 잘 잡힌 사회에서는 공동체의 선을 실현하는 바탕이 덕성이라고 본 것이다. 그 사회는 정의를 지탱해주는 사회적 연합으로 이루어져 있으며 그 연합에서 구성원은 서로가 추구하는 바와 탁월함을 존중할 것이기 때문이다. 그 사회는 또한 사회적 연합들의 연합일 것인데 거기에서 "정의로운 제도를 성공적으로 수행하는 것은 사회의 모든 구성원의 공유된 최종적 목적이며, 이들 제도적 형태는 그 자체로서의 선이라고 소중히 여긴다."(*TJ*, 527) 이렇게 되면, 정의의 두 원칙에 따른 정의감은 개인의 선과 일치하게 된다. 즉 개인에게 정의로운 것은 선한 것이 된다. 헤겔의 공동체적인 요소를 받아들이고 덕성을 무시하지 않은 것이 의미하는 바는 공동체주의자들이 롤스를 비판할 때 상정하는 공동체와는 다르지만 롤스는 질서가 잘 잡힌 사회에서 공동체적인 요소를 많이 수용하고 있으며, 공동체주의자의 비판을 벗어날 수 있는 여지가 많다는 것을 알 수 있다.

롤스의 이론에서 공동선 관념이 결여되어 있다는 비판을 받는 근본적인 이유는 일의적 선이나 정의의 원칙이 담고 있는 선들은 결국 개인의 입장에서 고안되고 만들어진 것이라는 점에 있다. 즉 선의 내용이 개인주의적이다. 자유주의가 그렇게 되지 않을 수 없는 이유는 개인으로 하여금 자신의 정당한 선의 몫을 가지고 자신이 선택한 삶을 자유롭게 추구할 수 있는 개인들의 권리를 보장해주자는 데 주안점이 있기 때문이다. 그러나 이기적인 자기만족을 추구하게 한다는 이기주의가 아니라 모든 개인의 자유와 자율성을 존중한다는 의미에서의 개인주의야말로 곧 공동선이 된다고 볼 수 있는 것이다.(스위프트, 225) 롤스는 이렇게 답하는 셈이다.

그렇다면 공동선에 대한 롤스의 입장은 무엇이라고 보아야 하겠는가? 롤스는 다수의 이익을 강조하는 공리주의를 배격하고 개인의 권리를 중심으로 하는 정의이론을 제시하였다. 그리고 그는 자신의 정의의 두 원칙은 자유, 평등 그리고 공동선에 기여하는 봉사에 대한 보답이라는 세 가지 관념의 복합체라고 주장한다.(*JF*, 165; *JR*, 193) 게다가 차등 원칙이 불평등을 정당화하지만 최소 수혜자의 입장을 나아지게 함으로써 우의라는 감정을 제도화하였다고 볼 수 있다. 요컨대, 차등 원칙으로 정당화된 불평등은 우의와 조화를 이룰 수 있다.(스위프트 2012, 169-170) 정의의 두 원칙이 세 가지 관념의 복합체라는 주장이 의미하는 바는 롤스 자신은 공익과 사익을 조화시켰다고 생각한다는 점이다. 정의의 두 원칙으로 개인의 자유와 권리를 보장하였으며, 차등 원칙으로 실질적인 자유의 가치를 평등하게 하여 적극적 자유를 향유하게 하였다. 모든 사람에게 타당하다고 여겨지는 권리를 평등하게 향유하게 하는 것이 반드시 공동선에 어긋나는 것이 아니다. 최대한의 자유를 평등하게 가지는 것 자체가 공동선이거나 각자의 선을 추구하여 공동선을 달성할 수 있는 여건을 마련하는 것이라고도 볼 수 있다. 소수를 희생시킴으로써 공동선을 달성할 수는 없으며 공익을 위한다는 명분으로 개인의 자유와 권리를 희생시키는 것이 공동선이라고 볼 수 없는 것은 분명하기 때문이다. 공리주의를 극복하고자 하는 정의의 두 원칙은 이러한 일이 일어나지 않도록 하였다. 이렇게 하여 정의의 두 원칙은 자유, 평등 그리고 공동선에 기여하는 봉사에 대한 보답이라는 세 가지 관념의 복합체라고 보기 때문에(*JF*, 165), 롤스는 정의의 두 원칙이 적어도 공동선에 기여할 수 있는 조건을 마련한다고 보는 것이다.

롤스는 각자로 하여금 자신의 선을 추구하여 인생에서 자신이 목적한 바를 달성할 수 있도록 기대하는 데 필요한 일의적 선을 원칙에 따라 평등하게 제공할 뿐이다. 그렇다면, 롤스는 개인들로 하여금 자신의 선을 추구하는 기회와 자유를 부여하는 것이지 개인들로부터 실질적인 가치에 대한 합의를 도출하도록 하지는 않는다. 합의에 도출하게 하는 것은 포괄적인 교의를 따르게 하는 것인데 다원주의 사회에서 정치적 자유주의를 주장하는 롤스로서는 받아들일 수 없다는 것을 명확히 하고 있다. 실질적인 가치의 합의에 대하여 롤스는 정의의 두 원칙과 우선성 그 자체로서 가치의 서열이 정하여진 것이며 이미 이에 대하여서는 원초적 입장에서 합의한 것이라고 롤스는 답할 것이다. 즉 롤스의 경우에는 사회적인 일의적 선을 가능한 평등하게 보장되도록 하는 것이 개인으로 하여금 자신의 선을 추구하게 하는 것이며, 자기의 선을 추구하게 함으로써 공동선이 추구될 것이라고 생각하는 것이다. 말하자면, 원초적 입장에서 정의의 두 원칙을 택하게 되고 그 원칙에 따라 살아가게 되는 것이 바로 공동선이라고 보는 것 같다. 그래서 개인의 이익에 반하는 공동선이 있을 수 있다는 것을 롤스는 염두에 두지 않는 것 같다.(Haldane, 73) 따라서 정의 그 자체가 하나의 선이며(*PRID*, 270), 자유주의적 정의 그 자체가 하나의 공동선일 수도 있다. 즉 자유주의 국가는 정의로운 사회가 가치라는 공동선을 증진시키는 공동체라고 볼 수도 있다.(스위프트 2012, 224; 235)

그렇게 롤스가 볼 수밖에 없는 이유를 다음과 같은 롤스의 언급에서도 찾을 수 있겠다. 정의는 사회 제도가 가진 많은 덕성 중에서 하나만을 대변한다고 여겨져야 한다. 제도는 정의롭지 않으면서 시대에 뒤떨어지고, 비효율적이며, 혹은 타락할 수도 있기 때문이다. 그런데 정의는 선한 사회에 대하여 모든 것을 포함하는 비전과 혼동하지 말아야 하며 올바름이라는 개념과 같은 것으로 생각하여서도 아니 된다. 정의는 선한 사회에 대한 관념 중에서 단지 한 부분일 뿐이며 올바름의 한 종(種)일 뿐이다. 정의의 평상적인 의미는 임의적으로 구별하는 것을 막고 관행의 구조 내에서 적절한 몫, 경합하는 주장들 사이에 적절한 균형을 확립하는 것이다.(*JR*, 191)

◇◇◇ **참고문헌** ◇◇◇

스위프트, 애덤. 2011.『정치의 생각』. 김비환 옮김. 개마고원.

Bialobrzeski, A. J. Ried and P. Dabrock. 2012. "Differentiating and Evaluating Common Good and Public Good," *Public Health Genomics* , Vol. 15, No. 5, pp. 285-292.

Bell, Daniel. 1993. *Communitarianism and Its Critics*(Oxford · New York: Oxford University Press.

Bosanquet, Bernard. 1951. *The philosophical theory of the State*. London: Macmillan and co. limited.

Buchanan, Allen. 1999. "Revisability and Rational Choice" inHenry S. Richardson and Paul J. Weithman, ed. *The Philosophy of Rawls: A Collection of Essays*. New York and London: Garland Publishing, Inc. vol. 1, pp. 179-192.

Cochran, Clarke E. 1978. "Yves R. Simon and 〃The Common Good 〃: A Note on the Concept", *Ethics,* Apr., Vol. 88, No. 3, pp. 229-239

Freeman, Samuel. 2003. "Introduction", in his edited. *The Cambridge Companion to Rawls*. Cambridge , Mass. : Cambridge University Press. pp. 1-61.

Haldane, John. 1996. "The Individual, the State, and the Common Good," *Social Philosophy and Policy*, vol. 13, issue 1(Winter), pp. 59-79.

Hegel, G. W., 1977. *Hegel's Philosophy of Right*, translated by .T. M. Knox. Oxford: Oxford University Press.

Honohan, Iseult. 2002. *Civic Republicanism*. London: Routledge.

Rawls, John. 1958. "Justice as Fairness", *Philosophical Review*, LXIV, pp. 3-32.(*JF*라고 약칭함)

_____. 1971. *A Theory of Justice*. Cambridge, Mass.: The Belknap Press of Harvard University Press/Oxford: Oxford University Press.(*TJ*라고 약칭)

_____. 1977. "The Basic Structure as Subject," *American Philosophical Quarterly*, 14, pp. 159-165.

_____. 1980. "Kantian Constructivism in Moral Theory: The Dewey Lectures 1980," *Journal of Philosophy*, September, pp. 515-572. (*DL*이라고 약칭)

_____. 1988. "The Priority of Right and Ideas of the Good", *Philosophy &Public Affairs*, Autumn, Vol. 17, No. 4. pp. 251-276. (*PRID*라고 약칭)

_____. 1993. *Political Liberalism.* New York: Columbia University Press.(*PL*이라고 약칭).

_____. 1999. "Justice as Reciprocity," in *Collected Papers,* Samuel Freeman. (ed.) Cambridge, M. A., : Harvard University Press. pp. 190-224.(JR로 약칭)

_____. 2001. *Justice as Fairness: A Restatement.* E. Kelly (ed.) Cambridge, MA: The Belknap Press of Harvard University Press.(*JFR*이라고 약칭함).

Pogge, Thomas. 2007. *John Rawls: His Life and Theory of Justice.* trs, by Michelle Kosch. Oxford: Oxford University Press.

Sandel, Michael. 1982. *Liberalism and the Limits of Justice* (Cambridge: Cambridge University Press.

Schwarzenbach, Sibyl A.. "Rawls, Hegel, and Communitarianism," in Paul J. Weithman, ed. *The Philosophy of Rawls: A Collection of Essays.* New York and London: Garland Publishing, Inc. 1999, vol. 4, pp. 261-293.

Sessions, William Lad. 1981. "Rawls's Concept and Conception of Primary Good," *Social Theory and Practice,* Fall. Vol. 7, No. 3, pp. 303-324

Selznick, Philip. 1998. "Foundations of Communitarian Liberalism", in Amitai Etzioni. ed. *The Essential Communitarian Reader* (Lanham · Boulder, New York, Oxford: Rowman & Littlefield Publishers Inc., pp. 3-13.

지구시민의 정체성과 횡단성[1]

이동수(경희대 교수)

1. 서론

20세기 후반부터 급속하게 진행되고 있는 지구화는 우리 삶에 커다란 변화를 초래하고 있다. 국가의 울타리는 점차 낮아지고 사회적 삶의 영역은 국경을 넘어 전 세계적으로 다양한 국면에 걸쳐 펼쳐진다. 물론 지구화 시대에도 국경은 엄연히 존재하며 국가의 주권은 여전하다. 그러나 이제 전통적 의미의 국민이

---

[1] 이 글은 『21세기정치학회보』 20집 3호(2010)에 게재된 필자의 "지구시민의 정체성과 횡단성"을 수정한 것이다.

나 시민의 문제는 새로운 국면을 맞고 있다.

지구화 시대 우리는 단순히 한 국가의 국민이나 시민으로만 규정될 뿐만 아니라, 국민국가의 틀을 넘어 '지구시민(global citizen)'이라는 범주 속에서 이해된다. 헬드(D. Held) 같은 경우는 이런 '범세계적 시민(cosmopolitan citizen)'의 출현을 옹호하면서 시민의 보편적 권리를 강조한다(Held 1995). 또한 포크(R. Falk)는 오늘날 지구시민들이 일국의 제한을 넘어서 자신의 희망과 꿈으로 이루어진 보이지 않는 공동체에 충성을 바치는 '시민순례자(citizen pilgrims)'에 대해 논하고 있다(Falk 1995).

그런데 지구시민으로서의 정체성은 국민국가 체제에서의 국민이나 시민의 정체성과는 근본적으로 다르다. 왜냐하면 보편성에 근거한 근대적 국민국가에서는 민족, 이념, 언어, 종교, 문화 등에 있어서 비교적 단일한 성격의 정체성을 갖는 반면, 여러 국민국가의 정체성들이 함께 모이는 지구촌에서는 보다 복합적인 다양성 속에서 정체성을 논해야 하기 때문이다. 뿐만 아니라 상황을 더욱 어렵게 만드는 것은 아직도 국민국가의 틀이 작용하고 있는 현실 속에서 지구시민은 한편으로 단일하고 분명하며 오랫동안 자신을 규정해온 국민국가의 일원으로 존재하면서도 동시에 보다 복합적으로 이루어진 지구촌의 구성원이라는 의식을 동시에 안고 살아가고 있다는 점이다.

따라서 오늘날 지구시민의 정체성을 논하고자 한다면, 이를 단순히 예전과 같이 한 개인이 자신의 개별성을 뛰어넘어 한 국민국가 일원으로서의 보편성을 획득하는 과정과 동일한 것으로 이해해서는 안 된다. 오히려 국민국가의 보편적 정체성조차도 하나의 개별성이 되어 지구촌의 복합적인 정체성을 구성하는 새로운 양상을 추적해야 한다. 이러한 정체성의 문제는 단순히 근대성이 철학적으로 기반하고 있는 '개별성(particularity)'과 '보편성(universality)'의 이분법적 사고로는 해결될 수 없다. 그런 점에서, 헬드나 포크같이 지구시민의 보편성에 주목하는 것은 지구시민의 정체성을 오도할 우려가 있다.

우리가 고려해야 할 것은 개별성과 보편성의 이분법과는 다른 기준이나 개념이 필요하다는 점이다. 필자가 보기에, 이런 다른 기준으로 가장 적실해 보이는 것은 포스트모더니스트들이 제시하고 있는 '횡단성(transversality)' 개념이다. 이때 횡단성이란 개별성을 보존하면서도 그 개별성들 간의 교차, 횡단, 소통을 통해 일련의 연대적, 집합적 공동성을 이루는 것을 말한다. 즉 개별자들의 개체성을 유지하면서도 그 개체들 간의 소통 가능성(communicability)을 높여 상호 이해와 어떤 공감대를 형성함으로써, 다양성과 공동성을 동시에 획득하는 것을 일컫는다.

이런 횡단성에서는 '교차하는(across)', '함께 나란한(col/

lateral)', '가로지르는(intersecting)' 등에 강조점이 두어진다. 원래 이 용어는 계보학, 기하학, 광학, 패조류학 등에서 주로 사용했으며, 가타리(F. Guattari)가 사회과학적 용어로 재발견하여 개념화하면서 인문사회 분야에서 비로소 쓰이기 시작했다. 여기서 횡단성이란 "이미 구획되어 있는 자신의 틀을 뛰어넘어 일치하지는 않지만 타자와 수렴하는 성질"을 지칭하며, "상이한 문화들 간의 경계선을 가로지르는 진리의 교차로이며 진리에 대해 상호 문화적으로 생각하는 방법"(Jung 1995, 15)을 가리킨다.

이와 같은 횡단성 개념은 오늘날 개별적인 한 국가의 구성원이며 동시에 다양성에 기초한 지구촌을 형성하는 구성원을 가리키는 지구시민의 정체성을 이해하는 데 도움이 될 것이다. 이 글은 이러한 문제의식 아래, 횡단성을 탈근대 시대의 특성으로 설명하고 있는 쉬라그(C. O. Schrag), 가타리, 정화열(H. Y. Jung)의 논의를 살펴보고, 이것이 오늘날 지구시민의 정체성 문제에 주는 함의에 대해 알아보고자 한다.

2. 통합의 동학과 횡단성: 쉬라그

현대사회엔 근대성이 상정하고 있는 것과 같이 보편적 단일성으로 재단할 수 없을 정도로 다양성과 차이가 존재하고 있다.

이에 직면하여 포스트모더니스트들은 다양성과 차이를 근본적으로 공약불가능한(incommensurable) 실재로 인정하고 그것들을 상수로 간주한다. 즉 인간사에 있어서 차이(difference), 차연(différance), 불일치(différend), 이질성(heterology), 이종언어(heteroglossia) 등은 필연적이며 보존되어야 한다는 것이다.

쉬라그는 근대 이성이 보편적 단일성을 추구함으로써 다양성과 차이를 억압하고 있으며 배타적 특성을 지닌다는 포스트모더니스트들의 주장에 동의한다. 하지만 포스트모더니스트들의 이성 자체에 대한 부정, 보편성 자체에 대한 해체에는 동의하지 않는다. 단순히 다양성과 차이만 강조되고 이것들을 아우를 수 있는 방법론이 없다면, 세상은 다양성과 차이의 거만한 독선으로 얼룩질 것이다. 따라서 보편적 이성에 대한 대안으로 필요한 것은 근대성과 포스트모더니즘을 가로지르는 새로운 '합리성의 재형성'이다. 쉬라그는 이렇게 재구성된 합리성을 '횡단성'이라 부르며, 근대 보편성 개념을 탈근대 보편성 개념인 횡단성으로 대체하고자 한다.

횡단성은 근대성과 탈근대성, 보편성과 개별성 사이의 의사소통을 강조한다. 이는 근대성이 기반하고 있는 이성중심주의를 타파하고 의사소통적 합리성의 다차원적인 로고스들을 인정하는 것으로서, 특수성을 통합하고 다양성을 작동시켜 차이들 사이의 소통을 촉진하려는 것이다. 하지만 이러한 '횡단적 의사소통(transversal communication)'은 하버마스(J. Habermas)가 말하는 '보편적 의사소통(universal communication)'과는 그 의미가 다르다. 하버마스는 차이들 사이의 의사소통을 가능케 하고 이를 촉진하기 위해 보편성에 근거한 '타당성 요구들(validity claims)'과 '이상적 담화상황(ideal speech situation)'과 같은 보편적 이상화(ideation)의 조건을 내세운다. 그러나 쉬라그가 보기에, 이는 모든 시공간의 한계를 뛰어넘으려는 의도를 갖고 있으며, 따라서 차이와 다양성이 보존되는 '의사소통적 실천(communicative praxis)'과는 동떨어져 있다. 즉 의사소통의 실천보다는 의사소통을 위한 선험성에 대해서만 이야기함으로써, 횡단성보다는 또 다른 종류의 근대적 보편성 수립을 도모하고 있는 것이다(Schrag 1986, 202).

이와 달리 의사소통적 실천으로서의 횡단성은 차이와 다양성에 대한 근본적인 인정을 전제한다. 이런 가운데 의사소통을 한다는 것은 세계로부터 단절된 외롭고 단자적인 자아들이 자신의 고립을 넘어 차이와 다양성의 세계에서 타자를 우연히 만났을 때 '적합한 응답(fitting response)'을 보이는 것이다. 원래 에토스(ethos)란 용어도 보편적 윤리를 말하는 것이 아니라 오랜 전통 속에서 살아온 실존적 주체가 타자의 말이나 관행을 우연히 접했을 때 적합하게 반응하는 것으로서의 윤리를 뜻하며, 이는 곧 소통이 윤리성과 책임성의 문제를 내포하고 있음을 의미한다.

따라서 횡단성은 차이들이 서로에게 적합하게 반응함으로써 상호 간의 소통 가능성을 높이고 이를 토대로 다양성을 보존하는 종합을 일컫는다. 요컨대 횡단성이란 차이들 사이에 "동시성이 없는 수렴(convergence without coincidence), 일치함이 없는 결합(conjuncture without concordance), 동화가 없는 중첩(overlapping without assimilation), 흡수가 없는 연합(union without absorption)"(Schrag 1997, 128)을 추구하는 개념인 것이다.

쉬라그는 이러한 횡단성의 단초를 먼저 사르트르(J. P. Sartre)에서부터 찾는다. 사르트르는 횡단성이란 용어를 사용하고 있지는 않지만 '의식의 통일(unity of consciousness)'에 관해 논하면서 횡단성 개념의 적용 가능성을 처음 인식했다는 것이다. 먼저 사르트르는 후기 훗설(E. Husserl)의 '선험적 자아(transcendental ego)'에 대해 비판한다. 후기 훗설은 의식의 시간성 속에서 의식의 흐름을 통합(unification)하는 행위자 역할을 선험적 자아가 수행하고 있다고 보는데, 이는 지나친 선험주의적 해석이다. 하지만 초기 훗설은 시간의 '파지(把持, retention)'와 '예지(豫持, protention)' 개념을 통하여 한 시점에서 과거와 미래가 어떻게 역동적으로 통합되는지를 잘 보여준다. 즉 의식은 과거 의식의 구체적이고 실제적인 '파지'와 미지의 미래에 대한 '예지'의 두 '횡단적 지향성(transversal intentionalities)' 작업을 통해 현시점에서 자기 자신을 통합하고 있다는 것이다.

여기서 사르트르가 강조하는 것은 보편적이고 비시간적인 선험적 자아는 의식의 통일을 설명하는데 피상적으로 남아 있을 뿐이며 따라서 선험적 자아는 의식의 통일에 있어서 아무런 실천을 하고 있지 않은 반면, 의식이 통일성을 얻는 것은 바로 의식의 횡단적 실천 기능 때문이라는 사실이다(Sartre 1957, 39). 이때 의식은 과거 의식의 순간들을 어떤 특정한 순간으로 동일시하여 공고화시키지 않고 이를 넘어 확장하고 재방문하면서 의식에 통합시킨다.

쉬라그는 이러한 사르트르의 논의가 근본적인 선험은 의식의 보편성에 근거하지 않고 횡단적으로 작동한다는 것을 상정하고 있다고 본다. 즉 사르트르에 있어서 초월적인 통합은 선험적 자아에 의해 이루어지는 것이 아니라, 경계를 넘어 확장하고 의식의 힘과 계기들을 증폭시키는 횡단적 실천들의 '통합의 동학(dynamics of unification)'에 의해 형성된다는 것이다(Schrag 1997, 129). 따라서 통합은 어떤 보편적인 목표지향적 원칙에 근거해 이루어지는 것이 아니라, 확장하는 가능성들을 열려 있는 채로 모으는 횡단성의 진행에 근거해 이루어진다. 그리하여 통합은 항상 최종적 결과를 전제하는 것이 아니라, 통합의 과정 즉 'ing'의 형태로 나타나기 마련이다. 이런 통합은 서로 다른 신념체계, 서로 다른 해석 관점, 서로 다른 관심영역들을 넘나드는 사유와 소통을 전제한다.

횡단성의 단초는 들뢰즈(G. Deleuze)의 문학비평에서도 발견된다. 쉬라그에 의하면, 들뢰즈가 프루스트의 소설 『잃어버린 시간을 찾아서』를 분석하면서 사용한 '회상' 개념은 횡단성을 전제해야만 가능하다. 먼저 들뢰즈는 프루스트의 '회상(reminiscence)'과 플라톤의 '상기(recollection)' 개념을 대조시킨다. 플라톤에 있어서 상기는 안정적이고 변하지 않는 이데아 혹은 본질을 다시 회복하는 성격을 갖고 있다. 즉 상기란 불변하는 물 자체(thing in itself)로서 이데아를 기억하는 것이다. 그리고 설사 시간성 속에서 나중에 발견되더라도, 그것은 이데아로서 과거에 이미 존재했던 그 어떤 것을 다시 기억해내는 것이다.

그러나 프루스트에 있어서 회상은 이미 존재하는 어떤 본질적인 것을 기억해내는 것이 아니라, 과거를 창조적인 관점에서 다시 회복시키는 성격을 지닌다. 즉 변하지 않는 어떤 본질을 기억하는 것이 아니라, 현재와 미래의 시점에서 과거를 재해석하는 것이다. 그리하여 프루스트에 있어서 회상은 "더 이상 플라톤식의 현상에서부터 객관성으로 나아가는 것이 아니라, 영혼의 상태와 그와 연관된 연결고리들로부터 창조적 혹은 초월적 관점으로 나아가는"(Deleuze 1972, 97-98) 행위인 것이다. 요컨대 프루스트의 회상은 과거를 단순히 기억하거나 상기하는 것이 아니라 새로운 것을 창조하는 보다 풍부한 개념을 제공한다.

들뢰즈는 이러한 프루스트의 회상 개념엔 기억에 대한 '통합의 동학'이 전제되어 있다고 본다. 기억의 통합 속에는 안정적이고 변하지 않는 본질의 동일성에 근거한 통일성이 존재하는 것이 아니라, 회상 속에서 과거에 대한 관점들의 통합이 새로이 이루어지고 있다는 것이다. 따라서 통일성이란 이미 존재하는 그 무엇이 아니라 나중에 성취되는 어떤 것이다. 통일성은 단일한 정체성이나 변하지 않는 동일성에 근거하는 것이 결코 아니다. 그리하여 들뢰즈에 의하면, 통일성은 "항상 횡단성의 차원내에 있으며, 횡단성 속에서 통일성과 전체성은 어떤 전체화시키는 사물이나 주체 없이 스스로의 힘으로 형성"(Deleuze 1972, 149-150)된다.

결국 쉬라그는 사르트르와 들뢰즈에 대한 논의를 통해 통일성이란 이미 존재하는 그 무엇이 아니라 개별적인 것들이 횡단성을 통해 열린 소통으로 이루어진 통합하는 과정에서 형성되는 어떤 것이라고 주장한다. 따라서 통일성은 횡단적 통합이란 말로 대체되어야 하며, 이는 하나의 문화영역이 다른 것을 중층 결정하는 보편적 차원의 원칙을 찾는 것이 아니라, 다양한 관점, 다양한 신념체계, 다양한 관심영역을 서로 방문하면서 소통을 통해 얻어진다고 본다. 이런 횡단성이야말로 근대적 보편성을 주장하는 과학주의, 도덕주의, 혹은 복음주의 등과 같은 어떤 문화적 헤게모니에 대항할 수 있는 지점을 제공하며, 타자성의 지평을 열어주고, 또한 진정으로 근본적인 초월을 가능케 하는 계기가 된다고 결론짓는다(Schrag 1997, 133).

3. 집단과 횡단성: 가타리

앞서 언급한 바와 같이 사회과학에서 횡단성 개념을 처음 도입한 사람은 가타리이다. 물론 가타리의 연구 중 대부분은 들뢰즈와의 공동작업으로 이루어졌지만, 들뢰즈도 인정하고 있듯이 횡단성 개념을 정립한 것은 가타리의 공헌이라고 할 수 있다(Deleuze 2000, 24).

가타리가 사회과학에 횡단성 개념을 도입하게 된 계기는 집단에 대한 연구 때문이다. 그가 보기에, 근대적 집단이론은 집단과 조직에 대한 올바른 이해를 제공하고 있지 못하다. 근대이론은 집단 내에 동질적인 정체성이 클수록 강한 집단이 될 수 있다고 생각하는 데 비해, 가타리는 한 집단이 유지되고 주체적인 역할을 하기 위해서는 그 집단 내에 횡단성이 있어야 한다고 본다. 또 근대이론은 한 집단을 유지하기 위해 수직성이나 수평성을 조직원리로 삼고 있는데, 횡단성은 이를 대체하려는 시도라는 것이다(가타리 2004, 144-145).

가타리에게 횡단성은 보편성이나 수직성(verticality) 및 수평성(horizontality)과는 근본적으로 다른 개념이다. 보편성은 '동일성의 논리(logic of identity)'를 전제하는데, 이는 보편적 이성으로 다양한 현상들을 동일화시키려는 의도를 갖고 있다. 보편성이 '동일성의 논리'를 작동시킬 수밖에 없는 이유는 이질적인 것들을 하나로 통합하여 부를 때에만 이질적 요소들이 사라지고 동일성과 연속성만 남게 되는 등질화 현상이 가능해지기 때문이다. 요컨대 보편성은 동일하지 않은 것을 동일한 것으로 환원시킬 때에만 형성될 수 있다는 것이다.

동일성이 존재한다고 상정하면 상이해 보이는 현상적인 개별성들을 동일한 기준에 따라 객관적으로 평가할 수 있고, 그럼으로써 개별자들 사이에 자연스럽게 우열관계 혹은 위계질서가 생기게 된다. 그리하여 보편성과 동일성에 기반하게 되면 일종의 나무(tree) 구조와 같이 위와 아래가 구분되며, 그것들 사이에 배타적으로 연결된 수직성이 생기기 마련이다.

그런데 이러한 나무 구조 속에서는 즉 하나의 집단 내에서의 위계질서 속에서는 명령-복종 관계만 형성되면 집단이 잘 유지될 것 같지만, 사실은 그렇지 않다. 왜냐하면 나무의 예에서 보는 바와 같이, 한 줄기와 연결된 가지들 사이에서만 위계질서가 성립되고, 그 나무의 다른 줄기에서 뻗어 나온 가지들과는 서로 연관성을 갖지 않기 때문에 전체 조직의 응집력은 오히려 약화된다. 즉 위계적 체계 내에서는 자신의 상급자만 인정하고 충성을 바칠 뿐이지 전체 조직의 통합이 이루어지는 것은 아니다.

그렇다고 해서 수직적인 위계성을 버리고 수평적인 조직을 만든다손 치더라도 동일성에 기반한 수평성 사이에서는 어떤 유기성이나 통합력이 발휘되지 않고 여러 개체들 간의 파편화가 나타난다. 즉 병렬적 다양성만 존재하고 그것들의 질적인 차이나 그런 차이에서 연유되는 어떤 상관관계는 배제된 채, 여러 동일성들의 나열만 존재하게 된다. 이런 상태에서는 명목적인 평등만 있을 뿐, 차이와 다양성들 간의 유기적 결합에서 나타나는 기능적 혹은 유기적 평등은 부재한다. 그 결과 집단의 통합은 요원해지고 그 집단은 제 기능을 다할 수 없게 된다.

이와 달리 한 집단에게 필요한 것은 횡단성이다. 가타리에게 있어서 횡단성이란 개별자들이 전제된 상태에서 이 개별자들이 점차 타자를 인식하고 '횡단성 계수(coefficient of transversality)'를 늘려가면서 그 개별자가 타자와 함께 주체적 집단을 형성하는 것을 의미한다. 여기서 횡단성 계수란 말들에게 눈가리개를 하고 울타리가 쳐진 들판에 풀어놓았을 때, 그 눈가리개를 조절함으로써 말들 간의 충돌을 방지하고 서로 조화롭게 간격을 유지하면서 울타리 내에게서 충돌 없이 살 수 있도록 하는 정도를 말한다. 즉 말들에게 씌워진 눈가리개를 점차 열어주는 것이 횡단성 계수를 높이는 것과 같다는 것이다. 눈가리개를 열어주어야만 말들이 다른 말을 보면서 적절한 관계의 거리를 유지할 수 있으며, 횡단성이 있어야만 구성원들 사이에 적절한 관계의 거리가 유지될 수 있는 것이다. 이때 눈가리개를 여는 것은 타자를 열린 시각에서 인정하고 수용하는 것을 의미한다(가타리 2004, 145).

여기서 알 수 있듯이 가타리는 먼저 개별자를 전제한다. 한 필의 말, 한 명의 사람이 출발점이 되는 것인데, 이 개별자가 타자를 인식할 수 없도록 눈이 가려진 맹목적인 상태에서는 아무리 보편성과 동일성을 강조하더라도 이들 간의 충돌은 피할 수 없다. 오히려 보편성이나 동일성이 아니라 타자성을 인정한 후 그들 간의 횡단성 계수를 높여주는 것이 개별자들 간의 통합을 가능케 하고 집단을 유지하는 첩경이다.

횡단성이 존재하는 구체적인 사회적 집단의 예로 가타리는 정신병원을 든다. 정신병원은 다른 어떤 조직보다 다양하면서도 복합적인 하위집단과 개별자들로 이루어져 있으며, 이런 요소들을 어떻게 결합시킬 수 있는지가 조직의 성패를 가늠한다.

정신병원은 행정가, 이사들, 재무 담당자, 의사들, 간호사들, 보조간호사들, 환자들, 환자의 가족과 친구들 등 다양한 요소로 이루어져 있다. 여기서 하위집단들은 각자 다른 사회적 역할을 수행하고, 다른 기술과 지식, 다른 이해관계 및 관심을 갖고 있다. 이런 복합적인 조직이 잘 기능하기 위해서는 다른 집단들 사이의 어떤 조화로운 통합이 요구된다. 그런데 만약 수직성에 따라 조직을 운영한다면, 아래로부터의 압력을 받기 쉬우며, 수평성에 따른다면 중요한 결정을 쉽게 내리지 못하고 하위집단들 간의 타협에만 의존하게 된다.

즉 조화로운 통합은 의사결정의 헤게모니를 단순히 하위자를 상급자에 종속시킨다고 해서 성취되는 것이 아니며, 그렇다고 해서 의사결정이 서로 정책과 스타일이 다른 수평적으로 나열된 집단들의 자율성에 따라서도 안 된다. 집단을 넘어서는 대각선 운동을 통해 얻어지는 횡단적 명령과 소통이 있어야 조화로운 통합이 가능하다. 이는 타자성과 각각의 진정성을 인정하면서 이루어진다. 그리고 그 과정을 따라 필요한 수정과 조정이 이루어진다. 하나의 헤게모니 집단에 의한 통합을 피하고 혼돈된 다원주의로부터 탈피하면서 일치 없는 수렴에 이르는 것이다. 요컨대 횡단성은 "순수한 수직성의 난국과 단순한 수평성의 난국을 모두 극복하고자 하는 것으로서, 다른 수준들, 특히 다른 의미들에 있어서의 소통의 극대화가 있을 때 얻어지는"(가타리 2004, 146) 것이다.

결국 횡단성을 갖는 조직은 나무와 같이 하나의 지점에 정착하거나 하나의 질서를 고정하는 조직이 아니라, 서로 연결되어 있으면서도 변화가능한 땅 밑 줄기 즉 리좀(rhizome, 根莖)과도 같은 조직이 된다. 리좀이란 원래 식물학에서 사용하는 용어로서 구근(biulbs)이나 덩이줄기(tubers)와 같은 것을 지칭하는 말이다. 예컨대 칸나와 같은 식물의 땅 밑 줄기처럼 도중에 덩어리를 만들면서 제멋대로 이동해가는 망상(網狀) 조직을 뜻한다. 이런 조직은 또한 동물의 삶에서도 발견된다. 예컨대 들쥐들이 사는 굴도 일종의 리좀 조직이다. 왜냐하면 들쥐들은 서식하고, 식량을 조달하며, 이동하고, 은신출몰하는 것과 같은 기능들을 모두 잘 수행하기 위해, 자신의 굴을 사방으로 갈라지고 복잡하게 구성하여 이를 구근과 덩이줄기처럼 만들기 때문이다 (Deleuze and Guattari 1987, 5-12).

한편 횡단성은 유목적 사유와도 연관된다. 가타리에 의하면,

"횡단성은 바로 한 전선에서 다른 전선으로 옮겨가는 노마디즘(nomadism)"(가타리 1998, 38)이다. 이때 노마디즘은 한 곳에 정착하지 않고 유랑하는 유목민을 뜻하는 노마드의 삶의 방식을 지칭한다. 즉 유목민의 삶이 횡단성을 잘 보여주는 예라는 것이다. 유목민은 한 곳에 머물러 있는 정주민에 대치되는 개념으로서 탈영토화를 통해 이주하며 새로운 생성을 도모하는 특징을 지닌다. 국민국가 시대엔 대부분 보편성의 틀 내에서 정주민으로 살면서, 국가가 제공하는 안전, 경제, 질서 속에서 현실에 안주하는 삶을 산다. 하지만 이런 삶 속에서 정주민은 예속 집단화될 뿐이며, 자기 자신 주체로 살아가는 것은 아니다. 이와 달리 유목민은 정주민의 삶을 탈피하여 기존의 가치와 삶의 방식을 부정하고 불모지를 옮겨 다니면서 새로운 것을 창조하는 발을 내딛는다.

이런 유목민의 조직은 정주민의 조직과도 차이가 있다. 가타리는 사회의 종류를 원시사회, 국가사회, 유목사회로 나누는데, 그 특징은 각각 혈통적(lineal) 조직, 영토적(territorial) 조직, 번호적(numbering) 조직의 성격을 갖는다는 데 있다. 원시사회는 단일적 혈통에 의존하는 사회이며, 국가사회란 정주민이 영토라는 폐쇄되고 주름진 공간 속에서 삶을 영위하는 사회이다. 반면 유목민은 사막이나 초원과 같이 개방되고 매끄러운 공간에 흩어져 횡단한다. 그리하여 유목민은 자신의 혈통이나 영토에 얽매이지 않고, 즉 자기 자신에 얽매이지 않고 개방된 공간으로 나아가 탈영토화를 진행한다.

4. 탈서구중심주의와 횡단성: 정화열

한편 횡단성은 탈서구중심주의적 문제의식을 환기시킨다. 왜냐하면 그동안 근대가 추구했던 보편성이 진정한 의미에서의 보편성이라기보다 기실 유럽중심주의(Eurocentrism)에 기반한 것으로서 이를 대변한 것에 지나지 않는 측면이 있기 때문이다. 근대 서구가 과학기술과 이성의 발달에 힘입어 동양의 신비적이고 감성적인 사고를 열등한 것으로 폄하하면서 앞세운 이성중심주의(logocentrism)는 인류의 보편 그 자체는 아니다. 그렇다고 해서 오리엔탈리즘(Orientalism)이 그 대안인 것도 아니다. 오리엔탈리즘 역시 동양의 경험과 관점에 기반한 하나의 부분일 뿐이며, 따라서 인간 삶의 진정한 실체와 세상의 진실에 접근하기 위해서는 서양과 동양 간의 횡단성 확보가 필요하다.

이런 관점에서 정화열은 횡단성의 첫 단추를 탈서구중심주의에 둔다. 즉 횡단성의 핵심은 서구중심주의에서 벗어나 동양과의 소통을 시도하는 데 있다는 것이다. 정화열은 메를로-퐁티

(M. Merleau-Ponty)의 '나란한 보편(lateral universal)' 개념과 글리상(E. Glissant)의 '혼합성(hybridity)' 개념을 통해 탈서구중심적 횡단을 시도한다.

정화열이 보기에, 먼저 메를로퐁티는 비록 단일한 차원의 보편성을 횡단성이라는 개념으로 대체하는 데까지 이르지는 못했지만, 횡단성이라는 용어를 그의 미완의 저서 『보이는 것과 보이지 않는 것』에서 사용함으로써 적어도 횡단성의 단초를 보여준다. 특히 메를로퐁티는 서양문명의 한계를 지적하는데, 그 핵심은 서양문명이 고대로부터 세상이 움직이고 있다는 것을 생각하지 못한 데 있다. 특히 서양사상을 완성한 헤겔의 지적 노선은 오만하다고 본다. 왜냐하면 헤겔은 절대적이고 보편적인 지식과 관련하여 동양사상을 배제시키고, 철학과 비철학 사이에 지리적인 경계선을 그었기 때문이다(Jung 1995, 16).

메를로퐁티가 보기에, 철학이란 영원한 시작이며 그것은 진리에 대한 자체의 이념을 반복해서 재검토해야 할 운명을 지니고 있다. 또한 진리란 모든 철학 이전에 사람들의 생활 도처에 흩어져 있는 보물이며, 결코 철학의 원칙들로 나누어질 수 없는 어떤 것이다. 따라서 진리는 생활에 기반한 것인데, 동양의 생활을 폄하하고 그것을 철학적 구성에서 배제한 헤겔철학은 결코 진리에 접근할 수 없다. 따라서 메를로퐁티에게 모든 철학을 포괄하는 하나의 철학은 존재하지 않는다. 전체로서의 철학은 모든 철학들의 특정한 순간에 각각 존재한다. 요컨대 "철학의 중심은 어디든 존재하며 철학의 주변은 어디에도 없다(Merleau-Ponty 1964, 128)."

그런 점에서 모든 철학은 인류학적인 것이며, 따라서 어느 철학도 진리에 대해 특권을 갖거나 그것을 독점할 수 없다. 이런 인류학적 고려 없이 서구의 경험에만 근거한 보편성 개념은 "서구적 나르시시즘(Western narcissism)" 혹은 "인종중심적 무지(ethnocentric ignorance)"에 불과하다(Jung 2009, 423). 헤겔의 유럽중심주의적 철학은 서구만의 인류학적 경험을 인류의 보편적인 것으로 간주하고, 중국과 인도 등 동양의 인류학적 철학을 인종주의적인 것으로 폄하하는 우를 범했다.

그러나 메를로퐁티가 보기에, 동양은 과거부터 지금까지 비밀리에 그리고 묵묵히 철학에 공헌해왔으며, 따라서 철학의 전당에 영예로운 자리를 얻어야 한다. 서양철학은 동양철학으로부터 많은 것을 배울 수 있는데, 예컨대 인도와 중국 철학이 존재를 지배하기보다 존재에 대해 우리 자신을 되울리게 하는 음향판이 되고자 한 점은 서양철학의 존재론을 낳게 했던 최초의 사상을 되새기게 해준다. 요컨대 동양철학은 서양인들이 유럽인화되면서 닫아버렸던 가능성들을 재평가하고 다시 열 수 있도록 도움을 준다.

따라서 서양철학과 동양철학은 서로 나란히 관계를 맺어야 한다. 이는 다차원적인 진리를 추구하는 것이며 어떤 것도 당연시하거나 선입견을 갖지 않는다는 것을 의미한다. 이와 같이 메를로퐁티는 다차원의 관계를 통해 진리를 얻고자 하는데, 이를 객관적 과학이 추구하는 '지배적 보편(overarching universal)'과 구분하여 '나란한 보편(lateral universal)'이라 부른다.

이는 타자를 통한 자아의 성찰과 자아를 통한 타자의 끊임없는 검토, 그리고 민속기술학적(ethnographical) 경험을 통해 얻어지는 진리이다. 달리 말하면, 다양한 문화들의 경계를 넘을 수 있고 상호작용의 영역에 들어가 문화를 가로지르는 연결과 수렴을 발견할 수 있는 일종의 패스포트와도 같은 역할을 하는 것이다. 즉 '나란한 보편'을 가질 때 우리는 다른 국가, 다른 문화라는 차이를 지녔음에도 불구하고 거부당하지 않고 들어갈 수 있다는 것이다(Jung 2009, 425). 이는 우리의 것을 낯선 것으로, 또 낯선 것을 우리 자신의 것으로 바라보는 법을 배우는 것과 같다.

이때 '나란한 보편'은 민속기술학적 경험을 통해 얻어진다. 메를로퐁티는 특히 모스(M. Mauss)와 레비-스트로스(C. Lévi-Strauss)의 민속기술학 연구를 높이 평가한다. 민속기술학에서 말하는 '나란한 보편'은 우리 것을 남의 눈으로 보고, 남의 것을 우리 눈으로 보는 방법이다. 또한 이것은 남과 나를 구분하면서도 이를 연결해주는 역할을 한다. 구분하면서 연결한다는 것은 타자를 나 자신과 관련된 단순한 연장체로 간주하지 않고, 자아와 타자의 차이를 식별한 상태에서 연결 짓는 것을 의미한다(Jung 1995, 17). 1960년 레비-스트로스가 콜레쥬 드 프랑스 취임 강연에서 미개인들의 야만정신에 대해 감동적인 존경을 표현한 것도 바로 이 '나란한 보편'의 결과 미개사회가 모든 휴머니티를 보존하고 있다는 것을 발견했기 때문이다.

정화열은 '나란한 보편'에 대한 논의를 지나 한 걸음 더 나아간다. 서로의 왕래가 드물었던 근대엔 서구와 동양이 각각 나란한 보편을 이루었지만, 요즘과 같이 서로의 왕래가 빈번해지고 지구화가 깊어지면 점차 이 둘 사이의 '혼합성(hybridity)'이 나타나는데 이는 새로운 것의 창조를 일으키는 순기능을 한다는 것이다. 정화열은 그 예로서 카리브해 작가인 글리상의 논의를 검토한다.

교통의 통로였던 카리브해는 일찍이 피정복자인 원주민과 정복자인 유럽인들이 함께 사는 식민지 형태의 지구화를 경험했다. 식민지 시대엔 정복자인 유럽인의 문화를 보편적인 것으로 내세워 피정복자인 원주민의 문화를 그것에 하나로 흡수시키려 했지만, 탈식민지 시대인 오늘날 이 두 문화 간에는 서열도 없고 반드시 하나로 통일될 이유도 없다. 따라서 그 역시 헤겔식의 서구적 보편주의와 절대적 이성주의를 시대착오적이라고 비판하면서, "하나를 생각하는 것은 모두를 생각하는 것이 아니"(Glissant 1997, 33)라고 말한다.

글리상이 보기에, 헤겔의 역사의식은 단선적이고 위계적이며, 이런 역사의식은 식민지를 억압하고 식민통치를 정당화하기 위한 도구에 불과하다. 요즘과 같은 탈식민지 시대로 접어든 이상, 기존에 존재하는 다양한 문화는 아무런 편견 없이 대접받아야 한다. 오히려 카리브해 지역이 가진 다양성은 혼란이 아니고 경계를 넘어 상호관계를 맺고 그럼으로써 새로운 것을 창출할 수 있는 원동력이 된다(Glissant 1989, 98).

다양한 문화가 존재하는 한 그 문화들의 상호작용을 통해 경계를 뛰어넘는 조우(cross-cultural encounter)가 있기 마련이다. 이 조우가 제대로 이루어지려면 바로 횡단성이 필요하다. 횡단성 속에서만 다양한 문화들이 편견 없이 상호작용을 일으킬 수 있기 때문이다. 그리고 이런 상호작용을 통해 혼합성이 나타나며, 원주민과 유럽인의 혼합의 결과 혼혈인 크리올(creole)이 탄생한다. 크리올은 원주민도 아니고 유럽인도 아니며, 아프리카인도 아니고 아시아인도 아닌 새로운 존재이다.

요컨대 횡단성은 '관계 맺으려는 기도(a project to relate)'이며, 이를 통해 새로운 것이 탄생한다. 여러 작은 섬들로 이루어진 카리브해를 보면서 글리상은 이런 혼합적인 세계에서는 어떤 문화도 독립성(independence), 자기전거성(self-reference), 자족성(self-sufficiency)을 가질 수 없다고 설파한다. 각각의 작은 섬들이 모인 군도(群島)는 상호 의존과 상호 연결성의 상징을 이룬다는 것이다. 고대 중국의 격언처럼, 우주의 모든 것은 그 외의 모든 것과 관계되어 있으며, 따라서 어떤 것도 고립되어 존재하는 것은 없다(Jung 1995, 434).

정화열은 이런 논의들을 종합하여 횡단성에 대해 재숙고한다. 그가 보기에, 횡단성이란 지금까지 보편성으로 간주되어 왔던 것들이 사실은 서구적 경험만을 반영한 것으로서 전혀 보편적이지 않으며 동양의 문제를 빠트리고 있다. 그러나 횡단성은 오시덴탈리즘을 단지 오리엔탈리즘으로 대체시키는 것을 의미하는 것이 아니라 그 둘 사이의 '나란한 보편'을 통해 서열 없이 공존함을 의미하며, 여기서 한 걸음 더 나아가 다양성 사이에 조우와 관계 맺음을 통해 크리올화되어 새롭게 재탄생하는 것을 뜻한다. 요컨대 횡단성은 하나로 전체화시키는 것이 아니며, 단지 다양성을 그대로 내버려두는 것도 아니다. 오히려 대각선으로 건너감으로써 새로운 문을 여는 것이다. 즉 다양성 사이의 상호작용을 통해 나에게 결여된 것을 발견하고 부족한 것을 메움으로써 새로운 자아를 재발견하는 것이다(Jung 1995, 13).

5. 결론

　이상의 논의를 요약하면 다음과 같다. 첫째, 쉬라그는 근대성과 탈근대성 사이에서 근대적 보편성을 대체하는 탈근대적 보편성으로서의 횡단성 개념을 강조한다. 그리하여 쉬라그는 선험주의와 역사주의를 모두 탈피해 이미 존재하는 본질에 바탕한 '통일성(unity)' 대신 의사소통적 실천을 통해 통합을 추구하는 '통합의 동학(dynamics of unification)'을 강조하고, 횡단성을 이 통합의 동학을 가능케 하는 전제조건으로 이해한다. 둘째, 가타리는 횡단성을 수직성 및 수평성을 대체하는 개념으로 사용하면서 개별성이 보존된 상태에서 타인을 인식하는 정도를 '횡단성의 계수'로 파악한다. 횡단성은 나무와 같은 위계적 조직이 아니라 땅 밑 줄기와 같은 리좀 조직을 형성하는 원리로, 칸나와 같은 식물이나 고슴도치나 들쥐와 같은 동물들의 삶 그리고 유목민들의 삶 속에서 발견되며, 이를 탈영토화를 통해 개방된 공간으로 나아가 새롭게 창조하는 힘으로 이해한다. 셋째, 정화열은 횡단성을 무엇보다도 서구중심주의에서 탈피할 수 있는 계기로 파악한다. 메를로퐁티에서처럼 서양과 동양 사이에 '나란한 보편'을 상정해야 하며, 여기서 한 걸음 더 나아가 상호 교류가 빈번한 지구화 시대엔 글리상에서처럼 새로운 것을 창조하는 혼합성, 크리올주의가 횡단성의 결과로 나타난다.

이러한 횡단성에 대한 논의는 오늘날 지구시민의 정체성을 이해하는 데 중요한 단초를 제공해준다. 앞서 말한 바와 같이, 지구시민은 이중적 상황에 직면해 있다. 한편으로는 영토화를 통해 자신이 속한 국민국가의 일원임을 벗어날 수 없는 한편, 탈영토화를 통해 국경을 넘어 유목민처럼 지구촌의 넓은 들판으로 나아가고자 한다. 이런 상황에서 포스트모더니즘이 우리에게 주는 교훈은 이중성(duality)을 두려워하지 말고 이에 긍정적으로 대처하라는 것이다. 즉 이중성을 근대적 보편성과 동일성에 기준하여 모순적이거나 배리적인 것으로 간주할 것이 아니라, 인간의 삶 자체에 내재된 이중적 성질로 이해하고 이를 보존하고 소통시켜야 한다.

그리하여 오늘날 지구시민의 정체성을 정의하자면, 이는 쉬라그가 말하는 것처럼 어떤 고정된 것이 아니라 서로 다른 차이들이 실천적으로 횡단하고 소통하는 가운데 통합의 동학 속에서 비로소 형성되는 것이라고 볼 수 있다. 또한 가타리가 말하듯이 이중성을 보존하는 지구사회는 개인들이 점차 '횡단성 계수'를 늘려감으로써 존재가능하며, 이런 사회는 계서적이거나 서열적인 특성을 갖는 나무 조직이 아니라 넝쿨과도 같은 리좀 조직처럼 되어야 한다. 그리고 이런 넝쿨 조직은 정화열이 말하듯이 서구중심주의에서 벗어나 동서양의 인류학적 경험을 토대로 '나란한 보편'을 이루고 혼합성을 높일 때에만 성립 가능한 것이다.

혹자는 차이와 다양성을 인정한 후 그것들 간의 수평성에만 머물러버리기도 한다. 하지만 수평성에 집착할 때 사회적 삶은 아무런 해결책을 찾지 못한다. 차이와 다양성이 사회과학적으로 의미가 있으려면, 이런 차이와 다양성 속에서도 집단, 조직, 사회, 국가, 세계를 결합시키고 유지시키는 방안을 마련해야 하는 것이다. 필자는 횡단성이 바로 이런 방안을 찾는 데 있어서 하나의 출발점이 될 수 있다고 본다.

횡단성은 차이와 다양성을 인정하고 관용을 보임으로써 이를 적극적으로 포섭하는 행위이다. 비교될 수 없고 공약 불가능한 것들을 상호 연결하여 종합하는 것, 즉 들뢰즈가 말하는 '이접적 종합(disjunctive synthesis)' 혹은 '종합적 이접(synthetic disjunction)'이 필요한 것이다. 여기서 이접적 종합이란 "a or b or c or x or …"와 같이 각 요소가 차별화되면서도 긍정되는 포함적 형식을 의미하며, "if …, then …"이라는 '통접적 종합

(conjunctive synthesis)'이나 "a and b and c and x and …"라는 '접속적 종합(connective synthesis)'과는 그 의미가 다르다. "either … or" 그 자체가 순수한 긍정이 되는 종합이 진정한 종합이며, 이 경우에만 한 집단이나 사회의 결속력이 더욱 강해진다 (Deleuze 1990, 174).

그런 점에서 우리는 지구시민의 정체성을 국민국가 시대의 통일된 국민 정체성과 같이 자꾸 어느 하나로 규정하고자 애쓸 필요가 없다. 아니 그렇게 해서는 안 된다. 지구화 시대에 우리는 원하든 원하지 않든 이미 지구시민으로 존재한다. 우리는 지구촌에 살고 있는 한 시민으로서 서로 비슷하며 통하는 면도 있고, 문화적, 종교적, 신념적, 취향적 차이로 인해 서로 다르다고 느끼는 점도 많다. 이런 가운데 지구시민이라는 정체성을 갖고 이를 의식할 때 필요한 것은 이런 차이와 다양성을 어느 특정한 보편성이나 동일성으로 재단하지 않고 그것들 사이의 횡단적 소통을 통해 차이들의 이접적 통합을 이루는 것이다.

따라서 횡단성은 지구시민 즉 '지구적 인간(Homo Globalitus)'이 되기 위한 이론적 전제가 된다. 횡단성에 바탕을 둔 코스모폴리타니즘도 더 이상 보편적인 범세계적 시민을 의미하는 것이 아니라, 국민국가의 경계선을 넘어 다양성으로 점철된 지구 어디를 가나 항상 편안함을 느낄 수 있는 횡단적 사유에 근거한다(Jung 1995, 14). 즉 코스모폴리타니즘은 단지 세계를 하나로 묶는 것이 아니라 다양성을 드러내는 것이어야 의미가 있다는 것이다. 이러한 횡단성이 있어야만 다양성의 세계에 필연적으로 존재할 수밖에 없는 갈등이나 충돌을 비폭력적으로 해결할 수 있다. 지구시민의 시민성(civility)은 "타인에 대해 낯섦을 갖지 않고서도 그와 상호작용할 수 있는 능력"(Bauman 2000, 104)을 의미하며, 따라서 횡단성에 근거할 때에만 진정한 지구시민이 될 수 있을 것이다.

◇◇◇ 참고문헌 ◇◇◇

Bauman, Zygmunt. 2000. *Liquid Modernity*. Cambridge: Polity Press.

Deleuze, Gilles. 2000. *Foucault*. Tr. S. Hand. Minneapolis: University of Minnesota Press.

Deleuze, Gilles. 1972. *Proust and Sign*. Tr. Richard Howard. New York: George Braziller.

Deleuze, Gilles and Félix Guattari. 1987. *A Thousand Plateaus: Capitalism and Schizophrenia*. Tr. Brian Massumi. Minneapolis: University of Minnesota Press.

Falk, Richard. 1995. *On Human Governance*. Cambridge: Cambridge

University Press.

Glissant, Eduardo. 1997. *Poetics of Relation*. Tr. Besty Wing. Ann Arbor:
University of Michigan Press.

Glissant, Eduardo. 1989. *Caribbean Discourse: Selected Essays*. Tr. Michael
Dash. Charlotteville: University Press of Virginia.

Guattari, Félix. 2003. *Psychanalyse et Transversalité*. Paris: Editions la
Découverte; 가타리, 펠릭스. 2004. 『정신분석과 횡단성』. 윤수종 역.
서울: 울력.

Guattari, Félix. 1984. *Molecular Revolution: Psychiatry and Politics*. Tr.
Rosemary Sheed. New York: Penguin Books; 가타리, 펠릭스. 1998. 『분
자혁명』. 윤수종 역. 서울: 푸른숲.

Held, David. 1995. *Democracy and the Global Order*. Cambridge: Cambridge
University Press.

Jung, Hwa Yol. 2009. "Transversality and the Philosophical Politics
of Multiculturalism in the Age of Globalization." *Research in
Phenomenology* 39.

Jung, Hwa Yol. 1995. "The Tao of Transversality as a Global Approach to
Truth: A Metacommentary on Calvin O. Schrag." *Man and World* 28.

Merleau-Ponty, Maurice. 1968. *The Visible and the Invisible*. Ed. Claude
Lefort. Tr. Alphonso Lingis. Evanston: Northwestern University Press.

Merleau-Ponty, Maurice. 1964. *Signs*. Tr. Richard C. McCleary. Evanston:
    Northwestern University Press.

Sartre, J. P. 1957. *The Transcendence of the Ego: An Existentialist Theory of
    Consciousness*. Trs. Forrest Williams and Robert Kirkpatrick. New York:
    Noonday Press.

Schrag, Calvin O. 1997. *The Self after Postmodernity*. New Haven: Yale
    University Press.

Schrag, Calvin O. 1992. *The Resources of Rationality*. Bloomington: Indiana
    University Press.

Schrag, Calvin O. 1986. *Communicative Praxis and the Space of Subjectivity*.
    Bloomington: Indiana University Press.

리처드 로티의 자유주의에서 대담한 시인 (Strong Poet)[*]

김남국(고려대 정치외교학과 교수)

I. 서론: 로티의 자유주의와 대담한 시인 비판

인간이 느끼는 고통의 감소와 잔인함을 줄여나가는 것을 도덕의 진보와 동일시할 때 우리는 기존 문화의 변동을 야기할 주체와 그들이 사용할 도구가 필요하다. 로티(Richard Rorty)는 언어를 도구로 삼아 도덕의 진보를 이끌어 가는 주체들을 창조했다. 로티는 그들을 '대담한 시인'(strong poet)이라고 명명한다.

---

[*] 이 글은 고려대학교 평화와 민주주의 연구소가 발행하는 『평화연구』 2019년 가을호에 고려대 박사과정 조대근 학생과 함께 써서 게재된 논문을 축약, 수정 보완한 것이다.

대담한 시인은 기존의 어휘를 비틀거나 재창안하여 새로운 어휘를 만들어 내는 특별한 능력을 지닌 개인이다. 대담한 시인들이 창안한 새로운 어휘들을 이용해 시민들은 그들의 삶을 재서술(redescribe)하거나 그들의 사회를 과거보다 더 나은 방향으로 수정해 갈 수 있다. 로티는 우리가 타인의 고통에 공감할 수 있는 능력을 통해 특정 시대가 당면한 잔인성을 감소시켜나갈 수 있다고 믿는다. 타인에 대한 잔인성의 감소는 로티가 생각했던 이상적인 세계를 지향한다. 이러한 세계는 타인의 간섭으로부터 개인의 자유가 보장되는 세계이며 타인의 자유에 위해를 가하지 않는다면 개인의 자유가 보장되고 무한히 확장될 수 있는 자유로운 세계다.[1]

로티가 추구했던 자유주의 사회의 모습은 기존의 자유주의 이론가들이 지향했던 모습과 유사성을 보이지만, 로티가 추구

---

1) 로티는 새로운 어휘로 새로운 생각을 제시하는 인물들을 다양한 표현들로 지칭했다. 그는 *Philosophy and the Mirror of Nature*(1979)에서 '교화 사상가'(edifying philosopher), *Consequences of Pragmatism*(1982)에서 '텍슈튜얼리스트'(texualist) 혹은 '대담한 텍스튜얼리스트'(strong textualist), *Contingency, Irony, and Solidarity*(1989)에서 '아이러니스트'(ironist) 혹은 '대담한 시인'(strong poet)이라는 용어를 사용하였다. 본 연구는 '대담한 시인'이라는 용어를 주로 사용하는데 이 용어가 로티가 마지막으로 사용한 어휘이고 가장 포괄적인 의미로 사용되고 있기 때문이다. 이 논문이 분석하는 로티의 *Contingency, Irony, and Solidarity*는 김동식 · 이유선이 옮긴 번역본을 참고했다.

했던 전략은 전통적인 철학 이론에 기초한 다수의 현대정치 이론가들과 차별성을 보인다. 그가 추구했던 방법이 독특한 이유는 '자유로움(liberal)'에 대한 그의 개념 정의 때문이다. 로티는 "자유주의자는 잔인성(cruelty)이 우리가 행하는 최악의 것이라 믿는 자"라는 슈클라(Judith Shklar)의 정의를 따른다(Shklar, 1984). 잔인성을 자유주의자를 판별하는 기준으로 삼는 로티의 접근은 그를 독특한 자유주의 사상가로 알려지게 했다. 그의 자유주의 세계에서 기존의 어휘를 변용해 자아 창조의 가능성을 확장시키는 대담한 시인은 자유주의 세계의 새로운 영웅이다.

하지만 로티가 제시한 대담한 시인은 공적으로 무용하고 미적인 가치만을 추구하는 엘리트주의적 인물이라는 비판을 받게 된다(Fraser, 1990; Haber, 1993; Bhaskar, 1991; McCarthy, 1990b). 이들의 비판은 로티가 구상하는 세계의 문화적 영웅인 '대담한 시인'이 지성인 계층에 한정된다는 데서 출발한다. 동시에 로티의 입장은 "대단히 '개인주의적인' 방법, 천재적인 개인들의 노력에 의지하는 바가 지대하다는 점에서 그의 관점은 자주 문화적 '엘리트주의'라고 비판" 받기도 한다(김동식, 1994: 440). 로티를 비판하는 사람들은 탁월한 재능과 천재성을 지닌 로티의 대담한 시인이 한 시대의 문화 변동과 도덕의 진보를 선도하는 대목에서 비엘리트들은 소외당하고 수동적인 존재로 위축된다고 주장한다. 뿐만 아니라 공적 활동으로부터 독립하여 미적인 것만을 추구하는 대담한 시인의 삶은, 결과적으로 구조적이고 근본적인 차원의 정치적 변화를 만들어낼 수 없는 보수적인 입장이라고 주장한다(West, 1989; Bernstein, 1987; Fraser, 1990).[2]

프레이저(Nancy Fraser)는 로티의 엘리트주의에 반영된 낭만주의적 태도를 비판한다. 프레이저는 로티가 자신의 시화된 문화의 영웅으로 시인을 제시하는 대목에서 드러나는 로티의 낭만주의적 충동은 미학화된 문화를 유토피아적 이상으로 지향한다고 지적한다. 프레이저는 로티의 낭만주의적 충동은 개인주의적이고 엘리트주의적이며, 미학자를 동경하면서도 지성인의 사회적 역할이나 정치적 기능은 드러나지 않는다고 주장한

---

2) 로티 이론의 대담한 시인 개념을 엘리트주의적이라고 비판하는 것이 어떤 의미인지 모호하다는 지적이 제기될 수 있다. 엘리트의 정의를 '사회적이고 경제적으로 혜택 받은 자'로 정의할 것인가, 아니면 '선발된 자'로 정의할 것인가에 따라 논의의 방향이 달라질 수 있기 때문이다. 이 글에서 우리는 엘리트를 전자의 의미로 한정하고 논의를 전개한다. 이는 로티의 이론을 재해석하는 작업이 기존의 해석과 비판을 반박하는 데서 출발해야 하는데 대담한 시인을 둘러싼 논의들이 대담한 시인의 사회경제적 조건과 문화적 취향에 대한 비판에 초점을 맞추고 있기 때문이다. 따라서 우리는 사회경제적으로 혜택 받지 못하고 고상한 문화적 취향을 향유하지 않는 평범한 사람들도 새로운 어휘를 통해 문화 변동과 도덕적 진보를 가져오는 대담한 시인이 될 수 있는 가능성이 로티의 이론에 담겨 있다고 주장한다.

다. 그녀의 시각에서 로티는 예술의 자유가 사회의 평등을 촉진하며, 시인에게 좋은 것이 노동자, 농부, 그리고 실직자들에게도 좋은 것임을 암묵적으로 전제한다는 것이다. 프레이저의 관점에서 엘리트를 위한 로티의 변명은 근본적인 사회 변혁을 가로막는 보수적 태도로 전개된다(Fraser, 1990).

맥카시(Thomas McCarthy)는 로티의 주장에 대해 "문예문화의 탐미주의 및 엘리트주의적 경향과 사회민주적 자유주의의 공적이고 평등주의적인 기풍 사이에 긴장이 발생한다고 지적한다(McCarthy, 1990a: 364)." 우리는 맥카시가 프레이저와 유사한 우려를 한다고 생각한다. 낭만주의적 태도로 공적 영역의 숭고화를 희망하는 엘리트들이 공적 영역으로 진출할 가능성을 현실적으로 관리할 수 없다는 것이다. 로티가 공적 영역과 사적 영역을 구분하여 탐미주의적인 엘리트를 사적 영역에 두었지만, 그것은 이론적으로만 가능할 뿐 현실에서 그들이 공적 영역으로 진출하는 것을 제한하는 것이 가능한가라는 질문이다. 맥카시는 "로티가 이상화한 자유주의 사회가 명목론자이며 역사주의자이자 대담한 시인인 지성인들과 명목론자이며 역사주의자이지만 대담한 시인은 아닌 비지성인의 두 계급으로 구분되어 있다는 점도" 지적한다(McCarthy, 1990b: 651-652).

하버(Honi Haber)는 로티의 이론에서 발견되는 "위계적 형태의 엘리트주의가 문화적 헤게모니와 억압적 체제를 제도화한다"고 비판한다(Haber, 1993: 66). 하버는 로티가 자유주의를 옹호하고 특유의 공사 이분법을 제시하는 이유도 엘리트 집단을 보호하기 위한 제도화의 한 방식이라 주장한다. 하버는 공사 이분법의 구조 안에서 특별한 계급으로 분류되는 지성인의 메타포들이 나머지 계급의 눈높이와 공존할 수 있는지를 회의적으로 생각한다. 하버는 로티의 이론이 엘리트들을 특권적 계급으로 분류하고 그들을 보호하기 위한 제도를 정당화하기 위한 이론으로 생각한다(Haber, 1993). 바스카(Roy Bhaskar)는 하버와 유사한 측면에서 로티의 이론을 비판한다. 바스카는 로티가 "'여유 있는 엘리트(leisured elite)', 지적이고 부유한 여피족(intellectual yuppies), 고통도 강도 높은 노동도 경험하지 않는 탐미적 활동에만 헌신할 수 있는 삶을 사는 사람들을 위한 이데올로기를 제공할" 뿐이라고 평가한다(Bhaskar, 1991: 134-135). 이는 "로티의 자유주의는 권리와 자원을 분배하는 데 주목하는 자유주의의 전통과는 다르게 엘리트의 탐미주의를 보호하고 강화하는 데 주력한다"고 평가되는 부분이다(Bacon, 2006: 416).

우리는 로티의 이론이 엘리트주의적이라는 비판과 우려에 공감하지만 로티의 정치사상에는 엘리트주의적 혐의를 벗어날 수 있는 단서도 존재한다고 생각한다(Bacon, 2006; Williams,

1992). 우리는 로티의 정치이론에서 명시적으로 드러나는 지성인 엘리트의 역할에서 벗어나 그의 주장에서 부각되지는 않지만 분명히 존재하는 시민에 주목할 것을 제안한다.

이 글은 세 부분으로 구성된다. 먼저 우리는 대담한 시인은 누구이고 그들의 특성은 무엇인지를 소개한다. 다음으로 로티의 대담한 시인이 탐미주의적인 엘리트주의자라는 기존의 해석에 반대하며, 보통의 시민들도 대담한 시인이 될 수 있는 근거가 로티에게 존재함을 밝힌다. 마지막으로 대담한 시인으로서 보통의 시민이 어떻게 도덕의 진보를 이끌어 낼 수 있는가를 설명할 것이다.

Ⅱ. 대담한 시인은 누구인가?

로티의 사상에서 대담한 시인은 새로운 어휘를 창안하여 문화 변동과 도덕의 진보를 이끄는 인물이다. 대담한 시인과 그들이 만들어 내는 어휘들이 항상 긍정적인 사건이나 의도된 결과를 만들어 내는 것은 아니다. 그러나 대담한 시인의 어휘는 기존의 상식 또는 문화적 헤게모니에 균열을 만들고 동료 시민들의 고통을 경감시켜 나감으로써 한 사회의 잔인성을 줄여나가는 데 기여할 수 있다. 대담한 시인이라는 용어는 문학평론가

블룸(Harold Bloom)이 최초로 사용하였다. 블룸은 대담한 시인이란 타인의 영향을 불안해하는 사람, "그 자신이 단지 복제품 또는 복사품일 수 있음을 두려워하는 자"로 규정했다(Bloom, 1973: 80). 로티는 블룸의 개념을 차용한 후 개념의 적용 범위를 확장한다. 로티의 설명에서 대담한 시인은 언어의 우연성과 자아의 우연성을 자각한 사람이다. 대담한 시인은 우리가 선택할 수 없고 운명적으로 따를 수밖에 없는 조건들을 우연성으로 받아들이는 데서 우리의 삶을 개선해 나갈 수 있는 가능성이 존재한다고 믿는다.

대담한 시인은 "우연성에도 좌절하지 않고 그것을 긍정하여 낙관적인 태도로 창조해 가는 인물이며"(김동식, 2002: 274), 자신만의 고유한 어휘로 자신의 자율성을 확장시켜 나가는 인물이다.[3] 대담한 시인에게 타인의 어휘로 자신이 서술되는 것은 자신의 '죽음'에 다름 아니다. 이는 한 명의 개인으로서 시인의 독창성과 자율성이 부정되는 것이기 때문이다. 로티는 대담한 시인을 문학의 장에 한정하지 않는다. 그는 문인뿐 아니라 철학

---

3) 로티는 모든 인간에게 적용할 수 있는 보편적 원칙의 개념을 부정하였다. 그러므로 로티에게 자율성은 우리가 찾거나 실현해야 할 무엇이 아닌 우리가 만들거나 확장해야 할 속성의 것이다. 그는 "자율성을 인간 공통의 잠재성의 실현이 아닌 자신의 창조과정"으로 보았다(Rorty, 1998: 322).

자, 비평가, 심지어 과학자에게까지 대담한 시인의 지위를 부여한다. 다시 말해, 새로운 어휘를 만들어 기존의 낡은 어휘를 대체한 공로가 있는 모든 사람들은 대담한 시인이 될 수 있다. 그러한 의미에서 뉴턴(Isaac Newton)이나 다윈(Charles Darwin)까지도 대담한 시인의 일원이 될 수 있다.

로티는 대담한 시인들의 새로운 어휘(new vocabulary)가 문화 변동과 자아 창조의 기회를 제공하는 과정에 주목하지만 동시에 대담한 시인들과 자유주의 세계의 시민 사이 갈등의 가능성을 우려한다. 대담한 시인들의 새로운 어휘가 자유주의 세계 시민들의 언어와 충돌하고 그들의 세계를 부정하거나 조롱하는 것으로 비쳐질 수 있기 때문이다. 뿐만 아니라 로티는 대담한 시인들의 어휘들이 정치를 낭만화함으로써 서구 자유주의 질서에 위협을 가할 수 있음을 우려했다. 대담한 시인들의 어휘가 자유주의 질서를 교란할 것을 우려한 로티는 대담한 시인과 그들의 새로운 어휘를 사적인 영역에 봉쇄하길 원했다. 공적인 영역과 사적인 영역을 엄밀하게 구분하는 로티는 사적인 영역을 대담한 시인의 개인적 자율성이 무한히 확대될 수 있는 새로운 어휘가 창안되는 공간으로 남겨둔다. 이에 반해 공적인 영역은 자유주의적인 시민들이 마지막 어휘(final vocabulary)로 연대하며 타인의 고통을 제거해 나가는 공간으로 설정한다. 하지만 대담한 시인들의 새로운 어휘들은 공적인 영역으로 '우연히' 흘러 넘쳐 긍정적인 효과를 만들어 내기도 한다.

　로티는 하이데거(Martin Heidegger)와 데리다(Jacques Derrida)를 새로운 어휘가 공적인 유용성을 지닐 수 있는 사례로 제시한다. 로티는 "하이데거의 어휘와 데리다의 어휘가 유일하게 사회 정의라는 목적에 관계되는 것은, 그들에 앞서 낭만주의 시인들이 그랬듯이 그들은 민주적 이상세계에서 ─사회제도에 의해 자율성에 대한 탐구가 가능한 최소로 제약되는 이상세계─ 인간의 삶이 어떠해야 하는지에 대한 더 생생하고 구체적인 감각을 만들어 냈다는 것"이라고 말한다(Rorty, 1998: 310). 로티의 말처럼 하이데거와 데리다와 같은 대담한 시인들의 어휘는 개인의 자율성을 각성시키고 개인의 자유를 확장시키는 데 긍정적인 역할을 수행할 수도 있다. 이처럼 로티가 대담한 시인과 그들의 새로운 어휘에 대해 긍정하는 측면은 자신들의 굴욕과 고통을 지칭할 어휘가 전무하던 사람들에게 그들의 굴욕과 고통을 설명할 수 있는 어휘를 제공했다는 점에 있다.

Ⅲ. 대담한 시인은 탐미주의적 엘리트주의자인가?

로티의 정치사상을 추적해 가면 한 가지 예기치 못한 상황이 발생한다. 로티는 철학의 개념을 재설정함으로써 형이상학적인 실재를 관조할 수 있는 철학자의 특권적 지위를 박탈하였지만, 대담한 시인에게 문화 변동을 선도하고 도덕 감정의 변화를 이끌 기수라는 새로운 역할을 부여하였다. 대담한 시인들은 자신들의 창의성으로 말미암아 또 다른 특권적 지위에 자리 잡게 되는 것이다. 그러나 동시에 그의 주장에는 평범한 시민이 새로운 어휘를 창안하여 문화 변동과 도덕 감정의 변화를 이끌 수 있는 단서 역시 남아 있다고 생각한다.

우리는 로티의 주장에서 그가 지성인의 역할을 강조한 것일 뿐 한 사회의 문화 변동과 도덕적 진보를 가능케 하는 주체로서 시민의 역할을 부정한 것은 아니라고 해석한다.[4] 이를 위해서는 로티가 제시한 대담한 시인이 엘리트 계층에 한정되어 있지 않음을 입증해 보아야 한다. 대담한 시인에 대한 로티의 발상은 그가 니체(Friedrich Nietzsche)와 프로이트(Sigmund Freud)를 해석한 결과물이다. 로티는 니체가 플라톤으로부터 창조되고 계승된 본질주의적 진리를 부정하고 진리를 메타포의 집합으로 전환시켰다고 해석한다. 본질주의적 진리관의 부정에서 출발한 니체는 인간은 "자신의 마음을 구성함으로 해서 자신에게 소중한 유일한 부분을 창안할 것이고, 자신의 마음을 창안한다는 것은 다른 사람이 남겨 놓은 언어에 의해 마음의 길이가 설정되기보다는 자기 자신의 언어를 창안한다는 것"이라고 서술한다(로티, 1996: 71). 니체는 자신만의 언어를 창조해 자신의 삶과 생각을 서술할 수 있을 때 온전한 한 명의 인간이 된다고 말한다. 언어의 독창성을 참된 인간의 조건으로 생각한 니체에게 시인은 참된 인간의 전형이었다.

로티는 재서술을 통해 자율성을 추구하는 시인의 모습을 니체로부터 구상한다. 그러나 니체가 시인을 참된 인간형으로 격상하면서 특정한 형태의 인간적 본질을 정립하려 하는 부분에서 니체와 결별한다. 로티의 시각에서 "니체는 은연중에 어떤

---

4) 평범한 시민이 대담한 시인으로 탄생할 수 있는 가능성을 로티의 이론에서 찾는 우리의 시도는 두 가지 비판에 직면할 수 있다. 첫째는 평범한 시민이 창안한 어휘와 그 어휘를 통한 시민들의 연대가 도덕의 진보와 문화 변동의 계기를 항상 마련하는 것은 아니므로 이를 대담한 시인의 어휘 창조와 동일시하기 어려울 수 있다는 지적이다. 둘째는 평범한 시민들이 사적인 영역에서 각자의 자율성을 확장할 수 있는 조건과 사적인 영역의 새로운 어휘들이 공적 영역으로 흘러넘칠 수 있는 조건이 필요하다는 지적이다. 이런 비판에 일정 부분 동의할 수 있다. 재서술을 통해 창안된 어휘들이 항상 잔인성을 줄이는 것은 아니며 사람들이 사적으로 자신의 자율성을 창조하고 공적으로 타인과 연대할 수 있는 조건이 무엇인지 모호해 보일 수 있다. 그러나 로티가 도덕적 진보와 문화 변동을 야기할 새로운 어휘가 탄생할 조건을 제시하고 사적인 영역과 공적인 영역의 관계에 대한 조건을 제시한다고 해석하면서 그 조건들을 찾는 순간 로티는 자신이 제시했던 우연성을 부정하고 또 다른 형태의 이론화를 시도하는 사람이 된다.

인간형을 본질적인 인간의 모델로 설정함으로써 자신의 반본질주의를 배반"하기 때문이다(이유선, 2010: 199).

　로티는 프로이트(Sigmund Freud)를 통해 니체가 행하고 있는 모순을 극복한다. 프로이트는 "우리가 우리의 과거에서 중요하고 특이한 우연성들을 간파할 때라야 우리 자신들로부터 무언가 값진 것을 창조해 낼 수 있을 거라고, 우리가 존중할 만한 현재의 자아를 창안해 낼 수 있을 거라고 생각한다(로티, 1996: 81)." 프로이트는 우연성으로부터 창조되는 각자의 삶을 각각의 개별적 사건의 전개로 볼 수 있게 했으며 각각의 삶들을 관통하는 어휘를 제시하지 않음으로써 본질주의로의 유혹에 빠지지도 않았다.

　로티에게 프로이트는 칸트에게서 발견되는 플라톤주의의 잔재와 니체에게서 목격할 수 있는 전도된 플라톤주의 모두를 극복하며 "각 개인의 삶을 어떻게 하면 한 편의 시로 볼 수 있는지를 밝혀 주는 것이다(로티, 1996: 85)." 프로이트는 우리가 자신만의 메타포를 창안함으로써 각자의 삶을 시화할 때, 메타포가 만들어질 수 있는 계기를 "피안의 세계에 대한 상기가 아니라 초년 시절의 어떤 개별적인 인물이나 대상이나 낱말에 대한 강박관념을 야기하는 어떤 개별적인 카텍시스(cathexis)[심적 에너지가 특정 인물, 사물, 관념에 쏠리는 것]에서 찾는다(로티,

1996: 86)."

　로티의 프로이트 해석은 평범한 시민들도 일상적인 상황에서 특정한 대상에 관심을 기울이고 그 대상에 주관성을 부여하여 자신만의 언어로 서술해 나갈 때 하나의 은유가 창조될 수 있음을 보여 준다. 우연성과 자아 창조를 개별 사건으로 보는 프로이트에게 특정한 인간형의 우월성과 특권적 지위는 성립될 수 없다. 니체에게 특별했던 시인의 삶이 프로이트에게는 다양한 삶의 방식 중 하나가 된다. 프로이트에겐 단지 시인의 삶이 있고 시인이 아닌 사람의 삶이 있을 뿐이다. 그는 각자가 자신을 서술할 때 역설적이고, 자유롭고, 창조적이고, 장난스럽게 써나갈 수 있는 계기를 마련해 주었고 한 개인의 삶에 있어서 행해지는 모든 활동들, 그것이 아무리 멍청하고, 잔인하고, 그리고 자기 파괴적이라 해도 각자를 서술하는 동기로써 사용할 수 있도록 해 주었다. 로티는 이 대목에서 "프로이트는 각각의 삶이란 제 나름의 메타포로 맵시를 뽐내려는 시도라고 보며 리이프 (Philip Lieff)의 말처럼, '프로이트는 모든 이에게 창의적인 무의식을 제공함으로써 천재성을 민주화하였다'"고 말한다(로티, 1996: 85).

　로티는 프로이트를 통해 시인이 아니더라도 각자의 방식으로 사적인 영역에서 자율성을 확장해 나갈 수 있음을 보여 준다.

지성인들은 단지 글과 말로 자신들을 서술할 뿐이다. 글과 말에 익숙하지 않은 사람들은 "낱말의 소리나 잎사귀의 색깔이나 피부의 촉감에 이르기까지 어느 것이라도 한 인간의 자기 정체성에 대한 느낌을 극화하고 구체화할 수 있다(로티, 1996: 87)." 왜냐하면 각자의 삶에서 우연히 듣게 된 음악 한 소절, 우연히 느낀 눈송이의 촉감을 계기로 나를 자각하는 상황을 맞이할 수 있기 때문이다.

이러한 순간 우리는 "우리 종의 다른 구성원들과 공유하는 것에서 멀리 떨어져 그들로부터 우리를 구분하는 자기 이해"를 경험한다(Rorty, 1991b: 148). 로티의 시각에선 개인들의 삶을 이루고 있는 순간적인 인상 또는 경험들은 한 인간을 단순히 인간 종의 하나가 아닌 자신만의 이야기로 자기 자신을 서술함으로써 사적 완성과 자율성을 확장시켜 나가는 한 명의 개인으로 만들게 한다.

한편 로티가 언어에 대한 감각뿐 아니라 사회경제적으로 보다 나은 상황에 놓인 사람들 안에서 대담한 시인이 탄생할 가능성이 높다고 말한 것도 고려해야 한다. 그는 "지성인은 블룸적인 의미의 자율성에 대한 열망을 지니고 자율성에 대해 무언가를 할 수 있을 충분한 재력과 여가를 가진 운이 좋은" 사람이라고 언급하였다(Rorty, 2007: 90). 로티는 시인들이 "시적 활동을 할 수 있는 충분한 돈과 여유를 갖춘 행운 안에서" 탄생할 가능성이 높다고 말하고(Rorty, 2007: 90) "고통으로 인해 언어 습득이 불가할 지경에 빠졌거나, 자기 서술을 행할 여유가 없으리만치 고되게 밥벌이에 허덕이지 않는 각 개인의 삶"이라는 조건을 제시한다(로티, 1996: 85). 대담한 시인의 탄생과 관련한 로티의 사회경제적 조건에 대한 언급들은 그의 사상이 경제적 여유를 바탕으로 그 어떤 고된 노동과 경제적 고통으로부터 자유로운 상황에서 자아의 서술과 미적인 실천에만 몰두할 수 있는 소수 엘리트만을 위한 이데올로기를 제공한다는 바스카의 입장이 타당한 듯 보이게 한다.

바스카는 로티가 옹호하려는 부유한 엘리트의 삶이 "'아름다운 영혼'에 대한 논의에서 헤겔이 인상적으로 비판했던 노발리스와 낭만주의자들의 삶을 닮았음"을 지적한다(Bhaskar, 1991: 135). 새로운 어휘를 창안하는 데 요구되는 감각과 함께, 그러한 감각을 키울 수 있는 사회경제적 조건의 필요성을 인정하는 부분에서 로티의 대담한 시인은 분명 자연적인 재능과 함께 사회경제적인 조건에서까지 '행운'을 타고나야만 한다.

그럼에도 로티는 엘리트뿐 아니라 평범한 시민들도 각자의 주관적인 느낌과 감정으로 자신들만의 은유를 만들어 낼 수 있는 단서들도 남겨두었다. 로티는 "나의 자유주의적인 유토피아

세계의 시민들은 도덕적 숙고에 대한, 그들의 양심에 대한, 그들의 공동체에 대한 그들 언어의 우연성을 자각한 인물들임"을 밝힌다(로티, 1996: 128). 나아가서 그는 도덕의 진보는 대중들에 의해 시작되고 성취될 수 있음을 주장하며 "때때로 대중 자신들 자체가 선구자"가 될 수 있다고 언급한다(Rorty, 2005: 81).

대담한 시인의 탄생으로 돌아가자면, 로티의 주장에서 대담한 시인은 운명적으로 결정되어 있지도 선험적으로 정해져 있지도 않다. 대담한 시인의 새로운 어휘의 유용성을 판단하는 것은 언어의 창조자가 아니며 언어가 창조되는 시점에서 결정되는 것도 아니기 때문이다. 로티의 관점에서 우리의 삶을 변화시킨 메타포와 시인들은 사후적으로만 판단할 수 있다. 로티의 주장에 따르면 어떤 메타포가 인류의 진보를 가능케 하였는지 동시대인들은 알 수 없다. 문화 변동이 어느 정도 안정화되었을 때에만 누구의 어떤 메타포가 인류의 진보를 가능하게 했는지 판단할 수 있다.

로티는 이를 다음과 같이 말한다. "기독교는 그 목적이 잔인성의 완화란 것을 알지 못하였으며, 뉴턴은 그의 목적이 근대적인 테크놀로지란 것을 알지 못하였고, 낭만주의 시인들은 그들의 목적이 정치적 자유주의 문화에 적합한 윤리의식의 발전을 위한 기여란 것을 알지 못하였다. 그러나 지금의 '우리는' 이러한 것들을 안다. 왜냐하면 나중에 온 우리는 실제로 진보를 만든 자들은 할 수 없었던 일, 즉 진보에 관한 이야기를 말할 수 있기 때문이다(로티, 1996: 118)." 로티의 설명을 따르면 누군가를 대담한 시인으로 선택하는 것은 철저히 우연적이고 회고적이라고 볼 수 있을 것이다. 각자가 재서술한 어휘들이 '메타포의 시장'에서 살아남을 때, "메타포의 창안이 대담한 시인들에 의해 이루어졌다고 하더라도 메타포가 사회적으로 인정되는 과정은 어디까지나 강제되지 않는 합의에 의해 이루어져야 하며" 동료 시민들이 그들의 새로운 어휘들에 공감하고 유용하게 사용할 때 그들은 대담한 시인으로 기억된다(김동식, 1994: 440).

유용성으로 메타포의 가치를 평가하고 대담한 시인의 지위를 부여하는 로티에게 그가 탐미주의적 엘리트들을 앞세워 도덕과 정치 영역의 미학화를 시도했다는 지적(Shusterman, 2001)이나 예외적 재능을 지닌 천재들과 대담한 시인들의 낭만주의적 충동이 정치를 미학화함으로써 정치를 반민주적(Fraser, 1990)으로 만든다는 지적들은 적절하지 않다고 생각한다. 오히려 로티는 자신만의 독특한 공사 이분법으로 정치와 윤리의 미학화를 견제하기 때문이다. 우리는 로티의 의도가 심미적 어휘를 통한 공적 영역의 미학화를 추구하기보다는 대담한 시인이 재서술을 통해 자율성을 확장할 때 발생할 수 있는 억압으로부터 대담한 시인을 보호하기 위한 방안으로 사적 영역 보호의 중요성을 강조한다고 생각한다. 로티는 "우리의 심미적 어휘가 어떻게 정치적 자유를 확산시키는가에 대해 어떠한 이론도 가지고 있지 않다(이유선, 2010: 204)." 단지 대담한 시인의 새로운 어휘들이 '우연히' 공적 영역으로 흘러넘쳐 들어가 사회 정의에 기여한 경우들이 있음을 조심스레 제시할 뿐이다.

메타포의 가치도 유용성을 기준으로 접근하는 로티의 사상에서 누구나 기존의 어휘를 비틀고 재조직하여 메타포를 창안할 수 있지만 메타포의 가치는 역사적 우연성이 선택한다. 역사적 우연성에 메타포의 성패를 맡기는 로티에게 천재와 공상의 차이는 "다른 사람들에게 단지 우연하게, 어떤 역사적 상황의 우연성이나, 특정한 시기에 특정한 공동체가 우연히 갖게 된 개별적인 필요성 따위 때문에 우연히 인기 있는 특이성들 간의 차이에 불과한 것이다(로티, 1996: 88)."

이에 근거하여 우리는 로티가 메타포에 대해서도 미학적 판단 기준과 도덕적 권위를 박탈한다고 생각한다. 로티는 오히려 메타포의 운명을 특정한 역사적 맥락에 놓여 있는 개인들의 선택에 맡기면서 동시에 메타포에 유희성을 부여한다고 볼 수 있을 것이다. 로티 역시 "유희성이야말로 개별 인물들에게 공유된 재서술의 파워, 즉 새롭고도 상이한 것을 가능케 하며 중요하게 하는 언어 파워를 제대로 평가하는 능력의 산물이며, 그러한 평가는 '올바른 유일한 서술의 추구가 아니라 대안적 서술의 레파토리를 확장하는 것을 목표로 할 때 가능하다"고 말한다(로티, 1996: 91). 우리의 관점에서 로티의 재서술을 통한 메타포의 창안은 각자의 경험이나 삶의 체험들을 자신만의 어휘로 지시하는 일종의 '말장난'과 다를 바 없다고 생각한다. 단지 지성인 엘리트들이 고전적인 저작들을 대상으로 정교하고 미려한 단어로 재서술을 남겼다면, 우리의 동료 시민들은 일상의 삶으로부터 느낀 주관적인 감정이나 경험을 자신들의 어휘로 재서술한 것이다. 마치 대담한 시인들의 어휘가 우연히 공적인 영역으로 흘러넘쳐 공적 유용성을 획득하듯 평범한 시민들이 만들어 새로운 어휘가 동료 시민들에게 유용성을 획득하여 특정 시점에서 문화 변동과 도덕 감정의 변화를 야기한다면 그 시민들은 후대에 대담한 시인으로 분류될 수 있는 것이다.

Ⅳ. 대담한 시인과 도덕의 진보

지금까지 로티의 정치사상에서 대담한 시인의 특성들과 탄생 과정을 검토하여 평범한 시민들 역시 대담한 시인이 될 수 있음을 주장했다. 이 장에서 우리는 대담한 시인들, 특히 평범한 시민으로서 대담한 시인들이 어떻게 도덕의 진보를 이끌어 낼 수 있는가에 주목한다. 이를 위해서는 로티의 정치사상이 상대주의로 귀결한다는 지적을 극복해야 한다. 인간의 본질과 보편적 진리를 거부한 로티에게 인류가 완성시킬 인간의 본질과 인류가 찾아야 할 도덕적 실재는 존재하지 않는다. 대신 로티는 인간 스스로 과거보다 나은 인간성과 보다 나은 삶을 정당화할 수 있는 기준을 만들어 감으로써 인류는 도덕적 진보를 이루어 나갈 수 있다고 생각한다. 도덕의 옳고 그름과 도덕의 발전 여부를 판단할 수 있는 보편적 기준을 전제하는 전통적인 윤리관에 익숙한 이들에게 로티의 주장은 "특정한 논제에 대해, 혹은 어쩌면 '어떠한' 논제에 대해서건 어느 신념이든지 다른 신념만큼이나 좋다는 견해를 취하는 상대주의"를 정당화하는 것으로 보일 것이다(로티, 1996: 345). 로티의 주장을 상대주의로 해석하는 관점에선 "도덕적 진보는 오직 하나의 맥락 안에서만 가능하므로, 다양한 맥락들에서 진행되는 도덕의 진보에 관한 비교는 불가능하게 된다(Kekes, 1993: 140)." 결국 보편적 진리와 인간성의 부정으로 맥락 초월적 기준을 제시하지 못하는 로티는 '이것도 좋고 저것도 좋다'는 상대주의의 혐의에서 벗어날 수 없고 그의 사상이 허무주의로 전락한다는 비판을 받는 이유가 된다.

이러한 의심과 비판을 벗어나기 위해 로티는 "매우 암시적인 방식으로 하나의 척도를 제시하는데, 그것은 바로 잔인성이다 (노양진, 2004: 76).” 로티는 “잔인성, 즉 타인에게 고통을 주는 것을 배제시키는 것이 연대성을 위한 최소한의 조건임을”(김동식, 1994: 446) 제시하며 “로티는 모든 문화를 초월하는 최소한의 정치이상을 마련한다(승계호, 1999: 412).” 우리는 로티의 잔인성이 그가 우연성 뒤에 숨어 회의주의와 허무주의로의 타락을 방관한다는 의심을 풀 실마리를 제공하고 로티가 다원주의자로 남을 수 있는 계기를 마련한다고 본다. 로티는 개인 또는 개별 문화가 자신의 좋은 삶을 추구할 수 있는 자유를 허용하면서도 그 과정에서 타인에게 가할 수 있는 해악의 형태들은 통제해야 했을 것이다. 결국 그는 잔인성을 통제의 기준으로 마련하여 자신만의 ‘해악의 원칙’을 제시한다.

  자신만의 해악의 원칙으로 잔인성을 제시하는 로티는 도덕성의 원천으로 감정을 제시한다(김남국·김동헌, 2014: 443-446). 그에게 도덕의 진보는 “더 넓은 공감의 문제이며 감정으로부터 합리성으로 상승하는 문제가 아니다(Rorty, 1999: 82).” 다시 말해 공감 영역의 확장을 주장하는 그에게 도덕의 진보는 감정에서 이성으로 질적 전환을 통해 단번에 실현될 수 있는 성질의 것이 아니다. 우리는 상상력을 통해 나와는 직접적인 관계가 없는 그들의 삶에 공감하며 그들이 겪는 편견과 선입견을 함께 줄여 나감으로써 점진적으로 고통의 영역을 감소시켜 나갈 수 있는 것이다.

이 과정에서 대담한 시인은 자신들의 어휘로 연대의 경계를 재설정하는 역할을 수행한다. 로티에 따르면 도덕의 진보에서 "대담한 시인은 굴욕감에 대한 공통의 취약성을 인정하는 것이 사회적 결속에 필요한 유일한 것이라 생각하며… 대담한 시인은 그녀를 다른 종들과 연합하도록 하는 것은 공통의 어휘가 아니라 단지 고통에 대한 감수성, 특히 짐승들이 인간과 공유하지 못하는 특별한 종류의 고통, 즉 굴욕감에 대한 감수성이라 생각한다(로티, 1996: 176-178)." 이러한 언급으로부터 그가 도덕 진보의 가능성을 개인들이 느낄 수 있는 공통의 고통과 굴욕감에서 찾는다고 볼 수 있을 것이다.

이 부분에서 로티가 말하는 '공통'이 다양하게 해석될 수 있다. 일차적으로는 국경으로 구획된 정치공동체를 연상할 수 있지만 그 하위 수준에서는 공통의 가치를 공유하고 그 가치로부터 각자의 삶의 의미를 찾는 사람들이 모인 무수히 많은 공통의 집단들이 있다. 이러한 집단들 중에는 공동체에 존재하는 그들의 고통과 굴욕을 감지하였지만, 그들과 그들의 고통에 공감하는 나 또는 우리를 엮어낼 마땅한 어휘가 없어 연대하지 못했던, 하지만 누군가에 의해 창안된 어휘를 통해 하나로 연대하게 된 집단들도 존재할 수 있다. 로티의 관점에서 "본능적인 도덕적 반응을 변화시키는 하나의 방법이 새로운 반응을 만들어 낸 새로운 어휘를 제공하는 것"(Rorty, 1998: 204)이라면 새로운 어휘에 도덕적 자극을 받아 새롭게 연대하는 집단 또는 정치적 운동을 상상해 볼 수 있을 것이다.

만약 한 사회의 구성원이 겪고 있는 고통과 굴욕을 적절하게 서술할 어휘가 존재하지 않을 때 대담한 시인은 새로운 어휘를 창조하여 기존의 고통을 서술하고 드러내는 기능을 할 수 있다. 이 지점에서 우리는 모든 평범한 개인들이 새로운 어휘를 창조할 수 있는 역할을 할 수 있다고 생각하며, 우리는 우리의 동료 시민들이 만들어 내는 어휘들이 엘리트 지성인들이 만들어 내는 어휘보다 사람들의 고통을 드러내고 서술하는 데 보다 효과적일 수 있다고 주장한다. 평범한 사람들이 공통적으로 경험할 수 있는 고통들, 예를 들어 경제적 불평등에서 발생하는 곤궁함, 성차별을 당할 때 느끼는 수치심 등의 감정을 평범한 사람들이 사용하는 언어를 이용해 구체적으로 서술할 때, 유사한 경험을 겪은 사람들은 그 어휘를 자기 서술의 어휘로 선택할 수 있다.

평범한 시민이 대담한 시인이 되어 도덕 감정의 변화와 문화 변동을 만들어가는 가상적인 상황을 생각해 볼 수 있다. 예를 들어, 경제적 불평등 또는 성차별로 고통을 겪고 있는 익명

의 개인이 자신의 상황을 냉소적으로 풍자하는 어휘를 만들어
낼 수 있다. 이들의 새로운 어휘는 다양한 형태의 매체 또는 공
론장을 통해 공적 영역으로 흘러들어갈 수 있을 것이다. 일상
의 고통을 묘사할 적절한 어휘를 찾지 못해 상상력을 발휘하여
마지막 어휘들을 비틀고 결합하여 자신만의 어휘를 만든 익명
의 시인의 새로운 어휘는 자신과 비슷한 처지의 사람들에게 공
감을 얻고 그들은 "공통의 목표를 위해 모인 다른 구성원들에게
상호적 책임성을 형성하며" 연대를 이뤄 새로운 우리의식을 형
성해 나갈 수 있다(Rorty, 2005: 61). 이러한 상황이 현실화되어
정치적 운동이나 입법 활동으로까지 전개된다면, "미국 민권운
동의 역사적 사례"(Rorty, 2005: 81)와 "이성과 논쟁보다는 이야
기 서술과 상상력에 훨씬 많이 의존했던 여성운동"(Rorty, 1996:
123)의 사례에서 볼 수 있듯이 평범한 시민들이 선구자가 되어
우리의 문화와 상식을 변화시켜 나갈 수 있을 것이다.[5]

V. 결 론

로티의 정치사상에서 대담한 시인은 언어의 우연성을 자각하
고 마지막 어휘를 재서술하여 새로운 어휘의 창안을 통해 자신
의 자율성을 확장시켜 나가는 인물이다. 대담한 시인의 어휘는

사적인 공간으로부터 공적인 공간으로 우연히 흘러들어가 문화 변동과 잔인성의 완화라는 공적인 기능을 수행하기도 한다. 하지만 로티는 대담한 시인이 주로 지성인 계층에서 탄생한다고 말함으로써 대담한 시인의 엘리트주의적 성격을 비판하는 의견과 연구들을 낳았다.

우리는 로티의 대담한 시인이 엘리트주의적이라는 기존의 해석에 반대하여 로티의 사상에서는 평범한 시민들 역시 대담한 시인이 될 수 있도록 해석할 수 있는 단서들에 주목했고 대담한 시인으로서 시민의 가능성을 주장했다. 이를 위해 우리는 로티의 사상에서 대담한 시인의 역할을 살펴보았다. 잔인성을 해악의 기준으로 삼아 자유주의를 지지하는 로티의 사상에서 대담

---

5) 수잔 딜레만(Susan Dieleman)은 여성주의(feminism) 입장에서 우리의 주장에 더 직접적인 예시가 될 수 있는 사례를 제시한다. 그녀는 아이리스 영(Iris Young)이 사례로 제시한 성희롱(sexual harassment)이라는 단어가 "어떻게 서술(narrative)이나 이야기하기(storytelling)가 기존의 규범적 담론에 새로운 용어를 제시하는지를 보여 준다고 말하며"(Dieleman, 2010: 905) 영의 주장을 소개한다. 영은 "성희롱에 대한 언어 또는 이론이 발명되기 이전에… 여성은 합리적으로 불만을 표출할 수 있는 언어 또는 포럼 없이 대개 침묵 속에서 고통 받았다. 여성들이 직장에서 남자들에 의한 자신의 처우(treatment)와 처우의 결과들에 대하여 서로에게 이야기하고 보다 많은 대중들에게 이야기를 한 결과, 어떠한 방식으로라도 명칭이 없었던 문제는 점점 확인되었고 이름이 지어졌다(Young, 2000: 72–73)." 딜레만은 영이 제시한 성희롱이라는 단어가 기존의 서구 세계가 정상 담론이라 생각해오던 언어 습관에 변화를 일으킨 새로운 어휘 중 하나라고 생각한다(Dieleman, 2000).

한 시인들은 새로운 어휘의 창안을 통해 문화 변동을 이끄는 선구자이자 영웅이 된다.

로티의 설명에 따르면 대담한 시인은 언어에 대한 독창적인 감각과 함께 사회경제적인 안락함 속에서 탄생할 수 있다. 이 지점에서 기존의 연구자들은 로티가 구상한 세계의 문화적 영웅인 대담한 시인이 엘리트주의적이고 낭만주의적 이상을 열망하며 기존의 체제를 수호하려는 보수적인 성향을 보인다고 지적한다. 하지만, 우리는 로티가 자신만의 독특한 공사 이분법으로 낭만주의적 충동의 정치화를 견제하고 급진적인 변화의 위험성을 견제했을 뿐 점진적인 문화 변동을 통한 변화를 거부한 것은 아니라고 생각한다. 뿐만 아니라, 대담한 시인의 엘리트주의적 해석에 대해서 우리는 로티의 저작 속에 평범한 시민들 역시 대담한 시인이 될 수 있는 계기가 남겨져 있다고 보았다. 언어의 우연성을 자각한 자유주의 세계의 시민들이 각자의 평범한 일상에서 각자의 언어로 자신만의 새로운 어휘를 창조하여 자신의 사적인 공간에서 자율성을 확장하고 공적인 공간에서 동료 시민들이 새로운 어휘를 선택할 때 그는 대담한 시인이 될 수 있는 것이다.

우연히 공적인 영역으로 흘러들어간 새로운 어휘들은 종종 사회 정의를 위해 기능하기도 했다. 그들의 어휘는 인간의 삶에 대한 보다 구체적이고 생생한 감각을 드러냄으로써 '우리'는 생각하지도 못했던 '그들'의 고통을 간접적으로 체험하게 한다. 로티는 '우리'가 '그들'의 고통에 공감하여 그들과 우리를 묶어 내는 확장된 우리로 연대하여 잔인성을 감소시켜 나갈 때 우리의 도덕 감정은 진보할 수 있다고 생각한다. 우리는 한 걸음 더 나아가 대담한 시인으로서 시민들이 창조한 새로운 어휘들이 도덕의 진보에 보다 효과적일 수 있다고 주장했다. 유사한 상황에 놓인 다수의 시민들이 경험할 수 있는 일상 혹은 사건을 대상으로 일상적인 언어를 통해 창안한 어휘들이 보다 많은 시민의 공감을 얻고 연대를 형성할 수 있을 것이기 때문이다.

◇◇◇ **참고문헌** ◇◇◇

김남국·김동헌. 2014. "Saving Human Rights from Cultural Relativism with Compassion", 『평화연구』, 22권 1호.

김동식. 2002. 『프래그머티즘』, 아카넷.

_____. 1994. 『로티의 신실용주의』, 철학과 현실사.

노양진. 2004. 「포스트모더니즘과 다원주의: 로티와 리오타르」, 『범한 철학』, 제34집.

로티, 리처드. 1996. 『실용주의의 결과』, 김동식 역, 민음사.

_____. 1996.『우연성, 아이러니, 연대성』, 김동식·이유선 역, 민음사.

승계호. 1993. *Intuition and Construction: The Foundation of Normative Theory*, 1993;『직관과 구성』, 김주성 외 역, 나남, 1999.

이유선. 1999.「로티의 네오프래그머티즘과 민주주의」,『철학연구』, 45권, 철학연구회.

_____. 2010.「로티의 아이러니스트와 사적인 자아창조」,『사회와 철학』, 제20호.

Bhaskar, Roy. 1991. *Philosophy and the Idea of Freedom*, Blackwell.

Bacon, Michael. 2005. "A Defence of Liberal Ironism", in Res Publica, 11.

Bernstein, Richard J. 1987. "One Step Forward, Two Steps Backward", in Political Theory, Vol. 15, No. 4, Nov.

Bloom, Harold. 1973. *The Anxiety of Influence,* Oxford Press.

Dieleman, Susan. 2010. "Revisiting Rorty: Contribution to a Pragmatist Feminism", in Hypatia, Vol. 25, No.4.

Fraser, Nancy. 1990. "Solidarity or Singularity?: Richard Rorty between Romanticism and Technology", in Reading Rorty, edited by A. Malachowski, Basil Blackwell.

Haber, Honi. 1993. "Richard Rorty's failed politics", in Social Epistemology, Vol. 7, No. 1.

Kekes, John. 1993. *The Morality of Pluralism*, Princeton University Press.

McCarthy, Thomas. 1990a. "Private Irony and Public Decency: Richard Rorty's New Pragmatism", in Critical Inquiry, Vol. 16, No. 2, Winter.

_____. 1990b. "Ironist Theory as a Vocation: A Response to Rorty's Reply", in Critical Inquiry, Vol. 16, No. 3, Spring.

Rorty, Richard. 1989. *Contingency, Irony, and Solidarity*, Cambridge University Press.

_____. 1979. *Philosophy and the Mirror of Nature*, Princeton University Press.

_____. 1982. *Consequences of Pragmatism(Essays: 1972~1982)*, University of Minnesota Press.

_____. 1999. *Philosophy and Social Hope*, Penguin Press.

_____. 1991a. *Objectivity, Relativism, and Truth: Philosophical papers volume 1*, Cambridge University Press.

_____. 1991b. *Essays on Heidegger and Other: Philosophical papers volume 2*, Cambridge University Press.

_____. 1998. *Truth and progress: Philosophical papers volume 3*, Cambridge University Press.

_____. 2007. *Philosophy as cultural politics: Philosophical papers volume 4*, Cambridge University.

_____. 1996. *Debating the state of philosophy: Habermas, Rorty, and Kolakowski*, ed. Józef Nizni and John T. Sanders, Westport, Conn.: the Institute of Philosophy and Sociology of the Polish Academy of Sciences.

_____. 2005. *Take Care of Freedom and Truth will Take Care of Itself: Interviews with Richard Rorty*, Stanford University Press.

Shklar, Judith. 1984. *Ordinary Vices*, Harvard University Press.

Shusterman, Richard. 2001. "Reason and Aesthetics between Modernity and Postmodernity: Habermas and Rorty", in *Richard Rorty: Critical Dialogues*, edited by M. Festenstein and S. Thompson, Polity Press.

West, Cornel. 1989. *The American Evasion of Philosophy: A Genealogy of Pragmatism*, The University of Wisconsin Press.

Williams, Joan C. 1992. "Rorty, Radicalism, Romanticism: The Politics of the Gaze", in Wisconsin Law Review, 131.

Young, Iris Marion. 2000. *Inclusion and Democracy*, Oxford and New York: Oxford University Press.

세종은 어떻게 창조시대를 만들었나?

박현모(여주대 세종리더십연구소 소장)

1. 15세기 최고 '과학강국'은 어디일까?

세종시대(1418-1450)는 우리 역사의 일대 중흥기로 평가된다. 과학기술사 분야에서 조선이 이룩한 발전은 "지구상의 다른 어느 지역에서도 찾아볼 수 없는 일"이라고도 한다.[1] 과연 그럴까? 세종시대의 과학기술의 성과가 "서방 세계는 물론, 아랍 세계와 중국의 과학기술 수준을 능가"했다는 주장이 사실일까? 이를 확인하기 위해서 나는 일본의 이또 준타로(伊東俊太

---

[1] 전상운, 『한국과학사』, 사이언스북스, 2000, 399쪽.

郎) 등이 편찬한『과학사기술사사전(科學史技術史事典)』(東京: 1983)을 살펴보았다.[2] 이 책에는 각국의 과학기술 성과와 함께 동서양 각국의 과학기술 성과가 시기별, 국가별로 나뉘어 표시되어 있는데, 세종 재위기간(1418-1450)을 다른 나라의 성과와 비교해보면 다음과 같다.

> ■ 세계과학사의 시기별 최고 업적(1418-1450년)
> – 동아시아 Korea 21건, China 4건, Japan 0건
> – 동아시아 이외 전 지역(Others) 19건

　여기서 보듯이, 세종 때 거둔 과학기술의 성과는 21건으로 다른 그 어느 나라, 즉 중국(4건)의 그것은 물론이고, 유럽과 아랍 등을 다 합친 나라들(19건)의 것보다 많다. 15세기 전반기의 조

---

2) 이 책의 존재와 내용에 대해 처음 알게 된 것은 전상운 교수님의 "세종시대 과학기술의 국제적 비교"라는 강의를 통해서다(세종리더십연구소, '세종실록아카데미' 2010.9.13). 전 교수님은 강의안에서 "1400년에서 1450년까지 주요 업적으로, 동아시아에서 한국이 29건, 중국 5건, 일본이 0건이며, 동아시아 이외의 전 지역이 28건"이라고 하셨는데, 필자가 확인한 바로는 같은 시기(1400-1450)에 한국은 25건, 중국 5건, 일본 1건, 동아시아 이외의 전 지역 25건(K25C5J1O25)이었다. 아마도 '과학기술사'가 아닌 '사회문화사'의 내용, 예컨대 "명나라에 사신을 보내 금·은 세공의 면세를 청함[K]"과 같은 내용이 한국의 사례로 들어가고, 賀茂在方의 과학기술 성과인『역림문답(曆林問答)』[J]이 일본의 사례에서 빠지는 등의 혼동이 있었던 듯싶다. 세종시대인 1418-1450년의 과학기술 성과는 한국 21건, 중국 4건, 일본 0건, 그 외 유럽 인도 등의 나라는 19건이었다(C4J0K21O19).

선은 그야말로 세계 최고의 과학기술 선진국으로 '노벨과학상의 47%를 차지'했다고 비유할 수도 있다. 주목할 점은 21개의 과학 성과 중 11개, 즉 52%가량이 책의 편찬이라는 사실이다. 『세종실록지리지』, 『농사직설』, 『향약집성방』, 『칠정산』 등은 각 분야의 객관적인 자료를 분석한 ('백서' 성격을 띤) 축적된 지식이자, 실용화를 목표로 한 이론서였다. 따라서 세종시대 과학기술의 성과를 보다 정확히 알기 위해서는 세종시대의 문헌, 즉 그 당시에 편찬되거나 간행된 책(이하 '세종문헌')에 대한 체계적인 연구가 필요하게 되었다.

2. 세종 때 찍혀진 책들

세종문헌에 대한 선행연구로는 손보기 교수의 것이 대표적이다. 2000년에 손보기 교수께서 조사한 것(이하 '손보기 리스트')을 보면, 세종시대에 "찍혀진" 책들이 무려 22분야에 걸쳐 370종(種)이나 있었다.[3] 세종시대에 편찬 내지 간행된 책을 분야별로 나눠보면 천문 분야가 제일 많았고(54종), 유학철학이 그다음을 차지했으며(45종), 그 세 번째는 외국 문학이었다(40종). 그 시

---

3) 손보기, "세종시대의 인쇄 출판", 『세종문화사대계2: 과학편』, 세종대왕기념사업회, 2000.

대의 관심사가 과학과 사상, 그리고 문학에 집중되어 있음을 알수 있었다.

본격적으로 『세종실록』을 뒤져가며 '손보기 리스트'를 확인하는 한편, 책에 대한 세종의 생각을 메모하였다. 책 속의 지혜를 잘 활용하면 좋은 결정을 내릴 수 있다는 말이 먼저 눈에 띄었다. "무릇 즉시 거행할 일을 사람들이 혹 기억하지 못해서 시기를 잃는 경우가 있다. 저번에 내가 집현전으로 하여금 날마다 행할 일을 뽑아[抄] 적게 하였으니, 그대들은 옛 문헌을 자세히 참고하여 빨리 발췌하여 아뢰라"는 말이 그것이다(세종실록 15/02/26).

(*『세종실록』을 볼 때, 자주 나오는 말이 '계고(稽古)' 즉 "옛일을 상고(詳考)하라"는 말이다. 과거의 사례를 집대성하라는 이 말은 세종의 지식경영 방법을 잘 보여준다. 과거의 사례를 집대성하여 그것으로부터 성공한 조건과 실패한 원인을 분석하려는 세종의 태도가 그것이다. "어떤 일을 기획할 때 (왕께서는) 반드시 옛것을 스승 삼았다[事必師古]"는 그에 대한 사후 평가는 세종의 일하는 방식을 단적으로 보여준다.)

왕자 시절에 부왕 태종의 눈을 피해서 1100번이나 읽었다는

『구소수간(歐蘇手簡)』, 즉 구양수와 소식의 편지 모음집이나(세종실록 5/12/23), 왕위에 오른 후 경연에서 읽은 23종의 책들도 새롭게 관심이 갔다. 이 중에서 『통감강목(通鑑綱目)』의 경우는 세종 자신도 이해하기 어렵다고 토로하기도 했다. "이 책은 20-30번이나 읽었는데" "이제 또 이 책을 읽어봄에 자못 의심나는 곳이 있으니, 학문이란 진실로 가위 무궁한 것이로다"(세종실록 5/12/23; 8/12/10)라는 말이 그것이다.

그런데 연구를 시작하는 데 큰 도움을 주었던 '손보기 리스트'에 조금 문제가 있었다. 우선, 누락된 책들이 있었다. 예컨대 택일(擇日)하는 데 사용되던 『선택요략(選擇要略)』이 빠져 있었고, 수학 분야의 『산학계몽(算學啓蒙)』도 누락되어 있었다.

결정적으로, 손 교수님은 '세종을 만든 책'에 주목하지 않고 있었다. 세종이 읽거나 경연 등에서 논의된 책들이 세종 리더십 형성 및 발휘를 살필 때 중요한데, 그에 대한 조사가 안 되어 있었다. 예를 들어 『대학연의(大學衍義)』는 세종이 경연에서 채택한 최초 교재이면서 어전회의 등에서 여러 차례 그 내용을 언급한 책이다. 그런데 그 리스트에는 유학철학 분야의 책 1종으로만 소개되어 있다.

결국 세종에게 영향을 준 문헌과, 세종시대에 만들어진 책들을 세밀히 조사하고 연구하는 수밖에 없다는 판단이 들었다. 필자를 포함해 10명으로 구성된 세종연구팀이 2013년 9월부터 2016년 8월까지 '세종문헌연구'(정식 명칭으로 "세종시대 국가경영 문헌의 체계화 사업")를 한국학진흥사업단의 지원을 받아 진행한 데는 이런 배경이 있었다. 세종리더십연구소에서 수행한 이연구 프로젝트는 전체 2단계로 이뤄져 있다. 제1단계는 세종 연구의 인프라를 구축하는 작업으로 세 분야로 나누어 진행되었다. 즉 ①『대학연의』등 18종의 책을 원문 데이터베이스화하고(원문 텍스트 입력, 원고지 1만 3000여 장), ② 국내외에 흩어져 있는 '세종의 책' 100여 종을 직접 방문하여 책 상태를 일일이 확인하는 일(전수조사), 그리고 ③『용비어천가』등 52종의 책을 심층 해제하여 각각의 책이 어떻게 만들어졌고, 세종의 국가 경영에 어떤 영향을 미쳤는지를 규명하는 작업이다(심층 해제). '세종문헌연구사업'은 현재 1단계가 완료된 상태이고, DB화된 책들을 정본화해서『세종전집』으로 출판하는 제2단계를 기다리고 있다.

(* 몇 년 전에는 이 연구의 첫 번째 결실로 각『세종의 서재: 세종이 만든, 세종을 만든 책』(2016, 서해문집)이 출간되었다.)

그러면 세종시대 사람들은 어떻게 그 많은 문헌들을 생산하고 활용할 수 있었을까? 그 시대 사람들의 지식생산과정은 한마디로 '아이유 법칙', 즉 I³U¹로 요약할 수 있다.[4]

3. 지식생산과정, I³U¹

『세종실록』속 문헌 목록을 조사하면서 흥미로운 점을 발견했다. 우선 세종시대 사람들은 책을 완성할 즈음에 '왜 이 책을 썼고, 어떻게 편찬했는지'를 알리곤 했다. 『농사직설(農事直說)』(1429년), 『삼강행실도(三綱行實圖)』(1431–1432년), 『향약집성방(鄕藥集成方)』(1433년), 『훈민정음해례(訓民正音解例)』(1446년), 『용비어천가(龍飛御天歌)』(1445–1447년), 『치평요람(治平要覽)』(1441년) 등이 완성되어 가는 시점에 세종은 일의 담당자[有司 · 유사]를 지목해서 책이 서문 격인 '전(箋)'을 덧붙이게 했다.

세종은 또한 책 이름을 직접 지어서 내려보내곤[賜名 · 사명] 했다. 앞의 『농사직설』, 『삼강행실도』, 『향약집성방』, 『치평요람』은 모두 왕이 지은 책 이름이다. 과학기기를 제작할 때도 세

---

4) '아이유 법칙'은 뒤에서 나오듯이, 세 개의 I(imitate, improve, invent)와 한 개의 U(use)를 축약해서 필자가 이름 붙인 것이다.

종은 이름을 짓거나(보루각 등), 기리는 문장을 짓게 하였다[作記·작기]. 즉 보루각을 완성하여 경회루 남쪽에 설치하였을 때 (1434년), 주야 측후기(晝夜測候器)인 '일성정시의(日星定時儀)'가 이룩되었을 때(1437년), 그리고 흠경각이 완성되었을 때 (1438년)도 마찬가지였다. 한마디로 '세종문헌'의 대부분은 분명한 편찬 취지와 책임자를 명시하고 있다는 특징을 갖고 있다.

다음으로 주목할 점은 세종시대 사람들이 책을 제작하기까지 비슷한 과정을 거쳤다는 사실이다. 『세종실록』 등 '세종시대가 만든 문헌들'을 검토해 보면, 그 시대 문헌 대부분이 다음 4단계를 거쳐 제작되었음을 알 수 있다. 그것의 맨 첫 단계에서는 어떤 전문지식이나 과학기기의 필요성이 제기되면 관련 선행지식을 집대성하게 하는 것을 볼 수 있다(Imitate 단계). 다음으로 세종과 그의 신하들이 취한 조치는 선행지식이 우리나라에 맞는지 조사하고 '비교하고 검토'하여 '개선'하는 일이었다(Improve 단계). 세 번째 단계에서는 실험과 고증을 거쳐 중국 등 다른 나라의 것과 다른 '새로운 성과'를 만들어 냈고(Invent 단계), 최종적으로 그 성과를 공식 사용하되, 백성들이 일상생활에 사용하게 하는 '실용화'의 단계를 거쳤다 (Practical Use 단계).

〈그림1〉 세종시대 지식생산과정, I³U¹

Imitate 집약모방	Improve 개정보완	Invent 창안발명	Practical Use 실용화
선행지식 집대성	우리 땅에서 실험 여러 지식들 비교 후 개선	새로운 발명	공식 사용 대중화

사례를 가지고 이 과정을 설명하면 다음과 같다.

첫째, 국가의 표준시계를 만들고 제정하는 과정이다. 세종시대 초반에 궁궐 안 관리들의 출퇴근 및 조회 시간, 그리고 백성들의 통행을 금지하거나 해제하는 시간을 알리는 경점 지기(更點之器)가 부적합하다는 지적이 있었다. 즉 통행금지가 너무 밤늦은 시간에 시작되고 그 해제 시간은 너무 일러서[人定則夜深·인정즉야심 罷漏則太무·파루즉태조] 생활에 안 맞다는 불평이 그것이다. 이에 세종은 재위 6년(1424년) 5월에 "구리로 경점하는 기기를 만들되 중국 기구의 체제를 참고하라고 지시하였다[其考中國體制·기고중국체제](세종실록 6/5/6). (제1단계 필요성 제기 및 선행지식 조사)

세종은 이어서 중국 역법에 의거해 재는 시간이 우리나라에 맞는지를 살펴보게 하였다. 즉 신하들에게 삼각산 꼭대기에 올라가 일식(日食) 시간을 측정하게 하였다. 당나라의 『선명력(宣明曆)』과 원나라의 『수시력(授時曆)』에 기록된 일식이 우리나라에서도 같은 시각에 일어나는지를 알아보라는 지시였다(세종실록 10/3/30). (그에 앞서 세종은 당나라의 『선명력(宣明曆)』과 원나라의 『수시력(授時曆)』 등의 서적의 차이점을 교정하게 했으며, "『황명력(皇明曆)』·『당일행력(唐一行曆)』·『선명력(宣明曆)』 등의 책을 가지고 참고하여 상세히 연구할 것[參考詳究·참고상구]"을 지시했었다(세종실록 5/2/10; 세종실록 12/12/11). (제2단계 우리 실정에 맞는지 측정하고 검토함)

이 과정을 거쳐 마침내 1434년(세종 16년) 자격루를 완성하였다. 『세종실록』을 보면 이때 만든 물시계[漏器·누기]는 매우 정확하여 "털끝만큼도 틀리지 않았다[以造漏器 毫釐不差·이조누기 호리불차]"고 한다(세종실록 16/6/24). 궁궐에서 알리는 시각에 맞추어 백성들이 밤에 자고 새벽에 일어나는 시기를 조절하게 되는데[量審時刻而昏曉撞擊·양심시각이혼효당격 以節萬家動靜之機·이절만가동정지기] 이제야 정확한 시간에 따라 움직일 수 있게 된 것이다(세종실록 19/6/28). (제3단계 새로운 시계 완성)

마지막으로 세종은 그렇게 제작된 표준시계를 일상생활에서 사용할 수 있게 했다. 자격루가 완성된 직후인 1434년 7월 1일부터 물시계로 측정한 시간을 국가의 표준시간으로 삼았다[是日 始用新漏·시일 시용신루]. 이 시계는 원의 수시력에 의거했으나 조선의 경도에 맞도록 새롭게 제작되었는데, 흥미로운 것은 시간을 전달하는 경로이다. 즉 ① 경회루 남쪽 보루각의 자격루에서 표준시간을 알리면→ ② 경회루의 남문→ ③ 근정전 월화문(月華門)→ ④ 근정문(勤政門)→ ⑤ 광화문 대종고(大鍾鼓)의 순서로 "차례로 전하여 치게[以次傳擊·이차전격]"한 것이다(세종실록 16/7/1). 이렇게 전달된 시간은 최종적으로 통운교(通雲橋: 종로 네거리)의 보신각(普信閣)의 종소리로 시보(時報)되었다.

뿐만 아니라 표준시계에 맞추어 세종은 오목해시계, 즉 앙부일구를 제작해서 혜정교(惠政橋)와 종묘(宗廟) 앞에 설치하게 했다(세종실록 16/10/2). 동물 그림이 그려진 공중(公衆) 해시계를 도입하여 백성들에게 시간을 알게 한 것이다. (제4단계 실용화)

둘째, 의약서 편찬과정이다. 재위 3년째인 1421년에 세종은 중국에 가는 황자후에게 "우리나라에서 나지 않는 약을 널리 구해서 오라[本國不産之藥 廣求以來·본국불산지약 광구이래]"고 지시했다(세종실록 3/10/7). "우리나라 풀과 나무에는 약재가 생산되어 민생을 기르고 병을 치료할 만한 것이 모두 갖추어져 있으나, 다만 의학이 발달되지 못하여 약을 시기에 맞추어 채취하지 못하는 일이" 많았기 때문이었다(세종실록 15/06/11). 특히 의학서적에 있는 약명(藥名)이 우리나라 책과 중국 책에 있는 것이 많이 달라서 "의술을 업으로 하는 자도 미비하다는 탄식"을 하곤 하였다(세종실록 15/06/11).

황자후 등은 이때 약재는 물론이고 의약서도 함께 구입해 왔다. 1425년(세종 7년)에 세종이 춘천부사에게 명하여 간행하게 한 원나라의 『세의득효방(世醫得效方)』은 그렇게 들어온 것으로 판단된다. 이 책은 간행 이후 의학시험을 위한 교재와 강의서적으로 널리 읽혔는데, 뒤에 『양생법절문(養生法節文)』이란 손진인(孫眞人)의 책을 덧붙여 총 20권으로 만들었다. (제1단계 필요성 제기 및 선행지식 집대성)

다음으로 그는 1430년 4월에 중국산 약제와 국산 약제의 "이름을 서로 비교하여 일일이 검토하게[本國所産 相似藥名 開坐具呈·본국소산 상사약명 개좌구정]"하였다(세종실록

12/4/21). 아울러 그다음 해(1431년)에 직제학 유효통(兪孝通) 등에게 명하여 국산 약초와 처방[鄕藥方·향약방]을 중국의 여러 책과 비교하여 "나누거나 더 보태게[分類增添·분류증첨]" 하였다(세종실록 15/06/11). 이 단계에서 매우 인상적인 것이 『향약채취월령(鄕藥採取月令)』이다(1431년 간행). 이 책은 중국 본초학을 기준으로 삼아 국산 약재를 정리하게 한 것으로, 세종은 심마니 등에게 계절별로 채취할 약초를 노래로 만들어 주었다.

이 책에는 각지에서 산출되는 155종의 향약 약물(藥物) 채취 방법이 월별로 나열되어 있다. 모름지기 약초란 "제 시기에 채취(採取)하지 않으면 약의 본성을 잃어 치료효과가 없기[採取不以其時·채취불이기시 藥味失性 治療無效·약미실성 치료무효]"때문(세종실록 30/1/8 ; 성종실록 5/4/3)이었는데, 특히 노래로 만들어 부르게 한 것은 쉽게 외울 수 있게 하기 위해서였다. 이처럼 세종은 전국의 약초를 적시에 맞게 채취하도록 하는 한편 중국 약과 우리 약을 비교하게 하고, 우리나라에 없는 약재라면 대량을 중국에서 수입하게 했다(세종실록 6/3/11). (제2단계 중국 서적에 있는 약초와 국산 약초를 비교하여 개선시킴)

그 결과 재위 15년째인 1433년 6월에 『향약집성방(鄕藥集成方)』이 완성되었다(세종실록 15/6/11). 세종은 이 책의 이름을 지어주면서 권채에게 서문을 쓰게 하였는데, "유명한 의사가 병을 진찰하고 약을 쓸 때는 모두 환자의 기질에 따라 방문을 내는 것"이지 특정 의학서적의 처방에 구애되지 않는다. 그런데도 우리나라 사람들은 "가까운 것을 소홀히 하고 먼 것을 구하여, 사람이 병들면 반드시 중국의 얻기 어려운 약을 구하니, 이는 7년 병에 3년 묵은 쑥을 구하는 것과 같을 뿐만 아니라, 약은 구하지 못하고 병은 이미 어떻게 할 수 없게 되는 일이" 많았다(세종실록 15/06/11).

그런데 "민간의 옛 늙은이가 어떤 약초로 어떤 병을 치료하여 신통한 효력을 보는 경우"가 종종 있는데, 이것은 그 땅에서 자란 약초가 그 지역에서 생긴 병의 치료에 더 잘 맞기 때문이라는 게 세종의 생각이었다(세종실록 15/06/11). 따라서 풀과 나무가 각각 적당한 곳에서 자라고[各有所宜·각유소의], 사람들이 좋아하는 음식이 그 습성에 따라 다르다[亦有所習·역유소습]는 점에 유의하여 그 지역에서 나고 자란 백 가지 풀을 맛보고 그 지방의 성질에 순응하여 처방하게 했다[嘗百草之味·상백초지미 順四方之性而治之·순사방지성이치지]. 이 원칙에 따라 우리나라에 적합한 의약 및 의학서적을 간행한 것이 '959가지 질병 징후, 10만 906가지 처방, 1476조의 침구법(針灸法), 향약 본초(鄕藥本草) 및 포제법(炮製法)까지 합해 85권으로 된' 『향약집성방』이다. (제3단계 새로운 의약서 편찬)

권채에 따르면 세종은 이 책의 편찬을 위해 의관(醫官)을 골라서 매양 사신을 따라 북경에 가서 방서를 널리 구하게 하고(廣求方書·광구방서_집대성), 또 중국 의사들의 자문을 구해 잘못된 약명을 바로잡았으며[考正藥名之謬·고정약명지류_교정], 유효통 등 전문가로 하여금 국산 약초와 처방을 중국의 여러 책에 있는 것들과 비교하여 "나누거나 더 보태게[分類增添·분류증첨_개선]" 하였다. 그리고 최종적으로 우리 실정에 맞는 의약 및 의학 서적을 만들어 냈다(창조_ 세종실록 15/06/11). 전형적인 '모방' '개선' '창조'의 과정을 거친 것이다.

마지막은 역시 실용화의 단계이다. 세종은 『향약집성방』을 전라도와 강원도에 나누어 인쇄하게 한 다음(세종실록 15/08/27), 전국으로 배포하게 했다. 특히 그로부터 6년 뒤인 1439년 4월에는 국산 약초를 다양하게 재배하게 하는 한편 "산과 들에 저절로 나는 약재를 절기(節期)에 따라 채취"하게 했다.

그 결과 환자에게 맞는 약초를 "그 구하는 바에 따라 모두 베풀어" 줄 수 있었다(세종실록 21/4/29). 1442년 2월부터는 『향약집성방』의 내용을 생도들에게 가르쳐서 백성들을 치료할 수 있게 하였다. 마지막으로 1448년에는 '향약실명제(鄕藥實名制), 즉 "아무 고을 아무개가 아무 달에 채취한 무슨 약임을 함께 적어 상납(上納)하게" 하여 약제의 품질을 관리하였다(세종실록 30/1/8). 국립의료기관인 제생원에서 『향약집성방』 등 의약서를 여자의사[女醫] 양성 과정에서 사용한 것도 실용적 측면에서 주목된다. (제4단계 실생활에서 활용)

셋째, 농업서적의 경우도 마찬가지다. 세종시대에 들어서 '농업혁명'이라고 할 만큼의 생산력 증대를 가져오는 데 큰 역할을 한 『농사직설』은 원나라의 『농상집요(農桑輯要)』의 문제점을 극복하려는 데서 시작되었다. 14세기경 원나라에서 수입한 『농상집요』는 고려시대 민생경제의 한계, 즉 "고려인의 풍속이 졸박하고 인후하지만[拙仁·졸인] 민생경제[治生·치생]에는 능하지 못하여[薄於理生·박어리생] 농사짓는 사람들이 한결같이 하늘만 쳐다보다가, 조금만 홍수가 지거나 가뭄이 들어도 곧 재해가 되는" 한계를 극복하는 데 도움이 되었다(『동문선』 농상집요 후서(後序)).

실제로 태종시대에 들어 『농상집요』는 적극 활용되었는데, 전 대제학(大提學) 이행(李行)은 책 안의 양잠방(養蠶方)을 뽑아 내어 직접 누에를 쳐본 결과 수확이 배가 되어서 책으로 간행하 기도 했다(태종실록 17/5/24).

그런데 중국에서 개발된 『농상집요』는 그 "곡식 심고 가꾸는 법[樹藝之法 · 수예지법]"이 풍토(風土)가 다른 우리나라에 잘 안 맞는 점이 있었고(세종실록 11/5/16), 우리나라 사람들의 농 사 습관에도 낯설어서[然非我國素習 · 연비아국소습] 사람들이 따르려 하지 않았다(태종실록 17/5/24). 무엇보다 "그 글이 어 려워서 사람마다 쉽게 깨달아서 알지 못하는" 문제점이 있었다 (태종실록 14/12/6). (제1단계 선행지식의 한계 노정)

다음으로, 선행지식 재검토 및 실험 단계이다. 세종은 『농상 집요』의 '곡식 거두고 씨 뿌리는 법[收穀種法 · 수곡종법]'을 숙 련된 우리나라 농민들의 의견에 비추어 실험해보는가 하면(세 종실록 4/8/22), 그 책 안의 '메밀[蕎麥 · 교맥] 경작법'을 우리 나라[本國 · 본국] 경험방(經驗方)과 함께 비교하면서 재배하게 하였다(세종실록 5/6/1). (제2단계 선행지식과 우리 풍토와의 비교 및 개선)

재위 11년째인 1429년에 편찬된『농사직설(農事直說)』은 그러한 노력의 결과였다. 이때 세종은 각 도의 관찰사로 하여금 지역의 숙련된 농부[老農]들을 방문(訪問)하게 하여 우수한 농사법을 수집하게 하는 한편, 그 농사법을 왕이 직접 가꾸는 토지 등에서 직접 시험해 보게 한 다음, 그 결과를 책으로 만들되, "농사 외에는 다른 설(說)을 섞지 말게" 해서 "간략하고 바른 것"만 집약 정리하여 시골의 백성들도 "환히 쉽사리 알도록" 하였다 (직설(直說)의 정신)(세종실록 11/5/16). (제3단계 우리나라에 맞는 새로운 책 편찬)

　　마지막은 일반 백성들로 하여금 그 결과를 널리 사용하게 하는 단계이다. 세종은『농사직설』이 편찬된 다음 해(1430년) 초에 각 도 관찰사 및 전국의 2품 이상의 관원에게 이 책을 내려 보냈다(세종실록 12/2/14). 1437년에도 그는 평안도와 함경도 (함길도)의 관찰사에게 내려보낸『농사직설』속 농사짓는 법을 백성들에게 "성의껏 친절하게 가르치고 일러주라"고 지시했다. "농민으로 하여금 고루 알지 못하는 사람이 없게 하고, 관청에서도 역시 이 농서에 의거하여 갈고 심어서 백성에게 모범이 되게 하라"고 지시한 것이다.

흥미로운 것은 우리나라 사람들의 특성에 대한 언급이다. 세종에 따르면 "대개 백성들의 마음이 예전 관습을 편안하게 여기고 새 법을 좋아하지 아니하여, 비록 부지런히 가르치고 일러주어도 따르려 하지 않는" 경향이 있는데, 따라서 "억지로 시키지 말고, 마땅히 점차로 잘 달래어" 『농사직설』 방법에 따라 경작하게 하라고 했다(세종실록 19/02/15). "대체로 한 가지 법을 세우게 되면, 감사와 수령이 반드시 시기를 한정해 놓고 재촉해서, 백성으로 하여금 원망을 일으키게 하는데" 그러지 말고 "백성들의 노동력을 헤아려서 나라에서 부역 일으키는 것을 줄이되", 다만 조기에 씨 뿌리는 것을 권장하여 시기를 잃지 말게 하라는 지시가 인상적이다(세종실록 20/7/5). (제4단계 첨단 농법의 실행과 확산)

이처럼 세종은 나라에 꼭 필요하다고 판단되는 지식에 대해서 그 필요성이 제기되면 일단 중국 등의 선행지식을 집대성하여 검증한 다음 모방하였다. 또 우리 실정에 맞는지 여러 차례 실험과 고증을 거쳐 개량하여 일정 기간 경험하게 한 다음, 새로운 것으로 창조해 내곤 했다. 그 이면에는 '우리는 중국과 다르다'는 '다름[異·이]을 존중하는 정신'이 있었다. "오방의 풍토가 같지 아니하여 곡식을 심고 가꾸는 법이 각기 적성이 있다"

〈표3〉 분야별 지식생산 과정

구분	Imitate 집약모방	Improve 개정보완	Invent 창안발명	Practical Use 실용화
표준시계	경점기기 불편 호소/ 중국 기기의 체제 조사 [其考中國體制] (1424년)	삼각산 일식시간 측정, 중국 역법체제와 비교 [參考詳究] (1428년)	조선의 물시계, 자격루 완성[以造漏器 毫釐不差] (1434년)	국가 표준시간 지정[是日 始用新漏], 공중 해시계 설치(1434년)
의약서	약초 이름 혼란 / 중국 약재, 약서 수입[本國不産之藥 廣求以來](1421년)	중국산과 국산 약제 이름 비교 [相似藥名 開坐具로], 『향약채취월령』 간행 (1431년)	『향약집성방』 완성 [鄕藥集成方 成](1433년)	책 전국 배포 (1439년), 생도들 교육시켜 백성 치료 [鄕藥集成方等醫方 以訓生徒](1442년)
농업서적	『농상집요』(元)의 기여와 한계 (용어 난해, 백성들 꺼림[不樂爲之])(1417년)	『농상집요』 중 일부, 우리 경험방(經驗方)과 비교, 농부에게 실험 재배(1422, 1423년)	『농사직설』 편찬 [撰成一編 農事直說](1429년)	책 배포(1430년), 관청에서 솔선수범케 함[依書試驗 使成風俗] (1437년)

면서 우리의 농법을 모으게 한 것이나, "대개 백 리나 천 리쯤 서로 떨어져 있으면 풍속이 다르다"면서 국산 약초와 처방을 집대성하게 한 것이 그것이다. 우리의 다름을 받아들이게 해서 사람들로 하여금 중국문화에 대한 열등감을 극복하게 한 것이다.

이러한 '모방' – '개선' – '창조' – '생활화'의 4단계는 과학, 의약, 농업 분야 외에도 세종시대에 만들어진 대부분의 창조적인 작업에서 공통적으로 나타나고 있다. 즉 1427년 새로운 악기인 조선의 편경을 만들어 낼 때[5], 1444년 칠정산 내편이라는 조선 실정에 맞는 역법을 편찬할 때, 그리고 1446년 9월 훈민정음을 반포할 때도 이러한 패턴을 발견할 수 있다.

4. 세종의 지식생산 리더십

그러면 '세계 최고의' 세종시대 과학기술 성과는 어떻게 이뤄졌을까? 『세종실록』에 기록된 그 시대 사람들의 대화와 일 추진 과정을 살펴볼 때 다음 네 가지로 그 요인을 집약할 수 있다.

첫째, 보편적 설득력에 입각해서 비전을 설정하고 소통할 수 있는 지도자의 능력이다. 세종시대에 이룩된 대다수 과학기술의 성과는 자연원리에 입각해 있으며 유교 이념에도 부합되었다. 천문 관측과 역법의 탐구 및 시간의 측정 원리, 강우량의 측

---

5) 세종시대 음악 혁명을 가능케 한 편경(編磬)이라는 악기는 다음과 같은 과정을 거쳤다.

음악서적 찬집 [撰集樂書] (1425년 2월)	⇒	명나라 악기 검토 [依古說制黃鍾一管吹之] (1426년 1월)	⇒	새로운 악기 제작 [新製石磬] (1427년 5월)	⇒	공식 사용 [始用雅樂] (1444년)

정과 지리지 제작의 원리, 그리고 한글 같은 문자 창제 및 의약서 편찬 등은 그 당시 조선 사람들에게만 해당되거나 납득되는 게 아니었다. 그것들은 동양사상의 핵심인 음양오행 사상에 입각해 만들어졌고, 유교 지식인들이 평소에 배워온 민본 이념에도 부합되는 일들이었다.

세종이 새 역법과 문자를 만들어서 '조선력(朝鮮曆)'이나 '조선문(朝鮮文)'이라 하지 않고 '칠정산' 내지 '훈민정음'이라고 이름을 붙인 것은 이 점에서 새롭게 주목할 필요가 있다. 물론 그러한 작명이 "중국 황제의 이름으로 편찬된 역법을 받아 시행하지 않는다는 오해의 소지를" 없애고(전상운 2000c, 5), 한글 창제에 대해서 "대국을 섬기고 중화를 사모하는 데 부끄럽다"(세종실록 26/02/20)고 생각하는 지식인들과의 마찰을 피하기 위한 방편일 수도 있다. 하지만 그보다는 해[日]와 달[月]과 오행성(화·수·목·금·토성)의 운행에 기반해 파악하고 산출했다는 뜻인 '칠정산'의 의미가 훨씬 깊고 크다고 판단한다. 그리고 '백성들이 쉽게 배워 깨칠 수 있는 소리글자'란 뜻의 '훈민정음'이 훨씬 더 설득력을 갖고 있다고 생각한다.

둘째, 이 같은 국가 비전을 달성할 수 있도록 제도를 정비하고, 서로 협업하는 조직문화를 만드는 일이다. 세종은 왕위에 오르자마자 집현전을 설치하고 여러 문신들과 함께 고전을 읽으면서 국가 경영의 방향에 대해 토의하곤 했다. 이 과정에서 그들은 자연스럽게 세종의 정치 비전을 숙고했을 것이다. 경연이라는 창의적 제도, 신분을 가리지 않고 인재를 추천하고 발탁해 등용하는 '천거제도'와 실용적인 사회 분위기 등도 창의적으로 일하는 문화를 조성했을 것으로 판단한다.

그 외에 매우 중요한 것으로 서로 협력하여 성과를 이뤄내는 조직문화이다. 재위 16년째인 1434년 여름에 이천(李蕆 1376-1451)이 주관하여 완성한 "우리나라 활자본의 백미" 갑인자(甲寅字)를 제작하는 과정이 그 한 예가 될 수 있다. 알려진 것처럼, 세종 갑인년(1434년)에 주조한 이 금속활자는 그보다 14년 전인 1420년(세종 2년)에 제작된 경자자(庚子字)보다 훨씬 향상된 활자였다.

우선 갑인자는 대자(大字)와 소자(小字)의 크기가 고르고 활자가 네모나고 평정(平正)하며, 조판(組版)도 완전한 조립식으로 고안하여 납(蠟)을 사용하는 대신 죽목(竹木)으로 빈틈을 메우는 단계로 개량 발전되었다. 그 결과 하루 인출량(印出量)이 '경자자'의 배인 40여 장으로 크게 늘어났으며, 디자인 측면에서도 매우 뛰어난 것으로 평가 받고 있다. "글자 획에 필력(筆力)의 약동이 잘 나타나고, 글자 사이가 여유 있게 떨어지고 있으며, 판면이 커서 늠름"할뿐더러 "먹물이 시커멓고 윤이 나서 한결 선명하고 아름답다"는 평가가 그것다(한국민족문화대백과).

세종 때 만들어진 갑인자, 즉 초주갑인자(初鑄甲寅字)는 1580년(선조 13년)에 재주(再鑄)될 때까지 140여 년간에 걸쳐 오래 사용되었으며, 조선 말기에 이르기까지 여섯 번이나 개주(改鑄)되었다. 그야말로 세종시대가 만든 최고의 '명품(名品)' 중 하나이다. 이와 관련하여 실록의 기록을 보면, 세종이 맨 처음 한 것은 금속활자 프로젝트의 총책임자인 이천을 불러서 일의 취지를 설명하고, 지금 이 일이 왜 필요한지를 설득하는 일이었다.

우선 그는 "태종께서 처음으로 주자소(鑄字所)를 설치하시고 큰 글자를 주조(鑄造)하여, 모든 책을 인쇄하여 중외에 널리 폈으니 얼마나 거룩한 일이냐"고 말했다(세종실록 16/7/2). 태종이 왕위에 오른 지 3년 만인 1403년에 주자소를 설치하자고 했을 때 대다수 신하들이 반대했다. 천자의 국가도 아닌 제후국에서, 그것도 건국한 지 10여 년밖에 안 된 나라에서 무기나 농기구가 아닌 금속활자를 만들어야 한다는 주장은 상상을 초월한 제안이었다. 그럼에도 불구하고 태종은 "강권적으로[强令 · 강령]" 추진하였고, 그 결과 "수많은 책을 인쇄하여 전국에 널리 배포할 수 있었다[廣布中外 · 광포중외]"는 것이다. 태종이 구상한 조선이라는 나라의 성격(인문학에 기반한 문명국)과 그의 일

추진 방식이 놀랍다.

이어서 세종은 총책임자 이천을 칭찬했다. 태종 때의 계미자(1403년)는 제작과정이나 글씨체에 부족함이 많았었는데, "경이 지혜를 써서 판(板)을 만들고 주자(鑄字)를 부어 만들어서, 모두 바르고 고르며 견고하게" 되었다는 것이다. 세종 초년인 1420년에 금속활자('경자자') 제작에 기여한 이천에게 고마움을 표시한 것이다. 이어서 그는 "근래에 대군들이 큰 글자로 고쳐 만들어서 책을 인쇄해 보자고" 하는데, "심히 번거롭고 일이 많은" 이 일을 여러 가지 나랏일들이 겹쳐 있는 상황에서 한번 해보자고 말을 꺼내기가 어렵다고 말했다. 그럼에도 불구하고, '정확한 지식과 정보를 널리 알려서 백성들이 지혜로운 나라를 만들려는' 부왕 태종의 뜻을 계승하기 위해서 "이 일 역시 하지 않을 수 없다[此亦不可不爲也 · 차역불가불위야]"는 게 세종의 결론이었다. 위에서 언급한 것처럼, 일의 취지를 상기시키고, 이룩한 성과를 칭찬한 다음에, 새로운 일을 간절히 당부하여 비전을 공감하게 하는 데 세종은 뛰어났다.

셋째, 부처 간 경계를 뛰어넘어 협력을 이끌어내는 '도감(都監) 경영'이다. 도감은 그 조직의 설치 배경 자체가 상설관서가 처리할 수 없는 사안이 있을 때 만들어지는 태스크 포스(Task

Force) 조직으로서, '일이 있으면 설치하고, 일이 끝나면 폐지하는[因事而置 事已則罷·인사이치 사이즉파]' 일 중심의 조직이었다(『고려사』 권76, 백관지).[6]

세종은 (1) 매우 중요하여 긴급하게 해결해야 하는 사안, (2) 사안이 복잡하여 여러 관서가 합좌하여 처리해야 하는 사안, (3) 문제를 해결할 관서가 정해져 있지 않은 사안이 발생하였을 때 도감을 설치하곤 하였는데, 재위 8년(1426년) 도성 대화재 사건 때 만들어진 "금화도감(禁火都監)"이 그 한 예다. 그보다 앞선 재위 4년에 명나라에 파견했던 윤사웅·장영실 등이 귀국했을 때도 세종은 천문기기 제작을 위해 도감을 설치했다. 이때는 "정인지·정초 등이 고전을 조사하고, 이천·장영실 등이 그 제작을 감독했다"고 한다.[7] 문헌과 학문적인 연구를 담당하는 '이론팀'과 실제적인 제작기술을 맡은 '기술팀'의 협업(collaboration)이 혼천의를 비롯한 경복궁 천문대의 성공적 제작의 비결이었던 것이다.[8]

---

6) 세종은 그때까지의 어느 임금보다 도감을 자주, 그리고 효과적으로 운영한 임금이었는데, 실록에서 '도감'이라는 말을 검색해보면 『태조실록』에 42건, 『태종실록』에 153건이 나오는 데 비해, 『세종실록』에는 무려 235건이나 등장하고 있다.

7) 『증보문헌비고』 권2, 상위고2.

8) 전상운, 앞의 책(2000), 12–13쪽.

금속활자를 제작할 때도 마찬가지였다. 실록을 보면 '갑인자 도감'에는 왕명이나 군사 관계의 기무를 맡는 중추원 소속 이천 의 감독 아래 집현전, 오위(五衛)라는 중앙군 조직, 의정부 관리, 사역원 관리, 주자공 다수로 팀원이 구성되어 있다. 주목되는 것은 팀 구성원의 역할 구분인데, 세종은 "이천에게 명하여 그 일을 감독하게 하고[監其事·감기사]", 집현전의 직제학(종 3품) 김돈과 직전(정 4품) 김빈, 그리고 호군(오위 소속의 정 4품) 장영실 등에게 "일을 주장하게 맡겼다[掌之·장지]"고 한다. 집현전의 김돈 등으로 하여금 문헌 등을 조사하는 일을 맡게 하되, 장영실(오위 소속)·이세형(사역원 소속)·정척(의정부 소속) 등 다양한 부서의 실무 인재들에게는 글씨체 선정, 글자 새기기, 거푸집 만들기, 종이 뜨는 대나무 발, 물감 및 종이 준비 등 다양한 일을 유기적으로 협력하면서 역량을 최대한 발휘하게 한 것이다.

그 결과 이천은 집현전, 교서관, 주자소, 관상감, 조지서 등 여러 부서에 소속된 기능공들을 모아서 이 일에 집중하게 하는 한편, 중앙 부서와 각 도의 감영의 유기적 협업을 이끌어 냄으로써 "쉬우면서도 갑절이나 효과적으로" 명품 활자를 만들어 낼 수 있었다.

5. 맺는말

이상에서 살펴본 것처럼, 세종시대의 놀라운 과학적 성과는 비전 공감과 협업문화, 그리고 창의적인 사람들이 존경 받고 인정받는 사회 풍토 속에서 이루어졌다. 집현전이라는 싱크탱크를 통한 축적된 경험지식의 활용과 탁월한 인재 경영은 세종 리더십의 핵심이었다.

서로우(Lester C. Thurow)에 따르면 창의적 지식은 지나치게 사회가 안정적이거나 반대로 너무 혼란스러운 곳에서는 일어나지 않는다고 한다.[9] 15세기의 중국은 지식을 전파할 수 있는 종이와 이동식 활자, 인쇄기 등에서 서양보다 월등히 앞섰지만 산업혁명이 일어나지 않았다. 그 이유에 대해서 서로우는 "그것을 가로막는 문화 및 조직구조", 즉 과거의 것을 파괴하고 새것을 만들어 내는 것을 저지하는 권위주의적 국가 때문이었다고 본다. 안정을 강요하는 국가 때문에 지식혁명이 일어나지 않았다는 것이다. 다른 한편 볼셰비키 혁명이 일어나기 전의 러시아는 정반대의 경우이다. 창의적 지식이 실천되기 위해 필요로 하는 최소한의 질서도 결여되어 있었다. 톨스토이나 도스토에프스키

---

[9] 레스터 서로우. 1999. 『지식의 지배』 한기찬 번역. 생각의 나무.

와 같은 위대한 작가들과, 스트라빈스키와 차이코프스키와 같은 탁월한 작곡가, 그리고 러시아 태생의 오스트왈드나 파블로프 등의 과학자들이 활약했던 혁명 이전의 분위기, 즉 "융성한 창의성"을 사회 혼돈이 죽게 만들었다는 게 서로우의 생각이다.

이렇게 볼 때 세종시대는 혼돈과 질서가 적절히 배합된 시기였다. 건국한 지 30여 년이 채 안 된, 따라서 혼돈에서 질서로 전환되는 시기에 '지식의 힘'을 믿고 좋아하는 젊은 군주가 등장했다. 그는 인재들의 창의적 지식을 목말라 했고, '좋은 아이디어는 그것이 땅에 떨어지기 전에' 채택해 시행했다. 『세종실록』에 등장하는 연평균 103권의 문헌들과[10] 그 시대에 간행된 22분야 370여 종(種)의 책들은 그런 정황을 보여준다.

인상적인 것은 그렇게 생산한 지식을 인재들과 백성들에게 적극적으로 알려주는 세종의 태도이다. 그는 앞의 오목해시계 등을 종로 네거리에 내놓아서 백성들로 하여금 시간을 알게 하는[使民知時·사민지시] 정책을 폈다(세종실록 19/4/15). 『삼강

---

10) 박현모 외, 『세종시대 국가경영 문헌의 체계화사업 백서』, 한국형리더십개발원, 2017, 110쪽.

행실도』를 간행 반포하여 백성들이 지켜야 할 덕목과 넘지 말아야 할 선(線)을 알려준 것도 좋은 사례가 될 수 있다. 즉 그는 재위 16년째인 1434년에 그 책을 "인쇄하게 하여 서울과 외방에 널리 알리고[廣布·광포] 배움이 있는 자로 하여금 항상 가르치고 지도하여 일깨워 주라"고 지시했다. 그렇게 해서 어리석은 백성도 모두 스스로 알게 해야 한다[使愚夫愚婦皆有所知識·사우부우부개유소지식]는 게 세종의 생각이었다. "길거리에서 노는 아이들이나 골목 안의 여염집 부녀까지도 쉽게 알아서" 스스로 실천할 때 그 지식이 가치 있는 것이 될 수 있다고 본 것이다 (세종실록 16/4/27).

나는 이러한 세종 리더십을 '리더십 2.0'이라 부를 수 있다고 본다. 구성원에게 축적된 지식과 경험을 공유하여 반복되는 시행착오를 줄이고 학습을 통해 성장하게 하는 게 '리더십 2.0'이다. 이것과 비교되는 것이 '리더십 1.0'인데, 이는 국가 지도자들이 ① 나라의 병통을 진단하고(diagnosis), ② 구성원(환자)과 도달 목표치에 공감하며(value congruence), ③ 그 목표를 달성하기 위해 실제로 처방(prescription)을 내리는 것, 그래서 뛰어난 성과를 거둔 리더십을 가리킨다. 조선 전기의 태종과 세조, 후기의 숙종과 영조, 그리고 정조가 이에 해당한다.

세종의 경우 진단-비전 공감-처방의 단계를 넘어서는 점에서 특징적이다. 그는 그 리더십 과정에서 겪은 경험방을 백서 성격의 책으로 만들게 하고(평가), 구성원들에게 알려주는 데 역점을 두었다. 앞에서 언급한 세종의 여러 조치들, 즉 백성들에게 법을 알려서 죄를 피하게 하고[知避·지피], 문자라는 권력(훈민정음)과 시간이라는 정보(해시계, 물시계)를 백성들에게 공유한 게 한 것 등이 예이다. 이 외에도 세종은 곡물상들의 저울 부정 사용에 대해 대응할 때나, 정부가 판매하는 저렴한 쌀을 노약자도 구입할 수 있게 하는 방법 등을 찾을 때도 백성들의 학습효과를 중시했다. 이에 대한 보다 다양한 사례와 정심(精審)한 해석은 다음 기회에 살피기로 한다.

◇◇◇ **참고문헌** ◇◇◇

1차 자료

『세종실록』『태종실록』『성종실록』『중종실록』『인정』(최한기), 『삼강행실도』(권채)

2차 자료

강석진. 2015. 『리더십, 조직문화, 지식생산성과 가치창조』. Enschede: University of Twente.

박현모 외. 2016.『세종의 서재 : 세종이 만든 책, 세종을 만든 책』. 서해문집.

박현모 외. 2017.『세종시대 국가경영 문헌의 체계화사업 백서』. 한국형리
    더십개발원.

박현모. 2014.『세종이라면: 오래된 미래의 리더십』. 미다스북스.

삼성경제연구소.『신경영』

레스터 서로우. 1999.『지식의 지배』. 한기찬 번역. 생각의 나무.

유영만. 2009.『제4세대 HRD』. 학지사.

이건희. 1993.『삼성 신경영: 나부터 변해야 한다』. 삼성신경영실천위원회.

이정동 외. 2015.『축적의 시간』. 지식노마드.

이정동. 2017.『축적의 길』. 지식노마드.

이또 준타로(伊東俊太郎) 外. 1983.『과학사기술사사전科學史技術史事
    典』. 東京: 弘文堂.

전상운. 2000.『한국과학사』. 사이언스북스.

이홍구 선생 미수 기념 문집

정치사상과 사회발전

초판 1쇄 | 2021년 10월 28일

지은이 | 김홍우 외 15인

대표이사 겸 발행인 | 박장희
부문 대표 | 이상렬
제작 총괄 | 이정아
편집장 | 조한별
디자인 | 변바희, 김미연

발행처 | 중앙일보에스(주)
주소 | (04513) 서울시 중구 서소문로 100(서소문동)
등록 | 2008년 1월 25일 제2014-000178호
문의 | jbooks@joongang.co.kr
홈페이지 | www.joongangbooks.co.kr
네이버 포스트 | post.naver.com/joongangbooks
인스타그램 | @j__books

ⓒ 이홍구, 2021
ISBN 978-89-278-1262-3　03340